LA PASSATION DES MARCHES PUBLICS EN URGENCE AU CAMEROUN

Collection « Études africaines »

dirigée par Denis Pryen et son équipe

Forte de plus de mille titres publiés à ce jour, la collection « Études africaines » fait peau neuve. Elle présentera toujours les essais généraux qui ont fait son succès, mais se déclinera désormais également par séries thématiques : droit, économie, politique, sociologie, etc.

Dernières parutions

Stéphane NGWANZA, Rodrigue TASSE (dir.), *La francophonie dans les relations internationales contemporaines. Un instrument de projection de l'Afrique dans un monde multipolaire*, 2024.

Sidiki KABA, *Modélisation de la mortalité des enfants de moins de 5 ans en guinée, Apport des modèles multiniveaux et des méthodes de décomposition*, 2024.

Konin AKA, *Le patrimoine musical traditionnel et son rôle dans la société ivoirienne. Tome 2*, 2024.

Konin AKA, *Les instruments et genres musicaux traditionnels en Côte d'Ivoire. Tome 1*, 2024.

Danièle DARLAN, *Protéger la constitution quoi qu'il en coûte. Une vision pour la Cour constitutionnelle de la République centrafricaine*, 2024.

Nadine Josianne BAKAM TITGOUM, *La propriété intellectuelle dans l'espace OAPI-OHADA. Entre incorporalité et virtualité*, 2024.

Florent Armel MALEMBI, *Le Moi, principe de la connaissance dans la philosophie de Schelling,* 2024.

Augustin PALÉ, Alexis Clotaire NÉMOIBY BASSOLÉ, Abdoulaye SAWADOGO, Oumar SANGARÉ, *Le handicap mental. Perceptions et prise en charge au nord du Burkina Faso*, 2024.

Boubou BA, *Les modes alternatifs de règlement des conflits en Mauritanie, Regard anthropologique et juridique*, 2024.

Dingamtoudji MAÏKOUBOU, *La médecine africaine en pays ngàmbáye au Tchad*, 2024.

Joseph Valerie Evina

LA PASSATION DES MARCHES PUBLICS EN URGENCE AU CAMEROUN

L'Harmattan

5-7, rue de l'École-Polytechnique – 75005 Paris
www.editions-harmattan.fr
ISBN : 978-2-336-40762-3
EAN : 9782336407623

DEDICACE

A mes parents,
Monsieur EVINA EVINA Joseph et madame ANZIE Tecla Jacqueline.

REMERCIEMENTS

Nous tenons à remercier avec la forte énergie :

- Le Professeur Magloire ONDOA, Recteur de l'université de Douala, qui a bien voulu préfacer et coordonner notre ouvrage et qui a pris la peine de nous prodiguer des conseils lors de nos travaux,
- Le Professeur Lionel Pierre GUESSELE ISSEME, entièrement et humainement disposé à nous encadrer du début à la fin de nos travaux,
- Le Docteur ATEBA EYONG pour ses conseils propres à la réalisation de notre projet scientifique,
- Notre père, monsieur Joseph EVINA EVINA, pour son soutien financier et sa détermination à nous suivre jusqu'au bout de nos investigations,
- Notre mère, Madame Tecla Jacqueline ANZIE, pour son double soutien financier et moral,
- Nos sœurs Josée Amandine EVINA MBO, Roseline EVINA NZOUANGO et Térésia BAMSECK qui m'ont psychologiquement soutenu,
- Moïse Lionel EYENE et Docteur Aubran Donadoni NTOLO nos amis personnels.

PREFACE

L'ouvrage de Monsieur EVINA Joseph Valerie se construit autour de la question de la passation des marchés publics en urgence au Cameroun. Dans un contexte où la réalisation des marchés publics est sujette à caution avec les cas d'abandon de travaux, de mauvaises exécutions voire de retard dans l'exécution des contrats administratifs, sans oublier l'actuelle crise sanitaire qui a fait des ravages il y a trois années. Cet ouvrage s'inscrit par conséquent dans la problématique plus générale de l'analyse des fonctions de l'urgence dans la passation des marchés publics. Cet ouvrage procède donc par la recherche d'une systématisation des règles d'urgence dans la passation des marchés publics.

Cet ouvrage méritait d'être étudié. Le continent africain en général et le Cameroun en particulier se caractérisent par l'absence d'un cadre juridique intelligible dans la prise en compte de l'urgence dans le droit de la commande publique en général et la passation des marchés publics en particulier. A cet égard, comment concevoir une approche originale et crédible de la passation des marchés publics sans ambition légitimée de prise en compte générale des situations d'urgence de nature à bouleverser le droit commun de la commande publique. Cependant il existe aussi assez peu d'études dans le cadre camerounais mesurant la prise en compte totale de l'urgence dans le processus de passation des marchés publics. L'auteur fait constater que bien qu'il y ait des fonctions de l'urgence dans les marchés d'appel d'offres et de gré à gré, il y a une réelle marginalisation de l'urgence dans les marchés spéciaux et autres marchés spécifiques. C'est donc dans l'optique d'inciter une généralisation de la prise en compte de l'urgence dans la procédure de passation de tout type de marché public que l'auteur situe son analyse car l'urgence est un phénomène imprévisible, extérieur aux parties qui peut intervenir partout et n'importe où dans les marchés publics peu importe leur nature.

Ce faisant, au regard de la justification de l'étude, Monsieur EVINA Joseph Valerie opte pour une problématique susceptible d'apporter un éclairage certain. Il pose la question de savoir quelle est la fonction de l'urgence dans la passation des marchés publics au Cameroun ? Sa réponse est claire et précise : l'urgence exerce une fonction de célérité affirmée et une fonction de négociation limitée. Autrement dit, la fonction de l'urgence se perçoit en fonction des niveaux ou degrés de l'urgence et en fonction des types de marchés publics. Par conséquent, l'urgence est fonctionnelle et pluraliste dans les marchés publics. Tel est l'ouvrage que Monsieur EVINA Joseph Valerie démontre avec rigueur dans une double approximation.

Dans une première approximation, l'auteur infère de ce que, l'urgence dans la passation des marchés publics exerce une fonction de célérité affirmée car elle allège de manière parcimonieuse la passation par appel d'offres. Cet allègement s'explique par le raccourcissement des délais normaux de remise des offres, la réduction du délai normal de remise des candidatures, la réduction des délais normaux de l'avis de la commission des marchés publics dans l'attribution et l'examen des marchés. Cette dérogation s'explique par la volonté qu'a le pouvoir adjudicateur de rattraper les retards observés dans la phase de remise des offres et des candidatures. Cette dérogation dans l'appel d'offres est particulièrement influencée par une urgence manifeste ou simple. Simple parce que son degré d'urgence vise uniquement à prévenir la lourdeur observée dans la procédure d'appel d'offres. L'urgence dans la passation des marchés publics exerce également une fonction de célérité affirmée dans la mesure où elle modifie certaines conditions liées au contenu de l'avis d'appel d'offres. Une modification qui doit être justifiée par le maître d'ouvrage. Cependant, malgré le fait qu'il y ait un allégement parcimonieux de la procédure d'appel d'offres, la passation des marchés publics en urgence reste prisonnière des règles applicables aux étapes de l'appel d'offres et des règles liées au contentieux de la passation des marchés publics.

Dans une seconde approximation, l'auteur note que l'urgence exerce aussi une fonction négociée et démontre par la suite que sa fonction en général est limitée. Ceci s'explique par le fait que la dérogation est beaucoup plus riche dans certains marchés négociés au détriment d'autres. L'urgence gagne beaucoup plus de terrain dans les marchés de gré à gré au Cameroun. Ici, le niveau d'urgence est beaucoup plus élevé car la vie des populations est menacée. Par conséquent, on assiste à des catastrophes naturelles, des guerres, d'une crise économique, des épidémies, des incendies, des perturbations graves menaçant l'ordre public, la sécurité, l'intégrité territoriale ou l'unité nationale. La présence de l'urgence dans les marchés de gré à gré est marquée par une pluralité de conditions à savoir : la défaillance du soumissionnaire, les cas de force majeure, les marchés complémentaires. Cependant, la fonction de l'urgence dans les marchés spéciaux est opaque car aucune disposition ne précise de manière claire et précise les niveaux d'urgence qu'on peut observer dans les marchés publics de défense et de sécurité. Par conséquent, l'on assiste à une insécurité dans les marchés spéciaux car aucune règle de l'urgence n'y est mentionnée. C'est également une fonction limitée car d'autres marchés spécifiques sont en carence des règles d'urgence. On peut citer entre autres, les accords-cadres, les marchés réservés, les marchés de conception-réalisation, les marchés pluriannuels et à tranches. Des nouveaux types de marchés publics qui nécessitent la création des conditions juridiques de l'urgence.

Ce sont ces deux visages de la passation des marchés publics en urgence que l'ouvrage de Monsieur EVINA Joseph Valerie s'attèle à présenter.

Au regard de la ressource documentaire mobilisée, des analyses liées à l'histoire du droit camerounais, de l'interprétation des textes et de la jurisprudence administrative camerounaise, de la mobilisation de la théorie du droit des contrats administratifs, il apparaît que Monsieur EVINA Joseph Valerie livre un ouvrage satisfaisant.

Professeur Magloire ONDOA.

LISTE DES ABREVIATIONS

ADD :	Avant dire droit
AJDA :	Actualité juridique de droit administratif
AJFP :	Actualité juridique de la Fonction publique
AO :	Appel d'offres
AONO :	Appel d'offres national ouvert
AONR :	Appel d'offres national restreint
ART :	Article
ASS :	Assemblée
BJDCP :	Bulletin juridique des contrats publics
CA :	Chambre administrative
CASS :	Cassation
CCAG :	Cahier de clauses administratives générales
CDMP :	Code des marchés publics
CE :	Communauté européenne
CE :	Conseil d'Etat
CF :	Confer
CMP :	Code des marchés publics
CMPF :	Code des marchés publics français
COLL :	Collection
CRIM :	Criminelle
CS :	Cour suprême
D :	Dalloz
DA :	Droit administratif
ED :	Edition
FASC :	Fascicule
GAJA :	Grands arrêts de la jurisprudence administrative
GIP :	Groupement d'intérêt public
JA :	Jurisclasseur administratif
JCL :	Jurisclasseur
JCP :	Jurisclasseur périodique
JMP :	Journal des marchés publics
LGDJ :	Librairie générale de droit et de jurisprudence
LPA :	Les petites affiches
MEL :	Mélange
MP :	Marché public
OP CIT :	Ouvrage déjà cité
PUF :	Presse universitaire de France
PUL :	Presse universitaire de Laval
RDP :	Revue de droit public

RDSP :	Revue de droit et de sciences politiques
REC :	Recueil
REQ :	Requête
RJOI :	Revue juridique de l'Océan indien
TA :	Tribunal administratif
TC :	Tribunal des conflits
TH :	Thèse
VOL :	Volume

INTRODUCTION GENERALE

L'Etat a une vie, une personnalité juridique[1] au même titre que l'individu. Mais la différence qui existe entre ces 2 entités est que l'Etat ne meurt pas et bénéficie du privilège du préalable. En effet, le privilège du préalable est un principe selon lequel l'administration dispose d'énormes prérogatives sans au préalable avoir recours à l'autorisation d'un juge et ses décisions sont exécutoires tout en produisant des effets de droit. L'Etat lorsqu'il vit peut entretenir plusieurs relations avec des particuliers et avec d'autres personnes publiques. Ses relations sont politiques, économiques, administratives, financières, fiscales, sociales, professionnelles, internationales, communautaires… Il peut donc arriver que l'Etat décide d'entretenir des relations d'affaires avec des opérateurs économiques privés ou publics ou même avec des personnes physiques. L'ensemble des règles juridiques ayant pour objet d'encadrer ce genre de relations est appelé droit public des affaires. L'Etat peut intervenir à 3 titres dans le marché c'est-à-dire lorsqu'il entretient des rapports d'affaires: il peut intervenir en tant que régulateur, opérateur économique sur le marché et collaborateur avec des opérateurs économiques pour satisfaire directement ses besoins ou pour l'intérêt général. Les règles juridiques qui encadrent les rapports qu'entretient l'Etat lorsqu'il devient collaborateur des opérateurs économiques sont appelées droit de la commande publique. Cette collaboration étatique peut prendre plusieurs formes juridiques dont les principales sont : les marchés publics, la délégation de service public, les contrats de coopération décentralisée, les contrats de plan, les contrats de partenariat, les contrats d'emprunt public, les conventions d'occupation du domaine public, les concessions d'aménagement et les contrats de recrutement d'agents publics. Tous ces contrats sont qualifiés par Laurent RICHER d'administratifs[2]. Économiquement, cette collaboration réalise une externalisation c'est-à-dire qu'elle consiste à confier à une entité extérieure une mission. Cette tâche a pour mission la satisfaction des besoins d'intérêt général. Cependant, il ne s'agira pas de réfléchir sur tous les contrats publics mais de se focaliser uniquement sur les marchés publics car notre thème impose une maîtrise parfaite du droit des marchés publics.

Parler de la passation des marchés publics en urgence revient à maîtriser la notion d'urgence. Cette notion n'est pas conceptuelle mais beaucoup plus fonctionnelle et managériale car il s'agit ici pour le maître d'ouvrage de bien gérer un danger, une menace, ou une situation imprévisible visant à perturber la

---

[1] MAULIN (E), *La théorie de l'Etat de CARRE DE MALBERG, PUF*, Coll. Léviathan, Voir "chapitre 1 : La personnalité juridique de l'Etat", 2003, P.143-197.

[2] -RICHER (L), *Droit des contrats administratifs*, LGDJ, Paris, Lextenso édition, 6e édition, P.355 à 710.

passation d'un marché public. Il s'agit donc pour le maître d'ouvrage d'utiliser une démarche qui permettra de pallier le danger ou la catastrophe dans une passation des marchés publics. L'urgence renvoie aussi à l'idée de performance car dans une autre mesure on passe les marchés publics en urgence parce que la passation normale a échoué et a manqué d'efficacité. C'est pourquoi on parle de marchés complémentaires qui ne sont présents que suite à une circonstance imprévue et extérieure qui a perturbé le marché initial. L'urgence liée à la performance est aussi rattachée à la défaillance du soumissionnaire lors de réalisation du marché. L'urgence est aussi liée à la maturité des projets d'investissement public. Ladite urgence est beaucoup plus liée au déficit infrastructurel que les pouvoirs publics veulent pallier. Il y a donc une non-maturation des projets que le gouvernement doit affronter. A ce niveau l'urgence n'est plus seulement liée à la passation des marchés publics mais à une somme de satisfactions des besoins d'intérêt général. L'urgence peut également être liée au détournement des procédures liées aux marchés publics. Il y a donc eu violation des procédures et par conséquent des fraudes qui entraîneront des sanctions plus tard.

I – Cadre de la recherche

La recherche d'un thème impose ou dépend forcément d'un cadre. Ledit cadre est fragmenté en 3 : il s'agit du cadre conceptuel (A), du cadre matériel (B) et du cadre spatio-temporel (C).

A – Cadre conceptuel

Il est clair que notre thème intitulé « *la passation des marchés publics en urgence au Cameroun* » nous poussera à définir 3 termes : les concepts de passation et d'urgence (1) et le concept de marché public (2).

1- Les concepts de passation et d'urgence

Il sera donc évident de définir deux termes ici : celui de passation (a) et celui d'urgence (b).

a- Passation

Les dictionnaires ordinaires ont défini le mot passation. Il s'agit des dictionnaires français Larousse, reverso, Linternaute, le littré. Ces documents définissent la passation comme l'action de passer quelque chose, ça peut être un examen, un test ou un aveu. C'est aussi l'action de conclure ou de rédiger un acte, un contrat dans les formes juridiques. La passation c'est également l'action d'établir les modalités d'un engagement, de le conclure. On peut par exemple parler de la passation d'un accord ou d'une convention. Elle constitue

aussi l'action d'établir l'objet et les conditions d'un acte ou d'un contrat. On peut parler par exemple de la passation d'un achat ou d'une commande. Le mot passation peut se définir lorsqu'il s'associe au terme écriture. Dans ce cas on parle de passation d'écritures. On parle de passation d'écritures lorsqu'il faut agir pour inscrire une opération dans un livre comptable.
Le droit nous aide aussi à définir le terme passation. Ceci grâce au juridictionnaire[3]. Ainsi, on souscrit, on passe des actes juridiques dans les formes établies par les lois. Ça peut être des actes formalistes, de transport, des actes d'échanges, des ventes, des actes unilatéraux c'est-à-dire qu'on les accomplit, qu'on réalise, qu'on les conclut selon les formes légales ou conformément à la légalité. Ainsi, conclure et passer quoique très près par leur sens ne sont pas synonymes. Si conclure signifie accepter, convenir, passer (execute en anglais) ajoute une nuance : la conclusion étant formée par l'échange des consentements, l'engagement mutuel doit s'effectuer dans le respect des formalités juridiques lorsqu'on parle de passation. Ce qui veut dire que la passation impose des étapes qui dépendent des formes légales alors que la conclusion ne se limite qu'à l'échange des volontés. Ce qui signifie qu'on conclut un contrat puis on le passe et on l'exécute.

Le mot passation vient d'être défini dans tous les sens. Mais face à ces multiples définitions, nous ferons un choix qui portera sur la définition apportée par le juridictionnaire c'est-à-dire de considérer la passation comme le fait de souscrire des actes juridiques dans les formes établies par les lois ou tout autre texte juridique.

Notre thème impose donc une appréhension juridique du mot passation et non une appréhension ordinaire.

b -Urgence

Comprendre la notion d'urgence revient à définir l'urgence selon les dictionnaires ordinaires et selon le droit. Sur le plan de l'analyse ordinaire, 3 dictionnaires ont permis de définir l'urgence. Il s'agit des dictionnaires français Larousse, Robert et Linternaute. En effet, pour ces dictionnaires, l'urgence constitue le caractère de ce qui est urgent, de ce qui ne souffre d'aucun retard. C'est la nécessité d'agir vite.

Le droit[4] nous a aussi permis de définir le terme urgence. En droit civil et précisément dans le contentieux civil[5], c'est le président du tribunal de grande

---

[3] PICOTTE (J), *Juridictionnaire du centre de traduction et de terminologie juridique*, faculté de MONCTON, 1993, 287 p.
[4] BRAUDY-LACANTINERIE (G), *Précis de droit civil*, T.1, Librairie de la société du recueil Sirey, 11e édition, 1910, P.1.
[5] HERON (J), LE BARS (T), SALHI (K), *Droit judiciaire privé*, LGDJ, 7e édition, Coll. Précis Domat, sous-collection "Droit privé", décembre 2019, 1032 P.

instance, du tribunal de commerce ou du tribunal des affaires de la sécurité sociale qui traite les cas d'urgence. Il s'agit pour ce juge de garantir une protection du créancier contre un péril imminent qui découle des inévitables retards liés à la lenteur des procédures ordinaires. Il le fait en ordonnant en référé des mesures provisoires[6] indispensables à la conservation du droit en cause ou à la sauvegarde de l'intérêt menacé. Ces mesures provisoires peuvent être octroyées que si le créancier justifie le caractère urgent de la situation et en apportant une preuve sommaire de son droit.

En droit administratif, l'urgence se justifie par le renforcement et l'élargissement des pouvoirs de police administrative pour faire face soit à un péril imminent issu d'atteintes graves à l'ordre public soit à des évènements présentant le caractère de calamité publique de par leur nature et leur gravité. Tout ceci dans le but de garantir la sécurité publique.

1- Marchés publics

Avant de définir les marchés publics (c), il faudrait d'abord expliquer les termes marché (a) et public (b) séparément.

a- Le terme marché

Pour le dictionnaire Larousse, le marché est une convention verbale ou écrite entre vendeurs et acheteurs. On parle de marché lorsqu'il y a accord entre des personnes impliquant un échange. Il représente le lieu théorique où se rencontrent l'offre et la demande[7].

b- Le terme public

Le dictionnaire Robert définit le terme public comme un mot qui concerne le peuple, la nation, l'Etat, les administrations. Ce qui est public est accessible, ouvert à tous.

c- La notion de marché public

Au Cameroun, le décret[8] N°2018/366 du 20 Juin 2018 portant code des marchés publics définit le marché public comme « un contrat écrit passé conformément aux dispositions du présent code, par lequel un entrepreneur, un fournisseur ou un prestataire de service s'engage envers l'Etat, une

---

6- OBERTO Giacomo, « La gestion de l'urgence dans le procès civil italien » in *revue internationale de droit comparé*, 2001, vol 53 N°3 PP.709-733.

7 TRICOU (F), *La loi de l'offre et de la demande : une enquête sur le libéralisme économique*, Presses universitaires du Septentrion, 11 décembre 2008, 188 P.

8 Voir article 5(W) du décret de 2018 portant code camerounais des marchés publics.

collectivité territoriale décentralisée[9] ou un établissement public, soit à réaliser des travaux soit à fournir des biens ou des services moyennant un prix ». Cette définition est proche de celle énoncée par l'article 1er du décret N°95/101 du 09 Juin 1995 portant régulation des marchés publics. Il faut dire que cette définition des marchés publics a fondamentalement évolué depuis l'avènement du décret N°2018/366 du 20 Juin 2018 portant code des marchés publics. Cette définition a été révolutionnée au plan organique dans la mesure où un marché public peut désormais être passé par une personne morale de droit privé[10] agissant pour le compte de l'Etat et ses démembrements. Un marché public peut aussi être passé par des personnes de droit privé lorsque ces marchés bénéficient du concours financier ou de la garantie de l'Etat [11] ou d'une personne morale de droit public. Les marchés publics peuvent également être passés dans le cadre d'une coordination ou d'un groupement de commandes ou par une centrale d'achat qui acquiert des fournitures et ou des services destinés à des maîtres d'ouvrage ou conclus dans le cadre des accords-cadres, des marchés de travaux, de fournitures ou de services[12]. Les marchés publics peuvent également être passés entre 2 personnes publiques[13]. Les organes seuls ne définissent pas un marché public car il faudrait aussi un financement[14]. Un marché public peut être financé ou cofinancé par le budget de l'Etat[15], sur fond d'aide extérieure bilatérale ou multilatérale, par le budget d'un établissement public ou d'une collectivité territoriale décentralisée. Un marché public peut aussi être financé ou cofinancé sur emprunt avalisé par l'Etat. Cependant, on a assisté à l'élimination du critère de délai déterminé dans la définition des marchés publics avec l'avènement du nouveau décret de 2018. Pourtant ce critère était déjà consacré par l'article 2(a) du décret N° 2012/074 du 8 mars 2012 portant création, organisation et fonctionnement des commissions de passation des marchés publics.

B- Cadre matériel

C'est clair que notre thème intitulé « la passation des marchés publics en urgence au Cameroun » appartient à une sous-branche du droit des contrats administratifs appelée droit des marchés publics [16] (1). Ce thème fait aussi partie du droit des finances publiques (2). Il se voit aussi important de délimiter notre sujet au niveau de la passation des marchés publics (3).

---

9 EL QAOUTI (I), *Gestion locale des marchés publics et service public local : le cas communal*, mémoire pour l'obtention du diplôme d'étude supérieures approfondie en management de développement social, 2009, université Mohammed V, 202 P.

10 -Voir article 3 (2-a) du décret de 2018 portant code des marchés publics.

11-Voir article 3 (2-b) du même décret.

12-Voir article 3 (2-d) du même décret.

13-Voir article 3 (2-c) du même décret.

14 BRECHON-MOULENES (C), *Le financement des marchés publics*, Dalloz, 1er janvier 1987, 218 P.

15-Voir article 3 (1-a) du même décret.

16-BRACONNIER (S), *Précis du droit des marchés publics*, édition le moniteur, 8 Août 2012, 578 p.

1- Droit des marchés publics comme principale discipline du sujet

Le droit des marchés publics est la principale discipline dans laquelle vivra notre sujet. C'est une sous branche du droit de la commande publique [17] qui regroupe un ensemble de règles juridiques visant à orienter, organiser les rapports qu'entretiennent les personnes publiques et les opérateurs économiques publics ou privés reposant soit sur la réalisation des travaux publics soit sur les fournitures soit sur les services. C'est pourquoi il existe plusieurs types de marchés publics à savoir les marchés de travaux, les marchés de fournitures et les marchés de services. Les marchés de travaux[18], concernent la construction des bâtiments publics. C'est un contrat qui s'apparente aux offres de concours[19], contrat par lequel une personne publique ou un particulier s'engage aux frais d'une opération administrative à participer au moyen d'une prestation en argent ou en nature. Les marchés de fournitures et de services [20] sont des contrats dont l'objet est la prestation par un particulier à l'administration des marchandises (objets immobiliers) et d'un service (transport). Ces marchés sont nécessaires au bon fonctionnement de l'administration (exemple : papiers, équipements divers) et à la réalisation des prestations (nettoyage des locaux administratifs). A côté des marchés de travaux, de fournitures et de services, s'ajoutent aussi les marchés industriels. Ces derniers portent sur les objets de fabrication complexe ou délicate notamment la défense nationale.

Le droit des marchés publics c'est l'ensemble des règles juridiques et des institutions qui encadrent les marchés publics quelle que soit leur nature. Pour cela, cette discipline a pour objet d'encadrer la préparation des marchés publics, leur passation, leur exécution, leur fin et les litiges impliquant les acteurs de la commande publique.

2- Le droit public financier

La passation des marchés publics en urgence fait aussi partie du droit des finances publiques dans la mesure où elle constitue un échantillon du circuit de la dépense publique. Le circuit de la dépense publique est encadré par deux phases : une phase administrative et une phase comptable. La phase administrative comporte 3 éléments : l'engagement de la dépense, la liquidation, et l'ordonnancement. L'engagement [21] c'est un acte par lequel l'ordonnateur[22],

---

17- CLAMOUR (G), DELELIS (P), DEVILLIER (P), *Le droit de la commande publique*, LGDJ, éditeur : Lexis Nexis, décembre 2016, 220 p.

18-DREYFUS (A), *Etude juridique de la concession de travaux publics*, thèse, édition Pédone, 1896, Paris ,167 p.

19- POUJADE (B), « l'offre de concours » in *RDP*, 1985, P 1633.

20-ARRIGUI (P), *Essai sur le caractère administratif des marchés de fourniture*, thèse, Paris, 1945, 215 p.

21- MAGNET (J), *Eléments de comptabilité publique*, 3e édition, LGDJ, collection "systèmes : finances publiques", 1er janvier 1996, P.63. Voir article 66 (1) du décret de 2013 portant règlement général de la comptabilité publique.

de façon exclusive, crée ou constate, à l'encontre de l'Etat ou d'un organisme public, une obligation dans laquelle résultera une charge. La liquidation [23] quant à elle a pour objet de vérifier la réalité de la dette de l'établissement et d'arrêter le montant de la dépense. Elle comporte soit simultanément, soit successivement deux opérations : la constatation ou vérification du service fait et la liquidation proprement dite. Quant à l'ordonnancement[24], c'est l'acte administratif qui donne l'ordre de payer la dette ou la dépense de l'établissement à un ou plusieurs créanciers conformément aux résultats de la liquidation. La phase comptable est constituée essentiellement du paiement[25]. Il s'agit d'un acte par lequel un organisme public se libère de sa dette en la payant.

Une précision mérite d'être faite : celle de comprendre que la passation des marchés publics ne concerne que l'engagement de la dépense publique. Ce qui veut dire que la liquidation, l'ordonnancement et le payement sont exclus de ladite passation mais sont beaucoup plus présents dans l'exécution des marchés publics.

Le droit fiscal s'occupe également de la passation des marchés publics qu'ils soient en situation normale ou d'urgence. Techniquement, on appelle cela l'enregistrement du marché. L'enregistrement du marché[26] se fait après la signature du marché. C'est la dernière étape de la passation du marché. Le marché public est timbré et enregistré par les soins et aux frais du titulaire conformément aux dispositions du code général des impôts en nombre d'exemplaires fixés par le cahier de clauses administratives particulières. Le délai maximum pour l'enregistrement du marché est celui prévu par le code général des impôts à savoir trente jours. Conformément aux dispositions du décret N°2003/651/PM du 16 avril 2003 fixant les modalités d'application du régime fiscal et douanier des marchés publics, lorsque la convention de financement ne prévoit pas la prise en charge des droits et taxes par l'adjudicataire, le maître d'ouvrage ou maître d'ouvrage délégué supporte lesdits droits et taxes surtout pour un marché public financé par les ressources extérieures.

3- Passation des marchés publics comme délimitation du champ disciplinaire

La passation des marchés publics est absorbée par 4 grands points : les principes fondamentaux qui la régissent, ses différentes procédures, le

---

22 THEBAULT (S), *L'ordonnateur en droit public financier*, T 47, LGDJ, coll. "Thèses", sous-collection "Bibliothèque de finances publiques et fiscalité", novembre 2007, 408 P. L'auteur présente l'ordonnateur comme un acteur majeur du droit public financier.

23-Voir articles 67 (1) et (2) du même décret.

24- Voir article 69 du même décret.

25 Voir article 74 du même décret.

26 CULOT (A), *Manuel des droits d'enregistrement*, Larcier, Coll. Cahiers de fiscalité pratique, 8e édition, novembre 2018, 336 P.

déroulement de la mise en concurrence et la procédure d'attribution du marché. La phase de passation des marchés publics est une phase au cours de laquelle sont effectuées les opérations devant conduire à l'attribution du marché à l'entreprise qui sera chargée d'exécuter les prestations attendues. Plusieurs principes régissent la passation des marchés publics en situation normale ou en situation d'urgence. Il s'agit du principe de mise en concurrence, le principe d'égale concurrence, le principe de la performance dans la commande publique, le principe de la bonne utilisation des fonds publics et récemment le principe d'intégrité lié à l'éthique.

La passation des marchés publics est également encadrée par des procédures particulières. Parmi ces procédures, il y a l'appel d'offres, le gré à gré et la procédure applicable aux marchés spéciaux. L'appel d'offres est la procédure de droit commun. C'est la procédure au cours de laquelle la pouvoir adjudicateur choisit l'attributaire sans négociation sur la base des critères objectifs préalablement connus par les candidats.

Il existe plusieurs types appel d'offres : l'appel d'offres ouvert, l'appel d'offres restreint, l'appel d'offres avec concours, l'appel d'offres en 2 étapes, l'appel d'offres national et l'appel d'offres international.

La passation des marchés publics est aussi encadrée par des procédures dérogatoires caractérisées par la négociation. Par conséquent, la procédure négociée peut se produire après publicité et avec mise en concurrence, sans publicité ni mise en concurrence préalable. La procédure négociée se fait après publicité et concurrence lorsque les offres déposées sont inappropriées, irrégulières et inacceptables ou alors lorsque l'appel d'offres est déclaré infructueux. La procédure négociée qui se fait sans publicité et avec mise en concurrence se matérialise par la procédure de gré à gré. Il s'agit d'une procédure qui s'opère sans appel d'offres et après autorisation spéciale du Ministre des Marchés Publics. Pour entamer cette procédure, il faut la réunion de plusieurs conditions préalables : les marchés des travaux, de fournitures et de services doivent être exécutés à titre de recherche, d'expérimentation, d'étude ou d'essai. Il faudrait aussi qu'il y ait défaillance du soumissionnaire afin de le remplacer d'urgence. La procédure de gré à gré s'applique aussi pour faire face à une situation d'urgence impérieuse caractérisée par des circonstances imprévisibles. Les besoins dont les prestations nécessitent l'emploi d'un brevet d'invention ou d'un savoir-faire sont aussi l'objet d'un encadrement juridique de la procédure de gré à gré.

La procédure négociée sans publicité et sans mise en concurrence concerne les marchés spéciaux. Il s'agit des marchés qui ne sont ni passés par appel d'offres ni passés par gré à gré mais concernent les marchés relatifs à la défense nationale, à la sécurité et aux intérêts stratégiques de l'Etat[27]. Les marchés spéciaux sont des marchés qui échappent à tout contrôle de la passation des

[27]-Voir article 5 (cc) du décret de 2018 portant code camerounais des marchés publics.

marchés publics par ladite commission. Le recours à la procédure négociée sans publicité ni mise en concurrence est plus large dans les marchés spéciaux que celui applicable aux marchés du secteur classique[28]. Les marchés de défense et de sécurité soumis aux procédures de passation bénéficient des conditions de publicité et de mise en concurrence adaptées à leurs spécificités. La première spécificité réside au niveau de la sécurité de l'information. La deuxième spécificité réside au niveau de la sécurité de l'approvisionnement et la 3e réside au niveau de la complexité des équipements concernés. Ces équipements concernent par exemple l'achat des armements, les outils de transport militaires. Les petites et moyennes entreprises ont un accès difficile à ces marchés. En période normale, pour passer ces marchés, l'administration lance un avis de marché qui sera publié et qui parlera de la négociation de ces marchés. Les entreprises qui seront intéressées par cet avis vont directement négocier avec l'administration. L'administration suite à une procédure négociée choisira l'entreprise qui présentera l'offre la plus avantageuse. Cela concerne les marchés de défense dont le degré est moins sensible. En période de crise, de guerre, l'administration procède à une procédure négociée sans publication d'un avis de marché. Cette mesure est prise pour faire face à des situations d'urgence. Les marchés sont plus sensibles pendant cette période. Les clauses sont donc secrètes car la sécurité nationale est mise en jeu. Ici le principe d'égalité de traitement des candidats est fragilisé car sans avis de marché publié, l'on tombe dans le risque du favoritisme et du manque d'information concernant les entreprises potentiellement candidates.

La passation des marchés publics se caractérise aussi par le déroulement de la mise en concurrence et la procédure d'attribution du marché. Le déroulement de la mise en concurrence se justifie par 3 points : les conditions de constitution des dossiers d'appel d'offres[29], les conditions exigées aux soumissionnaires et les règles applicables aux offres. La procédure d'attribution du marché est matérialisée par 2 points à savoir : les modalités d'attribution du marché et la mise en œuvre de la décision d'attribution.

C- Cadre spatio-temporel

Parler du cadre spatio-temporel revient à examiner d'une part le cadre géographique ou spatial (1) et à présenter d'autre part le cadre temporel de notre sujet(2).

1- Cadre géographique

Il est donc clair que le thème intitulé « La passation des marchés publics en urgence au Cameroun » ait pour champ géographique le Cameroun mais aucune recherche ne doit ou ne devrait être fermée. C'est pourquoi l'on fera recours au droit étranger de façon secondaire. Le travail se fait principalement

---

28- HEUNINCK (B), op.cit., P 139-172.

29- Voir articles 85 (1) à (2) du décret de 2018 portant code des marchés publics.

au Cameroun parce qu'il fait recourir au droit public interne c'est-à-dire à l'une de ses branches intitulée le droit des marchés publics Camerounais. Mais comme on vient de le dire plus haut, faire du droit interne ne signifie aucunement que le droit étranger est interdit ou exclu. D'où le recours au droit français qui ne sera que subsidiaire sans oublier le droit des autres Etats. L'on pense notamment au droit des autres Etat d'Afrique noire francophone.

2- Cadre temporel

Le cadre temporel c'est fixer le moment de l'étude. Le droit des marchés publics est né au Cameroun depuis les premières années d'indépendance c'est-à-dire en 1959. Mais il s'agira de fixer le moment de l'étude souhaitée de la réforme de 1995 en passant par l'ancien code des marchés publics de 2004, par les réformes issues des décrets de 2012 et récemment par l'avènement du nouveau décret de 2018 portant code des marchés publics jusqu'à nos jours. Tous les textes réglementaires allant de 1995 jusqu'à nos jours seront aussi évoqués. Le droit des marchés publics camerounais a subi plusieurs reformes et ces dernières sont essentielles vu qu'elles serviront d'illustration pour aboutir à la démonstration de nos idées.

Il est aussi nécessaire d'invoquer le moment où la jurisprudence s'est intéressée aux marchés publics et particulièrement à notre thème. S'il est invoqué par le juge administratif bien sûr. Ce moment est situé de 1995 à nos jours même comme il est avéré que la jurisprudence en la matière est pauvre.

II- OBJET DE LA RECHERCHE

L'objet de la recherche s'explique par l'usage de 3 points fondamentaux. Il s'agit de l'intérêt de l'étude (A), de la problématique (B) et de l'hypothèse de recherche (C).

A- L'INTERET DE L'ETUDE

Il y a donc deux dimensions de l'intérêt dans une contribution scientifique : l'intérêt théorique ou scientifique (1) et l'intérêt pratique (2).

1- L'intérêt scientifique

Notre sujet présente un intérêt scientifique dans la mesure où il n'a jamais été traité en tant que thèse. C'est un sujet intéressant parce qu'il permet de comprendre que la notion d'urgence en marché public est une notion fonctionnelle [30] et non conceptuelle. Le doyen VEDEL avait systématisé la distinction entre les notions conceptuelles et les notions fonctionnelles. Ainsi, on entend par notion conceptuelle, une notion susceptible de recevoir une définition complète et son contenu est abstraitement déterminé une fois pour

---

30-DUBOUIS (L), « La théorie de l'abus de droit et la jurisprudence » in *Revue internationale de droit comparé*, Vol 16, N°1, Janvier-mars 1964, P.233.

toute. Par contre, les notions fonctionnelles procèdent d'une fonction qui, seule, leur confère une véritable unité. Elles n'ont d'existence que par le régime juridique qu'elles impliquent. Une notion fonctionnelle est une notion qui se définit en fonction du contexte, en fonction des circonstances. Il s'agit d'une notion qui s'adapte à sa fonction. La notion d'urgence se définit en fonction de la démarche que le maître d'ouvrage utilise pour éviter un danger réel ou pour faire face à ce danger. L'urgence se définit en fonction du degré du danger car lorsque le danger est moins grave, on parle d'urgence simple. Par contre, lorsque la mesure du danger est très élevée et s'impose, on parle d'urgence impérieuse. L'urgence simple est encadrée par une procédure d'allégement d'appel d'offres qui permet de réduire les délais de consultation. Mais il y a des conditions préalables à respecter pour employer cette procédure. L'urgence simple s'apprécie au cas par cas. Le maître d'ouvrage ne peut y recourir que si les délais normaux de réception des candidatures et des offres sont rendus impraticables compte tenu des circonstances exceptionnelles auxquelles il est confronté. Le maître d'ouvrage doit motiver le caractère objectif de l'urgence simple et l'impossibilité de respecter les délais réglementaires auprès des candidats. Pour mieux expliquer l'urgence simple, il est nécessaire de prendre un exemple : il y a urgence simple dans une situation résultant à la fois de l'ouverture d'une école ou d'un parc d'attraction et du retard avec lequel un tiers a remis les ouvrages. Pour pallier ce retard, le maître d'ouvrage allège les délais réglementaires de remise des offres et des candidatures. Par contre, l'urgence à faire effectuer des travaux de chauffage dans une école n'est pas justifiée au seul motif du caractère imminent de la rentrée scolaire lorsque le retard est imputable au maitre d'ouvrage[31]. En Clair le danger ne doit pas provenir du maitre d'ouvrage mais d'un tiers ou d'une cause extérieure qui a mis en jeu la sécurité de la phase de remise des offres et des candidatures. Mais lorsque le maitre d'ouvrage raccourcit les délais normaux de remise des offres, il est toujours obligé de respecter les délais de suspension de la procédure d'appel d'offres. Il est aussi obligé d'informer les candidats évincés.

L'urgence impérieuse quant à elle, permet au maître d'ouvrage d'utiliser les procédures négociées c'est-à-dire des procédures dérogatoires à l'appel d'offres. Cette procédure s'applique dans les cas de phénomènes extérieurs, imprévisibles et irrésistibles. Ici, le maître d'ouvrage doit faire face aux dangers liés aux catastrophes. Par exemple : consolider l'ouvrage menaçant de s'effondrer, rétablir le fonctionnement des réseaux, reconstruire une chaussée effondrée par des inondations. Pour Ludovic VIGREUX, le relogement provisoire des sinistrés relève de l'urgence impérieuse alors que leur relogement définitif nécessite le recours à une procédure classique comme l'appel d'offres ouvert. Dans tous les cas, l'urgence impérieuse ne doit pas être employée pour réaliser les ouvrages qui n'existaient pas avant le sinistre ou la catastrophe. L'urgence impérieuse doit donc être justifiée par le maître d'ouvrage.

31-CE, 4 Avril 1997, département d'Ille-et-Vilaine, N°145388.

C'est donc un sujet d'une importance majeure parce qu'il permet d'identifier les différentes opérations de passation des marchés publics en urgence. Par conséquent il permettra d'identifier les différentes procédures qui s'appliquent à la passation des marchés publics en urgence. Notre thème permet aussi de comprendre que l'administration peut directement négocier les marchés publics avec les entreprises concernées sans publicité préalable et sans appel d'offres. Ceci à cause de l'urgence et d'autres cas précis comme les marchés publics subissant les travaux d'expérimentation, de recherche, d'essai, de mise à point ou les marchés dont les besoins nécessitent l'obtention d'un brevet d'invention.

2- L'intérêt pratique

On parle d'intérêt pratique lorsqu'il s'agit de valoriser le sujet en fonction des acteurs. Ces acteurs peuvent être des étudiants, des justiciables, l'administration, les praticiens du droit, les opérateurs économiques. En ce qui concerne l'administration, tout acheteur public doit définir et déployer une politique efficiente de gestion dans la passation des marchés publics en urgence. Il faudrait pour cela avoir une vision lumineuse et précise des situations pouvant entraîner une passation des marchés publics en urgence. L'administration devrait donc mettre en place un système de passation qui permettra de neutraliser les effets de l'urgence lors du déploiement des procédures d'achat dans tout type de marché public. Elle doit aussi savoir définir une situation d'urgence. Tout acheteur public doit être formé pour passer des marchés publics en urgence car le management de l'urgence vit ses réalités ou ses mystères qu'il faut savoir détecter. L'étude de ce sujet apportera aux décideurs, aux praticiens du droit et des marchés publics des informations assez utiles pour améliorer les différentes règles qui encadrent la passation des marchés publics. L'administration doit comprendre que lorsqu'une situation d'urgence se manifeste dans l'appel d'offres, la passation des marchés publics doit s'alléger dans toutes les étapes de la procédure d'appel d'offres. Par conséquent, l'allégement de l'appel d'offres ne devrait pas être parcimonieux car la lourdeur procédurale ne justifie pas une passation des marchés d'appel d'offres en urgence. Le maître d'ouvrage doit aussi comprendre qu'il y a des niveaux d'urgence. Le maître d'ouvrage devrait par conséquent comprendre que le recours à la procédure de gré à gré n'est pas un cas unique ou exclusif d'application d'une passation des marchés publics en urgence. Cette procédure exceptionnelle ne peut être appliquée qu'en cas de gravité extrême ou lorsque les délais de procédure d'appel d'offres sont rendus inévitables, impraticables et lorsque la défaillance du soumissionnaire a été constatée.

B-Problématique et hypothèse de recherche

Il sera donc question de présenter la problématique de notre sujet (1) et de faire ressortir l'hypothèse de notre recherche (2).

1- Problématique

Notre étude sur la passation des marchés publics en urgence au Cameroun amène à débattre de son champ de fonction. Le champ de fonction de l'urgence est limitatif dans la passation des marchés publics car il fait beaucoup plus ses préférences aux marchés d'appel d'offres et aux marchés de gré à gré. Autrement dit il y a un problème de la prise en compte générale de l'urgence dans la passation de tout type de marchés publics. Il est donc urgent d'élargir son champ de fonction car nous soutenons une vision fonctionnelle et pluraliste de ladite passation. Cependant, quelle est la fonction de l'urgence dans la passation des marchés publics au Cameroun ?

2- Hypothèse de recherche

L'hypothèse c'est « une réponse anticipée que l'on formule à la suite de la question spécifique de recherche »[32]. C'est le point de vue que le scientifique défend en fait.

A la question de savoir quelle est la fonction de l'urgence dans la passation des marchés publics au Cameroun, nous répondons donc de la manière suivante : la fonction de l'urgence se perçoit en fonction des niveaux d'urgence et en fonction des types de marchés publics. Par conséquent, on la conçoit comme une dérogation fonctionnelle et pluraliste. Quand le niveau d'urgence est moindre, l'urgence a une fonction de célérité affirmée dans la passation des marchés d'appel d'offres. Par contre, lorsque le niveau d'urgence est plus élevé, l'urgence exerce une fonction de négociation limitée.

III – Méthodes et axes de recherche

Nous présenterons d'abord les méthodes (A) avant d'analyser les axes de recherche (B).

A- Méthodes

En droit, parler de méthodes revient à dégager deux aspects à savoir le courant de pensée juridique auquel on appartient et les différentes techniques à utiliser pour défendre notre point de vue par rapport au sujet traité. L'objectif ici est

---

[32]-MACE (G), PETRY (F), *Guide d'élaboration d'un projet de recherche en sciences sociales*, 4e édition, Janvier 2010, 134 p.

d'aboutir à une vérité scientifique vérifiée. Albert BRIMO a présenté plusieurs courants de la pensée juridique de la philosophie du droit et de l'Etat. Parmi eux, on a le courant rationaliste où la raison et le droit naturel fondent le droit, le courant antirationaliste et antinaturaliste fondé sur le positivisme, le courant humaniste fondé sur la théorie de l'institution[33], le courant phénoménologique fondé sur la critique des philosophies antérieures ou sur le constructivisme et le courant marxiste fondé sur une remise en question des phénomènes sociaux de la notion de droit et de l'Etat.

Au vue de cette panoplie de courants de pensée, Nous allons recourir au courant positiviste et particulièrement au positivisme juridique (1) car il s'agira de s'appuyer sur la norme pour faire des analyses et combler les insuffisances que la norme pose. Comme techniques, il s'agira de recourir à l'interprétation des textes (2) encore appelée méthode exégétique. Nous allons par la suite utiliser la méthode du droit étranger ou méthode comparative (3) et subsidiairement la méthode casuistique (4).

1- Le positivisme juridique comme choix du courant de pensée

Ce courant de pensée s'oppose au positivisme sociologique brillamment défendu par Léon DUGUIT car c'est le droit tel qu'il est et non le droit tel qu'il devrait être. Il y a plusieurs variantes du positivisme juridique. Parmi elles, on a les positivismes étatique, normativiste, exégétique, analytique, logique[34] et pragmatique. Face à ces variantes du positivisme, l'on choisira particulièrement le normativisme kelsénien car il nous permet non seulement de s'appuyer sur la norme pour faire nos analyses mais d'apporter aussi des correctifs aux insuffisances que dégage la norme.

2- Le conceptualisme juridique comme additif au positivisme juridique

Le conceptualisme juridique s'ajoute aussi au positivisme juridique car il s'agit d'une méthode juridique par laquelle certains concepts changent de signification en fonction du contexte ou en fonction de la discipline juridique empruntée. C'est le cas par exemple du concept d'urgence en marchés publics qui a une signification différente de celle qu'on retrouve en contentieux administratif ou en finances publiques. Il s'agit aussi d'une méthode qui se base sur l'empirisme c'est-à-dire d'une réalité concrète. N'oublions pas que la passation des marchés publics en urgence est une procédure dérogatoire concrète qui vise à partir d'une procédure simple plus allégée en appel d'offres à une procédure négociée

---

33 MILLARD (E), « Hauriou et la théorie de l'institution » in *droit et société*, Vol 30-31, 1995, pp. 381-412.

34 BRENNER (A), « Le positivisme logique : le cas du cercle de Vienne » in *Revue interdisciplinaire d'études juridiques*, Vol 67, 2011, PP. 119-133.

et même à d'autres marchés spécifiques selon nous. Il s'agira donc aussi d'interroger la pratique de la fonction de ladite urgence dans la passation des marchés publics.

Après avoir dégagé les courants de pensée choisis, il sera maintenant question de dégager les différentes techniques (3) employées pour défendre notre point de vue. Ces techniques sont au nombre de 3 à savoir : la dogmatique(a), la casuistique (b) et la méthode comparative (c).

3- Les différentes techniques

Il s'agit entre autres de la dogmatique (a), de la méthode comparative (b) et de la casuistique (c).

a - L'interprétation des textes

La méthode dogmatique s'inscrit dans l'école de l'exégèse. Elle consiste à interpréter les textes juridiques pour en dégager l'esprit caché derrière la lettre. Il existe donc deux types d'interprétation juridique. Une interprétation authentique et une interprétation réaliste. La méthode qui sera utilisée ici est exégétique et particulièrement interprétative. Ce choix s'explique par le fait que les textes et documents juridiques sont assez riches pour soutenir notre thème. Par conséquent, l'on utilisera subsidiairement la casuistique car certaines décisions de justice administrative s'intéressent à la passation des marchés publics. D'autres décisions de justice ne s'intéressent qu'aux cas de résiliation unilatérale. Cependant, la jurisprudence en matière de marchés publics est pauvre car on note seulement une trentaine de jugements ou d'arrêts.

b- La méthode du droit étranger

Cette méthode est utilisée pour affirmer l'identité des ordres juridiques nationaux par rapport à d'autres. Il s'agira donc de confronter les différents ordres juridiques nationaux pour faire jaillir la vérité scientifique. Cela veut dire que la recherche ne doit pas être fermée mais ouverte à tout ordre juridique[35]. Les textes juridiques français, les textes juridiques de certains pays d'Afrique noire francophone seront évoqués dans notre thème pour être confrontés aux textes juridiques camerounais. Ceci pour voir le niveau d'attachement ou leur niveau d'éloignement.

c- La méthode casuistique

Au plan juridique, la casuistique est une méthode par laquelle on s'inspire des commentaires des décisions de justice pour soutenir de façon démonstrative

---

[35] CHEVALLIER (J), *L'Etat post-moderne*, T.35, LGDJ, 3e édition, 261 P. Selon lui, l'ordre juridique symbolise l'ordre social.

des idées. Malgré la pauvreté des décisions de justice administrative en matière de passation des marchés publics en urgence, nous allons commenter ces minimes décisions y relatives. Sera donc convoqué ici le juge administratif camerounais pour ce qui est du droit national. Cependant, on a constaté un apport dense du juge administratif français dans la passation des marchés publics en urgence.

B. Les Axes de recherche

Notre thèse portera sur deux grands axes : la fonction de l'urgence perçue comme une fonction de célérité affirmée (Ière partie) et la fonction de l'urgence perçue comme une fonction de négociation limitée (2nde partie).

PREMIERE PARTIE : UNE FONCTION DE CELERITE AFFIRMEE

L'urgence exerce une fonction de célérité[36] affirmée dans la procédure normale d'appel d'offres[37] car elle contribue à un allègement parcimonieux de la passation par appel d'offres (titre 1). Cet allègement s'explique par une réduction des délais normaux de la procédure d'appel d'offres (chapitre 1) d'une part et se traduit par une modification de certaines conditions de passation par appel d'offres ou alors une modification sélective des conditions de passation par appel d'offres (chapitre 2) d'autre part.

Ladite urgence exerce aussi une fonction de célérité affirmée mais conditionnée dans la mesure où malgré la présence de ladite dérogation il y a une sauvegarde généreuse des règles applicables à la passation par appel d'offres (titre 2). Cette sauvegarde s'explique par un maintien des étapes de la passation par appel d'offres ou alors d'un maintien des règles applicables aux étapes de la passation par appel d'offres (chapitre 1). Cette sauvegarde s'explique aussi par un maintien des règles applicables au contentieux de la passation des marchés publics[38] (chapitre 2).

---

[36] CHOLET (D), *La célérité en droit processuel*, Thèse, LGDJ, Juillet 2006, 736 P.
[37] ROUX (M), *Appels d'offres. Rédiger, répondre, analyser*, *op.cit.*, 202 P.
[38] GUEZOU (O), *Traité de contentieux de la commande publique*, *op.cit.*, 878 P.

TITRE I : L'ALLEGEMENT PARCIMONIEUX DE LA PASSATION PAR APPEL D'OFFRES

Pour faire face à une situation d'urgence simple[39], le maître d'ouvrage[40] ou maître d'ouvrage délégué[41] conçoit ladite passation comme un allègement parcimonieux de la passation par appel d'offres. Cet allègement s'explique par 2 grands points : la réduction des délais normaux de la procédure d'appel d'offres (chapitre 1) et la modification sélective de certaines conditions de passation par appel d'offres (chapitre 2).

---

[39] Voir l'article 35 du code français des marchés publics français et l'article 89(2) du code camerounais des marchés publics.

[40] SABUT (C), TAILLAN (J-B), *Dictionnaire de la maîtrise d'ouvrage publique et privée*, *op.cit.*, 532 P.

[41] COSSALTER (P), *Le mandat de maîtrise d'ouvrage et la maîtrise d'ouvrage partagée*, *op.cit.*, 66 P.

CHAPITRE I : LA REDUCTION DES DELAIS NORMAUX DE LA PROCEDURE D'APPEL D'OFFRES

La passation des marchés publics en urgence est un art. Un art parce qu'elle relève d'une technicité particulière. Il faut bien identifier les causes qui justifient ladite passation dans l'appel d'offres[42]. Généralement, le maître d'ouvrage[43] allège l'appel d'offres[44] lorsqu'il sent que les délais de réception des candidatures et des offres sont rendus impraticables dans leurs données habituelles. Ces délais sont infranchissables à cause d'un retard qui a été observé pendant la phase de remise des candidatures et des offres. Ce retard ne doit provenir ni du maître d'ouvrage, ni des soumissionnaires. Il doit plutôt provenir d'un tiers[45] qui devait remettre les ouvrages aux potentiels soumissionnaires dans les brefs délais. C'est donc un retard qui s'impose aussi bien au pouvoir adjudicateur[46] qu'aux potentiels soumissionnaires[47]. Le retard est donc une cause directe de la célérité puisque l'urgence à ce niveau est un refus d'un excès de lenteur[48] dans la procédure d'appel d'offres ou dans une procédure quelconque[49]. Dans ce cas d'espèce, l'urgence correspond donc à un blocage extérieur que le maître d'ouvrage[50] doit faire face pour sauver la procédure d'appel d'offres. L'urgence dont il s'agit ici est une notion hybride[51] car elle porte à la fois les germes d'une procédure normale[52] et les germes qui lui sont propres.

Étant donné que la procédure d'appel d'offres[53] doit se faire dans la continuité[54] et donc sans interruption[55], le pouvoir adjudicateur[56] va donc affronter ladite

---

42 ZAVOLI (P), « Appel d'offres », *J.Cl.* CMP, fasc. 61-10.

43 FREBAULT (J), *La maîtrise d'ouvrage urbaine*, Le Moniteur, 23 février 2006, 148 P.

44 ROUX (M), *Op.cit.*, 202 P.

45 BOUHIER (V), *L'intervention des tiers dans les contrats administratifs*, T. 121, *Institut francophone pour la justice et la démocratie*, Coll. Colloques et Essais, novembre 2020, voir "Résumé", 186 P. L'auteur nous montre que les tiers ont toujours une influence dans la passation et l'exécution des contrats administratifs.

46 GALOT (L), GHERGHINARU (R), TEERLINCK (P), *Le pouvoir adjudicateur et les critères d'attribution*, Larcier, octobre 2018, 152 P.

47 NEVEU (B), CABANES (C), *Droit de la concurrence dans les contrats publics*, *op.cit.*, 360 P.

48 MASSE (F), *Urgences et lenteur. Politique, administration, collectivités*, un nouveau contrat, Fauves éditions, février 2020, 285 P.

49 CHOLET (D), *La célérité en droit processuel*, LGDJ, 2006, P.45.

50 DANJOU (R), SCHECK (T), *Le rôle du maître d'ouvrage*, Agence Qualité Construction, 1ère édition, 21 novembre 2008, 154 P.

51 Le dictionnaire Linternaute définit le terme hybride comme quelque chose qui rassemble deux éléments de nature différente.

52 BERARD-WALSH (A-C), FONTAINE (C), HOURCABIE (A), *Passation des marchés publics*, Le Moniteur, Coll. Pratique du droit, 2e édition, voir "résumé", juin 2019, 352 P. Selon eux, l'appel d'offres se caractérise par des procédures de publicité et de mise en concurrence.

53 LA BIBLIOTHEQUE JURIDIQUE, *Répondre à un appel d'offre de marché public*, Independently published, 29 mars 2017, 28 P.

urgence en utilisant deux moyens[57] importants : la réduction des délais normaux de la procédure d'appel d'offres (Section 1) et la réduction des délais normaux de l'avis de la commission dans l'attribution du marché (Section 2).

Section 1 : La réduction des délais normaux de remise des offres

Il est important voire essentiel de rappeler que l'urgence dont il est question ici est une urgence située au bas de l'échelle[58] c'est-à-dire celle qui vise à prévenir ou à pallier un retard constaté pendant la phase de remise des offres et des candidatures. A ce niveau, l'urgence se rapproche de la notion d'imminence[59] puisqu'elle oblige l'administration à bouger rapidement pour la rendre encore plus performante[60] afin d'obtenir de bons résultats[61].

Il faut également préciser que le droit des marchés publics camerounais[62] subit une instabilité réglementaire[63] ou une instabilité du droit positif[64]. D'aucun[65] ont appelé cela une inflation[66] normative qui crée le désordre[67] normatif[68]. Par conséquent, le nouveau[69] Code des marchés publics camerounais de 2018 est venu modifier le délai normal de remise des offres et de candidatures dans la passation des marchés publics. L'ancien Code des marchés publics de 2004[70] consacrait le délai normal de remise des offres par la formulation suivante :

---

54 ZIANI (S), *Du service public à l'obligation du service public*, T. 285, LGDJ, Coll. Thèses, Sous-collection " Bibliothèque de droit public", février 2015, 464 P.

55 COURREGES (M), *Le principe de continuité du service public confronté au droit de grève*, Thèse, LGDJ, Anne-Rideau, décembre 2015, 432 P.

56 Terme technique qui désigne particulièrement le maître d'ouvrage ou l'acheteur public dans un marché public.

57 ANTOINE (A), *Prérogatives de puissance publique et droit de la concurrence*, T. 261, LGDJ, Coll. Thèses, sous-collection "Bibliothèque de droit public", juin 2009, 560 P. Ces moyens sont en rapport avec le droit de la concurrence.

58 Ce type d'urgence est appelé urgence simple ou urgence manifeste.

59 FROMENT-MAIRE (A), « La notion d'imminence en droit administratif » in *Civitas Europa*, N°42, 2019/1, PP. 149-170.

60 COLLECTIF sous la direction de Nathalie ALBERT, *op.cit.*, 306 P.

61 MAZOUZ (B), LECLERC (J), TARDIF (M), *La gestion intégrée par résultats : concevoir et gérer autrement la performance dans l'administration publique*, Presses de l'université du Québec, 6 mars 2008, 440 P.

62 BIAKAN (J), *op.cit.*, 132 P.

63 OST (F), VAN DE KERCHOVE (M), *Le système juridique entre ordre et désordre*, PUF, Coll. Les voies du droit, 1ère édition, septembre 1988,254 P.

64 CONSTANS (L), *Le droit positif comme désordre (Paradoxes sur la valeur instrumentale de la technique juridique), Etudes offertes à AUBY (J-M),* Dalloz, 1992, p.35.

65 LETHIELLEUX (L), ANDRE (C), « Inflation normative : entre opportunités et menaces pour les organisations de l'économie sociale et solidaire » in *management et avenir*, 2019, PP. 153- 170.

66 MACKAAY (E), « L'inflation normative » in *Lex electronica*, vol 23, 2018, pp.30-51. Ici, l'auteur démontre que l'inflation normative est une pathologie systématique de l'Etat.

67 LUISIN (B), « Le mythe de l'Etat de droit, l'Etat de droit, respectivement » in *CIVITAS EUROPA*, N°37, 2016, voir "2-Toute production de norme introduit le désordre", pp.155-182.

68 VIALA (A), « Désordre normatif et pluralité linguistique européenne » in *RDP*, N°1, 2006, PP. 139-152.

69 Il s'agit du décret N°2018/366 du 20 juin 2018 portant code des marchés publics.

70 Il s'agit du décret N°2004-275 du 24 septembre 2004 portant code des marchés publics.

"Les délais accordés aux soumissionnaires pour la remise des offres varient entre 30 et 60 jours"[71]. Par contre, le nouveau[72] code des marchés publics de 2018 propose une formulation différente de celle citée plus haut : "Les délais accordés aux soumissionnaires pour la remise des offres varient entre vingt-cinq jours et cinquante jours ouvrables à compter de la publication de l'avis d'appel d'offres dans le journal des marchés publics de l'organisme chargé de la régulation des marchés publics"[73]. La première remarque à faire est que le délai normal de remise des offres a été réduit. D'une part on passe de 30 à 25 jours, d'autre part on passe de 60 à 50 jours. Il y a donc une volonté pour le pouvoir réglementaire[74] camerounais d'accélérer la procédure normale d'appel d'offres. On participe donc à une accélération de l'action administrative[75]. A ce niveau l'accélération contribue à la modernisation administrative[76]. Par conséquent, il y a un lien étroit entre l'accélération[77] des procédures avec les concepts de performance[78], vitesse[79], rapidité et efficacité[80].

Il est aussi important de rappeler que les soumissionnaires[81] qui postulent pour gagner les marchés d'appel d'offres lancés en urgence ne doivent pas être en situation de faillite[82] ou de liquidation judiciaire[83]. Il est aussi important de rappeler que tous les marchés publics lancés en urgence ne dérogent pas aux principes de mise en concurrence[84]. Certains marchés restent prisonniers des règles de mise en concurrence[85]. C'est le cas des marchés d'appel d'offres lancés

---

71 Voir article 21 (1) du décret de 2004 portant code des marchés publics.

72 Il s'agit du décret N°2018-366 du 20 juin 2018 portant code camerounais des marchés publics.

73 Voir article 89 (1) du décret de 2018 portant code des marchés publics.

74 DOUENCE (J-C), *Recherches sur le pouvoir réglementaire de l'administration*, LGDJ, 1er janvier 1968, 535 P.

75 CHEVALLIER (J), « L'accélération de l'action administrative » in *Presse de l'université Saint-Louis*, 2000, PP. 489-508.

76 CHEVALLIER (J), *La politique française de modernisation administrative*, in L'Etat de droit, Mélanges Braibant, Dalloz, 1996, p.69 et suivant.

77 CHEVALLIER (J), « L'accélération de l'action administrative », *op.cit.*, PP. 489-508.

78 GUAY (M-M), *Performance et secteur public : réalités, enjeux et paradoxes*, Presses de l'université du Québec, 3 mai 2000, 397 P.

79 VIRILIO (P), *Vitesse et politique : Essai de dromologie*, éditions Galilée, 16 novembre 1977, 151 P.

80 JOANANG (P, R), *Reforme des marchés publics camerounais et performance du système*, op.cit., 132 P.

81 NEVEU (B), CABANES (C), *Droit de la concurrence dans les contrats publics*, Le Moniteur, 27 août 2008, 360 P.

82 DE LAUBADERE (A), MODERNE (F) et DELVOLVE (P), *Traité de contentieux administratif*, LGDJ, 1984, P 49.

83 CLEMENT(J.A) et GUINET(J), « Le maître de l'ouvrage public face à la faillite de l'entrepreneur », *Marchés publics*, 1982, n°183 PP. 28-35.

84 BRACONNIER, « Les nouvelles procédures de passation des marchés publics : une épine dorsale entre rationalisation et simplification », *Le moniteur des travaux publics*, 22 juin 2001, P11. Ce principe met également en exergue le principe d'égalité de traitement des candidats ou des opérateurs économiques.

85 GUIHEUX (G), « La mise en concurrence et transparence des contrats administratifs français : entre novation et tradition » in *revue générale de droit*, Vol 36, numéro 4, 2006, P. 789. Pour lui l'égalité de traitement des candidats est une règle à respecter dans la commande publique. Il

en situation d'urgence simple, situation extérieure et imprévisible visant à perturber le déroulement d'une procédure normale.

Cependant, en ce qui concerne l'urgence à moindre dose ou urgence manifeste, le droit n'a pas avancé malgré la création du nouveau décret portant code des marchés publics de 2018. Le pouvoir réglementaire[86] n'a donc pas innové en termes de délai d'urgence dans l'appel d'offres[87]. L'ancien code des marchés publics de 2004 consacrait les délais d'urgence de la manière suivante : "Ce délai, qui court à compter de la date de publication de l'avis d'appel d'offres, peut être ramené à vingt (20) jours dans les cas d'urgence manifeste ou de demande de cotation et porté au plus à quatre-vingt-dix (90) jours pour les appels d'offres internationaux"[88]. Malheureusement, le nouveau décret de 2018 portant code des marchés publics n'a pas changé les délais en termes d'urgence dans l'appel d'offres. Sa formulation en la matière est la suivante : "ce délai peut être ramené à vingt (20) jours ouvrables pour les prestations de moindre envergure, en cas d'urgence manifeste, ou pour les demandes de cotation, et porté à quatre-vingt-dix (90) jours pour les appels d'offres internationaux ou pour les projets complexes ou de grande envergure"[89]. On constate donc l'inertie[90] du pouvoir réglementaire dans la formulation des délais d'urgence concernant l'appel d'offres. Il y a donc eu un manque d'innovation[91] à ce niveau.

Il existe deux types d'appel d'offres dans lesquels l'urgence simple[92] s'impose : l'appel d'offres ouvert[93] et l'appel d'offres restreint[94]. Par conséquent, le pouvoir réglementaire camerounais va procéder par deux types de raccourcissement : un raccourcissement des délais de dépôt des offres en procédure ouverte (Paragraphe 1) et un raccourcissement des délais de remise des offres en procédure restreinte (Paragraphe 2).

---

signifie des obligations pour l'administration, une interdiction des discriminations et une situation de concurrence égale pour les soumissionnaires.

86 MOREAU (F), *Le règlement administratif : étude théorique et pratique de droit public français*, Fontemoing, Librairie des écoles françaises d'Athènes et de Rome, Paris, 1902, 533 P.

87 LA BIBLIOTHEQUE JURIDIQUE, *Répondre à un appel d'offre de marché public*, *op.cit.*, 28 P.

88 Voir article 21(2) du décret de 2004 portant code des marchés publics.

89 Voir article 89(2) du décret de 2018 portant code des marchés publics. Voir aussi ELBEHERRY Ibrahim, *Théorie des contrats administratifs et marchés publics internationaux*, thèse à l'université de NICE SOPHIA-ANTIPOLIS, mars 2004, P14. Dans cette thèse, l'auteur montre que c'est le droit international qui s'applique aux marchés publics internationaux encore appelés appels d'offres internationaux. Voir aussi PEZIN Charlotte, Les marchés publics et le code des marchés publics, mémoire de DEA de droit publics de l'économie, Paris II, 2011, pp22 et s.

90 Le dictionnaire Linternaute définit l'inertie comme l'état de ce qui est inerte, qui ne bouge pas. Autrement dit on assiste plutôt à un statu quo au détriment du dynamisme.

91 PUPION (P-C), « L'innovation dans le secteur public » in *Gestion et management public*, 2018/2, Vol. 6, N°4, pp. 6-8.

92 Pour l'urgence simple, voir les articles 62, 60 et 65 du code français des marchés publics de 2006.

93 COSSALTER (P), *op.cit.*, 106 P.

94 COSSALTER (P), *op.cit.*, 116 P.

Paragraphe 1 : Le raccourcissement des délais de dépôt des offres en procédure ouverte

On entend par procédure ouverte[95], une procédure à laquelle tout candidat peut remettre leurs offres en respectant une date bien précise[96]. Elle s'opère en une seule phase. Ici, le marché est passé sur la base de divers critères objectifs comme le prix[97], la valeur technique, les garanties offertes... etc. Ceci après publication obligatoire des avis d'appel public à concurrence. L'appel d'offres ouvert peut donc être national[98] et international[99]. Ainsi, pour passer les marchés publics en situation d'urgence simple, le maître d'ouvrage a le choix de procéder soit par appel d'offres national ouvert[100] soit par appel d'offres international ouvert. En effet, lorsque l'acheteur public[101] lance l'appel d'offres national ouvert en urgence, il procède à la réduction des délais en procédure nationale ouverte (A). De même, lorsque le maître d'ouvrage[102] lance l'appel d'offres international ouvert en urgence, il procède à la réduction des délais normaux de dépôt des offres (B) en procédure internationale ouverte.

A- La réduction des délais en procédure nationale ouverte

Il s'agira donc de présenter le raccourcissement des délais de remise des offres dans les marchés publics de travaux (1), de faire ressortir le raccourcissement des délais dans les marchés de fournitures en urgence (2) et d'invoquer le raccourcissement des délais dans les marchés de service et de prestations intellectuelles en urgence. (3).

1- Le raccourcissement des délais dans les marchés de travaux en urgence

Selon la circulaire[103] N°005/CAB/PM du 30/12/2005 relative à l'application de l'ancien Code des marchés publics au Cameroun, le délai normal de dépôt des offres varie entre 30 et 60 jours à compter de la date de publication de l'avis d'appel d'offres. Mais en cas d'urgence, ce délai est ramené à 20 jours.

---

[95] RICHER (L), *Op.cit.*, 6e édition, P.466.

[96] ARAPU(C), *Réflexion sur le processus d'application des procédures de passation des marchés publics*, mémoire de DESS, Université Lumière Lyon II, Institut d'étude politique, 11 septembre 2003, P12.

[97] VACHAL (J-M), *L'étude de prix dans les marchés de travaux publics. La méthode, un exemple*, Presses de l'école nationale des ponts et chaussées, mars 2011, 170 P.

[98] Voir article 74(1-a) du décret de 2018 portant code des marchés publics.

[99] Voir article 74(1-b) du même décret. Voir aussi ELBEHERRY Ibrahim, *Théorie des contrats administratifs et marchés publics internationaux*, thèse, université de Nice Sophia Antipolis, 2004, P10. Ici l'auteur assimile les appels d'offres internationaux aux marchés publics étrangers.

[100] COOSALTER (P), *L'appel d'offres ouvert*, *op.cit.*, 96 P.

[101] JONCOUR, *L'achat public*, Editions d'organisation, 23 mars 2000, 311 P.

[102] HACHE (O), GODARD (J), *op.cit.*, 120 P.

[103] Voir article VII.4 de la circulaire de 2005 relative à l'application de l'ancien code des marchés publics de 2004.

Cependant, le nouveau décret de 2018 portant code des marchés publics met fin à l'application de la circulaire citée ci-dessus en consacrant un nouveau délai normal de remise des offres. Ce délai varie entre 25 et 50 jours. Mais en cas d'urgence, le délai reste dans le statu quo. Le décret n°2011-686/PRN/PM du 29 décembre 2011 portant code des marchés publics au Niger va dans le même sens que le texte juridique cité ci-dessus en disposant que « **en cas d'urgence dûment motivée ne nécessitant pas une intervention immédiate, les délais fixés par arrêté du premier ministre peuvent être rendus plus courts. La décision de recouvrir à la procédure d'urgence doit être autorisée par l'organe chargé du contrôle a priori des marchés** »[104]. Et une fois que cet organe autorise la passation des marchés en situation d'urgence simple, l'administration va donc procéder à la passation et à l'exécution desdits marchés. C'est ce que pierre LEMIEUX appelle « le pouvoir d'inspection et de contrôle de l'administration dans les marchés de travaux publics »[105]. JOSSERAND Louis démontrait qu'on vit même de plus en plus contractuellement[106]. Raison pour laquelle on assiste plutôt à la montée en puissance d'une administration contractuelle[107] dans l'action publique[108].

Le Bénin va également dans le même sens en créant une loi[109] qui consacre aussi bien les délais[110] normaux de remise des offres que leurs délais d'urgence. En effet, d'après cette loi, le délai normal de réception des offres dans les procédures ouvertes est de 30 jours. Mais en cas d'urgence dûment motivée, ce délai est réduit à 15 jours. La décision de recourir à la procédure d'urgence doit être autorisée par la direction nationale de contrôle des marchés publics[111]. RICHER Laurent a aussi abordé la question des délais[112] normaux en cas d'appel d'offres ouvert mais a fait preuve de myopie quant aux délais d'urgence simple pour pallier à un événement extérieur aux parties qui est venu compromettre la procédure normale.

---

[104] Il s'agit de l'article 83 du décret de 2011 portant code des marchés publics au Niger.

[105] LEMIEUX Pierre, « Le pouvoir d'inspection et de contrôle de l'administration dans les marchés de travaux publics » in *revue générale de droit*, volume 10, numéro 2, 1979, PP.403-427.

[106] JOSSERAND (L), « aperçu général des tendances actuelles de la théorie des contrats » *RTD civ*, 1937, P1.

[107] DENOIX DE SAINT (M, R), « La question de l'administration contractuelle », *AJDA*, 2003, n°19, PP970-972.

[108] SAMB Seynabou, *Le droit de la commande publique en Afrique noire francophone : contribution à l'étude des mutations du droit des contrats administratifs au Sénégal, au Burkina Faso, en Côte d'ivoire et au Cameroun*, thèse à l'université de Bordeaux, 28 Novembre 2015, P 61.

[109] Il s'agit de la loi N°2017-04 du 19 octobre 2017 portant code des marchés publics au Bénin.

[110] BATSELE (D), YERNA (A) *Manuel des marchés publics*, précisément dans son chapitre IX, édition Larcier, 350 pages.

[111] Voir articles 64 (1) et 64 (2) de la loi n°2017-04 du 19 Octobre 2017 portant code des marchés publics au Bénin.

[112] RICHER (L), *Droit des contrats administratifs*, op.cit., P.470. Voir aussi DEOM (D) et NIHOUL (P), « Les marchés publics : concurrence, transparence et neutralité » in *revue générale de droit*, volume 36, numéro 4, 2006, P813. Ils nous montrent que la finalité des règles de publicité c'est d'informer les soumissionnaires pour qu'ils puissent présenter leurs offres dans les délais.

Pour ressortir le raccourcissement des délais dans les marchés de travaux en urgence au Cameroun, nous allons commenter plusieurs avis d'appel d'offres ouvert « **en procédure d'urgence** » qui sont des documents juridiques ou des documents contractuels[113]. En effet, nous pouvons citer l'avis d'appel d'offres national ouvert en procédure d'urgence n°59/AONO/MINTP/CMPM-OAAI/2015 du 23 Juillet 2015, publié le 07 Août 2015 pour l'exécution des travaux de réhabilitation des bancs. Selon cet avis[114], le délai de réponse des soumissionnaires accordé pour participer à cet appel d'offres est de 21 jours à compter de la date de publication dans le journal des marchés publics[115], dans la presse et par affichage. Pour être plus précis, « **chaque offre rédigée en français ou en Anglais et en 7 exemplaires dont un original et 6 copies marquées comme tels devra être déposée dans les services du maître d'ouvrage directeur des affaires générales, sous-directeur des marchés publics sis en face du lac municipal de Yaoundé bâtiment G au plus tard le 27/08/2015 à 10 heures** ». Nous voyons donc que d'après l'article 12 de cet avis, le délai de remise des offres en procédure d'urgence est réduit à 21 jours. De même référons-nous à l'avis d'appel d'offres national ouvert n°001/AONO/EDC/CPM/ 11 du 10 mars 2011 en procédure d'urgence pour la construction des postes de communication dans la zone du projet LOM PANGAR. En effet, d'après cet avis, *« des offres rédigées en français ou en anglais doivent être remise au plus tard le 30 mars 2011 à 10heures, heure locale »*[116]. Pour aller dans le même sens, l'avis d'appel d'offres national ouvert en procédure d'urgence n°100/AONO/MINTP/CPM/2014 du 03/08/2014 pour les travaux de construction du second bloc technique de la station de pesage de Nomayos sur le tronçon Yaoundé-Edéa permet le raccourcissement des délais de remise des offres par les soumissionnaires. Ceci grâce à la formulation suivante : « **pour cet appel d'offres, le délai de réponse est fixé à vingt et un (21) jours calendaires aux soumissionnaires** ». L'appel d'offres national ouvert n°024/AONO/MINSEP/CMPM/2017 du 25 janvier 2017 relatif aux travaux de réhabilitation du réseau électrique du ministère des sports et de l'éducation physique « **en procédure d'urgence** » participe également au raccourcissement des délais normaux de remise des offres par les soumissionnaires. En effet, d'après l'article 9 de cet appel d'offres cité, les offres doivent être déposées au ministère des sports et de l'éducation civique plus tard

---

113 LABARTHE (F), *La notion de document contractuel*, T.241, LGDJ, Coll. Thèses, Sous-collection "Bibliothèque de droit privé", janvier 1994, 428 p. C'est un document qui vise à préparer, passer, exécuter un contrat. Il fixe généralement les conditions, les droits et la procédure à suivre pour la préparation, la passation ou l'exécution d'un contrat.

114 Il s'agit de l'article 11 de l'avis d'appel d'offres national ouvert n°59/AONO/MINTP/CMPM-OAAI/2015 publié le 7 Août 2015 en procédure d'urgence pour l'exécution de réhabilitation des bancs.

115 Il s'agit du journal des marchés publics (JDM) de l'agence de régulation des marchés publics (ARMP).

116 Il s'agit de l'article 6 de l'AONO n°001 lancé en " procédure d'urgence" du 10 mars 2011 pour la réhabilitation des centres de communication dans la zone du projet LOM PANGAR.

le 17 février 2017 à 13 heures. L'appel d'offres concerné a été publié le 27 janvier 2017 et entre le 27 janvier et le 17 février, ça fait exactement 21 jours pour remettre impérativement les offres mises en compétition.

Il est aussi important de rappeler que RICHER Laurent[117] , DEOM et NIHOUL[118] réduisent le raccourcissement des délais normaux de la procédure d'appel d'offres aux délais de l'avis de pré-information. Or les délais d'urgence participent aussi à la réduction des délais normaux de remise des offres. Nous avons aussi remarqué que le droit des marchés publics[119] est aussi un droit pratique[120], pratique dans la mesure où sont beaucoup plus employés des avis d'appels d'offres rédigés et signés par les maîtres d'ouvrages.

Parfois, le raccourcissement des délais normaux de remise des offres dans les marchés de travaux en urgence varie et peut même aller jusqu'à moins de 20 jours. Prenons le cas de l'avis d'appel d'offres national ouvert en procédure d'urgence n°017/AONO/MINESUP/UD/PROACTP/CMPM/MINESUP/ 2017 du 27 juillet 2017 relatif aux travaux d'aménagement des voiries et réseaux divers à la faculté de médecine et des sciences pharmaceutiques de l'université de Douala. Cet avis d'appel d'offres a été publié le 31 juillet 2017 à 15 heures. Dans cet avis[121] , le délai de remise des offres est fixé le 16 août 2017. Entre le 31 juillet 2017 et le 16 août 2017, ça fait exactement 16 jours. Dans le même ordre d'idée, l'avis d'appel d'offres national ouvert n°048/AONO/MINHDU/CMPM/17 du 8 juin 2017 pour la construction d'ouvrages hydrauliques et d'assainissement dans certaines villes du Cameroun en procédure d'urgence participe aussi au raccourcissement des délais de remise des offres dans les marchés de travaux. En effet, Cet avis d'appel d'offres[122] a été publié le 09 juin 2017 à 12h. Le délai de dépôt des offres est fixé le 29 juin 2017 à 13 heures. Entre le 09 juin 2017 et le 29 Juin 2017, ça fait exactement 21 jours.

Nous utilisons cette foule d'avis d'appels d'offres pour montrer la réduction des délais normaux en cas d'urgence simple parce que généralement le contrat administratif[123] est un contrat hors la loi[124] et donc à forte prédominance

---

117 RICHER (L) *op.cit.*, P.70.

118 DEOM et NIHOUL, article déjà cité, P.814.

119 WYCKOFF (P, G), *Pratique du droit de la construction ; marchés publics, marchés privés*, 7e édition, Dalloz, 18 juin 2015, 564 P.

120 BRECHON-MOULENES et Colloque association pour le droit public de l'entreprise, *Réglementation et pratique des marchés publics* : 3e Colloque, 1984, Nanterre, Dalloz, janvier 1985, 223 P.

121 Voir l'article 9 de l'avis d'appel d'offres national ouvert en procédure d'urgence n°017/AONO/MINESUP/UD/PRO-ACTP/CMPM/MINSUP/2017 du 27 Juillet 2017 relatif aux travaux d'aménagement des voiries et réseaux divers à la faculté de médecine et des sciences pharmaceutiques de l'université de Douala.

122 Voir article 9 de l'avis d'appel d'offres national ouvert n°048/AONO/MINHDU/CMPM/17 du 08 Juin 2017 pour la construction d'ouvrages hydrauliques et d'assainissement dans certaines villes du Cameroun en procédure d'urgence.

123 HOEPFFNER (H), *op.cit.*, 972 P.

réglementaire. Autrement dit ce sont les règlements[125] qui dictent leur loi dans les contrats administratifs[126]. Même Laurent RICHER l'a dit en procédant de la manière suivante : « La quasi-totalité des dispositions du code des marchés publics est issue des textes réglementaires »[127]. Le droit des marchés publics[128] est aussi un droit extrêmement changeant[129], mutant[130] ou dynamique[131].

Nous remarquons donc que lorsqu'on passe un marché de travaux en urgence en lançant un appel d'offres national ouvert, le délai est inférieur à 25-50 jours. Par conséquent, ce délai varie entre 16 et 21 jours selon l'appel d'offres invoqué. Cependant, examinons à présent le raccourcissement des délais dans les marchés de fournitures en urgence (2).

2- Le raccourcissement des délais dans les marchés de fournitures en urgence

Prise comme le résultat d'une accélération du temps juridique[132] et judiciaire[133], la célérité[134] est également présente dans les marchés de fournitures pour faire face aux cas d'urgence simple. C'est même un principe[135] consacré par le droit. Conformément à l'une [136] des dispositions du Code français de la commande publique du 1er Avril 2019, un marché public de fournitures a pour objet l'achat, la prise[137] en crédit-bail[138], la location[139] ou location –vente[140] ou la

---

[124] GAUDEMET (Y), « Le contrat administratif, un contrat hors la loi », *Cahier du conseil constitutionnel*, n°17/2004, P91.

[125] MATHIEU (B), « La part de la loi, la part du règlement. De la limitation de la compétence réglementaire à la limitation de la compétence législative » in *Pouvoirs*, n°114, 2005/3, PP. 73-87.

[126] HOURSON (S), YOLKA (P), *op.cit.*, 192P.

[127] RICHER (L), *Droit des contrats administratifs*, *op.cit.*, P358.

[128] LAJOYE (C), *Droit des marchés publics*, *op.cit.*, 624 P.

[129] COSSALTER Patrice, *Le Guide des procédures des marchés publics, voir* "présentation de l'ouvrage", *marchés publics, 548 Pages.*

[130] COLLECTIF sous la direction de QUINIOU (N) et RICHARD (D), *Droits en mutation : ouvrage commun des docteurs en droit, op.cit.*, 236 P.

[131] MOOR (P), *Dynamique du système juridique. Une théorie générale du droit*, *op.cit.*, 337 P.

[132] GERARD (P), OST (F), VAN DE KERCHOVE Michel (dir.), *L'accélération du temps juridique*, Publications des facultés universitaires Saint-Louis, Coll. Collection générale, Bruxelles, 2000, 931 P.

[133] NORMAND (J), « Les facteurs d'accélération de la procédure civile » in *Mélanges* P. DRAI, Dalloz, 2000, PP. 427 et s.

[134] CHOLET (D), *La célérité en droit processuel*, op.cit., 736 P.

[135] AMRANI-MEKKI (S), *article déjà cité*, pp.43-53.

[136] Voir article L1111-3 du code de la commande publique française de 2019.

[137] MAHE (A), MAIGE (C), *Pratique du crédit-bail mobilier. Des solutions pour financer vos équipements*, Editions d'organisation, juin 1998, 168 P.

[138] NICINSKI (S), *Droit public des affaires*, 7e édition, LGDJ, Coll. Précis Domat, sous-collection "Public", août 2019, Voir "Chapitre VII", 880 P.

[139] CAYRON (J), *La location de biens meublés*, Presses Universitaire d'Aix-Marseilles, Coll. Institut d'études judiciaires, janvier 1999, 480 P.

[140] COLLART DUTILLEUL (F), *Droit de la vente immobilière*, Dalloz, Coll. Dalloz référence, 7e édition, avril 2019, 742 P.

location avec ou sans option d'achat[141] des produits. Il peut comprendre, à titre accessoire des travaux de pose et d'installation. L'objectif ici est l'acquisition des biens matériels[142] pour satisfaire l'intérêt général[143]. En effet, lorsque le maître d'ouvrage lance en urgence les marchés de fournitures, il y a également réduction des délais normaux de remise des offres. Prenons pour preuve[144] l'avis d'appel d'offres national ouvert N°04/AONO/CEN/CPM/12 du 27 Novembre 2012 relatif à la fourniture et l'installation des étagères dans les magasins de la CENAME. En effet, d'après l'article 7 de cet avis, les offres rédigées en français ou en anglais seront déposées contre récépissé au secrétariat du directeur général de la CENAME au plus tard le 19 décembre à 10 heures. Cela justifie le fait que ces délais normaux de remise des offres sont ramenés à moins de 25 jours lorsqu'il y a invocation de l'urgence. En allant dans le même sens, l'avis d'appel d'offres national ouvert N°AONO/04/CENAME/CMS/2017 lancé en procédure d'urgence pour la fourniture des réactifs et dispositifs médicaux de laboratoire à la CENAME permet également de raccourcir les délais normaux de dépôt des offres par les soumissionnaires. En effet, d'après l'une des dispositions[145] de cet avis d'appel d'offres, "la date limite de remise des offres est fixée au jeudi 20 juillet 2017 à 10 heures, délai de rigueur". Or cet avis d'appel d'offres a été publié le jeudi 6 juillet 2017 au système intégré de gestion ouvert et multiplateformes des marchés publics. Entre le 6 juillet 2017 et le 20 juillet 2017, ça fait exactement 2 semaines et donc moins de 25 jours. De même, le décret n°2009-277/FR portant code des marchés publics au Togo dispose que : « dans les procédures ouvertes, le délai de réception des offres ou de candidatures ne peut être inférieur à 30 jours à compter de la date de publication de l'avis. Ce délai peut être raccourci après autorisation de la structure de contrôle compétente en cas d'urgence justifiée ne résultant pas de son fait sans pour autant être inférieur à 15 jours »[146]. Le décret N°2417/PR/PM/2015 de novembre 2015 portant code des marchés publics au Tchad appuie et accompagne aussi l'idée de raccourcissement des délais normaux de remise des offres en situation d'urgence. Ceci par la formulation suivante : « Dans les procédures ouvertes et restreintes, le délai de réception des candidatures ou des offres ne peut être inférieur à trente (30) jours calendaires pour les marchés supérieurs aux seuils prévus à l'article 15 du présent code, à compter de la publication de l'avis pour les appels d'offres nationaux et 60 (soixante) jours pour les appels d'offres internationaux. En cas d'urgence dûment motivée ne nécessitant pas une intervention immédiate, les délais visés à l'article 111.

---

141 MOURIESSE (X), « Crédit –bail », *J, Cl*, CMP, fasc. 612.

142 YOLKA (P), *Droit des biens publics*, LGDJ, Coll. Systèmes, 1ère édition, novembre 2018, 160 P.

143 MEKKI (M), *Op.cit.* , 910 P.

144 BERGEAUD (A), *op.cit.*, 602 P. La preuve est fondamentale pour tout bon juriste.

145 Voir l'article 6 de cet avis d'appel d'offres.

146 Il s'agit de l'article 77 du décret de 2009 portant code des marchés publics au Togo du 11 Novembre 2009.

Ci-dessus peuvent être ramenés à vingt (20) jours calendaires. La décision de recourir à la procédure d'urgence doit être autorisée par l'autorité chargée des marchés publics »[147].

D'après l'avis d'appel d'offres national ouvert en "procédure d'urgence" N°13/AONO/DDMAP- NS/CPDM-NS/2015 du 10 Mars 2015 pour l'équipement du bloc opératoire de l'hôpital de district de Mbalmayo, « chaque offre rédigée en français ou en anglais en 8 exemplaires dont l'original et 7 copies marqués comme tels, devra parvenir à la délégation départementale des marchés publics du Nyong et So'o au plus tard le 30/03/2015 à 12 heures »[148]. Selon cet avis d'appel d'offres publié, les délais de remise des offres dans les marchés de fournitures sont ramenés à 20 jours en cas d'appel d'offres ouvert en urgence. L'avis d'appel d'offres national en *procédure d'urgence* n°002/AONO/ANA/FOR/CIPM/14 du 26 septembre 2014 pour la fourniture d'un véhicule Pick-up 4x4 à l'agence nationale d'appui au développement forestier va dans le même sens dans la mesure où d'après son article 7 les copies des offres sont remises au plus tard le 15 octobre 2014 à 11 heures. Nous voyons donc que de la date de publication de cet avis (26 septembre 2014) à la date de remise des offres (15 octobre 2014), il a fait exactement 20 jours.

L'urgence simple est un niveau d'urgence qui fonctionne avec les principes[149] de mise en concurrence[150], de transparence des procédures[151], de libre accès à la commande publique[152] et d'égalité[153] de traitement des candidats. Sauf que les règles qu'elle influence sont les règles liées aux délais normaux de remise des offres et des candidatures.

L'administration centrale[154] favorise aussi le raccourcissement des délais de remise des offres lorsqu'il faut faire face à une situation d'urgence simple. En effet, l'avis d'appel d'offres national ouvert N°023/AONO/MINSEP/CMPM/2017 du 25 janvier 2017 pour la fourniture du matériel informatique au ministère des sports et de l'éducation

---

[147] Voir articles 111 et 112 du décret de 2015 portant code des marchés publics au Tchad.

[148] Il s'agit de l'article 10 de l'avis d'appel d'offres national ouvert en procédure d'urgence.

[149] TURLAN (J-M), « Principe. Jalons pour l'histoire d'un mot » in *La responsabilité à travers les âges*, Economica, 1989, p. 115. L'auteur définit le principe comme celui qui prend la première place, la première part, le premier rang.

[150] BRECHON-MOULENES (Sous la direction de), DE GERY, RICHER (L), ROUQUETTE et TERNEYRE, *Droit des marchés publics*, édition Le moniteur, 1993, Fasc. III-100.1.

[151] LLORENS (F), « Principe de transparence et contrats publics », *Contrats marchés publics*, chronique 1, janvier 2004, P24.

[152] LINDITCH (F), *Droit des marchés publics*, 3e édition, Paris, Dalloz, collection « connaissance du droit », 2004, 120 P. Voir aussi EMERY (C), *Passer un marché public*, 2e édition, Paris, Delmas et le Moniteur, 2004, 120P.

[153] LUCAS DE LEYSSAC (C), PARLEANI (G), *Droit du marché*, PUF, Paris, 2001, p.563.

[154] GERARD (P), *L'administration de l'Etat*, 4e édition, LexisNexis, Coll. Manuels, Août 2020, 426 P.

physique « en procédure d'urgence » procède au raccourcissement des délais normaux pour résoudre l'urgence. Ainsi, d'après cet avis d'appel d'offres[155], les offres doivent être déposées au plus tard le 16 février 2017 au dit ministère. Cet avis d'appel d'offres a été publié au système intégré de gestion ouvert et multiplateformes des marchés publics le vendredi 27 janvier 2017. Entre le 27 janvier 2017 et le 16 février 2017, ça fait exactement 20 jours. De même, l'avis d'appel d'offres national ouvert en procédure d'urgence N°02/AONO/MINESEC/CMPM/2017 du 27 avril 2017 pour l'acquisition des motos destinées aux services centraux du ministère des enseignements secondaires procède pareillement pour favoriser la réduction des délais normaux de remise des offres. En effet, d'après l'article 10 de cet avis d'appel d'offres, les offres rédigées en français et en anglais doivent être déposées au dit ministère au plus tard le 24 mai 2017 à 14 heures. L'avis d'appel d'offres ci-dessus a été publié le 02 mai 2017 au système intégré de gestion ouvert et multiplateformes des marchés publics. Entre le 02 mai 2017 et le 24 mai 2017, ça fait moins de 25 jours.

Nous remarquons donc que lorsqu'on passe un marché de fournitures en urgence en lançant un appel d'offres national ouvert, le délai[156] est inférieur à 25-50 jours. Par conséquent, ce délai varie entre 14 et 21 jours selon l'appel d'offres invoqué. Cependant, examinons à présent le raccourcissement des délais dans les marchés de services et de prestations intellectuelles en urgence (3).

3- Le raccourcissement des délais dans les marchés de services et de prestations intellectuelles en urgence

Conformément à l'une des dispositions[157] du code français de la commande publique du 1er avril 2019, un marché public de services a pour objet la réalisation de prestations de services. Il existe deux types de marchés de services : les marchés de services quantifiables et les marchés de services non quantifiables. Les marchés de services quantifiables sont des marchés qui se caractérisent par un résultat physiquement mesurable. Par conséquent, ce sont des marchés pour lesquels la quantité, la taille ou la proportion peuvent être déterminées ou évaluées. On peut citer en l'occurrence, le gardiennage[158], le nettoyage ou l'entretien[159] des édifices publics[160], l'entretien des matériels et

---

155 Voir article 9 de l'appel d'offres national ouvert N°023/AONO/MINSEP/CMPM/2017 du 25 janvier 2017 pour la fourniture du matériel informatique au ministère des sports et de l'éducation physique.

156 BRAUDO Serge dans *Dictionnaire de droit privé* définit le délai comme la durée de temps qui sépare deux instants.

157 Voir article L1111-4 du code français de la commande publique de 2019.

158 OCQUETEAU (F), WARFMAN (D), *La sécurité privée en France,* PUF, Coll. Que sais-je ?, Sous-collection "Droit-politique", juin 2011, 128 P.

159 MICHELIN-BRACHET (H), *L'entretien des personnes et des biens, essai sur une catégorie juridique,* Dalloz, Coll. Nouvelle Bibliothèque de thèse, avril 2019, 474 P.

équipements des bureaux. Par contre, les marchés, des services non quantifiables sont des marchés pour lesquels les prestations[161] prennent un aspect à caractère principalement intellectuel. Ils concernent l'organisation des séminaires de formation, l'assurance maladie[162], les prestations intellectuelles incluant la maîtrise d'œuvre[163], les marchés d'étude et les obligations ou prestations liées à la propriété intellectuelle[164]. En effet, lorsque le maître d'ouvrage lance en urgence les marchés de services, il y a également réduction des délais normaux de remise des offres. Prenons pour preuve l'avis d'appel d'offres national ouvert N°21/AONO/ADC/CIPM/2018 du 05/09/2018 lancé en procédure d'urgence pour la fourniture de service de gardiennage à la société aéroports du Cameroun S.A. En effet, d'après l'article 11 de cet avis, les offres rédigées en français ou en anglais doivent être déposées au plus tard le 25 septembre 2018 à la cellule d'information de ladite société. Entre le 05 septembre 2018 et le 25 septembre 2018, cela fait exactement 20 jours pour le dépôt des offres formulées par les soumissionnaires. En allant dans le même sens, l'avis d'appel d'offres national ouvert n°00000174/AONO/MINEE/CMPM/2017 du 19 avril 2017 lancé en procédure d'urgence pour le recrutement de douze (12) vigiles d'une société de gardiennage pour la surveillance des bâtiments abritant les services centraux du ministère de l'eau et de l'énergie et ses annexes permet également de raccourcir les délais normaux de dépôt des offres par les soumissionnaires. En effet, d'après l'article 9 de cet avis d'appel d'offres, les offres rédigées en français ou en anglais doivent être déposées au plus tard le 09 mai 2017 à 12 heures précises. Cet avis d'appel d'offres a été publié le 21 avril 017 au système intégré de gestion ouvert et multiplateformes des marchés publics. Entre le 21 avril 2017 et le 9 mai 2017, ça fait exactement 18 jours pour déposer les offres formulées par les soumissionnaires[165]. Le droit à la concurrence[166] constitue donc un droit fondamental[167] pour les soumissionnaires pour que ces derniers

---

160 LANGELIER (E), POUILLAUDE (H-B), *Traité de la propriété publique*, Le Moniteur, Coll. Référence juridique, octobre 2015, 338 P.

161 ANCEL (M-E), *La prestation caractéristique du contrat*, Economica, Coll. Recherches juridiques, janvier 2002, 394 P. C'est même la prestation qui donne un sens au contrat peu importe sa nature.

162 VESALE (J), *Sauver l'assurance maladie*, L'Harmattan, avril 2012, 178 P.

163 BOUCHON (D), COSSALTER (P), *op.cit.*, 544 P.

164 BINCTIN (N), *op.cit.*, 1216 P.

165 LE BOUËDEC (P), « Publicité et information des candidats », J-Cl. CMP, fasc 60-30. Ici, l'auteur veut nous faire comprendre qu'aussi bien en situation normale qu'en situation d'urgence simple, les soumissionnaires ont le droit à la publicité préalable et à l'information pour remettre leurs offres ou leurs candidatures.

166 NEVEU(B) et CABANES(C), *Droit de la concurrence dans les contrats publics*, édition Le moniteur, collection Analyse juridique, 360 P. Voir aussi LINDITCH, *Concurrence et marchés publics : les bonnes feuilles du rapport du conseil de la concurrence*, JCPA, 2006, n°1024.

167 DE CLAVIERE-BONNAMOUR (B), NOURISSAT (C), *Droit de la concurrence-Libertés de circulation*, Dalloz, Coll. HyperCours, Sous-collection "Cours et travaux dirigés", 6e édition, septembre 2020, 782 P. La liberté de circulation constitue donc pour les soumissionnaires étrangers et nationaux un droit fondamental pour exprimer le droit à la concurrence.

puissent déposer leurs offres dans des délais normaux ou d'urgence. De même, d'après le décret n°00027/PR/MEPPDD du 17 janvier 2018 portant code des marchés publics au Gabon, le délai normal de réception des offres ou des candidatures dans un appel d'offres ouvert est fixé à 30 jours pour les appels d'offres nationaux et 45 jours pour les appels d'offres internationaux. Mais en cas d'urgence, ce délai est ramené à 20 jours[168]. Le décret n°2009-156 du 20 mai 2009 portant code des marchés publics en République du Congo-Brazzaville appuie et accompagne aussi l'idée de raccourcissement des délais normaux de remise des offres en situation d'urgence. En effet, d'après ce décret[169], le délai normal de réception des offres ou des candidatures en procédure ouverte est fixé à 30 jours. Mais en cas d'urgence dûment justifiée, ce délai est réduit à 20 jours après autorisation de la procédure d'urgence par la direction générale de contrôle des marchés publics.

D'après l'avis d'appel d'offres national ouvert lancé en procédure d'urgence n°042/AONO/PR/MINMAP/CMPM/2017 du 29 mars 2017 pour la maintenance et l'entretien des appareils de climatisation du MINMAP, chaque offre rédigée en français ou en anglais doit être déposée à la cellule d'appui du MINMAP au plus tard le 28 avril 2017 à 13 heures précises[170]. En effet, cet avis d'appel d'offres a été publié le 05 avril 2017. Entre le 05 avril 2017 et le 28 avril 2017, ça fait exactement 23 jours. Par conséquent, on est à moins de 25 jours pour que les soumissionnaires puissent déposer leurs offres. L'avis d'appel d'offres national ouvert en procédure d'urgence n°003/AONO/PU/PAK/CIPM/2019 du 5 avril 2019 pour la fourniture des services d'entretien et de nettoyage des bureaux et locaux du port autonome de Kribi va dans le même sens dans la mesure où d'après son article 11, les offres rédigées en français ou en anglais doivent être déposées à la cellule des marchés au plus tard le 24 avril 2019 à 13 heures. En effet, cet avis d'appel d'offres a été publié le 05 avril 2019. Entre le 5 avril 2019 et le 24 avril 2019, ça fait exactement 19 jours pour les soumissionnaires de déposer leurs offres.

L'avis d'appel d'offres national ouvert n°20/AONO/ADC/CIPM/2019 du 21/11/2019 pour la maîtrise d'œuvre des travaux de construction des bureaux en matériaux préfabriquées pour le personnel de la société Aéroports du Cameroun S.A. a contribué également à la célérité[171] de la procédure en

---

[168] Voir article 88 du décret n°00027/PR/MEPPDD du 17 janvier 2018 portant code des marchés publics au Gabon.

[169] Voir articles 47 et 48 du décret N°2009-156 du 20 mai 2009 portant code des marchés publics en République du Congo-Brazzaville.

[170] Voir article 9 de l'avis d'appel d'offres national ouvert en procédure d'urgence n°042/AONO/PR/MINMAP/CMPM/2017 du 29 mars 2017 pour la maintenance et l'entretien des appareils de climatisation du MINMAP.

[171] COLLECTIF Sous la direction de madame Sophie THERON, *Le raisonnable en droit administratif*, Vol 13, Editions L'Epitoge, Coll. L'unité du droit, 1ère édition, juillet 2016, voir "résumé", 134 P. Ici, l'auteur nous fait comprendre que le raisonnable s'applique aussi bien dans l'action administrative que dans le procès administratif. Visiblement les exigences de l'urgence liées à la célérité des procédures est un pan du raisonnable en droit administratif.

raccourcissant les délais normaux de remise des offres. En effet, d'après cet avis, les offres rédigées en français ou en anglais doivent être déposées à la cellule des marchés de ladite société au plus tard le 12/12/2019 à 13 heures[172]. Cet avis d'appel d'offres a été publié le 21 novembre 2019. Entre le 21 novembre 2019 et le 12 décembre 2019, ça fait exactement 21 jours pour les soumissionnaires de déposer leurs offres. L'avis d'appel d'offres national ouvert n°04/LC/AONO/CIPM/UDS/2017 du 21 mars 2017 pour la maîtrise d'œuvre pour les travaux de construction et d'équipement de deux blocs laboratoires (faculté des sciences et faculté des lettres et sciences humaines) au campus principal de l'université de Dschang en procédure d'urgence contribue aussi au raccourcissement des délais normaux de remise des offres. En effet, d'après l'article 5 de cet avis d'appel d'offres, les offres rédigées en français ou en anglais doivent être déposées à l'université de Dschang au plus tard le 14 avril 2017 à 10 heures précises. Cet avis d'appel d'offres a été publié le 21 mars 2017. Entre le 21 mars 2017 et le 14 avril 2017, ça fait exactement 24 jours et donc moins de 25 jours pour les soumissionnaires afin de déposer leurs offres.

Au demeurant, nous constatons que l'appel d'offres national ouvert peut être lancé en urgence pour les marchés de travaux, de fournitures, de services et de prestations intellectuelles[173]. Il se peut que cela ne suffit pas car le maître d'ouvrage peut aussi lancer un appel d'offres international ouvert en urgence avec des délais bien réduits (B).

B- La réduction des délais en procédure internationale ouverte

On parle d'appel d'offres international[174] lorsque l'appel est adressé aux soumissionnaires ayant leur domicile à l'extérieur du territoire national. C'est un moyen pour les opérateurs économiques étrangers[175] d'exercer leur droit en matière de marchés publics. TCHEN Vincent parle même du droit des étrangers[176] qui se présente même déjà comme une nouvelle discipline juridique[177]. Il peut donc être ouvert et lorsqu'il est ouvert tout candidat est invité à présenter leurs offres suivant une date bien fixe. Généralement le délai normal de remise des offres en appel d'offres international est porté à 90 jours[178]. Mais lorsqu'il est lancé en urgence, le délai normal est raccourci à

---

[172] Voir article 12 de l'avis d'appel d'offres national ouvert n°20/AONO/ADC/CIPM/2019 du 21/11/2019 pour la maîtrise d'œuvre des travaux de construction des bureaux en matériaux préfabriqués pour le personnel de la société Aéroports du Cameroun.

[173] DOMERGUE, *Les marchés publics de prestations intellectuelles*, *op.cit.*, 336 P.

[174] PARIENTE Isabelle, *Gérer les appels d'offres internationaux*, édition Dunod, 1999,179 Pages. Ici, l'auteur nous montre que les appels d'offres internationaux permettent à toute entreprise d'être présente sur la scène du commerce international.

[175] DUPEYRAT (P), *Guide des investisseurs étrangers dans les secteurs stratégiques*, ELLIPSES, 17 mai 2011, 296 P.

[176] TCHEN (V), *Droit des étrangers*, LexisNexis, Coll. Manuels, janvier 2020, 1590 P.

[177] AUBIN (E), *Droit des étrangers*, Gualino, Coll. Master, 3e édition, octobre 2014, 608 P.

[178] Voir article 89 (2) du décret de 2018 portant code des marchés publics et 21 (2) du décret de 2004 portant code des marchés publics.

moins de 90 jours c'est-à-dire deux mois. Nous nous appuierons sur les avis d'appel d'offres formulés par nos maîtres d'ouvrage[179] et il sera important de les citer comme preuve. Il s'agira donc pour nous de faire ressortir le raccourcissement des délais dans les marchés publics de travaux (1), le raccourcissement des délais dans les marchés de fournitures (2) et le raccourcissement des délais dans les marchés de services ou de prestations intellectuelles (3) lorsque l'acheteur public[180] lance l'appel d'offres international ouvert en urgence.

1- Le raccourcissement des délais dans les marchés de travaux

L'avis d'appel d'offres international ouvert N°016/AOIO/MINMAP/CCPM-AI/2015 pour les travaux de remplacement des toits des bancs C51 et C55 à la SONARA lancé en procédure d'urgence dispose en son article 7 que : chaque offre rédigée en français ou en anglais devra être déposée au secrétariat du ministère délégué à la présidence chargé des marchés publics au plus tard le 22 avril 2015 à 11 heures. L'avis d'appel d'offres[181] dont il est question ici a été publié le 21 février 2015. Entre le 21 février 2015 et le 22 avril 2015, nous voyons donc qu'ici le délai normal accordé aux soumissionnaires d'appels d'offres internationaux ouverts, est ramené de 90 jours à 2 mois. Rappelons que l'avis cité ci-dessus répartit les travaux comme suit : nettoyage, montage des échafaudages internes, chaudronneries, décapage et peinture. Pour rester dans le même ordre d'idées, le décret n°2014-1212 du 22 septembre 2014 portant code des marchés publics au Sénégal vient appuyer ou soutenir cet avis d'appel d'offres dans le raccourcissement des délais de remise d'offres. En effet, d'après ce décret[182], le délai normal de dépôt des offres ou des candidatures en procédure ouverte est fixé à 30 jours pour les appels d'offres internationaux. Mais en cas d'urgence justifiée et constatée par la direction chargée du contrôle des marchés publics, ce délai est réduit à 15 jours. Au vu de l'article 63(2) de ce décret, l'on constate qu'il y a même l'influence du droit communautaire[183] sur les marchés publics surtout lorsqu'on a affaire aux appels d'offres internationaux. Un auteur a même parlé de l'émergence d'un droit africain de la

---

179 TERRIN (J-J), *Maîtres d'ouvrage, maîtres d'œuvre et entreprises : de nouveaux enjeux pour les pratiques de projet*, édition Eyrolles, 2005,208 P. Ici, l'auteur fait une distinction claire entre les maîtres d'ouvrage, les maîtres d'œuvre et les entreprises.

180 FACTEA (D), *Réussir un achat public durable*, Le Moniteur, 16 avril 2008, 270 P.

181 ROUX Michel, *Appel d'offres : Rédiger-Répondre-Analyser*, édition eyrolles, 25 Juin 2015,202 P. Ici, l'auteur enseigne aux maîtres d'ouvrages et aux entreprises comment élaborer un appel d'offres, comment sélectionner la meilleure offre et comment organiser l'ensemble de la consultation.

182 Voir aussi article 63 (2) du décret n°2014-1212 du 22 septembre 2014 portant code des marchés publics au Sénégal.

183 DAJKOVIC Irena, « L'influence du droit communautaire sur la régulation publique de la concurrence dans les pays d'Europe de l'Est » in *Revue internationale de droit économique*, 2006, PP.475-504.

concurrence[184]. De même, la loi n°08-017 du 6 juin 2018 portant code des marchés publics en république centrafricaine se porte volontaire pour raccourcir les délais dans les marchés de travaux en appel d'offres international ouvert. En effet, d'après l'article 54 de la loi citée ci-dessus, le délai de réception des candidatures ou des offres en procédure ouverte pour les appels d'offres internationaux est fixé à 45 jours. Cependant, en cas d'urgence ces délais sont réduits. Selon l'article 55 de cette même loi, en cas d'urgence dûment motivée, les délais normaux sont ramenés à 30 jours pour les marchés d'appel d'offres internationaux. La décision de recourir à la procédure d'urgence doit être autorisée par la direction générale des marchés publics. Cette urgence ne doit pas résulter du fait ou de la négligence de l'autorité contractante elle-même. Cette disposition législative centrafricaine est beaucoup plus enrichissante par rapport à la disposition réglementaire camerounaise en matière d'urgence simple dans la passation des marchés publics. Ceci s'explique par le fait que les délais sont plus réduits, l'urgence est une procédure et non une donnée spécifique, elle doit être autorisée par la direction générale des marchés publics. Le Mali va également sur le même chemin que le décret précédent. Ceci grâce à son décret[185] relatif aux marchés publics. En effet, d'après l'article 66 de ce décret, le délai normal de réception des candidatures ou des offres en procédure ouverte est fixé à 45 jours pour les appels d'offres internationaux. Quant à l'article 67, il encadre les délais en cas d'urgence. En effet, d'après cet article, ces délais normaux sont réduits à 15 jours en cas d'urgence simple. La décision de recourir à la procédure d'urgence doit être autorisée par l'organe chargé du contrôle des marchés publics et des délégations de service public. Les avis d'appel d'offres internationaux sont généralement classés ou rangés dans les marchés publics internationaux[186]. Ces types de marchés publics sont même un pan du droit international économique[187]. Il y a donc une internationalisation[188] ou une mondialisation[189] du droit des marchés publics. Par conséquent, l'on observe une rencontre[190] entre le droit interne des contrats administratifs et le

---

184 PRISO-ESSAWE, « L'émergence d'un droit communautaire africain de la concurrence : "double variation sur une partition européenne"» in *revue internationale du droit comparé*, 2004, PP.329-354.

185 Il s'agit du décret N°2015-0604/P-RM du 25 septembre 2015 portant code des marchés publics et des délégations de service public au Mali.

186 LEBORGNE, *Les marchés publics dans le cadre de l'OMC*, université européenne, 14 février 2012,608 P. Un marché public international est donc un contrat conclu entre une administration et une entreprise privée pour répondre à des besoins en matière de travaux, de fournitures ou de services pour des projets cofinancés par un bailleur de fonds.

187 ASCENSIO (H), *Droit international économique*, PUF, Coll. Thémis, Voir "2nde partie : les domaines du droit international économique", 416 P.

188 AUBY (J-B), « L'internationalisation du droit des contrats publics » in *RDA*, Août-septembre 2003, N°8-9.

189 MOKLED, « Mondialisation et l'Etat de droit » in *Les Cahiers de droit*, Vol 41, N°2, 2000, P.244.

190 SANTULLIC « Droit administratif et droit international » in *AJDA*, 2008, p. 397.

droit international[191]. Autrement dit, il y a des contrats administratifs à caractère international[192].

L'avis d'appel d'offres international ouvert n°108/AOIO/MINTP/CMPM-TI/2017 du 20 novembre 2017 en procédure d'urgence pour l'exécution des travaux et la réalisation des services de gestion et de l'entretien par niveaux de service (GENIS) de certaines routes revêtues du réseau national dans les régions du centre et Est participe également au raccourcissement des délais normaux de dépôt des offres. D'après cet avis d'appel d'offres[193], Chaque offre rédigée en français ou en anglais doit être déposée dans les services du maître d'ouvrage, au plus tard, le 13 décembre 2017 à 10 heures. Cet avis d'appel d'offres a été publié le 22 novembre 2017 au système intégré de gestion ouvert et multiplateformes des marchés publics. Entre le 22 novembre 2017 et le 13 décembre 2017, cela fait exactement 21 jours pour les soumissionnaires de déposer leurs offres. De même, un autre avis d'appel d'offres accompagne l'avis d'appel d'offres précédent dans le raccourcissement des délais normaux de remise des offres par les soumissionnaires. Il s'agit de l'avis d'appel d'offres international ouvert n°119/AOIO/MINMAP/CCPM-AI/2016 du 07 septembre 2016 en procédure d'urgence pour la réalisation des Travaux de retubage de la radiation du four de distillation atmosphérique 10F1 de la SONARA. En effet, d'après cet avis d'appel d'offres[194], les offres rédigées en français ou en anglais doivent être déposées au cabinet du ministre délégué à la présidence de la République chargé des marchés publics au plus tard le 01 novembre 2016 à 11 heures. L'avis d'appel d'offres en question a été publié le 30 septembre 2016 au système intégré de gestion ouvert et multiplateformes des marchés publics. Entre le 30 septembre 2016 et le 01 novembre 2016, ça fait exactement 1 mois pour les soumissionnaires de déposer leurs offres.

Au demeurant, nous venons d'analyser les marchés de travaux lancés en urgence dans le cadre d'un appel d'offres international ouvert. Cependant, il convient d'examiner les marchés de fournitures lancés en urgence dans le cadre d'un appel d'offres international ouvert et dont les délais de remise des offres se trouvent raccourcis (2).

---

191 MICALEF (R), *L'internationalisation du droit des contrats publics en France et au Canada*, Thèse, Université Laval, Québec et Université Aix-Marseille, France, Canada, 2019, 549 P, P.2.

192 LAAZOUZY (M), *Les contrats administratifs à caractère international*, Thèse, Economica, 2008, 507 P.

193 Voir article 7 de l'avis d'appel d'offres international ouvert n°108/AOIO/MINTP/CMPM-TI/2017 du 20 novembre 2017 en procédure d'urgence pour l'exécution des travaux et la réalisation des services de gestion et de l'entretien par niveau de service (GENIS) de certaines routes revêtues du réseau national dans les régions du Centre et Est.

194 Voir article 10 de l'avis d'appel d'offres international ouvert N°119/AOIO/MINMAP/CCPM-AI/2016 du 07 septembre 2016 en procédure d'urgence pour la réalisation des travaux de retubage de la radiation du four de distillation atmosphérique 10F1 de la SONARA.

2- Le raccourcissement des délais dans les marchés de fournitures.

L'appel d'offres international ouvert peut également être lancé en procédure d'urgence en ce qui concerne les marchés de fournitures[195]. Ici, ce sont les fournisseurs étrangers qui sont mis à l'épreuve avec leur rôle de distributeurs[196] des biens. Il y a donc une internationalisation[197] du droit de la concurrence[198] dans les marchés de fournitures. L'Etat peut donc passer un contrat de location-vente[199] ou de location-gérance[200] des produits avec les fournisseurs étrangers. En effet, l'avis d'appel d'offres international ouvert lancé en procédure d'urgence N°046/AOIO/MINMAP/CCPM-AG/2015 du 27 avril 2015 pour la fourniture de 1000 tonnes de papier journal à la SOPECAM dispose en son article 9 que : Chaque offre rédigée en français ou en anglais doit être déposée à la cellule d'appui au lancement d'appel d'offres du MINMAP au plus tard le 25 juin 2015 à 11 heures. L'avis d'appel d'offres en question a été publié le 27 avril 2015. Entre le 27 avril 2015 et le 25 juin 2015, ça fait exactement 2 mois vu l'urgence. Nous voyons donc qu'ici, le délai normal accordé aux soumissionnaires d'appel d'offres internationaux ouverts est ramené de 90 jours à 2 mois. Pour rester dans le même cheminement, l'avis d'appel d'offres international ouvert n°01/AOIO/ADC/CIPM/2016 du 03 avril 2017 lancé en procédure d'urgence pour la fourniture de chariots à bagages à l'aéroport international de Yaoundé-Nsimalen permet le raccourcissement des délais normaux de remise des offres formulées par les soumissionnaires. En effet, d'après cet avis d'appel d'offres[201], chaque offre rédigée en français ou en anglais doit être déposée au service des marchés de ladite société au plus tard le 18 mai 2017 à 11 heures. Cet avis d'appel d'offres a été publié le 3 avril 2017. Entre le 3 avril 2017 et le 18 mai 2017, ça fait exactement 1 mois 2 semaines pour le dépôt des offres formulées par les soumissionnaires. Un autre avis d'appel d'offres nous permet de faire ressortir la réduction des délais normaux de remise des offres : il s'agit de l'avis d'appel d'offres international ouvert en procédure d'urgence n°98/AOIO/PR/MINMAP/CCPM-AG/2017 du 27 juin

---

[195] BERBARI (M), *CCAG Fournitures courantes et services commenté*, Le Moniteur, Coll. Codes, novembre 2013, 400 P.

[196] BUY (F), LAMOUREUX (M), RODA (J-C), *Droit de la distribution*, LGDJ, Coll. Manuel, Sous-collection "droit privé", 2e édition, octobre 2019, 498 P.

[197] ABDELGAWAD (W), « Jalons de l'internationalisation du droit de la concurrence : vers l'éclosion d'un ordre juridique mondial de la lex economica » in *revue internationale de droit économique*, vol 2, 2001, PP.161-196.

[198] VILLEMONTEIX (M), *Droit de la concurrence*, Gualino, Coll. Mémentos, 2e édition, septembre 2020, voir "Résumé", 160 P. L'auteur présente le droit de la concurrence comme un droit incontournable pour tout acheteur public ou privé.

[199] CORDELLIER (E), *Droit commercial général et droit des affaires*, 4e édition, Bruylant, Coll. Paradigme-Métiers, septembre 2020, 342 P.

[200] ADELINET-QUINCEY (B), PAULEAU (K), *Le guide de la location-gérance*, Delmas, Coll. Parcours d'entrepreneurs, 1ère édition, octobre 2007, 298 P.

[201] Voir article 10 de cet avis d'appel d'offres international ouvert.

2017 pour la fourniture d'un lot de vingt (20) ensembles camions polybennes et remorques pour le transport du coton graine à la SODECOTON. En effet, selon cet avis d'appel d'offres[202], toute offre rédigée en anglais ou en français devra être déposée au ministère des marchés publics au plus tard le 26 Juillet 2017 à 10 heures. Cet avis d'appel d'offres a été publié le 27 juin 2017, et entre le 27 juin 2017 et le 26 juillet 2017 ça fait exactement 30 jours pour permettre aux soumissionnaires de pouvoir déposer leurs offres. Un autre avis d'appel d'offres retient notre attention dans le raccourcissement des délais normaux de dépôt des offres concernant les marchés de fournitures[203]. Il s'agit de l'avis d'appel d'offres international ouvert en procédure d'urgence n°137/AOIO/PR/MINMAP/CCPM-AG/2016 du 29 septembre 2016 pour la fourniture des semoirs et autres matériels agricoles à la confédération nationale des producteurs de coton du Cameroun-CNPC-C/SODECOTON. En effet, l'article 8 de cet avis d'appel d'offres dispose que les offres doivent être déposées au plus tard le 29 décembre 2016. Cet avis d'appel d'offres a été publié le 5 Octobre 2016. Entre le 5 octobre 2016 et le 29 décembre 2016, ça fait exactement 2 mois 3 semaines pour permettre aux soumissionnaires de déposer leurs offres. Quant à l'avis d'appel d'offres international ouvert en procédure d'urgence n°074/AOIO/PR/MINMAP/CCPM-AG/2017 du 1er juin 2017 relatif à la fourniture des équipements pour le groupe banane de la Cameroon development Corporation (CDC), le raccourcissement des délais normaux de remise des offres se fait ressentir en cas d'urgence. Selon cet avis d'appel d'offres[204], les offres rédigées en français ou en anglais doivent être déposées dans les services du ministère des marchés publics au plus tard le 25 juillet 2017 à 10 heures. Cet avis d'appel d'offres a été publié le 1er juin 2017. Entre le 1er juin 2017 et le 25 juillet 2017, ça fait exactement 1 mois et 3 semaines pour permettre aux soumissionnaires de déposer leurs offres. Un autre appel d'offres va également dans le même sens que celui précédent. Il s'agit de l'appel d'offres international ouvert en procédure d'urgence N°002/AOIO/IN/CIPM-IN/SC/BM/2017 du 22 mars 2017 pour l'acquisition de trois (3) piqueuses plat et cheval avec accessoires à l'imprimerie nationale du Cameroun. En effet, d'après cet avis d'appel d'offres[205], toute offre rédigée en anglais ou en français devra être déposée à l'imprimerie nationale du Cameroun au plus tard le 18 avril 2017 à 10 heures. Cet appel d'offres a été publié le 22 mars 2017. Entre le 22 mars 2017 et le 18 avril 2017, ça fait exactement 27 jours pour permettre aux soumissionnaires de déposer leurs offres. Un autre avis d'appel d'offres vient s'ajouter au précédent pour soutenir

---

202 Voir article 9 de cet avis d'appel d'offres.

203 CONTAMINE-RAYNAUD (M), *Crédit-bail et location financière*, ADPE Le financement des marchés publics, Dalloz, p.77. Ce type de marché porte aussi sur l'achat du crédit-bail ou la location des produits ou du matériel.

204 Voir article 9 de cet avis d'appel d'offres.

205 Voir article 8 de l'appel d'offres international ouvert en procédure d'urgence n°002/AOIO/IN/CIPM-IN/SC/BM/2017 du 22 mars 2017 pour l'acquisition de trois (3) piqueuses plat et cheval avec accessoires à l'imprimerie nationale du Cameroun.

l'idée de raccourcissement des délais normaux de remise des offres en procédure ouverte. Il s'agit de l'avis d'appel d'offres international ouvert n°07/AOIO/ADC/CIPM/2017 du 16 juin 2017 lancé en procédure d'urgence pour la fourniture des pneumatiques et des batteries du matériel d'assistance à l'aéroport international de Douala. En effet, d'après cet avis d'appel d'offres international ouvert[206], chaque offre rédigée en français ou en anglais doit être déposée au service des marchés de ladite société au plus tard le 31 juillet 2017 à 11 heures. Cet avis d'appel d'offres a été publié le 16 juin 2017. Entre le 16 juin 2017 et le 31 juillet 2017, ça fait exactement 1 mois 2 semaines pour permettre aux soumissionnaires de pouvoir déposer leurs offres.

L'administration centrale[207] permet aussi de raccourcir les délais de remise des offres lorsqu'elle lance un appel d'offres international ouvert en urgence. La parfaite illustration en est l'avis d'appel d'offres international ouvert N°D13-148/AOIO/MINSANTE/CNLS/CSPM-CNLS/2016 en procédure d'urgence relatif à l'acquisition de quatre (04) extracteurs automatiques ADN ou ARN et de six (06) réfrigérateurs pour les laboratoires (lot 1) et d'un (01) extracteur automatique ADN ARN pour le centre pasteur du Cameroun (lot 2). En effet, d'après cet avis d'appel d'offres[208], chaque offre rédigée en anglais ou en français devra parvenir au secrétariat du service des marchés du MINSANTE au plus tard le 22 juin 2016 à 10 heures. Cet avis d'appel d'offres a été publié le 18 Avril 2016. Entre le 18 avril 2016 et le 22 juin 2016, ça fait exactement 2 mois et 4 jours pour permettre aux soumissionnaires de pouvoir déposer leurs offres. Un autre appel d'offres vient s'ajouter au précédent avis pour raccourcir les délais normaux de remise des offres en cas d'urgence simple. Il s'agit de l'appel d'offres international ouvert n°D13-200/AOIO/MINSANTE/-CNLS/CSPM-CNLS/16 du 26 avril 2016 en procédure d'urgence relatif à l'acquisition d'un extracteur automatique pour la plateforme de l'hôpital Laquintinie de Douala. En effet, d'après cet appel d'offres international ouvert[209], chaque offre rédigée en anglais ou en français doit parvenir au secrétariat du service des marchés du MINSANTE au plus tard le 21 juin 2016 à 10 heures, heure locale. Cet d'appel d'offres a été publié le 26 Avril 2016. Entre le 26 avril 2016 et le 21 juin 2016, ça fait exactement 1 mois 3 semaines pour permettre aux soumissionnaires de pouvoir déposer leurs offres.

Nous remarquons donc que lorsqu'on passe un marché de fournitures en urgence en lançant un appel d'offres international ouvert, le délai de remise des offres est inférieur à 90 jours. Par conséquent, ce délai varie entre 1 et 2 mois selon l'appel d'offres invoqué. Cependant, analysons à présent le

---

[206] Voir article 10 de cet avis d'appel d'offres.

[207] ZARKA (J-C), *Institutions administratives*, Gualino, Coll. En poche, 7e édition, août 2020, 48 P.

[208] Voir article 7 de cet avis d'appel d'offres.

[209] Voir article 7 de l'appel d'offres international ouvert n°D13-200/AOIO/MINSANTE/-CNLS/CSPM-CNLS/16 du 26 avril 2016 en procédure d'urgence relatif à l'acquisition d'un extracteur automatique pour la plateforme de l'hôpital Laquintinie de Douala.

raccourcissement des délais dans les marchés de services et de prestations intellectuelles (3).

3- Le raccourcissement des délais dans les marchés de services et de prestations intellectuelles

Les marchés publics de services[210] et de prestations intellectuelles entrent aussi dans la danse du raccourcissement des délais de remise des offres en cas d'appel d'offres international ouvert lancé en procédure d'urgence. En effet, les marchés publics de services[211] sont fragmentés en 2 : les marchés de services quantifiables et les marchés de services non quantifiables. Avant, les marchés publics de services étaient séparés des marchés de prestations intellectuelles. Mais depuis l'arrivée du nouveau décret de 2018 portant code des marchés publics, les marchés de prestations intellectuelles sont rangés dans les marchés publics de services non quantifiables[212]. Cependant, les marchés de prestations intellectuelles[213] ne sont pas l'apanage du droit des marchés publics. Ils s'étendent jusqu'au droit de la propriété intellectuelle[214]. En effet, l'une[215] des dispositions de l'ancien décret français de 2001 portant code des marchés publics définit les marchés de prestations intellectuelles comme "des marchés de services qui comportent nécessairement des obligations spécifiques significatives liées à la notion de propriété intellectuelle"[216].

Une constellation d'avis d'appels d'offres internationaux ouverts nous permet de renseigner l'opinion publique sur le raccourcissement des délais normaux de dépôt des offres relatives aux marchés de services et de prestations intellectuelles. En effet, d'après l'avis[217] d'appel d'offres international ouvert lancé en procédure d'urgence n°101/AOIO/PR/MINMAP/CCPM-SPI/2015 du 15 Juillet 2015 relatif à la tierce maintenance applicative du logiciel SEMS à la caisse autonome d'amortissement du Cameroun, les offres rédigées en français ou en anglais doivent être déposées au plus tard le 21 septembre 2015. Cet avis d'appel d'offres international ouvert a été publié le 15 juillet 2015.

---

210 MOREAU (D), *Les marchés de service public*, le Moniteur, 9 juin 2005, 226 P. Pour l'auteur, les marchés de service public sont aussi une catégorie de marché de services.

211 CANTAT (C), BONNEFOI (C), *Les marchés de service d'assurance*, territorial éditions, 2002,78 P. Pour ces auteurs, les marchés d'assurance font aussi partie des marchés de services.

212 Voir article 63 (2)(2) du décret de 2018 portant code des marchés publics.

213 MALHEY (B), *Les marchés de prestations intellectuelles*, Territorial, 1er avril 2002, 100 P.

214 Confer loi n°2000/011 du 19 décembre 2000 relative au droit d'auteur et aux droits voisins. En effet, l'article 50 de ladite loi consacre les contrats de production audiovisuelle par la formulation suivante : « *le contrat de production audiovisuelle est la convention par laquelle une ou plusieurs personnes physiques s'engagent, moyennant rémunération, à créer une œuvre audiovisuelle pour une personne physique ou morale dénommée producteur* ». Le producteur peut être une personne morale de droit public ou une personne morale de droit privé.

215 Voir article 1.1.5.3 de l'ancien décret français de 2001 portant code des marchés publics.

216 VANBRABANT (B), *La propriété intellectuelle*, Tome 1, nature juridique, édition Tarcier, 21 mars 2016, 652 P. La propriété intellectuelle caractérise essentiellement les marchés de services non quantifiables.

217 Voir article 12 de cet avis d'appel d'offres.

Entre le 15 juillet 2015 et le 21 septembre 2015, ça correspond exactement à 2 mois au détriment des 90 jours qui constituent le délai international de dépôt des offres. Un autre avis d'appel d'offres vient appuyer l'avis précédent dans l'idée de réduction des délais de dépôt des offres en cas d'urgence simple. Il s'agit de l'avis d'appel d'offres international ouvert n°001/AOIO/SOHLI/CIPM/2017 du 5 mai 2017 en procédure d'urgence pour l'étude de marché et de faisabilité d'un centre WELLNESS avec SPA à l'hôtel SAWA à Douala. En effet, d'après l'avis d'appel d'offres international ouvert[218], les offres rédigées en français ou en anglais seront déposées au plus tard le 29 juin 2017 à 13 heures au lieu indiqué ci-dessus et devront porter la mention suivante : « AVIS D'APPEL D'OFFRES INTERNATIONAL OUVERT N°01/AOIO/SOHLI/CIPM/2017 du 5 MAI 2017 EN PROCEDURE D'URGENCE POUR L'ETUDE DE MARCHE DE FAISABILITE D'UN CENTRE WELLNESS AVEC SPA A L'HOTEL SAWA A DOUALA. "A n'ouvrir qu'en séance de dépouillement" ». Cet avis d'appel d'offres international ouvert en procédure d'urgence a été publié le 5 mai 2017. Entre le 5 mai 2017 et le 29 juin 2017, ça fait exactement 1 mois et 14 jours pour permettre aux soumissionnaires de déposer leurs offres. Un autre avis d'appel d'offres international ouvert va dans le même sens que le précédent pour défendre l'idée de raccourcissement des délais normaux de dépôt des offres en cas d'urgence simple. Il s'agit de l'avis d'appel d'offres international ouvert N°131/AOIO/MINMAP/CCPM-AI/2015 du 19 septembre 2016 pour la sélection d'un cabinet d'études en vue de la maîtrise d'œuvre du projet d'électrification de 166 localités par systèmes solaires photovoltaïques au Cameroun (en procédure d'urgence). En effet, cet avis[219] d'appel d'offres dispose que chaque offre rédigée en français ou en anglais devra parvenir à la cellule d'appui au lancement des appels d'offres au plus tard le 11 novembre 2016 à 11 heures, sous enveloppe cachetée, contre récépissé, adressée au ministre des marchés publics avec la mention : « AVIS D'APPEL D'OFFRES INTERNATIONAL OUVERT N°131/AOIO/MINMAP/CCPM-AI/2015 du 19 septembre 2016 pour la sélection d'un cabinet d'études en vue de la maîtrise d'œuvre du projet d'électrification de 166 localités par systèmes solaires photovoltaïques au Cameroun (en procédure d'urgence). » Cet avis d'appel d'offres international ouvert a été publié le 19 septembre 2016. Entre le 19 septembre 2016 et le 11 novembre 2016, ça fait exactement 1 mois et 3 semaines pour permettre aux soumissionnaires de déposer leurs offres. Nous constatons aussi que la maîtrise d'œuvre[220] fait partie des marchés de services.

Au demeurant, l'appel d'offres national ou international ouvert peut être lancé en urgence pour la réalisation des marchés publics de travaux, de fournitures,

---

[218] Voir article 9 de cet avis d'appel d'offres international ouvert.

[219] Voir article 10 de cet avis d'appel d'offres.

[220] MERLAUD (A), *Le rôle de la maîtrise d'œuvre*, agence qualité construction, 31 janvier 2013, 142 P. Voir aussi BOUCHON (D), COSSALTER (P), *Les marchés de maîtrise d'œuvre dans la construction publique*, Le Moniteur 3e édition, 17 Juin 2003, 544 P.

de services et de prestations intellectuelles. Quand on passe ces marchés en urgence, il y a un raccourcissement des délais de dépôt des offres présentées par les soumissionnaires. Mais ce type d'appel d'offres ne suffit pas pour justifier le raccourcissement des délais dans la passation des marchés publics en urgence car, il existe aussi l'appel d'offres restreint tant national qu'international. (Paragraphe 2).

Paragraphe 2 : le raccourcissement des délais de remise des offres en procédure restreinte.

L'appel d'offres restreint est une procédure d'appel d'offres qui consiste à choisir les entreprises sur la base d'une pré-qualification[221]. Cela veut dire que dans l'appel d'offres restreint, seuls les candidats qui ont été sélectionnés à l'avance peuvent être en mesure de présenter leurs offres. Selon l'une[222] des dispositions du décret de 2018 portant code des marchés publics, « la pré-qualification s'effectue pour des prestations de même nature, à la suite d'un appel public à candidatures par insertion dans des publications habilitées, d'un avis relatif à un appel d'offres particulier ou à un ensemble d'appel d'offres au cours d'une période n'excédant pas six (6) mois ». L'appel d'offres restreint s'effectue donc en 2 phases[223]. Dans la première phase, le pouvoir adjudicateur publie obligatoirement un avis de marchés dans lequel il précise les exigences ou critères[224] minimaux en matière financière, économique, et technique à remplir par les entreprises intéressées et la date limite de réception des candidatures. Seules ces entreprises qui ne se trouvent pas dans une situation d'inexécution (faillite, liquidation judiciaire, non inscription à la déclaration relative au respect du dossier d'appel d'offres ...) et qui sont jugées les plus capables d'exécuter le marché seront sélectionnées. Dans la seconde phase, le pouvoir adjudicateur[225] les invite à remettre une offre à une date déterminée et les sélectionne pour avoir un nombre de candidats très limités. D'après le décret[226] de 2018 portant code des marchés publics, « l'appel d'offres restreint s'adresse à un nombre minimal de trois (03) candidats retenus à l'issue d'une procédure de pré-qualification. A défaut, le maître d'ouvrage ou le maître d'ouvrage délégué doit recourir à un appel d'offres ouvert ». L'objectif ici est de sélectionner le gagnant du marché avec la concurrence de très peu de candidats. C'est à l'issue de la seconde phase que le maître d'ouvrage désigne le gagnant du marché par le canal d'une publication d'un avis d'attribution du marché. L'appel d'offres restreint peut donc être national ou international. Mais lorsqu'on lance en urgence un appel d'offres

---

[221] Voir article 76 (1) du décret de 2018 portant code des marchés publics.

[222] Voir article 76(2) du décret de 2018 portant code des marchés publics.

[223] Voir manuel pratique du mandataire communal en France-fiche 8.3.

[224] Voir article 76 (3) du décret de 2018 portant code des marchés publics.

[225] HUGUET (H), LE NAËLOU (Y-S), *Le jugement des offres dans les marchés publics*, op.cit., 68 P.

[226] Voir article 76(4) du décret de 2018 portant code des marchés publics.

restreint, il y a raccourcissement des délais normaux de dépôt des offres aussi bien, au plan national (A) qu'international (B).

A- La réduction des délais de dépôt des offres en procédure nationale restreinte.

La procédure nationale restreinte s'adresse à un nombre de candidats pré-qualifiés et dont le domicile se trouve au niveau du territoire national. Ainsi, lorsqu'un événement imprévisible ou extérieur survient dans cette procédure, le maître d'ouvrage peut lancer l'appel d'offres national restreint en urgence. Cela a pour conséquence le raccourcissement des délais normaux de candidatures (1) et le raccourcissement des délais normaux de réception des offres (2).

1- Le raccourcissement des délais de candidatures

En appel d'offres national restreint[227], la première phase consiste à sélectionner les opérateurs économiques pré-qualifiés. Aux termes du décret[228] de 2018 portant code camerounais des marchés publics, le délai normal de remise des candidatures à compter de la date de publication de l'appel d'offres est de quinze (15) jours ouvrables au moins et de vingt -et-un (21) jours pour les appels d'offres nationaux. Mais en cas d'urgence, ces délais peuvent être ramenés ou raccourcis respectivement à dix (10) et quinze (15) jours ouvrables[229]. D'après l'une[230] des dispositions du décret cité plus haut, l'appel d'offres restreint peut être utilisé pour les cas suivants : travaux ou équipements spécifiques de grande importance, ou complexes, fournitures de matériel devant être fabriqués sur commande et services spécialisés. Pour ce qui concerne les marchés de prestations intellectuelles, le recours à l'appel d'offres restreint est obligatoire[231].

La France ne se laisse pas indifférente concernant l'encadrement des délais d'urgence dans l'appel d'offres restreint. En effet, l'une [232] des dispositions du code français de la commande publique du 1er avril 2019 procède à la formulation suivante : « en appel d'offres restreint, en cas d'urgence justifiée, le délai minimum de réception des candidatures peut être réduit de 30 jours à 15 jours à compter de la date d'envoi de l'avis de marché ou de l'invitation à confirmer l'intérêt ». Par ailleurs, le Tchad a sa vision pour affronter l'urgence simple dans la réception des candidatures en appel d'offres national restreint. En effet, le décret[233] n°2417/PR/PM/2015 portant code des marchés publics au Tchad dispose que : le délai normal de réception des candidatures en procédure restreinte est fixé à 30 jours pour les appels d'offres nationaux.

[227] COSSALTER (P), *L'appel d'offres restreint*, territorial éditions, 23 mai 2016,116 P.
[228] Voir article 77(1) du décret de 2018 portant code des marchés publics.
[229] Voir article 77(2) du décret de 2018 portant code des marchés publics.
[230] Voir article 78(2-a, 2-b) du même décret.
[231] Voir article 78(1) du même décret.
[232] Voir article R 2161-6 (1) du code français de la commande publique de 2019.
[233] Voir article 111(1) du décret de 2015 portant code des marchés publics au Tchad.

L'article 112 du même décret vient encadrer les délais d'urgence en cas d'appel d'offres national restreint en proposant l'idée suivante : "en cas d'urgence dûment motivée, ne nécessitant pas une intervention immédiate, les délais visés à l'article 111 ci-dessus peuvent être ramenés à 20 jours calendaires". Au Gabon, l'urgence simple s'affronte pareillement aux pays cités plus haut. En effet, l'une[234] des dispositions du décret n°00027/PR/MEPPDD du 17 janvier 2018 portant code des marchés publics au Gabon dispose que : le délai de réception des candidatures en procédure restreinte est ramené 15 jours en cas d'urgence simple.

Au Congo-Brazzaville, la solution proposée par le maître d'ouvrage pour faire face à une situation d'urgence simple dans l'appel d'offres national restreint est perceptible. En effet, selon le décret[235] n°2009-156 du 20 mai 2009 portant code des marchés publics au Congo, le délai normal de réception des candidatures dans les procédures restreintes est fixé à 30 jours. L'article 48 du même décret vient encadrer les délais d'urgence en procédure restreinte. En effet, ces délais normaux peuvent être ramenés à 20 jours en cas d'urgence dûment motivée ne nécessitant pas une intervention immédiate. La République Centrafricaine n'est pas en reste dans cet environnement de raccourcissement des délais normaux de réception des candidatures en cas d'urgence simple ou courante dans l'appel d'offres restreint. En effet, selon la loi[236] n°08-017 du 6 juin 2008 portant code des marchés publics en république centrafricaine, le délai normal de réception des candidatures en procédure restreinte est fixé à 30 jours. L'article 55 de la même loi vient organiser les délais d'urgence en cas d'appel d'offres national restreint. En effet, ces délais normaux peuvent être ramenés à 15 jours en cas d'urgence dûment justifiée ne nécessitant pas une intervention immédiate.

L'Afrique de l'Ouest a également un regard sur les délais normaux de réception des candidatures en cas d'urgence dans l'appel d'offres national restreint. Le regard que les pays d'Afrique de l'Ouest posent sur ces délais permet également leur raccourcissement pour faire face à une situation d'urgence à moindre dose. En effet, selon la loi[237] n° 2017-04 du 19 octobre 2017 portant code des marchés publics au Bénin, le délai normal de réception des candidatures dans les procédures restreintes est fixé à 30 jours. En cas d'urgence dûment motivée, ces délais normaux sont ramenés à 15 jours. Au Sénégal, l'une[238] des dispositions du décret n°2014-1212 du 22 septembre 2017 portant code des marchés publics consacre les délais normaux de réception des candidatures. En effet, le délai normal de réception des candidatures dans les procédures

234 Voir article 88 du décret de 2018 portant code des marchés publics au Gabon.

235 Voir article 47 du décret de 2009 portant code des marchés publics au Congo-Brazzaville.

236 Voir article 54 de la loi de 2008 portant code des marchés publics en République centrafricaine.

237 Voir article 64 de la loi de 2017 portant code des marchés publics au Bénin.

238 Voir article 63(2) du décret de 2017 portant code des marchés publics au Sénégal.

restreintes est fixé à 30 jours. L'article 63(2) du même décret consacre aussi les délais d'urgence. Ceci par la formulation suivante : "En cas d'urgence dûment constatée par la direction chargée du contrôle des marchés publics, ce délai est de 10 jours au moins pour l'appel d'offres national". Le Mali apporte également son soutien dans la passation des marchés en urgence en procédure nationale restreinte. En effet, son décret n°2015-0604/P-RM du 25 septembre 2015 portant code des marchés publics et des délégations de service public consacre les délais normaux et les délais d'urgence pour la remise des offres formulées par les soumissionnaires. D'après l'une[239] des dispositions du décret cité plus haut, le délai normal de réception des candidatures en procédure restreinte est fixé à 30 jours pour appels d'offres nationaux. Mais, en cas d'urgence simple, ces délais sont ramenés à 15 jours. La décision de recourir à la procédure d'urgence doit être autorisée par l'organe chargé du contrôle des marchés publics et des délégations de service public au Mali.

Au demeurant, les pays d'Afrique Noire francophone sont tous unanimes sur le fait qu'il faut raccourcir les délais de remise des candidatures en cas d'urgence simple en procédure nationale restreinte. Cependant, il y a un ensemble de constat qui ont été faits et qui perturbent la sécurité juridique dans les marchés publics. D'après nos investigations, il a été constaté que certains maîtres d'ouvrage confondent l'appel d'offres national restreint en situation normale à l'appel d'offres national restreint en situation d'urgence. Pour eux, l'urgence n'est qu'un mot, n'est qu'un dessin car les délais ne sont toujours pas raccourcis concernant la remise des candidatures. On dirait qu'on a affaire à un appel d'offres national restreint normal "bis" c'est-à-dire à répétition. Il a été également observé que lorsque l'administration lance un appel d'offres national restreint en urgence ou alors tout type d'appel d'offres, le droit est à sa merci car ses actions relèvent d'un dédoublement fonctionnel[240] tel qu'énoncé par Georges Scelles[241]. Dédoublement fonctionnel parce que l'administration est à la fois "législateur" et "acteur" dans la passation des marchés publics en urgence. Ce qui pourrait fragiliser les droits des soumissionnaires. C'est elle qui procède à la réduction des candidatures et les soumissionnaires n'ont qu'à s'y soumettre. Les soumissionnaires sont beaucoup plus acteurs de droit et observateurs de fait dans la passation des marchés publics en urgence. De même, l'urgence n'est définie nulle part dans le code camerounais des marchés publics. Ceci favorise l'arbitraire[242] de l'administration dans la passation des

239 Voir article 66 du décret de 2015 portant code des marchés publics et de délégations de service public au Mali.

240 SCELLE (G), *Précis de droit des gens : principes et systématique : réimpression de l'édition de 1932*, Dalloz, novembre 2008, 332 P. C'est dans cet ouvrage que Georges scelle a utilisé le terme "dédoublement fonctionnel". Une manière de dire que l'Etat est à la fois créateur et acteur du droit international. Voir aussi

241 Georges SCELLES est l'un des partisans du droit naturel ou du jusnaturalisme.

242 CRUET, *Etude juridique de l'arbitraire gouvernemental et administratif*, Hachette Livre BNF, Avril 2016,480 P. Ici, l'auteur nous montre qu'il y a des cas où l'autorité gouvernementale et

marchés publics en situation d'urgence simple. L'urgence simple est beaucoup plus caractérisée par le concept de célérité dans le code des marchés publics pourtant c'est plus profond que ça. Dans la passation des marchés publics en urgence, l'appel d'offres national restreint vise à attirer plusieurs candidats pour sélectionner très peu avec des délais essentiellement écourtés. Ici le droit en question est beaucoup plus un droit de l'administration qu'un droit de l'administré. Car il a été observé que l'administration est presque l'organe à tout faire dans ce domaine : c'est elle qui fait la loi par l'usage du pouvoir réglementaire, c'est elle qui lance l'appel d'offres en question, c'est elle qui décide de l'opportunité pour sélectionner les potentiels candidats. Les droits des soumissionnaires sont moindres dans la passation des marchés publics en urgence. Ils ont plus le droit de candidater, de contester la publication des résultats en faisant appel au comité de recours, une institution nouvellement créée. Leurs droits sont beaucoup plus importants dans l'exécution du marché public ou encore pendant l'extinction des marchés publics. Autre constat : aucune institution n'a été mise en place pour autoriser la passation de marchés publics en situation d'urgence simple au Cameroun comme c'est fait dans certains pays d'Afrique de l'Ouest. Et lorsqu'il n'y a pas ce genre d'institution, cela favorise l'arbitraire[243] des maîtres d'ouvrages dans la passation des marchés publics en urgence vis-à-vis des soumissionnaires. Le droit a donc vocation à créer les équilibres et non à favoriser les déséquilibres dans les rapports sociaux.

Au demeurant, les maîtres d'ouvrage prennent des mesures de célérité pour passer des marchés publics en situation d'urgence simple en procédure nationale restreinte. Ces mesures se caractérisent par une réduction des délais normaux des remises de candidatures. Cependant, à cette réduction s'ajoute aussi celle des délais normaux des remises des offres en procédure nationale restreinte (2).

2- Le raccourcissement des délais de réception des offres.

Dans la procédure nationale restreinte, la phase de remise des offres est la phase au cours de laquelle seuls les soumissionnaires préalablement sélectionnés peuvent déposer leurs offres dans les brefs délais. C'est même au cours de cette phase que le terme "restreint" prend tout son sens. Mais lorsqu'on observe une situation d'urgence simple, le pouvoir adjudicateur procède à un raccourcissement des délais normaux de remise des offres. En effet, aux termes de l'une[244] des dispositions du code français de la commande publique du 1er avril 2019, le délai minimum de réception des offres peut en cas d'urgence justifiée, être réduit de 30 à 10 jours. Au Cameroun, une série d'avis d'appels d'offres nationaux restreints nous ont permis de montrer qu'en cas d'urgence

---

administrative n'est pas tenue sous des sanctions efficaces de respecter les droits individuels et la légalité.

243 BAYROU (F), *Abus de pouvoir*, édition: *Plon*, 23 avril 2009, 264 p.

244 Voir article R.2161-8(3) du code français de la commande publique de 2019.

simple il peut avoir raccourcissement des délais normaux de remise des offres. En effet, selon l'avis[245] d'appel d'offres national restreint en procédure d'urgence n°63/AONR/CUD/CIPM/2017 du 1er Août 2017 pour l'achat de matériel d'éclairage public pour travaux en régie, chaque offre rédigée en français ou en anglais devra parvenir à la division des marchés de la communauté urbaine de Douala au plus tard le 22/08/2017 à 12 heures. L'avis d'appel d'offres en question a été lancé le 1er Août 2017. Le délai d'urgence pour la remise des offres a été fixé le 22 Août 2017. Et entre le 1er Août et le 22 Août, cela fait exactement 21 jours. Nous voyons qu'on n'est pas loin de l'article 89(2) du décret de 2018 portant code camerounais des marchés publics qui fixe les délais d'urgence pour la remise des offres à 20 jours. Un autre avis d'appel d'offres va dans le même scénario : il s'agit de l'avis d'appel d'offres national restreint en procédure d'urgence N°027/AONR/PR/MINMAP/SG/DR-MINMAP-ES/CRPM/2017 du 10 Aout 2017 pour la maîtrise d'œuvre des travaux de construction de l'hôtel de ville de la commune de SOMALOMO. Cet avis[246] d'appel d'offres dispose que : les offres rédigées en français ou en anglais seront déposées dans les services de la délégation régionale des marchés publics de l'EST au plus tard le 1er septembre 2017 à 11 heures. L'avis d'appel d'offres en question a été lancé le 10 Août 2017. Le délai d'urgence pour la remise des offres a été fixé au 1er septembre 2017. Et entre le 10 Août 2017 et le 1er septembre 2017, cela fait exactement 21 jours. Un autre appel d'offres ne va pas va pas dans le même sens que celui cité précédemment : il s'agit de l'appel d'offres national restreint en procédure d'urgence n°88/AONR/MINTP/CMPM/2014 du 22/07/2014 pour le contrôle technique et la surveillance de l'exécution des travaux de réhabilitation de la route YOKADOUMA-MOAMPACK-LAMEDOUM-LOMIE dans la région de l'EST (PKO-PK45). L'appel d'offres en question a été lancé le 22 juillet 2014. D'après cet appel d'offres[247], chaque offre rédigée en français ou en anglais doit être déposée dans les services de la sous-direction des marchés publics du ministère des travaux publics au plus tard le 25/08/2014 à 10 heures. Le délai d'urgence pour la remise des offres a été fixé au 25 août 2014. Et entre le 22 juillet 2014 et le 25 août 2014, cela fait exactement 34 jours. Nous constatons donc que dans le cas d'espèce le délai d'urgence est l'équivalent du délai de remise des offres en temps normal. C'est donc un appel d'offres qui utilise le terme "urgence" de manière fantaisiste sans le justifier par un raccourcissement éventuel. Il y a donc absence de coordination ou d'entente entre les différents maîtres d'ouvrage sur un délai unanime et général d'urgence pour la remise des offres formulées par les soumissionnaires. Pour appuyer cette logique, un autre avis d'appel d'offres vient s'ajouter à cette danse : il s'agit de l'avis d'appel d'offres national restreint n°151/AONR/MINMAP/CCPM-

245 Voir article 10 de cet avis d'appel d'offres.
246 Voir article 10 de cet avis d'appel d'offres.
247 Voir article 11 de cet appel d'offres.

SPI/2016 du 11/12/2016 pour la réalisation des prestations de maîtrise d'œuvre dans le suivi de l'exécution des polices d'assurance maladie groupe et individuelle accident et globale dommage à la caisse nationale de prévoyance sociale (CNPS), en procédure d'urgence. D'après cet avis d'appel d'offres[248], chaque offre rédigée en français ou en anglais doit être déposée au MINMAP au plus tard le 9/11/2016 à 13 heures. L'avis d'appel d'offres en question a été lancé le 11 octobre 2016. Le délai d'urgence pour la remise des offres a été fixé au 9 novembre 2016. Et entre le 11 octobre 2016 et le 09 novembre 2016, cela fait exactement 29 jours. Nous constatons donc que certains maîtres d'ouvrages utilisent le terme "urgence" juste comme un dessin et non comme une action vue qu'en fin de compte le délai d'urgence pour la remise des offres devient le délai normal.

Néanmoins, d'autres maîtres d'ouvrage s'efforcent à faire respecter le raccourcissement des délais normaux de remise des offres en procédure nationale restreinte lorsque l'urgence simple s'impose. En effet, l'avis[249] d'appel d'offres national restreint en procédure d'urgence n°018/AONR/MINESUP/CMPM/2017 du 31 juillet 2017 pour le recrutement d'un consultant en vue de la réalisation de l'état des lieux sur l'orientation académique dans les universités d'Etat et certaines IPES (instituts privés de l'enseignement supérieur) dispose que : chaque offre rédigée en français ou en anglais devra parvenir à la direction des affaires générales du ministère de l'enseignement supérieur au plus tard le 21 Août 2017 à 13 heures . L'avis d'appel d'offres en question a été lancé le 31 juillet 2017. Les délais d'urgence pour la remise des offres ont été fixés au 21 Août 2017. Et entre le 31 juillet 2017 et le 21 Août 2017, cela fait exactement 20 jours. Les 20 jours en question constituent le délai légal d'urgence pour la remise des offres. Un autre avis d'appel d'offres vient soutenir l'avis précédent dans le raccourcissement des délais de remise d'offres : il s'agit de l'avis d'appel d'offres national restreint en procédure d'urgence n°020/AONR/MINEPAT/SG/PNDP/CSPM/2017 du 31 juillet 2017 en vue de l'exécution des travaux de construction d'une mare artificielle et d'un forage à énergie solaire dans la localité de MADALAM, dans la commune de KAI-KAI, département du MAYO DANAY, région de l'Extrême-Nord. Aux termes de cet avis[250] d'appel d'offres, chaque offre rédigée en français ou en anglais devra parvenir à la cellule nationale de coordination du PNDP au plus tard le 22 Août 2017 à 12 heures. L'avis d'appel d'offres en question a été lancé le 31 juillet 2017. Les délais d'urgence pour la remise des offres ont été fixés au 22 Août 2017. Et entre le 31 juillet 2017 et le 22 Août 2017, cela fait exactement 21 jours. Un autre avis d'appel d'offres vient soutenir l'avis d'appel d'offres précédent dans le raccourcissement des délais de remise d'offres en cas d'urgence simple. Il s'agit de l'avis d'appel d'offres

---

248 Voir article 10 de cet avis d'appel d'offres.
249 Voir article 9 de cet avis d'appel d'offres.
250 Voir article 11 de cet avis d'appel d'offres.

national restreint en procédure d'urgence n°028/AONR/MINEPAT/SG/ PNDP /CSPM/2017 du 04 Août 2017 en vue de l'exécution des travaux de réhabilitation de la route OURO BARKA-DIGAYA (08,50km) dans la commune de TOKOMBERE, département de Mayo Sava, région de l'Extrême-Nord. En effet, d'après cet avis[251] d'appel d'offres, toute offre rédigée en français ou en anglais doit parvenir à la cellule nationale de coordination du PNDP au plus tard le 26 Août 2017 à 12 heures. L'avis d'appel d'offres en question a été lancé le 04 Août 2017. Les délais d'urgence pour la remise des offres ont été fixés au 26 Août 2017. Et entre le 04 Août 2017 et le 26 Août 2017, ça fait exactement 21 jours.

Si nous allons en Afrique du Nord et particulièrement en Tunisie, nous constaterons qu'il y a aussi une volonté de réduire les délais de remise des offres en procédure nationale restreinte en cas d'urgence. En effet, le décret n°2014-1039 du 13 mars 2014 portant réglementation des marchés publics en Tunisie, consacre à la fois les délais normaux[252] de remise des offres formulées par les soumissionnaires et les délais d'urgence[253]. En effet, le délai normal est fixé à 30 jours. Le délai d'urgence réduit le délai normal pour le ramener à 15 jours.
En définitive, l'appel d'offres national restreint peut être lancé en urgence et conduit à un raccourcissement des délais de candidatures ou de réception des offres. Cependant, peut aussi être lancé en urgence l'appel d'offres international restreint (B).

B- La réduction des délais de remise des offres en procédure internationale restreinte

La procédure internationale restreinte s'adresse à un nombre de candidats pré-qualifiés et dont le domicile se trouve à l'intérieur ou à l'extérieur du territoire national. Ainsi, lorsqu'un événement imprévisible ou extérieur survient dans cette procédure, le maître d'ouvrage peut lancer l'appel d'offres international restreint en urgence. Cela a pour conséquence le raccourcissement des délais normaux de candidatures (1) et le raccourcissement des délais normaux de réception des offres (2).

1- Le raccourcissement des délais de candidatures

En appel d'offres international restreint, la première phase consiste à sélectionner les opérations économiques pré qualifiés. Aux termes de l'article 77 (1) du décret de 2018 portant code camerounais de marchés publics, le délai normal de remise des candidatures à compter de la date de publication de l'appel d'offres est de vingt-et-un (21) jours ouvrables au moins et de trente (30) jours au plus pour les appels d'offres internationaux. Mais en cas d'urgence, en

[251] Voir article 11 de cet avis d'appel d'offres.
[252] Voir article 53 du décret n°2014-1039 du 13 mars 2014 portant réglementation des marchés publics en Tunisie.
[253] Voir le même article du décret cité plus haut.

vertu de l'article 77 (2) du décret de 2018 portant code camerounais des marchés publics, ces délais peuvent être ramenés ou raccourcis respectivement à dix (10) et quinze (15) jours ouvrables. D'après l'article 78 (2-a, 2-b) du décret cité plus haut, l'appel d'offres restreint peut être utilisé pour les cas suivants : travaux ou équipements spécifiques de grande importance ou complexes, fournitures de matériels devant être fabriqués sur commande et services spécialisés. Pour ce qui concerne les marchés de prestations intellectuelles, le recours à l'appel d'offres restreint est obligatoire conformément à l'article 78 (1) du décret de 2018 portant code camerounais des marchés publics.

La France ne se laisse pas indifférente concernant l'encadrement des délais d'urgence dans l'appel d'offres international restreint. En effet, d'après le code[254] français de la commande publique du 1er avril 2019, le délai minimum de réception des candidatures en cas d'urgence justifiée pour les appels d'offres restreints est réduit de 30 jours à 15 jours . Par ailleurs, le Tchad a sa vision pour affronter l'urgence simple dans la réception des candidatures en appel d'offres international restreint. En effet, l'une[255] des dispositions du décret n°2417/PR/PM/2015 portant code des marchés publics au Tchad dispose que : « dans les procédures restreintes, le délai normal de réception des candidatures ne peut être inférieur à 60 jours, pour les appels d'offres internationaux ». L'article 112 du même décret vient encadrer les délais d'urgence en cas d'appel d'offres international restreint en proposant l'idée suivante : « en cas d'urgence dûment motivée, ne nécessitant pas une intervention immédiate, les délais visés à l'article 111 ci-dessus, peuvent être ramenés à 20 jours calendaires ». Au Gabon, l'urgence simple s'affronte pareillement aux pays cités plus haut. En effet, l'une[256] des dispositions du décret n°00027/PR/MEPPDD du 17 janvier 2018 portant code des marchés publics au Gabon dispose que : « le délai de réception des candidatures en cas d'appel d'offres restreint ne peut être inférieur à quinze (15) jours calendaires en cas d'urgence simple ».

Au Congo-Brazzaville ou en République du Congo, la solution proposée par le maître d'ouvrage pour faire face à une situation d'urgence simple dans l'appel d'offres international restreint est perceptible. En effet, d'après l'article 47 du décret n°2009-156 du 20 mai 2009 portant code des marchés publics au Congo, le délai normal de réception des candidatures ou des offres est fixé à 30 jours pour les appels d'offres internationaux en procédure restreinte. L'article 48 du même décret vient encadrer les délais d'urgence en cas d'appel d'offres

---

254 Voir article R2161-6 (1) du code français de la commande publique de 2019.

255 Il s'agit de l'article 111(1) du décret de 2015 portant code des marchés publics au Tchad. Cet article encadre aussi les délais normaux de dépôt des offres et des candidatures en procédure restreinte.

256 Il s'agit de l'article 88 du décret de 2018 portant code des marchés publics au Gabon. Cet article encadre les délais de dépôt des offres en cas d'urgence simple.

international restreint. En effet, ces délais normaux peuvent être ramenés à 20 jours en cas d'urgence dûment motivée ne nécessitant pas une intervention immédiate. La République centrafricaine[257] n'est pas en reste dans cet environnement de raccourcissement des délais normaux de réception des candidatures en cas d'urgence simple ou courante dans l'appel d'offres international restreint. En effet, selon l'article 54 de la loi n°08-017 du 6 juin 2008 portant code des marchés publics en République centrafricaine, le délai normal de réception des candidatures dans les procédures restreintes est fixé à 45 jours pour les marchés d'appel d'offres internationaux. La même loi[258] vient organiser les délais d'urgence en cas d'appel d'offres international restreint. En effet, ces délais normaux sont ramenés à 30 jours en cas d'urgence dûment justifiée ne nécessitant pas une intervention immédiate pour les appels d'offres internationaux restreints.

L'Afrique de l'Ouest a également un regard sur les délais normaux de réception des candidatures en cas d'urgence dans l'appel d'offres international restreint. Le regard que les pays d'Afrique de l'Ouest posent sur ces délais permet également leur raccourcissement pour faire face à une situation d'urgence à moindre dose. En effet, selon l'article 64 de la loi n°2017-04 du 19 octobre 2017 portant code des marchés publics au Bénin, le délai normal de réception des candidatures dans les procédures restreintes ne peut être inférieur à 45 jours calendaires pour les marchés supérieurs au seuil communautaire de publication à compter de la date de publication de l'avis public à la concurrence. En cas d'urgence dûment motivée, ces délais normaux sont ramenés à un délai qui ne saurait être inférieur à 15 jours calendaires. Au Sénégal, l'article 63 (2) du décret N°2014-1212 du 22 septembre 2014 portant code des marchés publics consacre les délais normaux de réception des candidatures dans les procédures restreintes ne peut être inférieur à 45 jours calendaires dans les cas d'appel d'offres internationaux. L'article 63 (2) du même décret consacre aussi les délais d'urgence. Ceci par la formulation suivante : « en cas d'urgence dûment constatée par la direction chargée du contrôle des marchés publics, ce délai est de 15 jours au moins pour l'appel d'offres international ». Le Mali apporte également son soutien dans la passation des marchés publics en urgence en procédure internationale restreinte. En effet, son décret n°2015-0604/P-RM du 25 septembre 2015 portant code des marchés publics et des délégations de service public consacre les délais normaux et les délais d'urgence pour la remise des offres formulées par les soumissionnaires. D'après l'article 66 du décret cité plus haut, le délai normal de réception des candidatures en procédure internationale restreinte ne peut être inférieur à 45 jours calendaires. Mais en

257 Voir la loi centrafricaine n°08-017 du 6 juin 2008 portant code des marchés publics.

258 Voir article 55 de la loi de 2008 portant code des marchés publics en République centrafricaine.

cas d'urgence[259] simple, ces délais peuvent être ramenés à 15 jours calendaires. La décision de recourir à la procédure d'urgence doit être au préalable autorisée par l'organe chargé du contrôle des marchés publics et des délégations de service public au Mali.
Au demeurant, les pays d'Afrique noire francophone sont tous unanimes sur le fait qu'il faut raccourcir les délais de remise des candidatures en cas d'urgence simple en procédure internationale restreinte. Cependant, il y a un ensemble de constats qui ont été faits et qui perturbent la sécurité juridique[260] dans les appels d'offres internationaux restreints. Primo, le principe de libre concurrence[261] des soumissionnaires est fragilisé car essentiellement limité aux soumissionnaires pré-qualifiés dans l'appel d'offres international restreint. Secundo, les droits de l'administration en l'occurrence du pouvoir adjudicateur sont plus étendus dans la passation des marchés d'appels d'offres restreints internationaux en urgence. C'est elle qui fixe le cadre réglementaire en matière d'urgence, c'est elle qui définit l'urgence simple à son avantage et ne détaille pas suffisamment les droits des soumissionnaires en matière d'urgence. Les soumissionnaires des appels d'offres internationaux restreints ne savent pas exactement dans quelle juridiction il faudrait se rendre en cas de contentieux éventuel. C'est l'administration qui décide encore du contentieux pré juridictionnel en mettant en place un comité des recours formulés par les soumissionnaires. Dans l'appel d'offres international restreint lancé en procédure d'urgence, l'administration est presque l'alpha et l'oméga. Les soumissionnaires subissent plutôt les actes[262] pris par l'administration en période d'urgence simple.

Au demeurant, les maîtres d'ouvrages prennent des mesures de célérité pour passer des marchés publics en situation d'urgence simple en procédure internationale restreinte. Ces mesures se caractérisent par une réduction des remises de candidatures. Cependant, à cette réduction s'ajoute aussi celle des délais normaux des remises des offres en procédure international restreinte (2).

2- Le raccourcissement des délais de réception des offres.

En procédure d'appel d'offres restreint au plan international, intervient une phase de réception des offres à la suite d'une pré-qualification. Pendant la phase de réception des offres, seuls les candidats qui ont été qualifiés présentent leurs offres. Mais lorsqu'il y a une situation d'urgence simple, la date limite de réception des offres se trouve raccourcie de 90 jours à un intervalle situé entre 20 et 60 jours. Au Cameroun, une série d'avis d'appel d'offres internationaux restreints nous ont permis de montrer qu'en cas d'urgence simple il peut avoir raccourcissement des délais normaux de remise des offres.

---

[259] Voir article 67 du décret n°2015-0604/P-RM du 25 septembre 2015 portant code des marchés publics et des délégations de service public au Mali.
[260] PIAZZON (T), *op.cit.*, 638 P.
[261] NICINSKI (S), *op.cit.*, voir Section 2 du chapitre 2 "La libre concurrence", 880 P.
[262] DEFOORT (B), *op.cit.*, 706 P.

En effet, selon l'avis[263] d'appel d'offres international restreint n°089/AOIR/MINMAP/CCPM-SPI/2017 du 19 juin 2017 pour l'élaboration du schéma régional d'aménagement et de développement durable du territoire de l'Extrême-Nord du Cameroun en procédure d'urgence, les offres rédigées en français ou en anglais doivent être déposées à la cellule d'appui au lancement des appels d'offres au plus tard à 13 heures. L'avis d'appel d'offres en question a été lancé le 19 juin 2017. Le délai d'urgence pour la remise des offres a été fixé le 10 Août 2017. Et entre le 19 juin 2017 et le 10 Août 2017, cela fait exactement 21 jours. Nous voyons donc qu'on est proche de l'article 89 (2) du décret de 2018 portant code camerounais des marchés publics qui fixe les délais d'urgence pour la remise des offres à 20 jours. Un autre avis d'appel d'offres va dans le même scénario : il s'agit de l'avis d'appel d'offres international restreint n°26/AOIR/PR/MINMAP/CCPM-SPI/2017 du 06 mars 2017 en procédure d'urgence pour le recrutement d'un consultant pour la fourniture et l'intégration d'un progiciel de gestion intégré à la caisse autonome d'amortissement du Cameroun. Cet avis[264] d'appel d'offres dispose que : chaque offre rédigée en français ou en anglais au ministère des marchés publics au plus tard le 25 avril 2017 à 13 heures. L'appel d'offres en question a été lancé le 6 mars 2017. Le délai d'urgence pour la remise des offres a été fixé au 25 avril 2017. Et entre le 6 mars 2017 et le 25 avril 2017, cela fait exactement 50 jours. Nous constatons que la réduction des délais de remise des offres varie d'un appel d'offres à un autre. Il y a donc un manque de coordination ou absence d'unanimité entre les maîtres d'ouvrage sur la question des délais d'urgence dans l'appel d'offres international restreint. Un autre appel d'offres va dans le même sens que celui cité précédemment : il s'agit de l'appel d'offres international restreint N°06/AOIR/CAYDE/CIPM/2017 en procédure d'urgence pour l'installation et la mise en service d'une infrastructure de concassage pour la carrière communale de Yaoundé 7 au lieu-dit NKOLOMAN. D'après cet appel d'offres[265], chaque offre rédigée en français ou en anglais doit être déposée au secrétariat de la mairie de la commune d'arrondissement de Yaoundé au plus tard le 24 novembre 2017 à 12 heures. L'appel d'offres en question a été publié le 11 Octobre 2017 au système intégré de gestion ouvert et multiplateformes des marchés publics. Le délai d'urgence pour la remise des offres a été fixé au 24 novembre 2017. Et entre le 11 octobre 2017 et le 24 novembre 2017, cela fait exactement 54 jours. Pour appuyer cette logique, un autre appel d'offres vient s'ajouter à cette danse : il s'agit de l'appel d'offres international restreint N°AOIR/002-ARV/CENAME/CMS/2016 relatif à la fourniture des médicaments antirétroviraux (ARV) de première, deuxième et troisième lignes, lancé en procédure d'urgence par le Directeur général de la centrale nationale d'approvisionnement en médicaments et consommables médicaux essentiels du Cameroun. D'après l'appel d'offres en

---

263 Voir article 11 de cet avis d'appel d'offres.

264 Voir article 10 de cet avis d'appel d'offres.

265 Voir article 9 de cet appel d'offres.

question[266], "la date limite de remise des offres est fixée au 06 octobre 2016 à 11 heures, heure locale, délai de rigueur." L'appel d'offres en question a été publié le 16 septembre 2016 au système intégré de gestion ouvert et multiplateformes des marchés publics. Le délai d'urgence pour la remise des offres a été fixé au 06 Octobre 2016. Et entre le 16 septembre 2016 et le 06 octobre 2016, cela fait exactement 20 jours. Dans cet appel d'offres, le maître d'ouvrage a respecté strictement les délais d'urgence pour la remise des offres. Un autre avis d'appel d'offres vient s'ajouter pour soutenir l'idée selon laquelle il faut raccourcir les délais de remise des offres en cas d'urgence simple : il s'agit de l'avis d'appel d'offres international restreint en procédure d'urgence N°034/AOIR/PU/SNI/CIPM/18 relatif à la sélection d'un cabinet pour la réalisation de l'étude de faisabilité du modèle mixte société de patrimoine-société de gestion dans le cadre du programme de développement des hôtels de la Sni (PDH). En effet, cet avis[267]d'appel d'offres dispose que : chaque offre rédigée en français ou en anglais doit être déposée au secrétariat de la direction de l'investissement de la SNI au plus tard le lundi 03 décembre 2018 à 10h00. L'avis d'appel d'offres en question a été publié le 09 novembre 2018. Le délai d'urgence pour la remise des offres a été fixé au 03 décembre 2018. Et entre le 09 novembre 2018 et le 03 décembre 2018, cela fait exactement 24 jours. Un autre avis appel d'offres va dans la même logique que celui précédemment cité : il s'agit de l'appel d'offres international restreint n°2018/001/AOIR/DG/CIPM/CAMTEL du 08/08/2018 pour le recrutement en procédure d'urgence d'un cabinet ou d'une agence de communication dans l'événementiel, pour accompagner CAMTEL dans l'organisation de la cérémonie d'inauguration du nouveau câble sous-marin SAIL. En effet, cet appel d'offres[268] dispose que : les offres rédigées en français ou en anglais devront parvenir à la direction des achats et du patrimoine, sous-direction des achats sis à la porte 602 au siège CAMTEL au plus tard le 27/08/2018 à 13h. L'avis d'appel d'offres en question a été publié le 08 août 2018. Le délai d'urgence pour la remise des offres formulées par les soumissionnaires a été fixé au 27 août 2018. Et entre le 08 août 2018 et le 27 août 2018, ça fait exactement 19 jours.

L'avis[269] d'appel d'offres international restreint en procédure d'urgence N°180/AOIR/MINAMP/CCPM-SPI/2016 du 19/12/2016 pour l'élaboration des documents de planification urbaine et la réalisation d'études techniques d'aménagement des communes de Messamena et Lomié (Lot 1), Meyomessi et

266 Voir article 6 de l'appel d'offres international restreint N°AOIR/002-ARV/CENAME/CMS/2016 relatif à la fourniture des médicaments antirétroviraux (ARV) de première, deuxième et troisième lignes, lancé en procédure d'urgence par le Directeur général de la centrale nationale d'approvisionnement en médicaments et consommables médicaux essentiels du Cameroun.

267 Voir article 7 de cet avis d'appel d'offres.

268 Voir article 10 de cet appel d'offres.

269 Voir article 10 de cet avis d'appel d'offres.

Meyomessala (Lot 2) dans le cadre du programme d'aménagement et de développement intègre de la boucle minière du DJA et de la zone frontalière adjacente (PADI) dispose que : chaque offre rédigée en français ou en anglais devra parvenir à la cellule d'appui au lancement des appels d'offres, au bâtiment A du MINMAP au plus tard le 08/02/2017 à 13 heures. L'avis d'appel d'offres en question a été publié le 19 décembre 2016. Le délai d'urgence pour la remise des offres a été fixé au 08 février 2017. Et entre le 19 décembre 2016 et le 08 février 2017, ça fait exactement 48 jours. Un autre avis d'appel d'offres vient s'ajouter à celui précédemment cité pour soutenir l'idée de raccourcissement des délais de remise des offres en cas d'urgence simple. Il s'agit de l'avis d'appel d'offres international restreint n°30/AOIR/MINTP/CMPM/2015 du 26 février 2016 en procédure d'urgence pour la réalisation des études techniques en vue de la réhabilitation /restauration de la voie navigable sur la Bénoué entre Garoua et la frontière du Nigéria (région du Nord). En effet, d'après cet avis d'appel d'offres[270] , chaque offre rédigée en français ou en anglais doit être déposée dans les services du maître d'ouvrage au ministère des travaux publics au plus tard le 24 mars 2016 à 10 heures. L'avis d'appel d'offres en question a été publié le 26 février 2016. Le délai d'urgence pour la remise des offres a été fixé au 24 mars 2016. Et entre le 26 février 2016 et le 24 mars 2016, ça fait exactement 33 jours pour permettre aux soumissionnaires de déposer leurs offres. Un autre avis d'appel d'offres vient s'ajouter à celui précédemment cité plus haut : il s'agit de l'avis d'appel d'offres international restreint en "procédure d'urgence" n°108/AOIR/MINMAP/CCPM-AI/2015 du 3 aout 2015 pour la maîtrise d'œuvre complète des projets d'infrastructures de voiries et de drainage dans les villes de Bafoussam, Bertoua et Garoua. D'après cet avis d'appel d'offres[271], la présentation et la remise des offres se feront au plus tard le 3 septembre 2015. Et entre le 3 aout 2015 et le 3 septembre 2015, ça fait exactement 1 mois pour permettre aux soumissionnaires de déposer leurs offres. Pour maintenir la même logique un autre avis d'appel d'offres vient accompagner celui précédemment cité pour affronter l'urgence simple. Il s'agit de l'avis d'appel d'offres international restreint n°009/ARV/CENAME/CMS/2015 du 10 octobre 2015 pour la fourniture des médicaments antirétroviraux sous dénomination communale internationale lancé en urgence par le directeur de la centrale nationale d'approvisionnement en médicaments et consommables médicaux essentiels du Cameroun (CENAME). En effet, cet avis[272] d'appel d'offres dispose que la remise des offres doit être faite au plus tard le 25 octobre 2015. Et entre le 10 octobre 2015 et le 25 octobre 2015, ça fait exactement 15 jours. Finalement, il n'y a pas un délai de raccourcissement fixe de remise des offres en procédure d'appel

---

[270] Voir article 13 de cet avis d'appel d'offres.

[271] Voir article 11 de l'avis d'appel d'offres international restreint en "procédure d'urgence" n°108/AOIR/MINMAP/CCPM-AI/2015 du 3 aout 2015 pour la maîtrise d'œuvre complète des projets d'infrastructures de voiries et de drainage dans les villes de Bafoussam, Bertoua et Garoua.

[272] Voir article 10 de cet avis d'appel d'offres.

d'offres international restreint lancée en urgence. L'essentiel c'est que ce délai soit inférieur à 90 jours.

Au demeurant, le maître d'ouvrage[273] ou maître d'ouvrage délégué peut lancer l'appel d'offres en urgence. Cet appel d'offres peut être ouvert ou restreint. Mais lorsque ces différentes procédures de droit commun sont lancées en urgence, cela entraîne par conséquence un raccourcissement des délais normaux de remise des offres. Après la remise des offres, apparaît donc la commission des marchés publics qui doit donner son avis durant le déroulement de la procédure. Il se trouve que lorsque les marchés publics sont passés en situation d'urgence simple, les délais de l'avis de la commission dans l'attribution du marché se trouvent raccourcis ou réduits (section 2).

Section 2 : La réduction des délais normaux de l'avis de la commission dans l'attribution du marché.

Aux termes du décret[274] de 2018 portant code camerounais des marchés publics, les commissions de passation des marchés sont des organes d'appui technique placés auprès des maîtres d'ouvrages, des maîtres d'ouvrages délégués, des gouverneurs de région et des préfets, pour la passation des marchés publics dont les montants sont au moins égaux à cinq (5) millions de francs CFA. La commission de passation des marchés publics dispose des attributions importantes dans l'attribution du marché[275]. Elle n'a pas un pouvoir d'attribution mais elle assiste les différents maîtres d'ouvrage durant le déroulement de la procédure d'appel d'offres. C'est également le même scénario lorsque l'appel d'offres est lancé en situation d'urgence simple. Mais lorsqu'il y a passation des marchés publics en situation d'urgence simple, cela entraîne un raccourcissement des délais de l'avis de la commission dans l'étude préalable des marchés (paragraphe 1) et dans la procédure d'attribution du marché (paragraphe 2).

Paragraphe 1 : Le raccourcissement des délais de l'avis de la commission dans l'étude préalable des marchés

Il est important de rappeler que le décret de 2018 portant code camerounais des marchés n'a pas fait évoluer le droit concernant l'encadrement juridique des délais d'urgence pour l'avis de la commission dans l'étude préalable des marchés publics. Ce décret a fait preuve de mutisme en la matière. Les anciens textes de 2012 avaient plutôt enrichi l'encadrement juridique des délais d'urgence pour l'avis de la commission dans l'étude préalable des marchés. Par

---

273 SABUT (C), TAILLAN (J-B), *Dictionnaire de la maîtrise d'ouvrage publique et privée*, *op.cit.*, 532 P.

274 Voir article 9 du décret de 2018 portant code camerounais des marchés publics.

275 COULIBALY Alban (A), *L'essentiel des modalités de passation de la commande publique,* Publibook, 10 mars 2010, 152 P. La phase d'attribution des marchés constitue donc une modalité de passation de la commande publique.

conséquent, en vertu du principe de la non-rétroactivité des actes administratifs[276], le nouveau texte réglementaire ou juridique ne rétroagit pas ou ne dispose que pour l'avenir. Il ne peut rétroagir que lorsqu'il est souple ou favorable. Dans le cas d'espèce, le nouveau décret n'est pas favorable par rapport aux anciens textes portant réglementation des marchés publics qui facilitent l'encadrement juridique des délais d'urgence pour l'avis de la commission dans l'étude préalable des marchés publics. En conclusion, les textes de 2012 issus de la réforme ainsi que le code des marchés publics de 2004 seront appliqués ici.

La commission des marchés publics apparaît dans l'étude préalable des marchés parce qu'elle a pour rôle de donner un avis technique auprès des maîtres d'ouvrage afin de faire respecter les principes fondamentaux de la passation des marchés publics[277]. Pour AJJOUB Muhannad[278], ces principes fondamentaux de la commande publique constituent un obstacle à la liberté contractuelle des personnes publiques. Mais ce qu'il oublie c'est que les soumissionnaires doivent aussi jouir de leurs droits dans la commande publique. La commission a donc pour rôle d'émettre un avis technique sur les dossiers d'appels d'offres[279]. Chaque dossier d'appel d'offres doit contenir les pièces suivantes : une note de présentation du maître d'ouvrage ou du maître d'ouvrage délégué, les pièces attestant de la disponibilité du financement ou de l'inscription budgétaire. Ledit dossier doit être élaboré sur la base d'un document type conçu par l'organisme chargé de la régulation des marchés publics, mis en vigueur par l'autorité chargée des marchés publics et comprenant notamment le projet d'avis d'appel d'offres, le cadre du détail quantitatif et estimatif contenant les quantités à exécuter, le cadre du bordereau des prix unitaires, le règlement particulier de l'appel d'offres, les critères et sous critères d'évaluation, le modèle de projet de marché, les cahiers de charges, les rapports d'études et les plans le cas échéant. Les commissions de passation des marchés publics organisent aussi la séance d'ouverture des plis[280] pour une étude préalable des marchés. Mais lorsqu'il faut passer les marchés d'appel d'offres en urgence, les délais d'examen des dossiers d'appel d'offres (A) et les délais de la séance d'ouverture des plis d'offres (B) se trouvent réduits ou raccourcis.

---

[276] CE, Arrêt Société du Journal L'Aurore du 25 juin 1948. Voir aussi CE, 3 décembre 1975, req. N°97405.

[277] MARAVAL (P), « Les principes de la commande et de l'achat publics » in *Management public*, 2014, PP. 84-130. Voir aussi article 2 du décret de 2018 portant code des marchés publics. SAUSSIER (S) et TIROLE (J), « Renforcer l'efficacité de la commande publique » in *Notes du conseil d'analyse économique*, n°22,2015, P1-12.

[278] AJJOUB Muhannad, *La notion de liberté contractuelle en droit administratif français*, édition université européenne, octobre 2018,604 P.

[279] Voir article 23 du même décret de 2018.

[280] Voir article 23(b) du même décret de 2018.

A- La réduction des délais de l'avis de la commission dans l'examen des dossiers d'appel d'offres.

Selon l'une[281] des dispositions de l'ancien code des marchés publics de 2004, la commission des marchés publics a 15 jours pour examiner et donner un avis technique sur les dossiers d'appel d'offres. Mais en cas d'urgence, ce délai est ramené à 5 jours[282]. Il s'agira donc de présenter le raccourcissement des délais de l'avis des commissions dans l'examen du contenu du dossier d'appel d'offres (1) et de faire ressortir la réduction des délais dans l'examen du contenu de l'avis d'appel d'offres (2).

1- Le Raccourcissement des délais de l'avis de la commission dans l'examen du contenu du dossier d'appel d'offres.

Selon l'une[283] des dispositions de la circulaire relative à l'application de l'ancien code camerounais des marchés publics n°005/CAB/PM du 30 décembre 2005, la commission a 15 jours pour examiner et donner un avis technique sur le contenu du dossier d'appel d'offres[284]. Ainsi, cette commission doit s'assurer que le dossier d'appel d'offres contienne les instructions aux soumissionnaires, le règlement particulier d'appel d'offres, une note de présentation des maîtres d'ouvrages concernés, le modèle du marché. Les commissions de passation des marchés doivent aussi veiller à ce que l'appel d'offres contienne un cahier de clauses administratives particulières[285], un cahier de clauses administratives techniques, les termes de référence, le descriptif de la fourniture, la caution de soumission, le cadre des sous-détails des prix. Mais lorsqu'il y a passation des marchés publics en situation d'urgence simple, la commission a 5 jours pour examiner et donner un avis technique sur le contenu du dossier d'appel d'offres.

Nous constatons que l'avis de la commission dans l'examen du contenu du dossier d'appel d'offres se fait ressentir. Mais lorsqu'il y a urgence, il se trouve que les délais pour formuler cet avis se font raccourcir. Cependant, le contenu du dossier d'appel d'offres n'est pas le seul cas où la commission peut intervenir car elle peut aussi apparaître pour donner sa proposition technique dans l'avis d'appel d'offres. Mais lorsqu'il y a urgence, le délai normal de cette proposition technique se trouve raccourci au niveau du contenu de l'avis d'appel d'offres (2).

---

281 Voir article 123 (1) du décret de 2004 portant code des marchés publics.

282 Voir article 123 (2) du décret de 2004 portant code des marchés publics.

283 Voir article VII-2 de la circulaire de 2005 portant application de l'ancien code des marchés publics de 2004.

284 Voir article 124 (a) du décret de 2004 portant code des marchés publics.

285 Voir article 17 du même décret de 2004.

2) La réduction des délais de proposition technique dans le contenu de l'avis d'appel d'offres.

La commission de passation des marchés publics dispose aussi de 15 jours pour donner sa proposition technique dans le contenu de l'avis d'appel d'offres. Ainsi elle doit s'assurer que l'avis d'appel d'offres en question soit rédigé en français ou en anglais. Elle doit veiller à ce que l'avis d'appel d'offres contienne le numéro de référence, l'identification du maître d'ouvrage, l'objet de l'appel d'offres, les types d'appel d'offres, l'identification de la commission concernée, les financements[286], le lieu de consultation des offres, la caution de soumission, le nombre de lots en cas d'allotissement[287], le lieu et la date d'ouverture des offres, les critères d'évaluation des offres. Mais lorsqu'il y a passation des marchés publics en urgence, la commission dispose seulement de 5 jours pour donner ou formuler sa proposition technique dans le contenu de l'avis d'appel d'offres.

Au demeurant, lorsque les maîtres d'ouvrage lancent la passation des marchés publics en urgence, les délais de l'avis de la commission se trouvent réduits au niveau de l'examen du contenu de l'appel d'offres et au niveau de l'examen du contenu du dossier d'appel d'offres. Mais à cela s'ajoute aussi le raccourcissement des délais dans la séance d'ouverture des plis (B).

B- Le raccourcissement des délais dans la séance d'ouverture des plis

C'est la commission de passation des marchés publics qui organise la séance d'ouverture des plis. C'est l'un des acteurs qui participe à la sélection des candidats[288] puisque c'est elle qui fait des propositions techniques aux maîtres d'ouvrage afin d'obtenir la meilleure offre. Selon le décret de 2012[289] portant organisation, création et fonctionnement des commissions des marchés, la commission a 21 jours pour ouvrir les plis. Mais en cas d'urgence, l'article 24 (2) du même décret de 2012 dispose que les commissions internes, régionales et départementales ont 5 jours pour ouvrir les plis des offres. Nous voyons donc

---

[286] BRECHON-MOULENES (C), *Le financement des marchés publics*, Dalloz, 1er janvier 1987, 218 P. Voir aussi VILLARD (M), BACHELOT (Y) et ROMERO (J-M), *Droit et pratique des marchés publics* de *travaux : passation, exécution, financement*, édition Le Moniteur, Collection : Actualité juridique, Janvier 1981, 426 P.

[287] COMPTE (O), LAMY (L) et LAURENT (E), « Marchés et allotissement : regroupement ou dégroupement ? » in *Revue économique*, 2017, PP 141-162. L'allotissement c'est la division d'un marché public en plusieurs lots pouvant être attribués à des entreprises différentes. Ce qui permet à des entreprises de petites tailles de participer à des marchés importants.

[288] HOURCABIE (A), *Passation des marchés publics-2e édition : sélection et suivi de la procédure-choix des candidats-Préparation de l'exécution*, Le Moniteur, 19 juin 2019,356 Pages. Dans cet ouvrage, l'auteur analyse les étapes de tout type de marché public et nous montre que c'est dans la phase de passation des marchés publics que sont sélectionnés les candidats.

[289] Selon l'article 24 (1) du décret de 2012 sur la création, l'organisation et fonctionnement des commissions de passation des marchés publics.

qu'en cas d'urgence il y a raccourcissement des délais d'ouverture des plis en un temps (1) et réduction des délais d'ouverture des plis en 2 temps (2).

1- La réduction des délais d'ouverture des plis en un temps

Il faut dire d'entrée de jeu que l'ouverture des plis en un temps concerne beaucoup plus les appels d'offres ouverts et les marchés de travaux[290] ou de fournitures. En effet, l'article 24 de l'ancien décret de 2004 portant code des marchés publics dispose que les offres sont adressées sous plis cachetés et fermés portant le numéro et l'objet de l'appel d'offres. Aucune indication sur l'identité du soumissionnaire ne doit être donnée. Les plis doivent être déposés contre récépissé au lieu indiqué dans l'avis d'appel d'offres. Les plis sont revêtus d'un numéro d'ordre, de l'indication de la date, l'heure de remise et sont enregistrés sur un registre spécial délivré par l'organe chargé de la régulation des marchés publics et doivent être cachetés jusqu'au moment de leur ouverture.

Lorsque les marchés de travaux[291], de fournitures sont ouverts en un temps, l'offre financière, administrative et l'offre technique sont placées dans une même enveloppe[292]. Le délai normal de cette ouverture des plis en un temps est de 21 jours calendaires. Mais en cas d'urgence dûment constatée, il est réduit à 5 jours conformément à l'article 24 (2) du décret de 2012 portant création, organisation et fonctionnement des commissions[293] de passation des marchés publics. Il est également nécessaire de rappeler que depuis l'arrivée du nouveau décret de 2018 portant code des marchés publics, les commissions de passation des marchés publics sont devenues plus étendues. Cela veut dire que lorsque les maîtres d'ouvrage relevant des départements ministériels, des établissements publics et des collectivités territoriales décentralisées lancent un appel d'offres normal ou en urgence, ce sont les commissions internes qui les assistent. Lorsque les gouverneurs de région lancent l'appel d'offres, ce sont les commissions régionales qui les assistent. Lorsque les préfets lancent un appel d'offres, ce sont les commissions départementales qui les assistent. Ce nouveau décret a mis fin aux commissions locales[294] qui étaient créées par le décret de 2012 portant création, organisation et fonctionnement des commissions de passation des marchés publics. Toutes ces commissions disposent de 21 jours

---

290 ELSEN (M-A), *Guide pratique des marchés publics de travaux*, édition *Larcier*, 20 octobre 2015, 446 P.

291 ELSEN (M-A), *Guide pratique des marchés publics de travaux*, op.cit., 446 P.

292 Voir article III.2.4 de la circulaire n°004/CAB/PM du 30 décembre 2005 relative à l'application du code des marchés publics.

293 HUGUET (H) et LE NAËLOU (Y- S), *Le jugement des offres dans les marchés publics*, op.cit., 68 P. Les différentes commissions ont aussi pour rôle de juger les différentes offres présentées par les soumissionnaires dans la passation des marchés publics. Ceci en faisant des propositions pour mieux guider le maître d'ouvrage dans le choix de la meilleure offre.

294 Voir articles 4 et 7 du décret de 2012 portant création, organisation et fonctionnement des commissions de passation des marchés publics.

pour ouvrir les plis des offres en un temps. Mais en cas d'urgence, ces délais sont réduits à 5 jours.

Il est important de relever qu'à la lecture de certains avis d'appel d'offres, on constate que la date de remise des offres est la même que la date d'ouverture des plis. Cela signifie que la date limite d'ouverture des plis peut être fixée normalement entre 25 et 50 jours. Mais en cas d'urgence cette date est réduite à 20 jours. Prenons pour preuve l'avis d'appel d'offres national ouvert en urgence n°13/AONO/DDMAP-NS/CDPM-NS/2015 du 10 mars 2015 pour l'équipement du bloc opératoire de l'hôpital de district de Mbalmayo. Selon cet avis[295], l'ouverture des plis est faite en un temps et doit être déposée au plus tard le 30 Mars 2015. L'avis d'appel d'offres en question a été publié le 10 mars 2015. Et entre le 10 mars 2015 et le 30 Mars 2015, cela fait exactement 20 jours. Un autre avis d'appel d'offres va dans le même sens que celui précédent. Il s'agit de l'avis d'appel d'offres national ouvert n°048/AONO/MINHDU/CMPM/17 au 08 juin 2017 pour la construction d'ouvrages hydrauliques et d'assainissement dans certaines villes du Cameroun en procédure d'urgence. Dans cet avis, la date de remise des offres est la même que la date d'ouverture des plis. En effet, aux termes de cet avis d'appel d'offres[296], l'ouverture des offres s'effectuera en un seul temps et aura lieu le 29 juin 2017 à partir de 14 heures par la commission ministérielle de passation des marchés du MINHDU. L'avis d'appel d'offres en question a été publié le 08 juin 2017. L'ouverture des plis en un temps a été fixée au 29 juin 2017. Et entre le 08 juin 2017 et le 29 juin 2017, ça fait exactement 20 jours pour permettre l'ouverture des plis en un seul temps.

Au demeurant, nous constatons que les délais accordés aux commissions pour ouvrir les plis en un temps sont parfois raccourcis de 21jours à 5 jours ou de 25 jours à 20 jours lorsqu'il y a urgence. Tout dépend de l'avis d'appel d'offres. Cependant, se trouvent également réduits les délais d'ouverture des plis en 2 temps (2) en cas d'urgence.

2- La réduction des délais d'ouverture des plis en 2 temps

L'ouverture des plis[297] en 2 temps concerne beaucoup plus les appels d'offres restreints, les marchés de services et les marchés de prestations intellectuelles[298]. Ainsi, les plis doivent toujours être cachetés et scellés en portant le numéro et l'objet de l'appel d'offres. Les plis doivent être enregistrés dans un registre spécial[299] des offres. Il doit également y avoir un extrait des instructions aux soumissionnaires et le règlement particulier d'appel d'offres relatif à la

[295] Voir article 13 de cet avis d'appel d'offres.
[296] Voir article 12 de cet avis d'appel d'offres.
[297] VINCI (N), *La commission d'ouverture des plis*, Territorial, 1er juillet 2007, 100 P.
[298] Voir article 45 de l'ancien décret de 2004 portant code des marchés publics.
[299] Voir article 124 (b) du même décret.

présentation des offres. Lorsque l'ouverture des offres issues des marchés de services, des marchés de prestations intellectuelles[300] ou d'études est faite en 2 temps, les offres techniques et administratives sont séparées des offres financières. Cela veut dire que les offres techniques et administratives sont déposées dans une enveloppe différente ou distincte de l'offre financière[301]. Donc il y a 2 enveloppes bien différentes lorsqu'il y a ouverture des plis en deux temps[302]. L'ouverture des plis[303] en 2 temps se fait une heure après l'heure limite de remise des offres[304]. Cela veut dire que la date d'ouverture des plis est la même que la date de réception des offres. Seule l'heure diffère. Ce qui signifie que la date d'ouverture des plis en 2 temps varie entre 25 et 50 jours mais en cas d'urgence elle est réduite à 20 jours ou à un délai inférieur à 25 jours. Prenons pour exemple l'avis d'appel d'offres national restreint n°100/AONR/PR/MINMAP/CCPM-SPI/2015 lancé en procédure d'urgence le 13/7/2015 pour le développement de l'application de l'enregistrement des petites et moyennes entreprises dans le fichier. Selon l'article 10 de cet avis d'appel d'offres, l'ouverture des offres se fera en 2 temps au plus tard le 10 aout 2015 à 14 heures alors que d'après l'article 7 du même avis le dépôt des offres se fait aussi le 10 aout 2015 mais à 13 heures. Nous voyons donc qu'il y a raccourcissement des délais d'ouverture des plis en 2 temps en cas d'urgence car entre le 13 juillet 2015 et le 10 août 2015, ça fait exactement moins de 50 jours.

Finalement, la passation des marchés publics en urgence simple permet de raccourcir les délais de l'avis de la commission aussi bien dans l'examen des dossiers d'appel d'offres que dans la séance d'ouverture des plis. Cependant, on remarque aussi un raccourcissement des délais au niveau de la procédure d'attribution du marché (paragraphe 2).

Paragraphe 2 : Le raccourcissement des délais de l'avis de la commission dans la procédure d'attribution du marché.

Il s'agira de présenter d'une part la réduction des délais de proposition d'attribution des marchés (A) et de faire ressortir d'autre part la réduction des délais de l'avis de la commission dans l'examen des projets (B).

A- La réduction des délais de proposition d'attribution des marchés

L'une[305] des dispositions du décret de 2018 portant nouveau code camerounais des marchés publics dispose que : la commission de passation des marchés a un

---

300 MALHEY (B), *Les marchés de prestations intellectuelles*, édition : Territorial, avril 2002, 100 p. Voir aussi DOMERGUE (G), *Les marchés publics de prestations intellectuelles*, LGDJ, Juin 1992,316 P.

301 Voir article 24 (1) du même décret.

302 Voir article III.2.4 de la circulaire de 2005 portant application de l'ancien code des marchés publics de 2004.

303 VINCI (N), *La commission d'ouverture des plis*, op.cit., 68 P.

304 Voir article 24 (5) de l'ancien code des marchés publics de 2004.

305 Voir article 18(1) du décret de 2018 portant code des marchés publics.

délai maximal de 21 jours ouvrables à compter de la date d'ouverture des offres pour formuler sa proposition d'attribution au maître d'ouvrage ou au maître d'ouvrage délégué, y compris les délais accordés à la sous-commission pour l'analyse des offres. Mais en cas d'urgence, l'article 18(2) du décret de 2018 portant code camerounais des marchés publics dispose que ces délais peuvent être ramenés à 10 jours. Le Tchad soutient aussi l'idée selon laquelle il faut réduire les délais de proposition d'attribution des marchés formulée par la commission en cas de situation d'urgence simple. En effet, l'une[306] des dispositions du décret N°2417/PR/PM/2015 portant code des marchés publics au Tchad dispose que : La commission de passation des marchés a un délai maximal de 21 jours à compter de la date de réception d'un dossier pour se prononcer, y compris les délais accordés à la sous-commission d'analyse des offres . L'article 30(2) du même décret vient consacrer l'urgence en procédant à la formulation suivante : « ce délai de vingt un jours (21) peut être ramené à quinze (15) jours lorsque l'urgence le requiert ». Nous constatons donc qu'il y a réduction des délais de proposition d'attribution des marchés de travaux (1) et réduction de proposition d'attribution de marchés de services (2).

1- La réduction des délais d'attribution des marchés de travaux

La circulaire n°001/CAB/PR du 19 juin 2012 relative à la passation et au contrôle de l'exécution des marchés publics[307] donne 21 jours à la commission pour formuler sa proposition d'attribution du marché. Mais en cas d'urgence ce délai est ramené à 5 jours. Par contre le nouveau décret de 2018 portant code des marchés publics fixe ce délai à 10 jours. En vertu du principe de la non - rétroactivité des actes administratifs[308], le nouveau texte ne peut rétroagir que s'il est souple. Or le nouveau décret ici alourdit même plutôt les délais en les fixant à 10 jours. Par conséquent, sera en vigueur la circulaire en question car beaucoup plus favorable pour une célérité en cas d'urgence. Cette circulaire a fixé les délais à 5 jours. Pour donner son avis dans l'attribution des marchés de travaux, la commission vérifie si le procès-verbal de la séance d'ouverture des plis est présent[309], vérifie le rapport d'analyse et de synthèse des offres signé par les membres de la sous-commission d'analyse des offres. Pour attribuer les marchés de travaux, la commission donnera son avis technique en évaluant l'offre et en attribuant les marchés de travaux à l'offre la moins-disante[310] présentée par le soumissionnaire. Il y a donc des critères dits éliminatoires et des critères dits essentiels. En effet, lorsqu'un soumissionnaire est frappé de

---

306 Voir article 30(1) du décret de 2015 portant code des marchés publics au Tchad.

307 Voir l'article 13 de la circulaire de 2012 sur la passation et le contrôle de l'exécution des marchés publics. Voir aussi MABIN (D), *Marchés publics* : *La notion, les procédures, les contrôles et les voies de* recours, 2e édition, édition Studyrama, 13 février 2018,191 P.

308 YANNAKOPOULOS (C), *La notion de droits acquis en droit administratif français*, LGDJ, 1997,604 P.

309 Voir article 124 (c) de l'ancien décret de 2004 portant code des marchés publics.

310 Voir article 33 (1a) du même décret.

liquidation judiciaire[311] ou lorsqu'il est en faillite ou alors lorsqu'il ne s'est pas acquitté des droits, taxes, et impôts, il est simplement écarté dans l'attribution du marché. Par contre, lorsque le soumissionnaire a une attestation de non faillite, ou n'est pas frappé de liquidation judiciaire et a un quitus des autorités pour l'acquittement des taxes et impôts, les marchés de travaux peuvent lui être attribués à condition qu'il présente l'offre évaluée la moins-disante[312].

Au demeurant, il y a réduction des délais de proposition d'attribution des marchés de travaux en cas d'urgence simple. Examinons maintenant la réduction des délais de proposition d'attribution des marchés de services en cas d'urgence (2).

2- Le raccourcissement des délais de proposition d'attribution des marchés publics.

L'article 24 (1) du décret de 2012 portant création, organisation et fonctionnement des commissions de passation des marchés publics donne 21 jours aux commissions pour qu'elles puissent formuler leur proposition d'attribution du marché. Mais en cas d'urgence, ce délai est réduit à 5 jours. Ainsi, pour donner son avis dans l'attribution[313] des marchés de services et de prestations intellectuelles, les différentes commissions vérifient si le procès-verbal de la séance d'ouverture des plis est présent. La commission vérifie aussi si le rapport d'analyse et de synthèse des offres est signé par les membres de la sous-commission[314]. Pour attribuer les marchés de services, la commission donne son avis technique en évaluant les offres et en attribuant les marchés de services au soumissionnaire ayant présenté l'offre la mieux-disante[315]. Il y a donc des critères dits éliminatoires et des critères dits essentiels. En effet, lorsque le soumissionnaire est frappé de liquidation judiciaire, de faillite ou n'est pas acquitté de droits et taxes, il est simplement écarté dans l'attribution du marché. Par contre, lorsqu'un soumissionnaire présente une attestation de non faillite ou lorsqu'il n'est pas frappé de liquidation judiciaire, les marchés de

---

[311] MARTIN (J-F), LIENHARD (A), *Redressement et liquidation judiciaires : prévention-règlement amiable-faillite personnelle-Banqueroute*, Delmas, 8e édition, 26 juin 2003, 400 P.

[312] CRAYE (T), *Appels d'offres : La stratégie gagnante pour gérer et les emporter!*, édition Chiron, novembre 2006, 207 P. Ici, l'auteur informe les entreprises concurrentes sur la stratégie à utiliser pour gagner un marché d'appel d'offres public.

[313] NAEGELEN (F), « L'attribution des marchés en fonction de l'offre économiquement la plus avantageuse » in *Economie et prévision*, 1998, pp. 103-120.

[314] Voir article III-2-7-a de la circulaire de 2005 relative à l'application de l'ancien code des marchés publics de 2004.

[315] FROT (O), Marchés publics : *Comment choisir le mieux-disant ? : La détermination des critères et leur pondération, édition Afnor*, 2e édition, 2008, 370 P. L'auteur définit le mieux-disant comme une meilleure offre présentée par l'une des entreprises concurrentes. *Voir aussi* article III. 8.b de la même circulaire.

services peuvent lui être attribués à condition qu'il présente l'offre évaluée la mieux-disante[316].

Finalement, la passation des marchés publics en urgence s'opère ou se conçoit en raccourcissant les délais de proposition d'attribution des marchés. Mais pour clôturer le rôle de la commission, il se trouve qu'il y ait également raccourcissement des délais normaux dans l'examen des projets (B).

B- La réduction des délais de l'avis dans l'examen des projets

Pour clôturer son rôle, les commissions de passation des marchés publics examinent deux types de projets : les projets de marchés et les projets d'avenants. L'une[317] des dispositions du décret de 2012 sur les commissions donne 10 jours à la commission d'examiner les projets d'avenants et les projets de marchés en temps normal. Mais en temps d'urgence simple, cette commission dispose 5 jours pour examiner ces projets. Nous voyons donc qu'il y a réduction des délais dans l'examen des projets de marchés (1) et réduction des délais dans l'examen des projets d'avenant (2) lorsqu'il y a passation des marchés d'appel d'offres en situation d'urgence simple.

1- Le raccourcissement des délais dans l'examen des projets de marchés

Les délais d'examen des projets de marchés sont raccourcis de 5 jours en cas d'urgence simple comme on l'a dit plus haut. Ainsi, durant cette période réduite, la commission vérifie si le projet de marché contient une note de présentation du maître d'ouvrage ou du maître d'ouvrage délégué concerné[318]. Elle vérifie aussi la présence d'un procès-verbal de la séance d'attribution dudit marché dans le projet. Elle vérifie également la conformité des clauses administratives du projet de marché avec les dispositions du dossier d'appel d'offres[319]. La commission s'assure de l'harmonisation des marchés de contrôle avec ceux des travaux notamment en termes de délais et elle vérifie la conformité des caractéristiques techniques, des montants et des délais avec l'option retenue.

Au terme de notre analyse précédente, les délais d'examen des projets de marchés se trouvent réduits en cas d'urgence simple. Il convient aussi de présenter le raccourcissement des délais dans l'examen des projets d'avenant (2).

---

[316] LEGOUGE (D), *La meilleure offre dans les marchés publics*, Les éditions d'organisation, 1er novembre 1996, 157 P.

[317] Voir article 24 (3) du décret de 2012 Sur les commissions de passation des marchés publics.

[318] Voir article 124 (d) de l'ancien décret de 2004 portant code des marchés publics.

[319] Voir article III.15.b-5 de la circulaire de 2005 portant application de l'ancien code des marchés publics de 2004.

2- La réduction des délais dans l'examen des projets d'avenant

Les délais d'examen des projets d'avenant sont réduits de 10 à 5 jours en cas d'urgence simple. Ainsi, durant cette courte durée, la commission de passation des marchés s'assure qu'il y ait une note de présentation du maître d'ouvrage ou du maître d'ouvrage délégué concerné dans ledit projet[320]. Elle doit aussi s'assurer que le projet d'avenant contienne le marché de base et le cas échéant les avenants déjà conclus. Le projet d'avenant[321] doit également contenir un procès-verbal de réception et un projet d'avenant souscrit par le co-contractant de l'administration. La commission établit aussi les parts de responsabilités des différents acteurs (maître d'ouvrage, maître d'ouvrage-délégué, maître d'œuvre et soumissionnaire) sur l'incidence financière induite par un avenant. La commission analyse la pertinence[322] et la qualité de l'étude préalable justifiant l'avenant[323] lorsque les modifications portent sur les spécifications techniques ou engendrent une incidence financière.

En somme, l'allègement parcimonieux de la passation par appel d'offres s'explique par une réduction des délais normaux de la procédure d'appel d'offres. Cette réduction se justifie par une réduction des délais normaux de remise des offres et une réduction des délais normaux de l'avis de la commission dans l'attribution du marché. Tout ceci pour pallier une situation d'urgence simple dans les marchés d'appel d'offres. Cependant, ces données sont insuffisantes pour justifier l'allègement parcimonieux de la passation par appel d'offres car s'ajoute également la modification de certaines conditions de passation par appel d'offres (Chapitre 2).

---

320 Voir article 124 (e) de l'ancien code des marchés publics de 2004.

321 PEYRICAL (J-M), *Les avenants aux marchés publics*, 2e édition, édition Le moniteur, 2002, 178 P. Pour définir l'avenant, voir article 5 (f) du décret de 2018 portant code des marchés publics.

322 Voir article III.15.b-6 de la circulaire de 2005 portant application de l'ancien code camerounais des marchés publics de 2004.

323 PEYRICAL (J-M), *Les avenants aux contrats publics*, édition Le moniteur, 2004, 192 P. PELLET Sophie définie l'avenant comme une novation par changement de l'objet de l'obligation ou une révocation amiable suivie de la conclusion d'une nouvelle convention. Pour être plus simple, l'avenant est un acte juridique qui se matérialise par la rédaction d'une clause additionnelle ou d'une convention additionnelle permettant d'apporter une ou plusieurs modifications de ce qui avait été fixé au préalable dans l'exécution du contrat et ceci avec l'accord des parties liées au contrat.

CHAPITRE 2 : LA MODIFICATION DE CERTAINES CONDITIONS DE PASSATION PAR APPEL D'OFFRES

La passation des marchés publics en urgence se conçoit comme une dérogation sélective à la procédure normale dans la mesure où elle procède à un allègement parcimonieux de la passation par appel d'offres. Cet allègement ne se justifie pas seulement par un raccourcissement des délais normaux mais également par la modification de certaines conditions de la passation par appel d'offres. Cela veut dire qu'il y a passation des marchés publics en situation d'urgence simple lorsque le maître d'ouvrage et le maître d'ouvrage délégué mentionnent l'urgence dans l'avis d'appel d'offres (section 1) tout en exigeant aux soumissionnaires de marquer l'urgence dans la phase de remise des offres. Les maîtres d'ouvrage doivent aussi être en mesure de justifier ou de motiver le caractère objectif de l'urgence (section 2) lorsqu'ils procèdent à l'opération de passation par appel d'offres.

Section 1 : La mention de l'urgence dans l'avis d'appel d'offres

Pour qu'un marché public se réalise en situation d'urgence simple, il faudrait que le pouvoir adjudicateur mentionne l'urgence dans l'appel d'offres. Si on a affaire à un avis d'appel d'offres ouvert (paragraphe 1), les maîtres d'ouvrage doivent mentionner l'urgence. Si on a affaire à un avis d'appel d'offres restreint (paragraphe 2), les maîtres d'ouvrage doivent faire pareil.

Paragraphe 1 : Mention de l'urgence dans l'avis d'appel d'offres ouvert

L'avis d'appel d'offres national ouvert en "procédure d'urgence" N°0000032/AONO/MINEE/CMPM du 17 juin 2013 pour l'exécution des travaux d'électrification dans la localisation d'OMGBA NYEBE[324] dispose que le ministre de l'eau et de l'énergie doit mentionner l'urgence dans l'objet d'appel d'offres pour que la passation des marchés publics en situation d'urgence simple s'opère. Ce maître d'ouvrage doit aussi exiger aux soumissionnaires que la remise des offres porte la mention "urgence"[325]. A travers cet avis d'appel d'offres, nous constatons que l'urgence simple doit être mentionnée dans l'objet de l'appel d'offres (A) et dans la remise des offres (B).

---

[324]-Voir article 1 de cet avis d'appel d'offres national ouvert en "procédure d'urgence" *N°0000032/AONO/MINEE/CMPM* du 17 Juin 2013 pour l'exécution des travaux d'électrification dans la localisation d'OMGBA NYEBE.

[325]-Voir article 6 du même avis d'appel d'offres cité ci-dessus.

A/ L'évocation de l'urgence dans l'objet de l'appel d'offres ouvert

Les maîtres d'ouvrage et les maîtres d'ouvrages délégués doivent mentionner l'urgence dans l'objet de l'appel d'offres, qu'il soit national ouvert (1) ou international ouvert (2) pour alléger la passation par appel d'offres.

1- L'énonciation de l'urgence dans l'objet de l'appel d'offres national ouvert

Plusieurs marchés publics sont concernés par l'énonciation de l'urgence dans l'objet de l'appel d'offres national ouvert. Il s'agit des marchés de travaux, les marchés de fournitures et les marchés de services. En ce qui concerne les marchés de travaux, les maîtres d'ouvrage utilisent plusieurs avis d'appel d'offres pour énoncer l'urgence dans l'objet de l'appel d'offres national ouvert. En effet, d'après l'avis[326] d'appel d'offres national ouvert en procédure d'urgence N°04/AONO/CIPM/CAD1ER/2016 du 10/03/2016 pour les travaux d'aménagement du home ateliers de Bali-Arrondissement de Douala 1er, le maire de la commune d'arrondissement de Douala 1er, maître d'ouvrage mentionne l'urgence dans l'objet d'appel d'offres. Cette mention de l'urgence se matérialise par la formulation suivante : "Dans le cadre de l'exécution du budget d'investissement public (BIP) de la république du Cameroun, au titre de la période 2016, le maire de la commune d'arrondissement de Douala 1er, maître d'ouvrage, lance un appel d'offres ouvert en procédure d'urgence pour les travaux d'aménagement du home Ateliers de Bali-Arrondissement de Douala 1er". Aussi, l'une[327] des dispositions de l'avis d'appel d'offres national ouvert N°117/AONO/CUY/CIPM/2016 du 16 septembre 2016 en procédure d'urgence pour les travaux de VRD et de la construction d'une clôture avec grilles métalliques autour de la forêt urbaine N°2 à OYOM-ABANG dans la ville de Yaoundé oblige le maître d'ouvrage à mentionner l'urgence dans l'objet de l'appel d'offres. Cette mention de l'urgence se matérialise par la formulation suivante : "pour lutter contre le phénomène de réchauffement climatique, et dans le souci de limiter l'incivisme et renforcer la sécurité dans les jardins publics, le délégué du gouvernement auprès de la communauté urbaine de Yaoundé lance un appel d'offres national ouvert en procédure d'urgence pour les travaux de VRD et la construction d'une clôture avec grilles métalliques autour de la forêt urbaine N°2 à OYOM-ABANG dans la ville de Yaoundé". En restant toujours dans les marchés de travaux, d'après l'avis d'appel d'offres national ouvert N°07/AONO/CIPM-UDS/2016 du 8 septembre 2016 pour la réhabilitation du bâtiment abritant la bibliothèque centrale de l'université de DSCHANG en procédure d'urgence, le recteur de l'université de DSCHANG

---

[326] Voir article 1 de cet avis d'appel d'offres.
[327] Voir article 1 de cet avis d'appel d'offres.

maître d'ouvrage mentionne l'urgence dans l'objet[328] d'appel d'offres. Cette mention de l'urgence se matérialise par la formulation suivante : "Le recteur de l'université de DSCHANG (maître d'ouvrage) lance en procédure d'urgence pour le compte de cette institution un appel d'offres national ouvert pour la réhabilitation de la bibliothèque centrale de l'université de DSCHANG.". Aussi, d'après l'avis[329] d'appel d'offres national ouvert en procédure d'urgence N°004/AONO/PR/MINMAP/DR-CE/DDNS/CDPM/2017 du 20/01/2017 pour les travaux de construction d'un bloc de deux (02) salles de classe à l'école publique de Nkolmetet-centre dans la commune de Nkolmetet, département du Nyong et So'o , le délégué départemental du Nyong et So'o (maître d'ouvrage) mentionne l'urgence dans l'objet de l'appel d'offres. Cette mention de l'urgence procède à la formulation suivante : " Le délégué départemental des marchés publics du Nyong et So'o, autorité contractante, lance pour le compte du maire de la commune de Nkolmetet, maître d'ouvrage, un appel d'offres national ouvert en procédure d'urgence pour l'exécution des travaux de construction d'un bloc de deux (02) salles de classe à l'école publique de Nkolmetet-centre, dans la commune de Nkolmetet, département du Nyong et So'o pour une enveloppe prévisionnelle de seize millions cinq cent mille (16 500 000) francs CFA". Un autre avis d'appel d'offres oblige le maître d'ouvrage à mentionner l'urgence dans l'objet de l'appel d'offres. Il s'agit de l'avis d'appel d'offres national ouvert N°048/AONO/MINHDU/CMPM/17 du 08 juin 2017 pour la construction d'ouvrages hydrauliques et d'assainissement dans certaines villes du Cameroun (en procédure d'urgence). En effet, d'après cet avis[330] d'appel d'offres national ouvert, le ministre de l'habitat et du développement urbain, maître d'ouvrage et autorité contractante, mentionne l'urgence dans l'objet d'appel d'offres. Cet avis d'appel d'offres se matérialise par la formulation suivante : "Le ministre de l'habitat et du développement urbain, maître d'ouvrage et autorité contractante, lance en procédure d'urgence un appel d'offres pour la construction d'ouvrages hydrauliques et d'assainissement dans certaines villes du Cameroun". C'est également le même scénario avec l'avis d'appel d'offres national ouvert en procédure d'urgenceN°017/AONO/MINESUP/UD/PRO-ACTP/CMPM/MINESUP/2017 relatif aux travaux d'aménagement des voiries et réseaux divers à la faculté de médicine et des sciences pharmaceutiques de l'université de Douala. En effet, d'après cet avis d'appel d'offres, le ministre de l'enseignement supérieur (maître d'ouvrage) mentionne l'urgence dans l'avis d'appel d'offres. Cette mention de l'urgence procède à la

[328] Voir article 1 de l'avis d'appel d'offres national ouvert *N°07/AONO/CIPM-UDS/2016* du 8 septembre 2016 pour la réhabilitation du bâtiment abritant la bibliothèque centrale de l'université de DSCHANG en procédure d'urgence.

[329]Voir article 1 de l'avis d'appel d'offres national ouvert en procédure d'urgence *N°004/AONO/PR/MINMAP/DR-CE/DDNS/CDPM/2017* du 20/01/2017 pour les travaux de construction d'un bloc de deux (02) salles de classe à l'école publique de Nkolmetet-centre dans la commune de Nkolmetet, département du Nyong et So'o.

[330] Voir article 1 de cet avis d'appel d'offres.

formulation suivante: "Le ministre de l'enseignement supérieur lance un appel d'offres national ouvert en procédure d'urgence pour les travaux d'aménagement des voiries et réseaux divers à la faculté de médecine et des sciences pharmaceutiques de l'université de Douala"[331]. Aussi, l'appel d'offres national ouvert N°024/AONO/MINSEP/CMPM/2017 du 25 janvier 2017 relatif aux travaux de réhabilitation du réseau électrique du ministère des sports et de l'éducation physique "en procédure d'urgence" permet au maître d'ouvrage de mentionner l'urgence dans l'objet de l'appel d'offres. En effet, d'après cet avis[332] d'appel d'offres, la formulation est la suivante : "Dans l'objectif d'améliorer les conditions et le cadre de travail au sein de son département ministériel, le ministre des sports et de l'éducation physique, maître d'ouvrage lance en procédure d'urgence sur financement du budget d'investissement public 2017, un appel d'offres national ouvert relatif aux travaux de réhabilitation du réseau électrique du ministère des transports et de l'éducation physique". Un autre appel d'offres accompagne celui précédent pour matérialiser la mention de l'urgence dans l'objet de l'appel d'offres. Il s'agit de l'appel d'offres national ouvert en procédure d'urgence N°59/AONO/MINTP/CMPM-OAAI/2015 du 23 Juillet 2015 pour l'exécution des travaux de réhabilitation des bacs. Cet appel d'offres[333] vient permettre au ministre des travaux publics de mentionner l'urgence dans l'objet de l'appel d'offres. Ceci grâce à la formulation suivante : "Le ministre des travaux publics, maître d'ouvrage, lance pour le compte de l'Etat du Cameroun un appel d'offres national ouvert en procédure d'urgence pour la réalisation de l'opération sus-indiquée. L'appel d'offres porte sur l'exécution des travaux de réhabilitation des bacs pour la campagne 2015".

Les maîtres d'ouvrage doivent également mentionner l'urgence dans les marchés de fournitures et particulièrement dans l'objet de l'appel d'offres national ouvert. En effet, selon l'avis d'appel d'offres national ouvert en "procédure d'urgence" N°009/AONO/PU/CHRACERH/CIPM/2014 du 29-12-2014 pour l'acquisition et l'installation d'un mammographe au centre hospitalier de recherche et d'application en chirurgie endoscopique et reproduction humaine (CHRACERH)[334], l'administration du CHRACERH doit mentionner l'urgence dans l'objet de cet appel d'offres pour informer les soumissionnaires du type de passation des marchés. De même, l'avis[335] d'appel

---

331-Voir article 1 de l'avis d'appel d'offres national ouvert en urgence *N°017/AONO/MINESUP/UD/PRO-ACTP/CMPM/MINESUP/2017* du 27 juillet 2017 relatif aux travaux d'aménagement des voiries et réseaux divers à la faculté de médecine et des sciences pharmaceutiques de l'université de Douala.

332 Voir article 1 de cet avis d'appel d'offres.

333 Voir article 1 de cet appel d'offres.

334-Voir article 1 de cet avis d'appel d'offres national ouvert en urgence N°009/AONO/PU/CHRACERH/CIPM/2014 du 29-12-2014 pour l'acquisition et l'installation d'un mammographe au centre hospitalier de recherche et d'application en chirurgie endoscopique et reproduction humaine.

335 Voir article 1 de cet avis d'appel d'offres.

d'offres national ouvert en "procédure d'urgence" N°013/AONO/DDMAP - NS/CDPM-NS/2015 du 10 /3/2015 pour l'équipement du bloc opératoire de l'hôpital de MBALMAYO dispose que le délégué départemental des marchés publics du NYONG et SO'O doit mentionner l'urgence dans l'objet de cet appel d'offres pour passer en situation d'urgence simple les marchés publics. De même, l'avis d'appel d'offres national ouvert N°017/AAONO/CIPM/FEICOM/2014 du 29 septembre 2014 pour la fourniture du matériel informatique[336] dispose que le directeur général du FEICOM[337] doit mentionner l'urgence dans l'objet de cet appel d'offres. Un autre appel d'offres va dans le même sens que le précédent. Il s'agit de l'avis d'appel d'offres national ouvert N°17/AONO/ADC/CIPM/2018 du 06/07/2018 lancé en procédure d'urgence pour la fourniture de cinq (05) véhicules à la société Aéroports du Cameroun (phase II). En effet, cet avis[338] d'appel d'offres permet au maître d'ouvrage de mentionner l'urgence dans l'objet de l'appel d'offres. Ainsi, cet avis d'appel d'offres procède à la formulation suivante : "Dans le cadre de la réalisation de son plan d'action pour l'année en cours, le directeur général de la société Aéroports du Cameroun SA, maître d'ouvrage, lance en procédure d'urgence un appel d'offres national ouvert pour l'acquisition en trois (03) lots de cinq (05) véhicules à la société". Un autre appel d'offres l'accompagne dans le même sens. Il s'agit de l'appel d'offres national ouvert en procédure d'urgence N°16-04/AONO/UYI/CIPM/2016 du 20 octobre 2016 pour la fourniture d'un matériel roulant au projet CETIC à l'université de Yaoundé 1. Selon cet appel d'offres[339], le recteur de l'université de Yaoundé 1 mentionne l'urgence dans l'objet de l'appel d'offres. Cet appel d'offres a procédé à la formulation suivante : "Le recteur de l'université de Yaoundé 1, maître d'ouvrage et autorité contractante, lance un appel d'offres national ouvert en procédure d'urgence pour la fourniture d'un matériel roulant au centre d'excellence en technologie de l'information et de la communication (CETIC)". Pour aller dans la même lancée, un autre avis d'appel d'offres vient soutenir l'avis précédent. Il s'agit de l'avis d'appel d'offres national ouvert en procédure d'urgence N°113/AONO/CUY/CIPM/2016 pour la fabrication et la fourniture de barrières métalliques amovibles à la communauté urbaine de Yaoundé. Cet avis[340] d'appel d'offres permet au maître d'ouvrage de mentionner l'urgence dans l'objet de l'appel d'offres. Cet avis d'appel d'offres procède à la formulation suivante : "Dans le cadre de la sécurisation des lieux de manifestations publiques dans la ville, le délégué du gouvernement auprès de la communauté urbaine de Yaoundé lance un appel d'offres national ouvert en

---

336-Il s'agit de l'article 1 de l'avis d'appel d'offres national ouvert en procédure d'urgence N°017/AAONO/CIPM/FEICOM/2014 du 29 septembre 2014 pour la fourniture du matériel informatique.

337-FEICOM : Fonds spécial d'équipement et d'intervention intercommunale.

338 Voir article 1 de cet avis d'appel d'offres.

339 Voir article 1 de cet appel d'offres.

340 Voir article 1 de cet avis d'appel d'offres.

procédure d'urgence pour la fabrication et la fourniture de deux cents (200) barrières métalliques amovibles à sa municipalité".

Les maîtres d'ouvrage doivent également mentionner l'urgence dans les marchés de services et particulièrement dans l'objet de l'appel d'offres national ouvert. En effet, selon l'avis d'appel d'offres national ouvert N°21/AONO/ADC/CIPM/2018 du 5 septembre 2018 lancé en procédure d'urgence pour la fourniture de services de gardiennage à la société Aéroports du Cameroun SA[341], le directeur général de ladite société doit mentionner l'urgence dans l'objet de cet appel d'offres pour informer les soumissionnaires du type de passation des marchés. De même, l'avis[342] d'appel d'offres national ouvert en procédure d'urgence N°2016/015/CIPM/MAETUR du 12/09/2016 pour la souscription triennale d'une police d'assurance flotte automobile pour la couverture du parc automobile de la MAETUR dispose que le directeur de la MAETUR doit mentionner l'urgence dans l'objet de cet appel d'offres pour passer les marchés publics en situation d'urgence simple. De même, l'avis d'appel d'offres national ouvert procédure d'urgence N°107/AONO/CUY/CPIM/2016 du 16 Août 2016 pour l'entretien de la station d'épuration des eaux usées de Biyem-assi à Yaoundé[343] dispose que le délégué du gouvernement auprès de la communauté urbaine de Yaoundé (maître d'ouvrage) doit mentionner l'urgence dans l'objet de cet appel d'offres. Un autre appel d'offres va dans le même sens que celui précédent. Il s'agit de l'appel d'offres national ouvert en procédure d'urgence N°001/AONO/CCAA/CIPM/2019 du 04 février 2019 pour la réalisation des études pour la construction de la clôture d'enceinte autour de l'Aéroport de Yaoundé-Nsimalen. En effet, l'une[344] des dispositions de cet appel d'offres permet au maître d'ouvrage de mentionner l'urgence dans l'objet de l'appel d'offres. Ainsi, cet article procède à la formulation suivante : "Le directeur général de la Cameroon civil aviation authority (CCAA) lance un appel d'offres national ouvert en procédure d'urgence relative à la maîtrise d'œuvre partielle pour la réalisation des études en vue de la construction des murs de périmètre autour des domaines aéroportuaires".

Au demeurant, les maîtres d'ouvrage doivent mentionner l'urgence dans l'objet de l'avis d'appel d'offres national ouvert concernant les marchés publics de travaux, de fournitures et de services. Cependant, les pouvoirs adjudicateurs

---

341-Il s'agit de l'article 1 de l'avis d'appel d'offres national ouvert N°21/AONO/ADC/CIPM/2018 du 5 septembre 2018 lancé en procédure d'urgence pour la fourniture de services de gardiennage à la société Aéroports du Cameroun.

342 Voir article 1 de cet avis d'appel d'offres.

343-Il s'agit de l'article 1 de l'avis d'appel d'offres national ouvert en procédure d'urgence N°107/AONO/CUY/CIPM/2016 du 16 août 2016 pour l'entretien de la station d'épuration des eaux usées de Biyem-assi à Yaoundé.

344 Voir article 1 de cet appel d'offres.

doivent aussi mentionner l'urgence dans l'objet de l'avis d'appel d'offres international ouvert (2).

2- L'énonciation de l'urgence dans l'objet de l'appel d'offres international ouvert

Plusieurs marchés publics sont concernés par l'énonciation de l'urgence dans l'objet de l'appel d'offres international ouvert. Il s'agit des marchés de travaux, les marchés de fournitures et les marchés de services. En ce qui concerne les marchés de travaux, un avis d'appel d'offres nous a permis de comprendre que les maîtres d'ouvrage mentionnent l'urgence dans l'objet de l'appel d'offres international ouvert pour faire face à une situation d'urgence simple. Il s'agit de l'avis d'appel d'offres international ouvert N°119/AOIO/MINMAP/CCPM-AI/2016 du 07/09/2016 en procédure d'urgence pour la réalisation des travaux de retubage de la radiation du four de distillation atmosphérique 10F1 de la SONARA. En effet, d'après cet avis d'appel d'offres international ouvert[345], le ministre délégué à la présidence chargé des marchés publics (maître d'ouvrage) mentionne l'urgence dans l'objet d'appel d'offres. Cette mention de l'urgence se matérialise par la formulation suivante : "Le ministre délégué à la présidence chargé des marchés publics lance pour le compte de la SONARA, un appel d'offres international ouvert en procédure d'urgence pour la réalisation des travaux de retubage de la radiation du four de distillation atmosphérique 10F1 de la SONARA". Cependant, certains maîtres d'ouvrage ne respectent pas la mention de l'urgence dans l'objet de l'appel d'offres et cela provoque des incohérences[346] ou carences dans la réglementation. Prenons par exemple le cas de l'avis d'appel d'offres international ouvert N°108/AOIO/MINTP/CMPM-TI/2017 du 20/11/2017 en procédure d'urgence pour l'exécution des travaux et la réalisation des services de gestion et l'entretien par niveaux de service (GENIS) de certaines routes revêtues du réseau national dans les régions du centre et EST. Dans cet avis d'appel d'offres, le ministre des travaux publics, maître d'ouvrage, ne mentionne pas l'urgence dans l'objet de l'appel d'offres alors qu'il faut faire face à l'urgence simple. En effet, d'après cet avis d'appel d'offres[347], le pouvoir adjudicateur procède à la formulation suivante : "Le présent appel d'offres a pour objet l'exécution des travaux d'entretien par la méthode de gestion et d'entretien par niveaux de service de certaines routes revêtues du réseau national dans les régions du centre et EST". Nous constatons donc que l'urgence n'a été mentionnée nulle part dans cette formulation.

---

345 Voir article 1 de cet avis d'appel d'offres.

346 BRENET (F), GIRARD (A-L), *Cohérence et actes administratifs*, T.109, Faculté de droit et des sciences sociales de Poitiers, Coll. Actes et colloques, juin 2020, 264 P.

347 Voir article 1 de cet avis d'appel d'offres.

Les maîtres d'ouvrage doivent aussi mentionner l'urgence dans les marchés de fournitures et particulièrement dans l'objet de leurs appels d'offres internationaux ouverts. En effet, selon l'avis d'appel d'offres international ouvert N°01/AOIO/ADC/CIPM/2016 du 03/04/2017 lancé en procédure d'urgence pour la fourniture des chariots à bagages à l'aéroport international de Yaoundé-Nsimalen, le directeur de la Société Aéroports du Cameroun doit mentionner l'urgence dans l'objet de cet appel d'offres. Ceci pour informer les soumissionnaires du type de passation des marchés. Ainsi, l'avis[348] d'appel d'offres cité plus haut procède à la formulation suivante pour faire face à une situation d'urgence simple : "Dans le cadre de l'exécution de son plan d'action pour l'année en cours, le directeur général de la société Aéroports du Cameroun SA, maître d'ouvrage, lance un appel d'offres international ouvert en procédure d'urgence pour la fourniture de chariots à bagages à l'Aéroport international de Yaoundé-Nsimalen.". De même, l'appel d'offres international ouvert[349] en procédure d'urgence N°002/AOIO/IN/CIPM-IN/SC/BM/2017 du 22/03/2017 pour l'acquisition de trois (03) piqueuses plat et cheval avec accessoires à l'imprimerie nationale du Cameroun dispose que le directeur de l'imprimerie nationale mentionne l'urgence dans l'objet de cet appel d'offres. Ceci par la formulation suivante :"Le directeur de l'imprimerie nationale lance un appel d'offres international ouvert en procédure d'urgence pour l'acquisition de trois (03) piqueuses plat et à cheval avec accessoires à l'imprimerie nationale, lot unique". De même, l'avis d'appel d'offres international ouvert N°07/AOIO/ADC/CIPM/2017 du 16/06/2017 lancé en procédure d'urgence pour la fourniture des pneumatiques et des batteries du matériel d'assistance à l'aéroport international de Douala[350] dispose que le directeur général de la société Aéroports du Cameroun-maître d'ouvrage doit mentionner l'urgence dans l'objet de cet appel d'offres. Un autre avis d'appel d'offres va dans le même sens que celui précédent. Il s'agit de l'avis d'appel d'offres international ouvert en procédure d'urgence N°074/AOIO/PR/MINMAP/CCPM-AG/2017 du 1er juin 2017 relatif à la fourniture des équipements pour le groupe banane de la Cameroon development corporation (CDC). En effet, cet avis d'appel d'offres[351] permet au maître d'ouvrage de mentionner l'urgence dans l'objet de l'appel d'offres. Ainsi cet article procède à la formulation suivante : "Le ministre délégué à la présidence de la république chargé des marchés publics lance un appel d'offres international ouvert en procédure d'urgence relatif à la fourniture des équipements pour le développement banane de la CDC". Un autre avis d'appel d'offres l'accompagne dans le même sens. Il s'agit de l'avis d'appel d'offres international ouvert en procédure d'urgence N°098/AOIO/PR/MINMAP/CCPM-AG/2017 du 27 juin 2017 pour la

---

348 Voir article 1 de cet avis d'appel d'offres.

349 Voir article 1 de cet appel d'offres.

350-Voir article 1 de l'avis d'appel d'offres international ouvert N°07/AOIO/ADC/CIPM/2017 du 16/06/2017 lancé en procédure d'urgence pour la fourniture des pneumatiques et des batteries du matériel d'assistance à l'aéroport international de Douala.

351 Voir article 1 de cet avis d'appel d'offres.

fourniture d'un lot de vingt (20) ensembles camions polybennes et remorques pour le transport du coton graine à la SODECOTON. Selon l'une[352] des dispositions de cet avis d'appel d'offres, le ministre délégué à la présidence chargé des marchés publics mentionne l'urgence dans l'objet de l'appel d'offres. Cet avis d'appel d'offres procède à la formulation suivante : "Le ministre délégué à la présidence chargé des marchés publics lance un appel d'offres international ouvert en procédure d'urgence pour la fourniture d'un lot de vingt (20) ensembles camions polybennes et remorques pour le transport du coton graine à la SODECOTON". Pour aller dans la même lancée, un autre avis d'appel d'offres international vient soutenir l'avis précédent. Il s'agit de l'appel d'offres international ouvert en procédure d'urgence N°101/AOIO/PR/MINMAP/CCPM-SPI/2015 du 15-7-2015 relatif à la tierce maintenance applicative de logiciel SEMS à la caisse autonome d'amortissement du Cameroun. En effet, l'une[353] des dispositions de cet appel d'offres dispose que le ministre des marchés publics doit mentionner l'urgence dans l'objet de l'appel d'offres en question. De même, le directeur général de la CENAME doit mentionner l'urgence dans l'objet de l'avis d'appel d'offres international ouvert pour la fourniture de médicaments et dispositifs médicaux essentiels[354].

Les maîtres d'ouvrage doivent également mentionner l'urgence dans les marchés de services et particulièrement dans l'objet de l'appel d'offres international ouvert. En effet, selon l'avis d'appel d'offres international ouvert N°001/AOIO/SOHLI/CIPM/2017 du 05 mai 2017 en procédure d'urgence pour l'étude de marché et de faisabilité d'un centre Wellness avec SPA à l'hôtel Sawa de Douala, le directeur général de l'hôtel Sawa doit mentionner l'urgence dans l'objet de cet appel d'offres pour informer les soumissionnaires du type de passation des marchés publics. L'une[355] des dispositions de cet avis d'appel d'offres en est la preuve et procède à la formulation suivante : "Dans le cadre de l'exécution du programme d'investissement de la société hôtelière du littoral (SOHLI), le directeur général de l'hôtel Sawa, maître d'ouvrage, lance un appel d'offres international ouvert (AOIO) en procédure d'urgence pour l'étude de marché et de faisabilité d'un centre wellness avec SPA à l'hôtel Sawa à Douala". Un autre avis d'appel d'offres va dans le même sens que celui précédemment analysé. Il s'agit de l'avis d'appel d'offres international ouvert N°131/AOIO/MINMAP/CCPM-AI/2015 du 19 septembre 2016 pour la sélection d'un cabinet d'études en vue de la maitrise d'œuvre du projet d'électrification de 166 localités par systèmes solaires photovoltaïques au Cameroun en procédure d'urgence. En effet, l'une des dispositions de cet appel d'offres[356] permet au maître d'ouvrage de mentionner l'urgence dans l'objet de

---

352 Voir article 1 de cet avis d'appel d'offres.
353 Voir article 1 de cet appel d'offres.
354-Voir article 1 de cet avis d'appel d'offres sur la CENAME.

355 Voir article 1 de cet avis d'appel d'offres.
356 Voir article 1 de cet appel d'offres.

l'appel d'offres. Ainsi, cette disposition a procédé à la formulation suivante : "Dans le cadre du projet d'électrification de 166 localités par systèmes solaires photovoltaïques au Cameroun, le ministre des marchés publics, autorité contractante, lance pour le compte du ministre de l'eau et de l'énergie, maître d'ouvrage, un appel d'offres international ouvert pour la sélection d'un cabinet d'études en vue de la maîtrise d'œuvre dudit projet en procédure d'urgence".

Au demeurant, les maîtres d'ouvrage doivent mentionner l'urgence dans l'objet de l'appel d'offres national ouvert et dans l'objet de l'appel d'offres international ouvert. Ceci pour faire face à une situation d'urgence simple dans les marchés publics de travaux, de fournitures et de services. Cependant, c'est insuffisant car les maîtres d'ouvrages doivent aussi exiger aux soumissionnaires la mention de l'urgence dans la remise des offres (B).

B/ L'inscription de l'urgence dans la phase ouverte de remise des offres

Pour alléger la passation par appel d'offres, les maîtres ouvrages exigent aux soumissionnaires la mention de l'urgence dans le dépôt des offres. Il y a donc deux phases dans lesquelles la mention de l'urgence se fait : la phase nationale ouverte de remise des offres (1) et la phase internationale ouverte de remise des offres (2).

1- La mention de l'urgence dans la phase nationale ouverte

Plusieurs marchés publics sont concernés par l'inscription de l'urgence dans la phase nationale ouverte de remise des offres. Il s'agit des marchés de travaux, les marchés de services et les marchés de fournitures. En ce qui concerne les marchés de travaux, les maîtres d'ouvrage utilisent plusieurs avis d'appels d'offres pour mentionner l'urgence dans la phase de remise des offres en procédure nationale ouverte. En effet, l'une[357] des dispositions de l'avis d'appel d'offres national ouvert en "procédure d'urgence" N°0000032/AONO/MINEE/CMPM du 17 juin 2013 pour l'exécution des travaux d'électrification dans la localité d'OMGBA NYEBE dispose que les copies des offres remises par les soumissionnaires doivent porter la mention "urgence". Un autre avis d'appel d'offres accompagne celui cité précédemment dans la mention de l'urgence dans la phase de remise des offres en procédure nationale ouverte. Il s'agit de l'avis d'appel d'offres national ouvert N°117/AONO/CUY/CIPM/2016 du 31 août 2016 en procédure d'urgence pour les travaux de VRD et la construction d'une clôture avec grilles métalliques autour de la forêt urbaine N°2 à OYOM-ABANG dans la ville de Yaoundé. En effet, l'une[358] des dispositions de cet avis d'appel d'offres a procédé à la mention de l'urgence exigée aux soumissionnaires dans la phase de

---

[357] Voir article 6 de cet avis d'appel d'offres.
[358] Article 9 de cet avis d'appel d'offres.

remise des offres. Les copies des offres formulées par les soumissionnaires doivent porter la mention "urgence". Pour cela, l'article 9 de cet avis d'appel d'offres a procédé à la formulation suivante" : chaque offre rédigée en français ou en anglais en six (6) exemplaires dont l'original et cinq (5) copies marquées comme tels, devra parvenir au secrétariat de la direction des services techniques, bâtiment annexe de l'hôtel de ville (rez-de-chaussée) Tél : 222 22 11 22, Fax (237) 222 22 07 21, au plus tard le 28 septembre 2016 à 13h et devra porter la mention : APPEL D'OFFRES NATIONAL OUVERT N°117/AONO/CUY/2016 du 31 Août 2016, en procédure d'urgence pour les travaux de VRD et la construction d'une clôture avec grilles métalliques autour de la forêt urbaine N°02 à OYOM-ABANG dans la ville de Yaoundé". Un autre avis d'appel d'offres exige aux soumissionnaires de mentionner l'urgence sur la formulation de leurs copies de remise des offres. Il s'agit de l'avis d'appel d'offres national ouvert N°048/AONO/MINHDU/CMPM/17 du 08 juin 2017 pour la construction d'ouvrages hydrauliques et d'assainissement dans certaines villes du Cameroun en procédure d'urgence. En effet, cet avis d'appel d'offres[359] procède à la mention de l'urgence exigée aux soumissionnaires dans la phase de remise de leurs offres afin de compétir pour gagner le marché. Pour cela, l'article 9 de cet avis d'appel d'offres a procédé à la formulation suivante : "Chaque offre, rédigée en français ou en anglais et en sept (07) exemplaires dont un (01) original et six (06) copies marqués comme tels, devra parvenir sous plis fermés, au service des marchés (Bureau des offres) du MINHDU, sis au 2ème étage de l'immeuble abritant le projet PDUE/MINHDU, situé derrière la DGSN à LONGKAK-Yaoundé (bâtiment blanc aux balcons rouges) au plus tard le 29 juin 2017 à 13h, heure locale. Elle devra porter la mention : « AVIS D'APPEL D'OFFRES NATIONAL OUVERT N°048/AONO/MINHDU/CMPM/17 du 08 juin 2017 pour la construction d'ouvrages hydrauliques et d'assainissement dans certaines villes du Cameroun (en procédure d'urgence »".Pour rester dans la même logique, un avis autre a obligé les soumissionnaires de mentionner l'urgence pendant la remise de leurs offres. Il s'agit de l'avis d'appel d'offres national ouvert en procédure d'urgence N°017/AONO/MINESUP/UD/PRO-ACTP/CMPM/MINESUP/2017 du 27 juillet 2017 relatif aux travaux d'aménagement des voiries et réseaux divers à la faculté de médecine et des sciences pharmaceutiques de l'université de Douala. En effet, l'une[360] des dispositions de cet avis d'appel d'offres oblige aux soumissionnaires de mentionner l'urgence lors de la remise de leurs offres. Par conséquent, les copies de remise des offres doivent porter la mention « urgence ». Pour cela l'article 9 de cet avis d'appel d'offres a procédé à la formulation suivante : "Les offres rédigées en français ou en anglais en sept (07) exemplaires dont l'orignal et six (06) copies marqués comme tels, devront parvenir à la commission centrale de passation des marchés des travaux de bâtiments et équipements collectifs du ministère chargé des marchés publics à

[359] Voir article 9 de cet avis d'appel d'offres.
[360] Voir article 9 de cet avis d'appel d'offres.

Yaoundé au plus tard le 16 Août 2017 à 13 heures et devra porter la mention : « AVIS D'APPEL D'OFFRES NATIONAL OUVERT EN PROCEDURE D'URGENCE N°017/AONO/MINESUP/UD/PROACTP/CMPM/MINESUP/2017 du 27 juillet 2017 relatif aux travaux d'aménagement des voiries et réseaux divers à la faculté de médecine et des sciences pharmaceutiques de l'université de Douala. A n'ouvrir qu'en séance de dépouillement »". C'est également le même scénario avec l'avis d'appel d'offres national ouvert en procédure d'urgence N°100/AONO/MINTP/CPM/2014 du 03/08/2014 pour les travaux de construction du second bloc technique de la station de pesage de Nomayos sur le tronçon Yaoundé-Edéa. En effet, d'après cet avis d'appel d'offres[361], les soumissionnaires doivent mentionner l'urgence dans leurs copies de remise des offres. Leurs copies doivent porter la mention « Avis d'appel d'offres national ouvert en procédure d'urgence N°100/AONO/MINTP/CMPM/2014 du 3/8/2014 pour les travaux de construction du second bloc technique de la station de pesage de Nomayos sur le tronçon Yaoundé-Edéa ». C'est la même logique avec l'appel d'offres national ouvert en procédure d'urgence N°59/AONO/MINTP/CMPM-OAAI/2015 du 23 juillet 2015 pour l'exécution des travaux de réhabilitation des bacs. En effet, d'après cet avis d'appel d'offres[362], les soumissionnaires sont obligés de mentionner l'urgence sur les copies de leurs offres. Pour cela, cet avis d'appel d'offres a procédé à la formulation suivante : "Chaque offre rédigée en français ou en anglais devra porter la mention « Appel d'offres national ouvert en procédure d'urgence N°59/AONO/MINTP/CMPM-OAAI/2015 du 23 juillet 2015 pour l'exécution des travaux de réhabilitation des bacs".

Les maîtres d'ouvrage s'intéressent aussi aux marchés de fournitures pour exiger aux soumissionnaires la mention de l'urgence lors de la remise de leurs offres en procédure nationale ouverte. En effet, l'avis[363] d'appel d'offres national ouvert en "procédure d'urgence" N°13/AONO/DDMAP-NS/CDPM-NS/2015 du 10 mars 2015 pour l'équipement du bloc opératoire de l'hôpital de Mbalmayo dispose que les copies des offres rédigées en français ou en anglais et remises par les soumissionnaires doivent porter la mention "urgence" ou "procédure d'urgence". Un autre avis d'appel d'offres accompagne celui précédemment cité dans la mention de l'urgence en procédure nationale ouverte en phase de remise des offres. Il s'agit de l'avis d'appel d'offres national ouvert en procédure d'urgence N°064/AONO/PR/MINMAP/CCPM-AG/2015 du 25-5-2015 pour la fourniture du matériel du génie civil au parc national de matériel de génie civil.

361-Voir article 1 de l'avis d'appel d'offres national ouvert en procédure d'urgence *N°100/AONO/MINTP/CMPM/2014* du 3 août 2014 pour les travaux de construction du second bloc technique de la station de pesage de Nomayos sur le tronçon Yaoundé-Edéa.

362-Voir article 12 de l'appel d'offres national ouvert en procédure d'urgence *N°59/AONO/MINTP/CMPM-OAAI/2015* du 23 juillet 2015 pour l'exécution des travaux de réhabilitation des bacs.

363 Voir article 10 de cet avis d'appel d'offres.

En effet, l'une[364] des dispositions de cet avis procède à la mention de l'urgence exigée aux soumissionnaires dans la phase de remise des offres. Cet article dispose que les copies des offres rédigées en français et en anglais doivent être déposées et doivent porter la mention "procédure d'urgence". Un autre avis d'appel d'offres exige aux soumissionnaires de mentionner l'urgence sur la formulation de leurs copies de remise des offres. Il s'agit de l'avis d'appel d'offres national ouvert N°023/AONO/MINSEP/CMPM/2017 du 25 janvier 2017 pour la fourniture du matériel informatique au ministère des sports et de l'éducation physique en procédure d'urgence. En effet, l'une des dispositions[365] de cet avis d'appel d'offres procède à la mention de l'urgence exigée aux soumissionnaires dans la phase de remise de leurs offres afin de compétir pour gagner le marché. Pour cela, l'article 9 de cet avis d'appel d'offres a procédé à la formulation suivante : "chaque offre rédigée en français ou en anglais en sept (07) exemplaires dont un original et six (06) copies marqués comme tels, devra parvenir au ministère des sports et de l'éducation physique (direction des affaires générales, service des marchés) au plus tard le 16 février 2017 à 13 heures, heure locale sous pli fermé. Au-delà de cette heure, aucune offre ne sera acceptée. Aucune offre régulièrement déposée ne peut être ni modifiée, ni retirée et devra porter la mention : AVIS D'APPEL D'OFFRES NATIONAL OUVERT N°023/AONO/MINSEP/CMPM/2017 du 25 janvier 2017 pour la fourniture du matériel informatique au ministère des sports et de l'éducation physique en "procédure d'urgence". Un avis autre a obligé les soumissionnaires de mentionner l'urgence pendant la remise de leurs offres. Il s'agit de l'avis d'appel d'offres national ouvert en procédure d'urgence N°113/AONO/CUY/CPM/2016 pour la fabrication et la fourniture des barrières métalliques amovibles à la communauté urbaine de Yaoundé. En effet, cet avis[366] d'appel d'offres oblige les soumissionnaires de mentionner l'urgence lors de la remise de leurs offres. Pour cela, cet avis a procédé à la formulation suivante : "Les documents constituant l'offre seront répartis en trois enveloppes comme suit : enveloppe A contenant les pièces administratives, enveloppe B contenant l'offre technique, l'enveloppe C contenant l'offre financière. Les trois enveloppes seront placées dans une grande enveloppe extérieure scellée et devra porter la mention : « AVIS D'APPEL D'OFFRES NATIONAL OUVERT EN PROCEDURE D'URGENCE N°113/AONO/CUY/CIPM/2016 pour la fabrication et la fourniture de deux cent (200) barrières métalliques amovibles à la communauté urbaine de Yaoundé. A n'ouvrir qu'en séance de dépouillement »". C'est également le même scénario avec l'appel d'offres national ouvert en procédure d'urgence N°037/AONO/MINMAP/DR-LT/SMAS/CRPM-LT/2016 du 07 septembre 2016 pour la fourniture de deux vedettes motorisées et de deux moteurs de secours à la mission de développement de la pêche artisanale maritime. En

[364] Voir article 9 de cet avis d'appel d'offres.
[365] Voir article 9 de cet avis d'appel d'offres.
[366] Voir article 9 de cet avis d'appel d'offres.

effet, d'après cet avis d'appel d'offres[367], les soumissionnaires doivent mentionner l'urgence sur leurs copies de remise des offres. Leurs copies doivent porter la mention : « Appel d'offres national ouvert en procédure d'urgence N°037/AONO/MINMAP/DR-LT/SMAS/CRPM-LT/2016 du 07 septembre 2016 pour la fourniture de deux vedettes motorisées et de deux moteurs de secours à la mission de développement de la pêche artisanale maritime ».

Les maîtres d'ouvrage s'intéressent aussi aux marchés de services pour exiger aux soumissionnaires la mention de l'urgence lors de la remise des offres en procédure nationale ouverte. En effet, l'une des dispositions[368] de l'avis d'appel d'offres national ouvert N°21/AONO/ADC/CIPM/2018 du 05/09/2018 lancé en procédure d'urgence pour la fourniture de services de gardiennage à la société Aéroports du Cameroun SA dispose que chaque offre rédigée en français ou en anglais et remise par les soumissionnaires doit porter la mention "urgence" ou "procédure d'urgence". C'est également le même scénario avec l'avis d'appel d'offres national ouvert en procédure d'urgence N°2016/015/CIPM/MAETUR du 12/09/2016 pour la souscription triennale d'une police d'assurance flotte automobile pour la couverture du parc automobile de la MAETUR. En effet, cet avis d'appel d'offres[369] recommande aux soumissionnaires de mentionner l'urgence sur leurs copies de remise des offres pour faire face à une situation d'urgence simple et pour candidater afin de pouvoir obtenir le marché en question. Pour cela, cet avis a procédé à la formulation suivante : "chaque offre rédigée en français ou en anglas en sept (07) exemplaires dont un (01) orignal et six (06) copies marqués comme tels et conformes aux prescriptions du dossier d'appel d'offres, devra être déposée contre récépissé, au secrétariat de la commission interne de passation des marchés, au plus tard le 4/10/2016 avant 12 heures, heure locale portant la mention « APPEL D'OFFRES NATIONAL OUVERT EN PROCEDURE D'URGENCE N°2016/015/CIPM/MAETUR du 12/09/2016 pour la souscription triennale d'une police d'assurance flotte automobile pour la couverture du parc automobile de la MAETUR.».

Au final, le soumissionnaire doit mentionner l'urgence dans les copies de remise des offres pour alléger la passation par appel d'offres. Ces soumissionnaires doivent aussi mentionner l'urgence dans la phase de remise des offres en phase internationale ouverte (2).

367-Voir article 9 de l'appel d'offres national ouvert en procédure d'urgence N°037/AONO/MINMAP/DR-LT/SMAS/CRPM-LT/2016 du 07 septembre 2016 pour la fourniture de deux vedettes motorisées et de deux moteurs de secours à la mission de développement de la pêche artisanale maritime.

368 Voir article 11 de cet avis d'appel d'offres.

369 Voir article 9 de cet avis d'appel d'offres.

2- La mention de l'urgence dans la phase internationale ouverte de remise des offres

Plusieurs marchés publics sont concernés par la mention de l'urgence dans la phase internationale ouverte de remise des offres. Il s'agit des marchés de travaux, les marchés de services et les marchés de fournitures. En ce qui concerne les marchés de travaux, les maîtres d'ouvrage utilisent plusieurs avis d'appels d'offres pour mentionner ou inscrire l'urgence dans la phase de remise des offres en procédure internationale ouverte. En effet, l'une des dispositions[370] de l'avis d'appel d'offres international ouvert N°016/AOIO/MINMAP/CCPM-AI/2015 du 25/02/2015 pour les travaux de remplacement des toits des bacs C51 et C55 à la SONARA en procédure d'urgence dispose que les copies des offres remises par les soumissionnaires doivent porter la mention "urgence". Un autre avis d'appel d'offres accompagne celui cité précédemment dans la mention de l'urgence en phase de remise des offres en procédure internationale ouverte. Il s'agit de l'appel d'offres international ouvert N°108/AOIO/MINTP/CMPM-TI/2017 du 20/11/2017 en procédure d'urgence pour l'exécution des travaux et à la réalisation des services de gestion et de l'entretien par niveaux de services (GENIS) de certaines routes revêtues du réseau national dans les régions du CENTRE et EST. En effet, cet appel d'offres[371] procède à la mention de l'urgence exigée aux soumissionnaires dans la phase de remise des offres. Les copies des offres formulées par les soumissionnaires doivent porter la mention "urgence". Pour cela, l'article 7 de cet appel d'offres a procédé à la formulation suivante: "Chaque offre, rédigée en français ou en anglais et en sept (07) exemplaires dont un (01) original et six (06) copies marqués comme tels devra être déposée dans les services du maître d'ouvrage, direction des affaires générales, sous-direction des marchés publics, service des appels d'offres, au rez-de-chaussée de l'immeuble KEANO, abritant certains services du ministère des travaux publics, derrière l'immeuble où est logée la cellule spéciale de l'enregistrement des impôts (voie d'accès en pavés, sis au quartier Mvog-Ada), au plus tard le 13/12/2017 à 10 heures et devra porter la mention : "APPEL D'OFFRES INTERNATIONAL OUVERT N°108/AOIO/MINTP/CMPM-TI/2017 du 20/11/2017 en procédure d'urgence pour l'exécution des travaux et la réalisation des services de gestion et de l'entretien par niveaux de service (GENIS) de certaines routes revêtues du réseau national dans les régions du Centre et Est. A n'ouvrir qu'en séance de dépouillement".

Les maîtres d'ouvrage s'intéressent aussi aux marchés de fournitures pour exiger aux soumissionnaires la mention de l'urgence lors de la remise de leurs offres en procédure internationale ouverte. En effet, l'une[372] des dispositions de

[370] Voir article 7 de cet avis d'appel d'offres.
[371] Voir article 7 de cet appel d'offres.
[372] Voir article 9 de cet avis d'appel d'offres.

l'avis d'appel d'offres international ouvert en procédure d'urgence N°098/AOIO/PR/MINMAP/CCPM-AG/2017 du 27 juin 2017 pour la fourniture d'un lot de vingt (20) ensembles camions polybennes et remorques pour le transport du coton graine à la SODECOTON dispose que les copies des offres rédigées en français ou en anglais doivent porter la mention "urgence" ou "procédure d'urgence". Ceci pour favoriser la remise des offres et faire face à la situation d'urgence simple. Un autre avis d'appel d'offres accompagne celui précédemment cité pour exiger la mention de l'urgence en phase de remise des offres en procédure internationale ouverte. Il s'agit de l'avis d'appel d'offres international ouvert en procédure d'urgence N°074/AOIO/PR/MINMAP/CCPM-AG/2017 du 1er juin 2017 relatif à la fourniture des équipements pour le groupe banane de la Cameroon development corporation (CDC). En effet, l'une[373] des dispositions de cet avis d'appel d'offres procède à la mention de l'urgence exigée aux soumissionnaires dans la phase de remise des offres. Pour cela, cette disposition a procédé à la formulation suivante : "Les offres complètes rédigées en français ou en anglais et en sept (07) exemplaires dont une (01) copie originale et six (06) copies marquées scellées dans une enveloppe devront être déposées dans les services du ministre des marchés publics bâtiment A (CALAO) au plus tard le 25 juillet 2017 à 10h. Les enveloppes scellées porteront la mention : « Avis d'appel d'offres international ouvert en procédure d'urgence N°074/AOIO/PR/MINMAP/CCPM-A/2017 du 1er juin 2017 relatif à la fourniture des équipements pour le groupe banane de la Cameroon development corporation (CDC). A n'ouvrir qu'en séance de dépouillement.»". Un autre avis d'appel d'offres exige aux soumissionnaires de mentionner l'urgence sur la formulation de leurs copies de remise des offres. Il s'agit de l'avis d'appel d'offres international ouvert n°07/AOIO/ADC/CIPM/2017/du 16/06/2017 lancé en procédure d'urgence pour la fourniture des pneumatiques et des batteries du matériel d'assistance à l'aéroport international de Douala. En effet, cet avis d'appel d'offres[374] procède à la mention de l'urgence exigée aux soumissionnaires dans la phase de remise de leurs offres afin de compétir pour gagner le marché. Pour cela, l'article 10 de cet avis d'appel d'offres a procédé à la formulation suivante : "chaque offre rédigée en français ou en anglais en sept (07) exemplaires dont un original et six copies marquées comme tels, devra parvenir, sous plis fermés, sous peines de rejet, au service des marchés de la société Aéroports du Cameroun SA, sis à l'Aéroport international de Yaoundé-Nsimalen, au plus tard le 31/07/2017 à 11 heures et devra porter la mention : APPEL D'OFFRES INTERNATIONAL OUVERT N°07/AOIO/ADC/CIPM/2017 du 16/06/2017 LANCE EN PROCEDURE D'URGENCE POUR LA FOURNITURE DES PNEUMATIQUES ET DES BATTERIES DU MATERIEL D'ASSISTANCE A L'AEROPORT INTERNATIONAL DE DOUALA. A n'ouvrir qu'en séance de

[373] Voir article 9 de cet avis d'appel d'offres.
[374] Voir article 10 de cet avis d'appel d'offres.

dépouillement". C'est également le même scénario avec l'appel d'offres international ouvert en procédure d'urgence N°002/AOIO/IN/CIPM-IN/SC/BM/2017 du 22/03/2017 pour l'acquisition de trois (03) piqueuses plats et cheval avec accessoires à l'imprimerie nationale du Cameroun. En effet, d'après cet avis[375] d'appel d'offres, les soumissionnaires sont obligés de mentionner l'urgence sur leurs copies portant remise des offres. Un autre avis d'appel d'offres va dans le même sens que l'appel d'offres précédent. Il s'agit de l'avis d'appel d'offres international ouvert N°01/AOIO/ADC/CIPM/2016 du 03/04/2017 lancé en procédure d'urgence pour la fourniture de chariots à bagages à l'aéroport international de Yaoundé-Nsimalen. En effet, d'après cet avis d'appel d'offres[376], les soumissionnaires doivent mentionner l'urgence sur leurs copies de remise des offres. Leurs copies doivent porter la mention « AVIS D'APPEL D'OFFRES INTERNATIONAL OUVERT N°01/AOIO/ADC/CIPM/2016 du 03/04/2017 lancé en procédure d'urgence pour la fourniture de chariots à bagages à l'aéroport international de Yaoundé - Nsimalen.».

Les maîtres d'ouvrage s'intéressent aussi aux marchés de services pour exiger aux soumissionnaires la mention de l'urgence lors de la remise des offres en procédure internationale ouverte. En effet, l'une des dispositions[377] de l'avis d'appel d'offres international ouvert N°131/AOIO/MINMAP/CCPM-AI/2015 du 19/09/2016 pour la sélection d'un cabinet d'études en vue de la maîtrise d'œuvre du projet d'électrification de 166 localités par systèmes solaires photovoltaïques au Cameroun en procédure d'urgence dispose que chaque offre rédigée en français ou en anglais et remise par les soumissionnaires doit porter la mention "urgence" ou "procédure d'urgence". C'est également le même scénario avec l'avis d'appel d'offres international ouvert N°001/AOIO/SOHLI/CIPM/2017 du 05 mai 2017 en procédure d'urgence pour l'étude de marché et de faisabilité d'un centre Wellness avec SPA à l'hôtel Sawa à Douala. En effet, l'une[378] des dispositions de cet avis d'appel d'offres recommande aux soumissionnaires de mentionner l'urgence sur leurs copies de remise des offres pour faire face à une situation d'urgence simple et pour candidater afin de pouvoir obtenir le marché en question. Pour cela, cette disposition a procédé à la formulation suivante : "Les offres rédigées en français ou en anglais, en sept (07) exemplaires dont un (01) original et six (06) copies marqués comme tels, seront déposées au plus tard le 29 juin 2017 à 13 heures au lieu indiqué ci-dessus et devront porter la mention suivante :

375-Voir article 8 de l'appel d'offres international ouvert en procédure d'urgence N°002/AOIO/IN/CIPM-IN/SC/BM/2017 du 22/03/2017 pour l'acquisition de trois (03) piqueuses plat et cheval avec accessoires à l'imprimerie nationale du Cameroun.

376-Voir article 10 de l'avis d'appel d'offres international ouvert N°01/AOIO/ADC/CIPM/2016 du 03/04/2017 lancé en procédure d'urgence pour la fourniture de chariots à bagages à l'aéroport international de Yaoundé-Nsimalen.

377 Voir article 9 de cet avis d'appel d'offres.

378 Voir article 9 de cet avis d'appel d'offres.

"AVIS D'APPEL D'OFFRES INTERNATIONAL OUVERT N°01/AOIO/SOHLI/CIPM/2017 du 05 mai 2017 en procédure d'urgence pour l'étude de marché de faisabilité d'un centre Wellness avec SPA à l'hôtel Sawa à Douala. A n'ouvrir qu'en séance de dépouillement".

Au final, les maîtres d'ouvrage doivent mentionner l'urgence dans l'avis d'appel d'offres qu'il soit national ouvert ou international ouvert. Ceci pour alléger la passation par appel d'offres. Les maîtres d'ouvrage doivent aussi exiger aux soumissionnaires la mention de l'urgence lors de la remise de leurs offres. Mais l'appel d'offres ouvert n'est pas la seule procédure où le maitre d'ouvrage doit mentionner l'urgence car il doit également le faire dans l'appel d'offres restreint. (Paragraphe 2)

Paragraphe 2 : Mention de l'urgence dans l'avis d'appel d'offres restreint

Le maître d'ouvrage doit mentionner l'urgence dans l'objet de l'avis d'appel d'offres restreint (A) et doit également exiger aux soumissionnaires que la remise des offres porte la mention "urgence" (B). Tout ceci pour faire face à une situation d'urgence simple en procédant à un allègement de la passation par appel d'offres.

A- L'évocation de l'urgence dans l'objet de l'appel d'offres restreint

Les maîtres d'ouvrage[379] et les maîtres d'ouvrage délégués[380] doivent mentionner l'urgence dans l'objet de l'appel d'offres qu'il soit national restreint (1) ou international restreint (2) pour alléger la passation par appel d'offres.

1- L'énonciation de l'urgence dans l'objet d'appel d'offres national restreint

Plusieurs marchés publics sont concernés par l'énonciation de l'urgence dans l'objet de l'appel d'offres national restreint. Il s'agit des marchés de travaux, les marchés de fournitures et les marchés de services. En ce qui concerne les marchés de travaux, les maîtres d'ouvrage utilisent plusieurs avis d'appel d'offres pour énoncer l'urgence dans l'objet de l'appel d'offres national restreint. En effet, aux termes de l'avis d'appel d'offres national restreint en procédure d'urgence N°88/AONR/MINTP/CMPM/2014 du 22/07/2014 pour le contrôle technique et la surveillance de l'exécution des travaux de réhabilitation de la route Yokadouma-Moampack-Lamedoum-Lomié, le ministre des travaux publics-maître d'ouvrage mentionne l'urgence dans l'objet d'appel d'offres. Cette mention de l'urgence se matérialise par la formulation

---

379 SABUT (C), TAILLAN (J-B), *op.cit.*, 532 P.

380 COSSALTER (P), *Maîtrise d'ouvrage externalisée-Mandat, maîtrise partagée et SEMOP*, Territorial éditions, 29 janvier 2018, 1O4 P.

suivante: "Le ministre des travaux publics, maître d'ouvrage, lance en urgence un appel d'offres national restreint pour la réalisation de l'opération sus indiquée. Le présent appel d'offres a pour objet[381] le contrôle technique ainsi que la surveillance des travaux de réhabilitation de la route rurale Yokadouma-Moampack-Lamedoum-Lomié dans la région de l'Est (PK10-PK45). Les prestations concernent le contrôle technique, géotechnique et environnemental des travaux". Aussi, l'article 1 de l'avis d'appel d'offres national restreint en procédure d'urgence N°26/AONR/CUD/CIPM/2017 du 27/06/2017 pour le contrôle technique et la surveillance des travaux d'aménagement des rues 3W444, et amorces au quartier Ndokoti dans l'arrondissement de Douala 3ème oblige le maître d'ouvrage à mentionner l'urgence dans l'objet de l'appel d'offres. Cette mention de l'urgence se matérialise par la formulation suivante : "Le délégué du gouvernement, autorité contractante, lance pour le compte de la communauté urbaine de Douala, un appel d'offres national restreint en procédure d'urgence pour le contrôle technique et la surveillance des travaux d'aménagement des rues 3W446, 3W444, et amorces au quartier Ndokoti dans l'arrondissement de Douala 3ème". En restant toujours dans les marchés de travaux, selon l'avis d'appel d'offres national restreint N°122/AONR/MINTP/CMPM/2014 du 16 octobre 2014 en procédure d'urgence pour le contrôle technique et la surveillance des travaux de construction d'un bâtiment R + 2 d'extension des services centraux du MINTP, le ministre des travaux publics maître d'ouvrage mentionne l'urgence dans l'objet[382] d'appel d'offres. Cette mention de l'urgence se matérialise par la formulation suivante : « Le ministre des travaux publics, maître d'ouvrage, lance en urgence un appel d'offres national restreint pour la réalisation sus-indiquée. Dans le souci de préserver le contrôle et la surveillance des travaux de construction d'un bâtiment R+2 d'extension des services centraux du MINTP, le Ministre des travaux publics, maître d'ouvrage, lance pour le compte de la république du Cameroun un appel d'offres national restreint pour la réalisation des prestations de maîtrise d'œuvre sus-indiquées. Seuls les bureaux d'études techniques à l'issue de l'appel à manifestation d'intérêt *N° 057/ASMI/MINTP/2014* du 27 Mai 2014 sont invités à y participer.». Aussi, selon aux termes[383] de l'avis d'appel d'offres national restreint *N°42/AONR/MINTP/CMPM-TI/2017* du 09/05/2017 en procédure d'urgence pour l'exécution des travaux d'entretien courant de certaines routes revêtues du réseau prioritaire dans le réseau Ouest, région du Sud-Ouest, le

381-Voir article 1 de l'avis d'appel d'offres national restreint en procédure d'urgence N°88/AONR/MINTP/CMPM/2014 du 22/07/2014 pour le contrôle technique et la surveillance de l'exécution des travaux de réhabilitation de la route Yokadouma-Moampack-Lamedoum-Lomié.

382-Voir article 1 de l'avis d'appel d'offres national restreint N°122/AONR/MINTP/CMPM/2014 du 16 octobre 2014 en procédure d'urgence pour le contrôle technique et la surveillance des travaux de construction d'un bâtiment R+2 d'extension des services centraux du MINTP.

383 Voir article 1 de cet avis d'appel d'offres.

Ministre des travaux publics-maître d'ouvrage mentionne l'urgence dans l'objet de l'appel d'offres. Cette mention de l'urgence procède à la formulation suivante : " L'appel d'offres porte sur l'exécution des travaux d'entretien courant dans le réseau Ouest en procédure d'urgence pour l'année 2017". Un autre avis d'appel d'offres oblige le maître d'ouvrage à mentionner l'urgence dans l'objet de l'appel d'offres. Il s'agit de l'appel d'offres national restreint en procédure d'urgence *N° 69/AONR/CUD/CIPM/2017* du 07 août 2017 relatif aux travaux d'entretien des feux tricolores. En effet, d'après cet avis d'appel d'offres national restreint[384], le délégué du gouvernement auprès de la communauté urbaine de Douala, maître d'ouvrage et autorité contractante mentionne l'urgence dans l'objet d'appel d'offres. Cet avis se matérialise par la formulation suivante : " dans le cadre de l'amélioration de la régulation des feux tricolores de la ville de Douala coordonnée par la direction de l'entretien des infrastructures routières, des réseaux et de la mobilité, le délégué du gouvernement auprès de la communauté urbaine de Douala (*CUD*), autorité contractante, lance un appel d'offres national restreint en procédure d'urgence pour les travaux d'entretien des feux tricolores dans vingt-cinq (25) carrefours à feux de la ville de Douala pour l'exercice 2017". C'est également le même scénario avec l'avis d'appel d'offres national restreint en procédure d'urgence *N° 55/AONR/CUD/CIPM/2017* du 12/7/2017 relatif aux travaux de réhabilitation du réseau d'éclairage public dans certaines artères de la ville de Douala. En effet, d'après cet avis d'appel d'offres le Délégué du gouvernement auprès de la communauté urbaine de Douala (maître d'ouvrage) mentionne l'urgence dans l'ordre de l'appel d'offres. Cette mention de l'urgence procède à la formulation suivante : "Dans le cadre de sa politique d'amélioration des conditions de vie et la sécurité des populations dans la ville de Douala (*CUD*), autorité contractante, lance un appel d'offres national restreint en procédure d'urgence pour les travaux de réhabilitation du réseau de l'éclairage public dans la ville de Douala"[385].

Les maîtres d'ouvrage doivent également mentionner l'urgence dans les marchés de fournitures et particulièrement dans l'objet de l'appel d'offres national restreint. En effet, selon l'avis d'appel d'offres national restreint en procédure d'urgence *N°100/AONR/PR/MINMAP/CCPM-SPI/2015* du 13 Juillet 2015 pour le développement de l'application de l'enregistrement des petites et moyennes entreprises[386], le ministre des marchés publics -Maître d'ouvrage doit mentionner l'urgence dans l'objet de cet avis d'appel d'offres pour informer les soumissionnaires du type de marchés publics à réaliser.

---

384 Voir article 1 de cet avis d'appel d'offres.

385-Voir article 1 de l'avis d'appel d'offres national restreint en procédure d'urgence N°55/AONR/CUD/CIPM/2017 du 12-07-2017 relatif aux travaux de réhabilitation du réseau d'éclairage public dans certaines artères de la ville de Douala.

386-Voir l'article 1 de l'A.A.N.R en procédure d'urgence N°100/AONR/PR/MINMAP/CCPM-SPI/2015 du 13-07- 2015 pour le développement de l'application de l'enregistrement des petites et moyennes entreprises.

Les maîtres d'ouvrage doivent également mentionner l'urgence dans les marchés de services et particulièrement dans l'objet de l'appel d'offres national restreint. En effet, selon l'avis d'appel d'offres national restreint N°151/AONR/MINMAP/CCPM-SPI/2016 du 11/10/2016 pour la réalisation des prestations de maîtrise d'œuvre dans le suivi de l'exécution des polices d'assurance maladie groupe et individuelle accident et globale dommage à la caisse nationale de prévoyance sociale (*CNPS*) en procédure d'urgence, le ministre délégué à la présidence chargé des marchés publics doit mentionner l'urgence dans l'objet de cet avis d'appel d'offres pour permettre aux soumissionnaires de s'informer sur le fait qu'il s'agit d'une situation d'urgence simple. Pour cela, l'une des dispositions[387] de cet avis d'appel d'offres a procédé à la formulation suivante : "Le ministre délégué à la présidence de la république, chargé des marchés publics lance pour le compte de la caisse nationale de prévoyance sociale (*CNPS*) un appel d'offres national restreint (*AONR*) pour les prestations de maîtrise d'œuvre dans le suivi de l'exécution des polices d'assurances maladie groupe et individuelle accident et globale dommage à la caisse nationale de prévoyance sociale (*CNPS*) en procédure d'urgence. Le présent appel d'offres national restreint fait suite à l'appel à manifestations d'intérêt N°02/16/AAMI/DG/DAG/SM/CNPS du 14 juin 2016".

Au demeurant, les maîtres d'ouvrage doivent mentionner l'urgence dans l'objet de l'avis d'appel d'offres national restreint concernant les marchés publics de travaux, de fournitures et de services. Cependant, les pouvoirs adjudicateurs doivent aussi mentionner l'urgence dans l'objet de l'avis d'appel d'offres international restreint (2).

2- L'inscription de l'urgence dans l'objet de l'appel d'offres international restreint

L'appel d'offres est international restreint lorsqu'il s'adresse aux soumissionnaires qui ont été pré-qualifiés sur la base des critères objectifs et dont le domicile se trouve à l'extérieur ou à l'intérieur du territoire national. Ces soumissionnaires peuvent être soit des personnes physiques ou alors des personnes morales. Plusieurs marchés publics sont concernés par l'énonciation de l'urgence dans l'objet de l'appel d'offres international restreint. Il s'agit des marchés de travaux, des marchés de fournitures et les marchés de services. En ce qui concerne les marchés de travaux, une batterie ou série d'avis d'appel d'offres nous ont permis de comprendre que les maîtres d'ouvrage[388] mentionnent l'urgence dans l'objet de l'appel d'offres international restreint pour faire face à une situation d'urgence simple. En effet, aux termes[389] de

---

387 Voir article 1 de cet avis d'appel d'offres.

388 HACHE (O), *Maîtrise d'ouvrage publique-Gestion d'un projet de construction*, Ginger Cated, 15 août 2016, 218 P.

389 Voir article 1 de cet appel d'offres.

l'appel d'offres international restreint N°006/AOIR/CAYDE 7/CIPM/2017 en procédure d'urgence pour l'installation et la mise en service d'une infrastructure de concassage pour la carrière communale de Yaoundé 7 au lieu-dit Nkoloman, le maire de la commune d'arrondissement de Yaoundé 7 (maître d'ouvrage) mentionne l'urgence dans l'objet d'appel d'offres. Cette mention de l'urgence se matérialise par la formulation suivante : "Le maire de la commune d'arrondissement de Yaoundé 7 lance un appel d'offres international restreint en procédure d'urgence pour l'installation et la mise en service d'une infrastructure de concassage pour la carrière communale de Yaoundé 7 au lieu-dit Nkoloman". Un autre avis d'appel d'offres va dans la même logique que l'appel d'offres précédent. Il s'agit de l'avis d'appel d'offres international restreint N°015/AOIR/MINMAP/CSPM-PLANUT/2015 du 13 janvier 2016 en procédure d'urgence pour les travaux de réhabilitation de l'adduction en eau potable et de l'aménagement du barrage de OUAZZANG dans l'arrondissement de MERI, département du Diamaré, région de l'Extrême-Nord. En effet, les termes[390] de cet avis d'appel d'offres permettent au maître d'ouvrage de mentionner l'urgence dans l'objet dudit avis. Pour cela, cet avis d'appel d'offres a procédé à la formulation suivante : "le ministre délégué à la présidence de la république chargé des marchés publics (autorité contractante), lance dans le cadre du plan d'urgence pour le compte du ministre de l'économie, de la planification et de l'aménagement du territoire, maître d'ouvrage, un appel d'offres international restreint en procédure d'urgence pour les travaux de réhabilitation de l'adduction en eau potable et de l'aménagement du barrage de OUAZZANG dans l'arrondissement de MERI, département du Diamaré, région de l'Extrême-Nord. Ces travaux comprennent notamment : la construction d'un magasin et d'une case pour gardien, la sécurisation des bornes fontaines, la construction des abreuvoirs, la protection du barrage et l'acquisition des pièces de recharge plomberie".

Les maîtres d'ouvrage[391] et maîtres d'ouvrage délégués[392] doivent aussi mentionner l'urgence dans les marchés de fournitures et particulièrement dans l'objet de leurs appels d'offres internationaux restreints. En effet, un avis d'appel d'offres nous a permis de comprendre que les maîtres d'ouvrage peuvent faire face à une situation d'urgence simple en mentionnant l'urgence dans l'objet des marchés de fournitures. Il s'agit de l'avis d'appel d'offres international restreint N°AOIR/002-ARV/CENAME/CMS-2016 relatif à la fourniture des médicaments antirétroviraux (ARV) de première, deuxième et troisième lignes, lancé en procédure d'urgence par le directeur général de la centrale nationale d'approvisionnement en médicaments et consommables

390 Voir article 1 de cet avis d'appel d'offres.
391 HACHE (O), *Maîtrise d'ouvrage publique-gestion d'un projet de construction*, *op.cit.*, 218 P.
392 COSSALTER (P), *Maîtrise d'ouvrage externalisée : mandat, maîtrise partagée et SEMOP*, Territorial Editions, 4 juin 2020, 104 P.

médicaux essentiels du Cameroun. En effet, d'après cet avis d'appel d'offres[393], le directeur de la centrale nationale d'approvisionnement en médicaments et consommables médicaux (maître d'ouvrage) mentionne l'urgence dans l'objet de l'appel d'offres pour informer les soumissionnaires qu'on est en situation exceptionnelle. Pour cela cet avis a procédé à la formulation suivante : "Le directeur général de la centrale nationale d'approvisionnement en médicaments et consommables médicaux essentiels du Cameroun, en abrégé « CENAME », lance un appel d'offres international restreint en procédure d'urgence relatif à la fourniture des médicaments antirétroviraux (ARV) adultes et pédiatriques de première, deuxième et troisième lignes à la CENAME".

Les maîtres d'ouvrage doivent également mentionner l'urgence dans les marchés de service et particulièrement dans l'objet de l'appel d'offres international restreint. En effet, selon l'avis d'appel d'offres international restreint N°2018/001/AOIR/DG/CIPM/CAMTEL du 08/08/2018 pour le recrutement en procédure d'urgence d'un cabinet ou d'une agence de communication dans l'événementiel pour accompagner CAMTEL dans l'organisation de la cérémonie d'inauguration du nouveau câble sous-marin SAIL, le directeur de CAMTEL doit mentionner l'urgence dans l'objet de cet appel d'offres pour informer les soumissionnaires du type de passation des marchés publics. L'article 1 de cet avis d'appel d'offres en est la preuve et procède à la formulation suivante : "La société Cameroon Telecommunication (CAMTEL) lance un appel d'offres international restreint pour le recrutement en procédure d'urgence d'un cabinet ou d'une agence de communication dans l'événementiel pour accompagner CAMTEL dans l'organisation de la cérémonie d'inauguration du nouveau câble sous-marin SAIL". Un autre avis d'appel d'offres va dans le sens de celui précédemment analysé. Il s'agit de l'avis d'appel d'offres international restreint N°30/AOIR/MINTP/CMPM/2016 du 26 février 2016 en procédure d'urgence pour la réalisation des études techniques en vue de la réhabilitation /restauration de la voie navigable sur la Bénoué entre Garoua et la frontière du Nigéria (région du Nord). En effet, d'après cet avis[394] d'appel d'offres international restreint, le ministre des travaux publics doit mentionner l'urgence dans l'objet de l'appel d'offres. Pour cela, cet avis a procédé à la formulation suivante : "Le Ministre des travaux publics, maître d'ouvrages lance en procédure d'urgence pour le compte de la république du Cameroun, un appel d'offres international restreint pour la réalisation de l'opération sus indiquée. L'appel d'offres porte sur la réalisation des études techniques en vue de la réhabilitation de la voie navigable sur la Bénoué entre Garoua et la frontière du Nigéria (région du Nord)".

---

393 Voir article 1 de cet avis d'appel d'offres.

394-Voir article 1 de l'avis d'appel d'offres international restreint N°30/AOIR/MINTP/CMPM/2016 du 26 février 2016 en procédure d'urgence pour la réalisation des études techniques en vue de la réhabilitation/restauration de la voie navigable sur la Bénoué entre Garoua et la frontière du Nigéria (région du Nord).

Au demeurant, les maîtres d'ouvrage[395] et maîtres d'ouvrage délégués[396] doivent mentionner l'urgence dans l'objet de l'appel d'offres restreint aussi bien au plan national qu'international. Tout ceci pour alléger la passation par appel d'offres. Mais cela ne suffit pas car les maîtres d'ouvrage doivent aussi exiger aux soumissionnaires la mention de l'urgence dans la remise de leurs offres (B).

B- La mention de l'urgence dans la phase restreinte de remise des offres

Pour alléger la passation par appel d'offres, les maîtres d'ouvrage exigent aux soumissionnaires la mention de l'urgence dans la remise des offres. Il existe donc deux phases restreintes dans lesquelles l'urgence doit se faire mentionner au niveau des copies des offres : la phase nationale restreinte des remises des offres (1) et la phase internationale restreinte de remise des offres (2).

1- L'énonciation de l'urgence dans la phase nationale restreinte

Plusieurs marchés publics sont concernés par l'énonciation de l'urgence dans la phase nationale restreinte de remise des offres. Il s'agit des marchés de travaux, les marchés de fournitures et les marchés de services. En ce qui concerne les marchés de travaux, les maîtres d'ouvrage utilisent plusieurs avis d'appel d'offres pour mentionner l'urgence dans la phase de remise des offres en procédure nationale restreinte. En effet, les termes[397] de l'avis d'appel d'offres national restreint en procédure d'urgence N°55/AONR/CUD/CIPM/2017 du 12/07/2017 relatif aux travaux de réhabilitation du réseau d'éclairage public dans certaines artères de la ville de Douala disposent que les copies des offres remises par les soumissionnaires doivent porter la mention "urgence" ou "procédure d'urgence". Un autre avis d'appel d'offres a accompagné celui cité précédemment dans la mention de l'urgence dans la phase de remise des offres en procédure nationale restreinte. Il s'agit de l'avis d'appel d'offres national restreint en procédure d'urgence N°69/AONR/CUD/CIPM/2017 du 07 Août 2017 relatif aux travaux d'entretien des feux tricolores. En effet, cet avis[398] d'appel d'offres procède à la mention de l'urgence exigée aux soumissionnaires dans la phase de remise des offres. Les copies des offres formulées par les soumissionnaires doivent porter la mention "urgence". Pour cela, l'article 10 de cet avis d'appel d'offres a procédé à la formulation suivante : " Chaque offre rédigée en français et /ou en anglais en sept (07) exemplaires dont (01) original et six (06) copies marqués comme tels, devra parvenir contre récépissé à la division des marchés publics de la communauté urbaine de Douala sise au 279, rue victoria à l'hôtel de ville de Douala à Bonanjo au plus tard le 30 Août 2017

---

395 HACHE (O), GODARD (J), *La maîtrise d'ouvrage publique*, MB Formation, 12 novembre 2003, 120 P.

396 COSSALTER (P), *Maîtrise d'ouvrage externalisée : Mandat, maîtrise partagée et SEMOP*, op.cit., 104 P.

397 Voir article 10 de cet avis d'appel d'offres.

398 Voir article 10 de cet avis d'appel d'offres.

à 12 heures précises, heure locale et devra porter la mention : AVIS D'APPEL D'OFFRES NATIONAL RESTREINT EN PROCEDURE D'URGENCE N°69/AONR/CUD/CIPM/2017 du 07 Août 2017 relatif aux travaux d'entretien des feux tricolores. A n'ouvrir qu'en séance de dépouillement". Un autre avis d'appel d'offres exige aux soumissionnaires de mentionner l'urgence sur la formulation de leurs copies de remise des offres. Il s'agit de l'avis d'appel d'offres national restreint en procédure d'urgence N°88/AONR/MINTP/CMPM/2014 du 22/07/2014 pour le contrôle technique et la surveillance de l'exécution des travaux de réhabilitation de la route Yokadouma-Moampack-Lamedoum-Lomié dans la région de l'EST (PK0-PK45). En effet, cet avis d'appel d'offres[399] procède à la mention de l'urgence exigée aux soumissionnaires dans la phase de remise de leurs offres afin de compétir pour gagner le marché. Pour cela, l'article 11 de cet avis d'appel d'offres a procédé à la formulation suivante : "Chaque offre, rédigée en français ou en anglais et en sept (07) exemplaires dont un (01) original et six (06) copies marqués comme tels, devra parvenir sous plis fermés, dans les services de la sous-direction des marchés publics du ministère des travaux publics, sise au bord du lac municipal de Yaoundé au plus tard le 25/08/2014 à 10 heures et devra porter la mention :« Appel d'offres national restreint en procédure d'urgence n°88/AONR/MINTP/CMPM/2014 du 22/07/2014 pour le contrôle technique et la surveillance de l'exécution des travaux de réhabilitation de la route Yokadouma-Moampack-Lamedoum-Lomié dans la région de l'EST (PK0-PK45) ». Pour rester dans la même logique, un avis autre a obligé les soumissionnaires de mentionner l'urgence pendant la remise de leurs offres. Il s'agit de l'avis d'appel d'offres national restreint N°42/AONR/MINTP/CMPM-TI/2017 du 09/05/2017 en procédure d'urgence pour l'exécution des travaux d'entretien courant de certaines routes revêtues du réseau prioritaire dans le réseau Ouest, région du Sud-Ouest. En effet, cet avis d'appel d'offres[400] oblige aux soumissionnaires de mentionner l'urgence lors de la remise de leurs offres. Par conséquent les copies de remise des offres doivent porter la mention "urgence". Pour cela l'article 10 de cet avis d'appel d'offres a procédé à la formulation suivante : "Chaque offre rédigée en français ou en anglais et en sept (07) exemplaires dont un (01) original et six (06) copies marqués comme tels, devra parvenir sous plis fermés, à la sous-direction des marchés publics au ministère des travaux publics, sis au Rez-de-chaussée de l'immeuble KEANO, derrière l'immeuble où est logée la cellule spéciale de l'enregistrement des impôts (voie d'accès en pavés) Mvog-Ada à Yaoundé au plus tard le 14/06/2017 à 10 heures, et déposée contre récépissé. Elle devra porter la mention « Appel d'offres national restreint N°42/AONR/MINTP/CMPM-TI/2017 du 09/05/2017 en procédure d'urgence pour l'exécution des travaux d'entretien courant de certaines routes revêtues du réseau prioritaire dans le réseau Ouest, région du Sud-Ouest". C'est

[399] Voir article 11 de cet avis d'appel d'offres.

[400] Voir article 10 de cet avis d'appel d'offres.

également le même scénario avec l'avis d'appel d'offres national restreint en procédure d'urgence N°028/AONR/MINEPAT/SG-PNDP/CSPM/2017 du 04 Août 2017 en vue de l'exécution des travaux de réhabilitation de la route OURO BARKA-DIGAYA (08, 50km) dans la commune de Tokomberé, département de Mayo Sava, région de l'Extrême-Nord. En effet, d'après cet avis d'appel d'offres[401], les soumissionnaires doivent mentionner l'urgence sur leurs copies de remise des offres. Leurs copies doivent porter la mention « avis d'appel d'offres national restreint en procédure d'urgence N°028/AONR/MINEPAT/SG/PNDP/CSPM/2017 du 04 Août 2017 en vue de l'exécution des travaux de réhabilitation de la route OURO BARKA-DI GAYA (08, 50km) dans la commune de Tokomberé, département de Mayo Sava, région de l'Extrême-Nord ». C'est la même logique avec l'avis d'appel d'offres national restreint N°122/AONR/MINTP/CMPM/2014 du 16 octobre 2014 en procédure d'urgence pour le contrôle technique et la surveillance des travaux de construction d'un bâtiment d'extension des services centraux du MINTP. En effet, d'après cet avis d'appel d'offres[402], les soumissionnaires sont obligés de mentionner l'urgence sur les copies de leurs offres. Pour cela cet avis d'appel d'offres a procédé à la formulation suivante : "Chaque offre, rédigée en français ou en anglais et en sept (07) exemplaires dont un (01) original et six (06) copies marqués comme tels, devra parvenir sous plis fermés, dans les services de la sous-direction des marchés publics du ministère des travaux publics, sise au bord du lac municipal de Yaoundé au plus tard le 20/11/2014 à 10 heures et devra porter la mention : Avis d'appel d'offres national restreint N°122/AONR/MINTP/CMPM/2014 du 20 octobre 2014 en procédure d'urgence pour le contrôle et la surveillance des travaux de construction d'un bâtiment R+2 d'extension des services centraux du ministère des travaux publics. A n'ouvrir qu'en séance de dépouillement". Un autre avis d'appel d'offres soutient celui précédemment analysé pour exiger aux soumissionnaires la mention de l'urgence sur leurs copies de remise des offres en phase nationale restreinte. Il s'agit de l'avis d'appel d'offres national restreint en procédure d'urgence N°26/AONR/CUD/CIPM/2017 du 27/06/2017 pour le contrôle technique et la surveillance des travaux d'aménagement des rues 3W446, 3W444, et amorces au quartier Ndokoti dans l'arrondissement de Douala 3ème. En effet, d'après cet avis d'appel d'offres[403],

---

401-Voir article 11 de l'avis d'appel d'offres national restreint en procédure d'urgence N°028/AONR/MINEPAT/SG/PNDP/CSPM/2017 du 04 août 2017 en vue de l'exécution des travaux de réhabilitation de la route Ouro Barka-Digaya (08,50km) dans la commune de Tokomberé, département de Mayo Sava, région de l'Extrême-Nord.

402 -Voir article 12 de l'avis d'appel d'offres national restreint N°122/AONR/MINTP/CMPM/2014 du 16 octobre 2014 en procédure d'urgence pour le contrôle technique et la surveillance des travaux de construction d'un bâtiment R+2 d'extension des services centraux du MINTP.

403 Voir article 10 de l'avis d'appel d'offres national restreint en procédure d'urgence N°26/AONR/CUD/CIPM/2017 du 27/06/2017 pour le contrôle technique et la surveillance des travaux d'aménagement des rues 3W446, 3W444 et amorces au quartier Ndokoti dans l'arrondissement de Douala 3ème.

les soumissionnaires sont contraints de mentionner l'urgence sur les copies de leurs offres. Pour cela, cet avis d'appel d'offres a procédé à la formulation suivante : "Chaque offre rédigée en français ou en anglais et sept (07) exemplaires dont un (01) original et six (06) copies marqués comme tels, devra parvenir contre récépissé à la division des marchés publics de la communauté urbaine de Douala au plus tard le 18/07/2017 à douze (12) heures 00, heure locale et devra porter la mention : « Avis d'appel d'offres national restreint en procédure d'urgence N°26/AONR/CUD/CIPM/2017 du 27 juin 2017 pour le contrôle technique et la surveillance des travaux d'aménagement des rues 3W446, 3W444, et amorces au quartier Ndokoti dans l'arrondissement de Douala 3ème. A n'ouvrir qu'en séance de dépouillement »".

Les maîtres d'ouvrage[404] s'intéressent aussi aux marchés de fournitures pour exiger aux soumissionnaires la mention de l'urgence lors de la remise de leurs offres en procédure nationale restreinte. En effet, les termes[405] de l'avis d'appel d'offres national restreint en procédure d'urgence N°63/AONR/CUD/CIPM/2017 du 01/08/2017 pour l'achat de matériel d'éclairage public pour les travaux en régie disposent que les copies des offres rédigées en français ou en anglais et remises par les soumissionnaires doivent porter la mention "urgence" ou "procédure d'urgence". Dans le cas d'espèce, les offres doivent porter la mention : « AVIS D'APPEL D'OFFRES NATIONAL RESTREINT en procédure d'urgence N°063/AONR/CUD/CIPM/2017 du 01/08/2017 pour l'achat de matériel d'éclairage public pour les travaux en régie. A n'ouvrir qu'en séance de dépouillement.».

Les maîtres d'ouvrage s'intéressent aussi aux marchés de services pour exiger aux soumissionnaires la mention de l'urgence lors de la remise dans offres en procédure nationale restreinte. En effet, les termes[406] de l'avis d'appel d'offres national restreint N°151/AONR/MINMAP/CCPM-SPI/2016 du 11/10/2016 pour la réalisation des prestations de la maîtrise d'œuvre dans le suivi de l'exécution des polices d'assurance maladie groupe et individuelle accident et globale dommage à la caisse nationale de prévoyance sociale (CNPS), en procédure d'urgence disposent que chaque offre rédigée en français ou en anglais doit porter la mention "urgence" ou "procédure d'urgence". C'est également le même scénario avec l'avis d'appel d'offres national restreint en procédure d'urgence N°027/AONR/PR/MINMAP/SG/DRMINMAP-ES/CRPM/2017 du 10 Août 2017 pour la maîtrise d'œuvre des travaux de construction de l'hôtel de ville de la commune de SOMALOMO. En effet, cet

---

404 TERRIN (J-J), *COLLECTIF, Maîtres d'ouvrage, maîtres d'œuvre et entreprises : De nouveaux enjeux pour les pratiques de projet*, Eyrolles Group, 6 janvier 2005, 208 P.

405 Voir article 10 de cet avis d'appel d'offres.

406 Voir article 10 de cet avis d'appel d'offres.

avis d'appel d'offres[407] recommande aux soumissionnaires de mentionner l'urgence sur leurs copies de remise des offres pour faire face à une situation d'urgence simple et pour candidater afin de pouvoir obtenir le marché en question. Pour cela, son article 10 a procédé à la formulation suivante : "Les offres rédigées en français ou en anglais en sept (07) exemplaires dont un (01) original et six (06) copies marqués comme tels, seront déposées sous plis fermés contre récépissé dans les services de la délégation régionale des marchés publics de l'Est, au plus tard le 01 septembre 2017 à 11h00 , heure locale et devra porter la mention suivante : Avis d'appel d'offres national restreint en procédure d'urgence N°027/AONR/PR/MINMAP/SG/DRMINMAP-ES/CRPM/2017 du 10 Août 2017 pour la maitrise d'œuvre des travaux de construction de l'hôtel de ville de la commune de SOMALOMO. A n'ouvrir qu'en séance de dépouillement".

Au final, les soumissionnaires doivent mentionner l'urgence dans les copies de remise des offres pour alléger la passation par appel d'offres. Ces soumissionnaires doivent aussi mentionner l'urgence dans la phase de remise des offres en procédure internationale restreinte(2).

2- L'évocation de l'urgence dans la phase internationale restreinte

Pour alléger la procédure d'appel d'offres internationale restreinte, les maîtres d'ouvrage[408] et maîtres d'ouvrage délégués[409] exigent aux soumissionnaires la mention de l'urgence lors de la remise des offres. Plusieurs marchés publics sont concernés par la mention de l'urgence en phase internationale restreinte. Il s'agit des marchés de travaux, les marchés de fournitures et les marchés de services. En ce qui concerne les marchés de travaux, les maitres d'ouvrage utilisent plusieurs avis d'appel d'offres pour mentionner ou inscrire l'urgence dans la phase de remise des offres en procédure internationale restreinte. En effet, l'une des dispositions[410] de l'avis d'appel d'offres international restreint N°015/AOIR/MINMAP/CSPM-PLANUT/2015 du 13/01/2016 en procédure d'urgence pour les travaux de réhabilitation de l'adduction en eau potable et de l'aménagement du barrage de OUAZZANG dans l'arrondissement de Meri, département du Diamaré, région de l'Extrême-Nord, dispose que les copies des offres remises par les soumissionnaires doivent porter la mention "procédure d'urgence" ou "urgence". Un autre avis d'appel d'offres accompagne celui cité précédemment dans la mention de l'urgence en phase de remise des offres en procédure internationale restreinte. Il s'agit de l'avis d'appel d'offres international restreint N°143/AOIR/MINTP/CIPM/TERI/2019 du 04 Novembre 2019 en

407 Voir article 10 de cet avis d'appel d'offres.
408 TERRIN (J-J), COLLLECTIF, *op.cit.*, 208 P.
409 COSSALTER (P), *op.cit.*, 66 p.
410 Voir article 12 de cet avis d'appel d'offres.

procédure d'urgence pour le contrôle technique et la surveillance des travaux d'entretien des voies d'accès et de la reconstruction du pont définitif sur la rivière Mahe au PK17+00 du tronçon de route Yabassi –Nkondjock, dans le département du Nkam, région du Littoral. En effet, cet avis[411] d'appel d'offres procède à la mention de l'urgence exigée aux soumissionnaires dans la phase de remise des offres. Les copies des offres formulées par les soumissionnaires doivent porter la mention "urgence". Pour cela, l'article 10 de cet avis d'appel d'offres a procédé à la formulation suivante : "Les documents constituant l'offre seront répartis en trois volumes ci-après, placés sous triple enveloppe dont : l'enveloppe A contenant le dossier administratif (volume 1) et l'offre technique (volume 2), dont un (01) original et six (06) copies pour chaque dossier, l'enveloppe B contenant l'offre financière (volume 3), dont un (01) original et cinq (05) copies ; l'enveloppe C contenant une copie de l'offre financière (offre témoin scellée) qui sera transmise à l'organisme chargé de la régulation des marchés publics pour conservation, conformément à l'article 92 alinéa 8 du décret N°2018/366 du 20 juin 2018 portant code des marchés publics. Cette enveloppe C contenant une copie de l'offre financière, rédigée en français ou en anglais devra porter la mention : « Avis d'appel d'offres international restreint N°143/AOIR/MINTP/CIPM-TERI/2019 en procédure d'urgence pour le contrôle technique et la surveillance des travaux d'entretien des voies d'accès et de la construction du pont définitif sur la rivière Mahe au PK17+00 du tronçon de la route Yabassi-Nkondjock dans le département du Nkam, région du Littoral. Copie témoin de l'offre financière, A ne pas ouvrir et à transmettre à l'ARMP pour conservation »".

Les maîtres d'ouvrage[412] s'intéressent aussi aux marchés de fournitures pour exiger aux soumissionnaires la mention de l'urgence lors de la remise de leurs offres en procédure internationale restreinte. En effet, un avis d'appel d'offres s'invite dans ce schéma. Il s'agit de l'avis d'appel d'offres international restreint N°026/AOIR/PR/MINMAP/CCPM-SPI/2017 du 06 mars 2017 en procédure d'urgence pour le recrutement d'un consultant pour la fourniture et l'intégration d'un progiciel de gestion intégré à la caisse autonome d'amortissement du Cameroun. En effet, les termes[413] de cet avis d'appel d'offres disposent que les copies des offres rédigées en français ou en anglais doivent porter la mention "urgence" ou "procédure d'urgence". Ceci pour favoriser la remise des offres et faire face à une situation d'urgence simple. Situation qui ne nécessite pas une action immédiate mais nécessitant une anticipation afin de sauver le déroulement de la procédure d'appel d'offres. Un autre avis d'appel d'offres accompagne celui précédemment cité pour exiger la mention de l'urgence en phase de remise des offres en procédure internationale restreinte. Il s'agit de l'avis d'appel d'offres international restreint

---

411 Voir article 10 de cet avis d'appel d'offres.

412 MARTIN (C), *op.cit.*, 240 P.

413 Voir article 10 de cet avis d'appel d'offres.

N°AOIR/002-ARV/CENAME/CMS/2016 relatif à la fourniture des médicaments antirétroviraux (ARV) de première, deuxième et de troisièmes lignes, lancé en procédure d'urgence par le directeur général de la centrale nationale d'approvisionnement en médicaments et consommables médicaux essentiels du Cameroun. En effet, cet avis d'appel d'offres[414] procède à la mention de l'urgence exigée aux soumissionnaires dans la phase de remise des offres. Pour cela, son article 6 a procédé à la formulation suivante : "Les offres seront adressées à la direction générale de la CENAME et devront porter la mention : APPEL D'OFFRES INTERNATIONAL RESTREINT N°AOIR/002-ARV/CENAME-CMS/2016 RELATIF A LA FOURNITURE EN PROCEDURE D'URGENCE DES MEDICAMENTS PEDIATRIQUES DE PREMIERE, DEUXIEME ET TROISIEME LIGNE PAR LE DIRECTEUR GENERAL DE LA CENAME. A N'OUVRIR QU'EN SEANCE DE DEPOUILLEMENT ".

Les maîtres d'ouvrage s'intéressent aussi aux marchés de service pour exiger aux soumissionnaires la mention de l'urgence lors de la remise des offres en procédure internationale restreinte. En effet, d'après l'avis[415] d'appel d'offres international restreint N°2018/001/AOIR/DG/CIPM/CAMTEL du 08/08/2018 pour le recrutement en procédure d'urgence d'un cabinet ou d'une agence de communication dans l'événementiel pour accompagner CAMTEL dans l'organisation de la cérémonie d'inauguration du nouveau câble sous-marin SAIL, les enveloppes des offres rédigées en français ou en anglais doivent porter la mention "urgence" ou "procédure d'urgence". C'est également le même scénario avec l'avis d'appel d'offres international restreint en procédure d'urgence N°180/AOIR/MINMAP/CCPM-SPI/2016 du 19/12/2016 pour l'élaboration des documents de planification urbaine et la réalisation d'études techniques d'aménagement des communes de MESSAMENA et LOMIE(lot 1), MEYOMESSI et MEYOMESSALA(lot 2) dans le cadre du programme d'aménagement et de développement intégré de la boucle minière du DJA et de la zone frontalière adjacente. En effet, cet avis[416] d'appel d'offres recommande aux soumissionnaires de mentionner l'urgence sur les copies de remise des offres pour faire face à une situation d'urgence simple et pour candidater afin de pouvoir gagner les marchés en question. Pour cela son article 10 a procédé à la formulation suivante : "Chaque offre rédigée en langue française ou anglaise et en sept(07) exemplaires dont un(01) original et six(06) copies marqués comme tels, devra parvenir à la cellule d'appui au

---

414 Voir article 6 de cet avis d'appel d'offres.

415- Voir article 10 de l'avis d'appel d'offres international restreint N°2018/001/AOIR/DG/CIPM/CAMTEL/ du 08/08/2018 pour le recrutement en procédure d'urgence, d'un cabinet ou d'une agence de communication dans l'événementiel pour accompagner CAMTEL dans l'organisation de la cérémonie d'inauguration du nouveau câble sous-marin SAIL.

416 Voir article 10 de cet avis d'appel d'offres.

lancement des appels d'offres, au bâtiment A du MINMAP , sise au rez-de-chaussée de l'ancienne ambassade des Etats-Unis au plus tard le 08/02/2017 à 13 heures, heure locale . Les offres devront porter la mention : AVIS D'APPEL D'OFFRES INTER NATIONAL RESTREINT EN PROCEDURE D'URGENCE N°180/AOIR/MINMAP/CCPM-SPI/2016 du 19/12/2016 POUR L'ELABORATION DES DOCUMENTS DE PLANIFICATION URBAINE ET LA REALISATION D'ETUDES TECHNIQUES D'AMENAGEMENT DES COMMUNES DE MESSAMENA ET LOMIE(LOT 1) , DE MEYOMESSI ET MEYOMESSALA (LOT 2) DANS LE CADRE DU PROGRAMME D'AMENAGEMENT ET DE DEVELOPPEMENT INTEGRE DE LA BOUCLE MINIERE DU DJA ET DE LA ZONE FRONTALIERE ADJACENTE(PADI/DJA) . A N'OUVRIR QU'EN SEANCE DE DEPOUILLEMENT". Un autre avis d'appel d'offres soutient dans la même logique celui précédent. Il s'agit de l'avis d'appel d'offres international restreint en procédure d'urgence N°034/AOIR/PU/SNI/CIPM/18 relatif à la sélection d'un cabinet pour la réalisation de l'étude de faisabilité du modèle mixte société de patrimoine-société de gestion dans le cadre du programme de développement des hôtels de la SNI(PDH). Cet avis d'appel d'offres[417] exige aux soumissionnaires la mention de l'urgence sur les copies de remise des offres. Pour cela, son article 7 a procédé à la formulation suivante : "Chaque offre, rédigée en français ou en anglais et produite en sept (07) exemplaires dont un(01) original et six copies marqués comme tels devra être déposée au secrétariat de la direction de l'investissement de la SNI, sis à la porte 502, 5ème étage de l'immeuble SNI à Yaoundé, Tel : 222 224 422. FAX : 222 23 13 22 , au plus tard le lundi 03 Décembre 2018 à 10h00, heure locale et devra porter uniquement la mention : << AVIS D'APPEL D'OFFRES INTERNATIONAL RESTREINT EN PROCEDURE D'URGENCE N°034/AOIR/PU/SNI/CIPM/18 RELATIF A LA SELECTION D'UN CABINET POUR LA REALISATION DE L'ETUDE DE FAISABILITE DU MODELE MIXTE SOCIETE DE PATRIMOINE-SOCIETE DE GESTION DANS LE CADRE DU PROGRAMME DE DEVELOPPEMENT DES HOTELS DE LA SNI(PDH). A N'OUVRIR QU'EN SEANCE DE DEPOUILLEMENT>>.

En somme, les maîtres d'ouvrage et les maîtres d'ouvrage délégués doivent mentionner l'urgence dans l'objet de l'appel d'offres national ou international ouvert et dans l'objet de l'appel d'offres national ou international restreint. Ils doivent aussi exiger aux soumissionnaires de mentionner l'urgence dans leurs copies de remise des offres en procédure nationale ouverte ou restreinte et en procédure internationale ouverte ou restreinte. Tout ceci pour faire face à une situation d'urgence simple dans les marchés publics. Ceci favorise aussi l'allègement de la passation par appel d'offres. Cependant, ce n'est pas suffisant

[417] Voir article 7 de cet avis d'appel d'offres.

car il faut aussi que les maîtres d'ouvrage et maîtres d'ouvrage délégués procèdent à la justification de l'urgence dans l'avis d'appel d'offres (section 2).

Section 2 : La justification de l'urgence dans l'avis d'appel d'offres

Pour passer les marchés publics en situation d'urgence simple, les maîtres d'ouvrage et maîtres d'ouvrage délégués doivent motiver ou justifier l'urgence en question. La justification de l'urgence simple s'accompagne de plusieurs critères : les besoins à satisfaire doivent être urgents, les délais normaux de réception des offres et de candidatures doivent être impossibles à respecter, les circonstances ou causes de l'urgence ne doivent pas provenir de l'acheteur public[418], le retard accusé dans la phase de remise des offres et de candidatures doit être constaté par le pouvoir adjudicateur, le retard doit être provoqué par un phénomène extérieur aux deux parties liées par les marchés publics ou par un tiers audit contrat, les délais légaux de réduction dus à l'urgence doivent être strictement respectés, le degré d'urgence doit être mentionné dans l'avis d'appel d'offres par l'acheteur public[419]. Il est important de noter que cette pluie de critères liés à la justification de l'urgence simple n'ont pas été précisés dans le nouveau décret camerounais de 2018 portant code des marchés publics. Le texte juridique en question a fait preuve de mutisme ou de légèreté en la matière. Ces critères ont été trouvés grâce à la théorie générale des contrats administratifs et grâce au droit étranger. Nous pensons notamment au dispositif normatif français et à celui des pays d'Afrique noire francophone. La justification de l'urgence simple se matérialise dans deux types d'avis d'appel d'offres : en appel d'offres ouvert (paragraphe 1) et en appel d'offres restreint (paragraphe 2).

Paragraphe 1 : La justification de l'urgence dans l'avis d'appel d'offres ouvert

Pour faire face à une situation d'urgence simple dans les marchés publics, les maîtres d'ouvrage et maîtres d'ouvrage délégués se trouvent dans l'obligation de justifier le caractère objectif de l'urgence dans l'avis d'appel d'offres ouvert aussi bien dans son objet(A) que dans la phase ouverte de remise des offres(B).

A- L'énonciation de la justification de l'urgence dans l'objet de l'appel d'offres ouvert

L'appel d'offres ouvert est une procédure au cours de laquelle plusieurs soumissionnaires peuvent compétir sans négocier avec les maîtres d'ouvrage tout en respectant les critères qui leur ont été imposés. Mais lorsque les marchés publics sont en situation d'urgence simple, les pouvoirs adjudicateurs

---

418 GIANNONI (O), *Stratégie et techniques de l'achat public*, *op.cit.*, 205 P.

419 GUILLOU (Y-R), BINOT (J-M), LEGRAND, *L'achat public local*, LGDJ, 1er juin 2005, 114 P.

doivent procéder à l'énonciation de la justification de l'urgence dans l'objet de l'appel d'offres national ouvert(1) et à l'énonciation de la justification de l'urgence dans l'objet de l'appel d'offres international ouvert(2).

1- L'énonciation de la justification de l'urgence dans l'objet de l'appel d'offres national ouvert

L'appel d'offres national ouvert[420] est un appel d'offres qui s'adresse aux soumissionnaires dont le domicile se trouve uniquement à l'intérieur du territoire national. Dans ce type d'appel d'offres, tous les soumissionnaires[421] peuvent compétir sans restriction préalable. Mais lorsqu'il s'observe une situation d'urgence simple, les maîtres d'ouvrage[422] doivent impérativement justifier le caractère objectif de l'urgence dans l'objet de l'appel d'offres national ouvert. Ils doivent préciser le degré d'urgence dans l'objet de l'appel d'offres national ouvert. Ils doivent justifier l'impossibilité de respecter les délais normaux. Ils doivent indiquer les motifs qui justifient la procédure d'urgence dans l'avis d'appel d'offres national ouvert. Ils doivent également respecter les obligations d'information c'est-à-dire informer les candidats évincés et informer sur les délais d'urgence. La justification de l'urgence dans l'objet de l'appel d'offres national ouvert s'accompagne aussi de quelques conditions restrictives[423]. L'appel d'offres ne doit pas être lancé avant la situation d'urgence simple. La situation d'urgence simple doit imposer un lancement de l'avis d'appel d'offres national ouvert en procédure d'urgence. Les circonstances d'urgence ne doivent pas provenir de l'administration ou de l'acheteur public[424]. Les acheteurs publics ne doivent pas invoquer l'urgence pour pallier ou résoudre leurs propres carences ou manquements. Par exemple, les marchés publics dont la procédure de passation a été lancée bien avant la pandémie du Covid-19 ne pourront pas bénéficier de la réduction des délais normaux de réception des candidatures et des offres. Par la suite, le maître d'ouvrage doit constater un retard pendant la phase de remise des offres en procédure nationale ouverte. Il doit également constater un retard pendant la phase de remise des candidatures en procédure nationale ouverte. Le retard en question ne doit provenir ni de l'administration ou pouvoir adjudicateur ni des soumissionnaires. Ce retard doit provenir d'un évènement extérieur aux parties qui perturbe la remise des offres et des candidatures par les soumissionnaires. Le retard en question peut également provenir d'un tiers au contrat. Prenons par exemple l'arrêt du conseil d'Etat français 7/10 SSR du 30 septembre 1996, requête N°164114. Dans cet arrêt, un syndicat d'agglomération nouvelle des

---

420 COSSALTER (P), *L'appel d'offres ouvert*, *op.cit.,* 106 P.

421 HOURCABLE (A), op.cit., 331 P.

422 FREBAULT (J), *La maîtrise d'ouvrage urbaine*, *op.cit.*, 148 P.

423-Voir conseil d'Etat 30 septembre 1996, requête N°164114 mentionnée par le Préfet de la SEINE et MARNE visant à annuler le jugement du tribunal administratif de Versailles.

424 MAGNAN (F), *Acheteur public en collectivité*, Studyrama, 14 Juin 2013, 270 P.

portes de la Brie avait passé un marché public avec l'entreprise AUBINE pour maintenir la propreté sur les espaces publics du secteur IV de Marne-la-vallée (Parc Euro Disney). Mais suite au retard constaté par le syndicat de l'agglomération nouvelle des portes de la Brie dans la phase de remise des offres et de candidatures ou dans la phase de remise des ouvrages, le syndicat en question a décidé de passer en urgence ce marché public en réduisant les délais normaux à 18 jours. Le retard en question est dû au fait que l'ouverture d'un parc d'attraction est venue perturber la remise des ouvrages. Le préfet de la Seine et Marne a voulu annuler ladite procédure mais le tribunal administratif de Versailles avait tranché en faveur du syndicat de l'agglomération nouvelle des portes de la Brie. Ceci par un jugement[425] condamnant l'Etat à verser audit syndicat la somme de 8000FCFA au titre des frais irrépétibles. Ce jugement a aussi rejeté la volonté d'annuler la procédure d'urgence en question. Le préfet de la Seine et Marne mécontent de ce jugement décide d'ester en justice ou de se rendre devant le conseil d'Etat pour annuler ledit jugement. Mais en fin de compte, le conseil d'Etat a toujours donné raison au syndicat en question et a rejeté la requête formulée par le préfet. Selon le conseil d'Etat, le syndicat de l'agglomération nouvelle des portes de la Brie a respecté toutes les conditions de justification de l'urgence simple dans la passation des marchés publics. Ce syndicat a respecté le canevas règlementaire des délais d'urgence. Pour cela, le conseil d'Etat français a procédé à la formulation suivante : "Considérant que l'article 297 du code français des marchés publics dans sa rédaction alors en vigueur, prévoit que <<le délai de réception des candidatures ne peut être inférieur à 21 jours à compter de la date d'envoi de l'avis d'appel de candidature à la publication ou au bulletin officiel. En cas d'urgence ne résultant pas de son fait, l'autorité compétente peut décider de ramener ce délai à 15 jours au moins >> ; que si le syndicat de l'agglomération nouvelle des portes de la Brie a fixé à 18 jours le délai de réception des offres pour le marché relatif au maintien de la propreté sur les espaces publics du secteur IV de Marne-La-Vallée, cet établissement public a eu recours à la procédure d'urgence prévue par les dispositions précitées de l'article 297 du code des marchés publics en raison de la situation créée d'une part par le retard avec lequel l'établissement public d'aménagement lui a remis les ouvrages et d'autre part par la proximité de l'ouverture du parc "EuroDisney" ; que cette situation constituait au sens de ces dispositions un cas d'urgence ; qu'elle n'était pas le fait du syndicat de l'agglomération nouvelle des portes de la Brie ; qu'ainsi le préfet de la Seine et Marne n'est pas fondé à invoquer une méconnaissance de l'article 297 du code des marchés publics". Cette formulation du conseil d'Etat nous apprend plusieurs choses. L'urgence simple doit être causée par un phénomène extérieur

425-Voir le jugement du 04 Juillet 1994 par le tribunal administratif de Versailles de l'affaire opposant le préfet de la Seine et Marne au syndicat de l'agglomération de la nouvelle des portes de la Brie.

aux parties. L'urgence simple ne doit pas être causée par le pouvoir adjudicateur. Le maître d'ouvrage doit réduire les délais en fonction de ceux définis par la réglementation.

Au demeurant, les maîtres d'ouvrage[426] doivent justifier l'urgence dans l'objet de l'avis d'appel d'offres national ouvert[427] pour faire face à une situation extérieure aux parties. Cependant, c'est également possible dans l'objet de l'avis d'appel d'offres international ouvert(2).

2- L'énonciation de la justification de l'urgence dans l'objet de l'appel d'offres international ouvert

L'appel d'offres international ouvert est un appel d'offres qui s'adresse aux soumissionnaires dont le domicile se trouve soit à l'extérieur du territoire national soit à l'intérieur du territoire national. Dans ce type d'appel d'offres, tous les soumissionnaires peuvent compétir sans restriction préalable. Mais lorsqu'il s'observe une situation d'urgence simple, les maîtres d'ouvrage doivent impérativement justifier le caractère objectif de l'urgence dans l'objet de l'appel d'offres international ouvert. La justification de l'urgence dans l'objet de l'appel d'offres international ouvert obéit à un certain nombre de critères restrictifs. Les maîtres d'ouvrage doivent lancer l'appel d'offres international ouvert dans un contexte de crise comme celle d'une pandémie ou d'une crise sanitaire. Par conséquent, le lancement de cet appel d'offres ne doit pas être fait avant la présence d'une circonstance extérieure. Il faut également qu'un retard soit constaté lors de la remise des offres et des candidatures en procédure internationale ouverte. Le retard en question ne doit pas provenir des soumissionnaires en compétition mais doit découler d'une situation perturbante voire embarrassante visant à empêcher les entreprises de candidater ou de soumissionner. Par exemple, les entreprises étrangères qui veulent soumissionner peuvent être empêchées à cause du Covid-19 ou d'un évènement visant à perturber la réalisation d'une procédure d'appel d'offres international ouvert. Il faut aussi que les délais normaux de réception des offres et des candidatures soient impraticables ou impossible à respecter. En effet, d'après l'une des dispositions[428] du code français de la commande publique, "le délai minimal de réception des offres et des candidatures fixé à trente-cinq jours peut être ramené quinze jours lorsqu'une situation d'urgence dûment justifiée rend le délai minimal impossible à respecter". Il faut également que le besoin soit satisfait rapidement. L'urgence en question ne doit pas entre imputable à l'acheteur public ou ne doit pas être de son fait. Par conséquent, l'urgence est liée à des circonstances particulières qui ne sont pas liées au pouvoir adjudicateur. C'est grâce à cette pluie de critères que le maître d'ouvrage

---

[426] DANJOU (R), SCHECK (T), *op.cit.*, 154 P.
[427] COSSALTER (P), *op.cit.*, 106 P.
[428] Voir article R.2161-3 du code français de la commande publique de 2019.

précisera le degré d'urgence dans l'objet de l'appel d'offres international ouvert. Et le degré dont il s'agit ici est l'urgence simple car l'objectif ici est de sauver la procédure normale, de la conduire à son terme et de la rendre performante ou efficace pour faire face à cette situation ou circonstance particulière. Les mesures prises par le pouvoir adjudicateur pour faire face à une situation d'urgence sont à la fois préventives et curatives. Préventives parce qu'elles visent à sauver les marchés publics d'appel d'offres qui ont été lancés ou interrompus à cause d'une situation de crise, un évènement extérieur ou une circonstance perturbante. Ces mesures visent à favoriser la continuité du service public même en période d'urgence simple. Curatives parce que ces mesures visent à s'adapter à une situation turbulente et contribuent à rendre plus efficaces les procédures d'appel d'offres. Par conséquent, les pouvoirs adjudicateurs deviennent plus actifs et réactifs. Les maîtres d'ouvrage deviennent donc plus efficaces dans la prise des décisions en la matière.

Il est important de relever que le pouvoir réglementaire camerounais a fait preuve de timidité dans l'encadrement des marchés publics passés en situation d'urgence simple. Il ne s'est que limité aux effets de l'urgence simple. Or l'urgence simple ce sont les causes, les effets, les conditions de justification, des caractéristiques. Cette timidité dans la consécration des marchés publics passés en situation d'urgence simple favorise une insécurité juridique[429]. Le droit à l'urgence simple devient dont unijambiste. Par conséquent l'administration peut concevoir ou percevoir l'urgence simple en fonction de son bon vouloir ou sa volonté. Ce qui cause problème car l'objectif ici est de satisfaire, les besoins immédiats des populations et non à rendre plus compliquée ou obscure la perception de l'urgence simple. Le pouvoir règlementaire camerounais est donc appelé à enrichir la règlementation relative à l'urgence simple dans la passation des marchés publics. Ceci en copiant le bel exemple c'est-à-dire, la réglementation française relative à la passation des marchés publics en situation d'urgence simple.
Il est aussi important de relever que les marchés d'appel d'offres internationaux[430] peuvent être passés en urgence à la fin d'une crise ou à la fin d'une circonstance perturbante. Ceci pour des raisons d'efficacité dans les procédures. Prenons par exemple le cas du COVID-19. Cette pandémie a fait des ravages dans le monde entier mais est finalement vaincue par l'apparition de nouveaux traitements traditionnels. A la fin de cette pandémie, pour éviter que cette pandémie ressuscite ou une apparition nouvelle, les maîtres d'ouvrage sont dans leur droit de passer les marchés publics en urgence simple. Faire face à une situation d'urgence simple c'est aussi anticiper sur une éventuelle circonstance en réagissant rapidement.

---

429 MACKAAY (E), « Les notions floues en droit et l'économie de l'imprécision », *op.cit.*, pp. 33-50.

430 LAAZOUZY (M), *Les contrats administratifs à caractère international,* op.cit., 507 P.

Il est également important de rappeler que RICHER Laurent a fait preuve de myopie dans la perception de l'urgence dans la passation des marchés publics. Pour lui, l'urgence ne peut qu'être impérieuse[431] et ne peut que produire une passation des marchés publics sans appel d'offres. Ce qui est insuffisant car l'urgence a des degrés dans la passation des marchés publics et elle se définit en fonction des types de marchés. Lorsque les marchés d'appel d'offres sont lancés pendant et à la fin d'une circonstance turbulente, on parle d'urgence simple. L'urgence impérieuse ne concerne que les marchés négociés[432]. Par exemple les marchés de gré à gré et les marchés spéciaux peuvent être passés en situation d'urgence impérieuse. L'urgence simple peut même aussi intervenir dans les marchés spéciaux surtout lorsque les avis de marchés invitant à négocier sur les affaires de défense et de sécurité sont lancés pendant et après une circonstance troublante.

Au demeurant, pour faire face à une situation d'urgence simple et pour des besoins de satisfaire immédiatement les intérêts des populations, les maîtres d'ouvrage procèdent à l'énonciation de la justification de l'urgence dans l'avis d'appel d'offres ouvert tant national qu'international. Ceci en respectant les critères ou conditions de justification de l'urgence simple. Cependant, la justification de l'urgence simple peut aussi se faire en phase ouverte de remise des offres (B).

B- L'inscription de la justification de l'urgence dans la phase ouverte de remise des offres.

La phase ouverte de remise des offres est une phase au cours de laquelle tout soumissionnaire peut venir déposer son offre ou sa candidature[433] sans une sélection préalable. C'est généralement dans cette phase que les maîtres d'ouvrage imposent aux soumissionnaires une date limite de dépôt des offres. Cette phase permet aux soumissionnaires de se préparer et de s'informer[434] pour candidater. Mais lorsque l'urgence simple s'impose, le pouvoir adjudicateur se comporte autrement. Pour cela, il procède donc à la justification de l'urgence dans la phase nationale ouverte(1) et à la justification de l'urgence dans la phase internationale ouverte(2).

1- La justification de l'urgence dans la phase nationale ouverte

Pour satisfaire les besoins immédiats des populations, les maîtres d'ouvrage doivent justifier l'urgence simple en phase de remise des offres dans la

---

[431]-Voir RICHER (L), *Droit des contrats administratifs*, 6e édition, LGDJ, Lextenso édition, 2008, P.493.

[432] FAUCONNIER (O), *La négociation dans l'achat public*, op.cit., 100 P.

[433] NEVEU (B), CABANES (C), *Droit de la concurrence dans les contrats publics*, op.cit., 360 P.

[434] LE BOUËDEC (P), « Publicité et information des candidats », *op.cit.*, fasc. 60-30.

procédure nationale ouverte. Les pouvoirs adjudicateurs doivent démontrer que les délais normaux de remise des offres et de candidatures sont impraticables voire impossibles à respecter. Ils doivent également faire un constat sur les retards observés dans l'exécution des marchés publics. Ces retards pourraient justifier qu'il soit urgent de passer certains marchés à la fin d'une circonstance perturbante comme une pandémie ou une catastrophe multidimensionnelle. Parmi ces retards, on peut citer l'arrêt des chantiers, les prestations non exécutées,… Les maîtres d'ouvrage doivent aussi faire un constat sur les retards observés dans la passation des marchés publics à cause d'une circonstance turbulente ne dépendant pas de leur volonté. Par exemple une procédure normale d'appel d'offres qui s'est arrêtée à cause du COVID-19. Pour faire face à cette pandémie, le maître d'ouvrage peut passer cette procédure d'appel d'offres nationale ouverte en urgence. Ceci en justifiant ladite urgence par une réduction des délais normaux de remise des offres et des candidatures[435]. Dans les pays noirs d'Afrique francophone, la justification de l'urgence simple en phase de remise des offres en procédure nationale ouverte est matérialisée par une autorisation d'une autorité compétente. Cette dernière atteste effectivement si la procédure d'urgence demandée est justifiée ou pas. En effet, l'une[436] des dispositions du décret N°2417/PR/PM/2015 portant code des marchés publics au Tchad a procédé à la formulation suivante: « En cas d'urgence dûment motivée, ne nécessitant pas une intervention immédiate, les délais visés à l'article 111 ci-dessus peuvent être ramenés à 20 jours calendaires. La procédure d'urgence doit être autorisée par l'autorité des marchés publics ». Le décret N°2009-156 du 20 mai 2009 portant code des marchés publics au Congo Brazzaville[437] est allé dans le même sens en procédant à la formulation suivante : « en cas d'urgence dûment motivée ne nécessitant pas une intervention immédiate, les délais fixés à l'article 47 ci-dessus peuvent être ramenés à vingt jours calendaires. La décision de recourir à la procédure d'urgence doit être autorisée par la direction de contrôle des marchés publics ». C'est également le même scénario avec la république centrafricaine. En effet l'une des dispositions[438] de la loi N°08-017 du 06 juin 2008 portant code des marchés publics en République centrafricaine a procédé à la formulation suivante : « En cas d'urgence dûment motivée, ne nécessitant pas une intervention immédiate, les délais visés à l'article précédent peuvent être ramenés à 15 jours calendaires pour les marchés dont le montant prévisionnel toutes taxes comprises est estimé égal ou supérieur aux seuils nationaux. La décision de recourir à la procédure d'urgence doit être autorisée par la direction générale des marchés publics. Cette urgence ne doit pas résulter du fait ou de la négligence de l'autorité contractante elle-même ». En observant cette série de

---

435 LINDITCH, *Concurrence et marchés publics : les bonnes feuilles du rapport du conseil de la concurrence*, op.cit., n°1024.

436 Voir article 112 du décret de 2015 portant code des marchés publics au Tchad.

437- Voir article 48 du décret de 2009 portant code des marchés publics au Congo-Brazzaville.

438 Voir article 55 de la loi de 2008 portant code des marchés publics en République centrafricaine.

formulations, il se pose un constat : celui de comprendre qu'en situation d'urgence simple, l'intervention immédiate n'est pas nécessaire. A contrario de l'urgence impérieuse qui nécessite une intervention immédiate vu l'extrême degré d'urgence qui s'impose. Par ailleurs, au Cameroun, le pouvoir réglementaire fait preuve d'obscurantisme[439] dans le fait qu'il faut justifier l'urgence simple en phase de remise des offres et des candidatures. Aucune autorité n'est habilitée à autoriser la passation des marchés publics en situation d'urgence simple. Ce qui pousse tout maître d'ouvrage à passer les marchés publics en urgence simple selon leur volonté sans contrôle ou justification préalable. Le pouvoir réglementaire camerounais ne s'est que limité à cette formulation : « Ce délai peut être ramené à 20 jours pour les marchés de moindre envergure, en cas d'urgence manifeste ou de demande de cotation et porté à 90 jours pour les appels d'offres internationaux ou pour les marchés complexes ou de grande envergure »[440]. Pour lui, l'urgence simple s'identifie à l'urgence manifeste et à la célérité[441] des délais. Or l'urgence simple c'est les justifications préalables avant de procéder aux effets de ladite urgence.

Au demeurant, les maîtres d'ouvrage doivent justifier l'urgence simple en phase de remise des offres et des candidatures dans la procédure nationale ouverte pour satisfaire les besoins immédiats des populations. Cette logique s'explique aussi en procédure internationale ouverte (2).

2- La justification de l'urgence dans la phase internationale ouverte

Pour satisfaire rapidement les besoins des populations, les maîtres d'ouvrage et maîtres d'ouvrage délégués doivent justifier l'urgence simple en phase de remise des offres dans la procédure internationale ouverte. Les pouvoirs adjudicateurs ou acheteurs publics doivent montrer qu'il est impossible de respecter les délais normaux de remise des offres et des candidatures. Ils doivent également faire un constat sur les retards observés pendant l'exécution des marchés d'appel d'offres international ouvert. Ces retards peuvent justifier qu'il soit urgent de passer certains marchés à la fin d'une circonstance turbulente, perturbante ou troublante menaçant les intérêts des populations. Parmi ces circonstances particulières on peut citer les pandémies, les crises économiques visant à retarder aussi bien les activités de l'administration[442] que celles des entreprises,

---

439 MALAURIE (P), « L'intelligibilité des lois » in *Pouvoirs,* N°114, 2005, pp. 131-137. L'auteur nous fait comprendre que l'obscurité des lois rend le droit imprévisible et fait du droit un instrument de l'arbitraire.

440- Voir article 89 (2) déjà cité du décret camerounais de 2018 portant code des marchés publics.

441 AMRANI-MEKKI Soraya, « Le principe de célérité » in *Revue française d'administration publique*, n°125, 2008, PP 43-53. C'est aussi ce qu'on appelle en droit processuel, le délai raisonnable. Confer CHOLET (D), *La célérité de la procédure en droit processuel*, LGDJ, collection : Bibliothèque de droit, 11 juillet 2007, 714 P.

442 BERNARD (S), *La recherche de la rentabilité des activités publiques et le droit administratif*, T. 218, LGDJ, 1ère édition, Coll. Thèses, juin 2001, 392 P.

les évènements extérieurs qui coïncident avec la réalisation des marchés ou le lancement des procédures d'appel d'offres internationaux[443]. Parmi ces retards, on peut citer des impacts négatifs comme l'abandon des marchés de travaux, les prestations non exécutées ou non réalisées…

Les maîtres d'ouvrage et maîtres d'ouvrage délégués doivent aussi faire un constat sur les retards observés pendant la passation des marchés publics à cause d'une situation ou circonstance turbulente ne dépendant ni de leur volonté ni de la volonté des entrepreneurs, fournisseurs ou prestataires de service. Par exemple une procédure normale d'appel d'offres internationale ouverte qui s'est interrompue à cause d'une crise économique mondiale. Pour faire face à cette crise, les maîtres d'ouvrage et maîtres d'ouvrage délégués peuvent passer une procédure d'appel d'offres internationale ouverte en urgence. Ceci en justifiant ladite urgence par une réduction des délais normaux de remise des offres et des candidatures, en exigeant aux soumissionnaires la mention de l'urgence sur les copies de remise de leurs offres. Dans les pays noirs d'Afrique francophone, la justification de l'urgence simple en phase de remise des offres et de candidatures est matérialisée par l'autorisation d'une autorité compétente. Cette dernière atteste effectivement si la procédure d'urgence demandée est justifiée ou pas. En effet, l'article 64 de la loi N°2017-04- du 19 octobre 2017 portant code des marchés publics au Benin a procédé à la formulation suivante : « En cas d'urgence dûment motivée, nécessitant une intervention immédiate, les délais visés au 1er alinéa peuvent être ramenés à un délai qui ne saurait être inférieur à 15 jours calendaires. La décision de recourir à la procédure d'urgence doit être autorisée par la direction nationale de contrôle des marchés publics ». Le décret N°2015-0604/P-RM du 25 septembre 2015 portant code des marchés publics et des délégations de services publics au Mali[444] est allé dans la même logique en procédant à la formulation suivante : « En cas d'urgence simple telle que définie à l'article 2 du présent décret, les délais visés à l'article précédent peuvent être ramenés à 15 jours calendaires. La décision de recourir à la procédure d'urgence doit être autorisée par l'organe chargé du contrôle des marchés publics et des délégations de service public ». C'est également le même scénario avec la France. En effet, le code[445] de la commande publique française du 1er avril 2019 a procédé à la formulation suivante : « En appel d'offres ouvert le délai minimum de 35 jours pour les candidatures et les offres peut être ramené à 15 jours lorsque la situation d'urgence est dûment justifiée ». L'objectif même du système de passation des marchés publics tant en situation normale qu'en situation

443 MICALEF (R), *L'internationalisation du droit des contrats publics en France et au Canada*, op.cit., 549 P.

444-Voir article 67 du décret N°2015-0604/P-RM du 25 septembre 2015 portant code des marchés publics et des délégations de services publics au Mali.

445 Voir article R.2161-3(3) du code de la commande publique française de 2019.

d'urgence simple c'est de le mettre au service du développement[446]. Il y a donc un lien étroit entre le développement durable et les marchés publics.[447]

Au demeurant, la justification de l'urgence simple se fait ressentir dans l'appel d'offres tant national ouvert qu'international ouvert. Cependant, il conviendra d'analyser aussi la justification de l'urgence simple pour les appels d'offres restreints (paragraphe 2).

Paragraphe 2 : L'évocation de la justification de l'urgence dans l'avis d'appel_d'offres restreint

Pour faire face à une situation d'urgence simple dans les marchés publics, les maîtres d'ouvrage et maîtres d'ouvrage délégués se trouvent dans l'obligation de justifier le caractère objectif de l'urgence dans l'avis d'appel d'offres restreint aussi bien dans son objet (A) que dans sa phase restreinte de remise des offres et des candidatures (B).

A- L'évocation de la justification de l'urgence dans l'objet de l'appel d'offres restreint

L'appel d'offres restreint est une procédure au cours de laquelle seuls les soumissionnaires pré-qualifiés ou présélectionnés peuvent compétir sans négocier avec les acheteurs publics tout en respectant les critères objectifs qui leur ont été imposés. Mais lorsque les marchés publics sont en situation d'urgence simple, les pouvoirs adjudicateurs doivent procéder à l'énonciation de la justification de l'urgence dans l'objet de l'appel d'offres national restreint (1) et à l'énonciation de la justification de l'urgence dans l'objet de l'appel d'offres international restreint (2).

1- La justification de l'urgence dans l'objet de l'appel d'offres national restreint

Il est important de rappeler que le droit des marchés publics camerounais est un droit qui est constamment influencé par des réformes[448] mais malgré ce changement dynamique du système des marchés publics, les règles d'urgence dans la passation des marchés publics n'ont pas évolué. On assiste donc non pas à un progrès des règles d'urgence mais à retard dans l'avancement de ces

446 MENSENGUE AVOM (D), *La gouvernance des marchés publics au Cameroun*, Les éditions kilimandjaro, Yaoundé, 2013, P 34.
447 FROT (O), *Développement durable et marchés publics*, édition : Afnor, 3 avril 2008, 234 P.
448 MOMO (C) et TAGNE KEMDJO (H, F), « La nouvelle réforme des marchés publics au Cameroun(2018) : Entre innovations et incohérences » in *Annales africaines*, revue de la faculté des sciences juridiques et politiques de l'université CHEIKH ANTA DIOP DE DAKAR, Volume 2, Décembre 2019, N°11, PP 200-237.

règles. Preuve que le désordre normatif[449] n'est pas toujours bénéfique à l'avancée des questions juridiques.

L'appel d'offres national restreint est un appel d'offres qui s'adresse aux soumissionnaires pré-qualifiés dont le domicile ou le siège se trouve uniquement à l'intérieur du territoire national. Dans ce type d'appel d'offres, seuls les soumissionnaires présélectionnés peuvent compétir afin de pouvoir gagner le marché. C'est la pré-qualification ou présélection qui donne sens à l'appel d'offres national restreint. Mais lorsqu'il s'observe une situation d'urgence simple, les pouvoirs adjudicateurs doivent obligatoirement justifier ou motiver le caractère objectif de l'urgence dans l'objet de l'appel d'offres national restreint. Les maîtres d'ouvrage[450] doivent préciser le degré d'urgence dans l'objet de l'appel d'offres national restreint. Ils sont dans l'obligation de justifier l'impossibilité de respecter les délais normaux de réception des offres et de candidatures. Ils doivent mentionner les motifs qui justifient la procédure d'urgence simple dans l'avis d'appel d'offres national restreint. Ils sont dans l'obligation de respecter aussi l'information des candidats écartés et l'information des délais d'urgence tels que consacrés par les dispositions réglementaires. La justification de l'urgence simple dans l'objet de l'appel d'offres national restreint s'accompagne aussi de quelques conditions restrictives[451]. L'appel d'offres national restreint ne doit pas être lancé avant la situation d'urgence simple marquée par des situations perturbantes. Il doit être lancé pendant et après les circonstances turbulentes. La situation d'urgence simple doit imposer un lancement de l'avis d'appel d'offres national restreint en procédure d'urgence. Les circonstances de l'urgence ne doivent pas résulter de l'administration ou de l'acheteur public. Les pouvoirs adjudicateurs ne doivent pas utiliser l'urgence pour pallier ou résoudre leurs propres carences. Par exemple, les marchés publics[452] dont la procédure de passation a été lancée pendant la rentrée scolaire et avant la pandémie du covid-19 ne pourront pas bénéficier de la réduction des délais normaux de réception des candidatures et des offres. Ensuite, l'acheteur public doit constater un retard pendant la phase de remise des offres en procédure nationale restreinte. Il doit aussi constater un retard pendant la phase de remise des candidatures en procédure nationale restreinte. Le retard en question ne doit résulter ni de l'administration ou pouvoir adjudicateur ni des soumissionnaires présélectionnés. Ce retard doit provenir d'un évènement extérieur aux parties qui perturbe la remise des offres

[449] Voir le dossier « Le désordre normatif », in Revue de droit public et de science politique en France et à l'étranger, n°1, Janvier-février 2006, PP 43-152.

[450] GRANGE (C), *op.cit.,* 432 P.

[451] Voir cour administrative de Lyon, 4ème chambre-formation à 5, du 18 décembre 2003, requête N°99LYO2245 du 6 août 1999 présentée par le préfet de Rhône.

[452] MABIN (D), *op.cit.*, 191 P.

et des candidatures formulées par les soumissionnaires pré-qualifiés. Le retard en question peut aussi provenir d'un tiers au contrat[453].

Il est important de rappeler qu'on peut aussi passer les marchés d'appel d'offres national restreint en urgence simple lorsque les travaux d'exécution ont été interrompus à cause d'une circonstance perturbante et extérieure au contrat ou aux parties. Prenons par exemple l'arrêt de la cour administrative d'appel de LYON en France du 18 décembre 2003, requête N°99LY0225. Dans cet arrêt, un syndicat mixte de la plaine de l'air avait passé un appel d'offres restreint en urgence avec la société BRUNET pour l'aménagement de la deuxième tranche du pôle logistique de Saint Vulbas. Le Préfet du RHONE a voulu annuler ladite procédure en protestant que ledit marché aurait dû être passé en situation normale selon les règles de droit commun. Mais le tribunal administratif de Lyon a rejeté la requête du Préfet par un jugement en date du 2 juin 1999. Ce jugement a par conséquent rejeté la volonté d'annuler la procédure d'urgence en question. Le Préfet de RHONE mécontent de ce jugement décide de faire appel en estant en justice devant la cour administrative d'appel de LYON. Mais en fin de compte, la cour administrative d'appel de LYON a toujours donné raison au syndicat en question et a rejeté la requête formulée par le Préfet. Selon la cour administrative d'appel de Lyon, le syndicat mixte de la Plaine et de L'Ain a respecté toutes les conditions de justification de l'urgence simple dans l'appel d'offres restreint. Pour cela la cour en question a procédé à la formulation suivante :"Considérant que par sa délibération en date du 18 septembre 1998, le bureau du comité syndical du syndicat mixte de la Plaine et de L'Ain a décidé d'engager la réalisation d'une tranche d'aménagement de travaux voirie réseaux divers destinés à l'aménagement de son pôle logistique pour un montant estimé à 8,4 millions de francs hors taxes et de lancer en conséquence une procédure de passation de marché public par la voie de l'appel d'offres restreint en urgence conformément aux dispositions mentionnées du code des marchés publics même si la décision vise à tort celles de l'article 96 de même portée mais relatives aux marchés de l'Etat ; que le syndicat mixte justifie le recours à cette procédure d'urgence par la nécessité d'avoir achevé les travaux à la fin du mois de février 1999 pour permettre la commercialisation d'un lot de 44120 mètres carrés conformément aux souhaits de l'acquéreur alors que les caractéristiques précises de l'opération n'étaient pas encore connues. Considérant que le Préfet soutient que le président pouvait immédiatement lancer la procédure de marché en l'absence d'autorisation de l'organe délibérant et ainsi conserver les délais de publicité de droit commun. Considérant qu'il résulte de ce qui précède que la situation plus haut exposée, qui n'est donc pas du fait du syndicat mixte, est de nature à constituer un cas d'urgence au sens des prescriptions de l'article 298 bis du code des marchés publics. Décide : « Le marché passé le 13 novembre 1998 par le syndicat mixte de la Plaine et de L'ain avec la société BRUNETP et l'article 1er du jugement du 2 juin 1999 du tribunal

---

453 BOUHIER (V), *L'intervention des tiers dans les contrats administratifs*, op.cit., 186 P.

administratif de LYON, en tant qu'il rejette les conclusions du Préfet du RHONE dirigées contre ce marché sont annulés. Le surplus des conclusions de la requête du Préfet du RHONE est rejeté ». Cette longue formulation de la cour administrative de LYON nous donne beaucoup d'enseignements. L'urgence simple doit être causée par un phénomène extérieur aux parties. Elle ne doit pas être causée par les acheteurs publics. Les maîtres d'ouvrage doivent réduire les délais en fonction de ceux définis par la réglementation.

Au demeurant, les maîtres d'ouvrage et maîtres d'ouvrage délégués doivent justifier l'urgence dans l'objet de l'avis d'appel d'offres national restreint pour faire face à une situation extérieure aux parties. Cependant, c'est également possible dans l'objet de l'avis d'appel d'offres international restreint (2).

2- La justification de l'urgence dans l'objet de l'appel d'offres international restreint

L'appel d'offres international restreint[454] est un appel d'offres qui s'adresse aux soumissionnaires pré-qualifiés dont le domicile ou le siège se trouve soit à l'extérieur du territoire national soit à l'intérieur du territoire national. L'essentiel c'est que les soumissionnaires doivent être des étrangers[455] qu'ils soient des personnes physiques ou des personnes morales. Dans ce type d'appel d'offres, seuls les soumissionnaires présélectionnés peuvent compétir afin de pouvoir gagner le marché. C'est la pré-qualification ou présélection qui donne un sens à l'appel d'offres international restreint. Mais lorsqu'il s'observe une situation d'urgence simple, les pouvoirs adjudicateurs doivent obligatoirement justifier ou motiver le caractère objectif de l'urgence dans l'objet de l'appel d'offres international restreint. La justification de l'urgence dans l'objet de l'appel d'offres international restreint obéit à un certain nombre de critères restrictifs. Les maîtres d'ouvrage doivent lancer l'appel d'offres international restreint dans un contexte de crise. La crise peut être économique, sanitaire, financière ou écologique. Par conséquent, le lancement de cet appel d'offres ne doit pas être fait avant la présence de cette circonstance extérieure. Il faut également qu'un retard soit constaté lors de la remise des offres et des candidatures en procédure internationale restreint. Le retard en question ne doit pas provenir des soumissionnaires d'un pays étranger mais doit découler d'une situation embarrassante visant à empêcher les entreprises de candidater ou de soumissionner. Par exemple, les entreprises étrangères qui veulent soumissionner peuvent être empêchées à cause d'un tremblement de terre ou d'un évènement visant à perturber la réalisation d'une procédure d'appel d'offres internationale restreinte. Il faut aussi que les délais normaux de réception des offres et de candidatures soient impraticables ou impossibles à respecter. Il faut également que le besoin soit satisfait rapidement. L'urgence en

[454] ASCENSIO (H), *Droit international économique*, op.cit., 416 P.
[455] TOPPINO (A), *Guide pratique des droits des étrangers*, ESF Editeur, 16 novembre 2012, 223 P.

question ne doit pas être causée par l'acheteur public[456] ou ne doit pas être de son fait. C'est grâce à cette batterie de critères que le maître d'ouvrage précisera le degré d'urgence dans l'objet de l'appel d'offres international restreint. Et le degré dont il s'agit ici est l'urgence simple car l'objectif ici est de sauver la vie de la procédure d'appel d'offres normale, de la conduire à son terme et de la rendre efficace[457] pour faire face à cette circonstance particulière ou exceptionnelle.

Au demeurant, pour faire face à une situation d'urgence simple et pour des besoins de satisfaire rapidement les intérêts des populations, les maîtres d'ouvrage procèdent à l'énonciation de la justification de l'urgence dans l'objet de l'avis d'appel d'offres restreint tant national qu'international. Ceci en respectant les critères ou conditions de justification de l'urgence simple. Cependant, la justification de l'urgence simple peut aussi se faire en phase restreinte de remise des offres (B).

B- La justification de l'urgence dans la phase restreinte de remise des offres

La phase restreinte de remise des offres et des candidatures est une phase au cours de laquelle seuls les soumissionnaires présélectionnés peuvent déposer leurs offres ou leurs candidatures. C'est généralement dans cette phase que les maîtres d'ouvrage imposent aux soumissionnaires pré-qualifiés une date limite de dépôts des offres et des candidatures. Cette phase permet aux soumissionnaires de se préparer et de s'informer pour candidater. Mais lorsque l'urgence simple s'impose, le pouvoir adjudicateur se comporte autrement. Pour cela, il procèdera donc à la justification de l'urgence dans la phase nationale restreinte de remise des offres (1) et à la justification de l'urgence dans la phase internationale restreinte de remise des offres (2).

1- La justification de l'urgence dans la phase nationale restreinte

Pour satisfaire les besoins immédiats des populations, les maîtres d'ouvrage et maîtres d'ouvrage délégués doivent justifier l'urgence simple en phase de remise des offres en procédure nationale restreinte. Les pouvoirs adjudicateurs doivent démontrer que les délais normaux de remise des offres et des candidatures sont impraticables ou impossibles à respecter. En effet, le code

[456] GUILLOU (Y-R), BINOT (J-M), LEGRAND (Y-M), *L'achat public local*, LGDJ, juin 2015, 114 P. Ici, l'achat public n'est pas seulement une affaire des mandataires ou représentants de l'administration centrale. C'est aussi une affaire des représentants de l'administration décentralisée.

[457] SAUSSIER (S), TIROLE (J), « Renforcer l'efficacité de la commande publique », *op.cit.*, PP. 1-12.

français de la commande publique[458] a procédé à la formulation suivante : « En appel d'offres restreint, le délai minimal de réception des offres peut être ramené à dix jours au lieu de trente jours lorsqu'une situation d'urgence, dûment justifiée rend le délai minimal (de trente jours) impossible à respecter ».

Les maîtres d'ouvrage doivent également faire un constat sur les retards observés pendant l'exécution des marchés lancés en procédure d'appel d'offres national restreint. Ces retards pourraient justifier qu'il soit urgent de passer certains marchés à la fin d'une circonstance perturbante ou d'une catastrophe multidimensionnelle. Parmi ces retards, on peut citer l'arrêt des chantiers ou des travaux publics, l'arrêt de la fourniture des biens et l'arrêt des prestations des services. Bref, ces retards se matérialisent par des prestations non exécutées dues à une circonstance embarrassante. Les maîtres d'ouvrage doivent aussi faire un constat sur les retards observés dans la passation des marchés publics lancés en appel d'offres restreint à cause d'une circonstance turbulente ne dépendant pas de leur volonté. Par exemple, une procédure d'appel d'offres nationale restreinte qui s'est arrêtée à cause du COVID-19. Pour faire face à cette pandémie, le maître d'ouvrage peut lancer cette procédure d'appel d'offres nationale restreinte en urgence. Ceci en procédant par une réduction des délais normaux de réception des offres et des candidatures.

Les marchés d'appel d'offres national restreint qui ont été lancés avant l'arrivée d'une catastrophe et dont le retard provient uniquement des carences[459] de l'administration ne pourront pas bénéficier de la procédure d'urgence simple. Par exemple, en se référant à l'arrêt du conseil d'Etat du 4 Avril 1997 requête N°145388, nous avons constaté que pour une réduction des délais en appel d'offres restreint le juge considère que les travaux de chaufferie sur un collège devaient être achevés avant la date de la rentrée scolaire malgré un financement croisé. Selon le juge en question la procédure d'urgence simple a été rejetée car pour lui, les travaux auraient dû être conclus selon une procédure normale. Par conséquent, le maître d'ouvrage en question n'a pas respecté les conditions restrictives de justification de l'urgence simple.

Par ailleurs, au Cameroun le pouvoir réglementaire a fait preuve de mutisme voire d'obscurantisme[460] dans le fait qu'il faut justifier l'urgence simple en phase de remise des offres et des candidatures en procédure d'appel d'offres national restreint. Aucune autorité n'est habilitée à autoriser la passation des marchés d'appel d'offres national restreint en situation d'urgence simple. Ce qui pousse tout maître d'ouvrage à passer les marchés publics en situation d'urgence simple selon leur volonté sans contrôle ou justification préalable. Le pouvoir

---

458-Voir article R.2161-8 du code français de la commande publique du 1er avril 2019.

459 BELRHALI Hafida, *Responsabilité administrative*, LGDJ, 2e édition, 25 août 2020, 492 P. L'auteur nous démontre que les carences ou dysfonctionnements de l'administration peuvent conduire à une responsabilité administrative.

460 MAURELIE (P), « L'intelligibilité des lois », *op.cit.*, pp. 131-137.

réglementaire camerounais ne s'est que limité à cette formulation : « les délais de remise des candidatures à compter de la date de publication de l'appel à manifestation d'intérêt sont de quinze (15) jours ouvrables au moins et de vingt un (21) jours au plus pour les appels d'offres nationaux. Les délais visés à l'alinéa 1 ci-dessus peuvent être ramenés respectivement à dix (10) et quinze (15 jours ouvrables en cas d'urgence »[461]. Pour lui, l'urgence simple s'identifie au raccourcissement des délais normaux et donc à la célérité[462]. Or l'urgence simple c'est les justifications préalables avant de procéder aux effets de ladite urgence.

Au demeurant, les maîtres d'ouvrage et maîtres d'ouvrage délégués doivent justifier l'urgence simple en phase de remise des offres et des candidatures dans la procédure nationale restreinte pour satisfaire les besoins immédiats des populations. Cette logique s'explique aussi en procédure internationale restreinte (2).

2- La justification de l'urgence dans la phase internationale restreinte

Pour satisfaire rapidement les besoins des populations, les maîtres d'ouvrage et maîtres d'ouvrage délégués doivent justifier l'urgence simple en phase de remise des offres et des candidatures[463] dans la procédure internationale restreinte. Les pouvoirs adjudicateurs ou acheteurs publics doivent montrer qu'ils sont dans l'impossibilité de respecter les délais normaux de remise des offres et des candidatures. Ils doivent également faire un constat sur les retards observés pendant l'exécution[464] des marchés d'appel d'offres international restreint. Ces retards peuvent donc se remarquer dans les marchés publics de travaux, de fournitures ou de services. Par conséquent, ces retards peuvent justifier qu'il soit urgent de passer certains marchés à la fin d'une circonstance turbulente, perturbante ou troublante menaçant les intérêts des populations[465]. Parmi ces circonstances particulières et exceptionnelles, on peut citer les pandémies, les crises économiques ou toute situation visant à retarder aussi bien les activités de l'administration[466] que celles des entreprises étrangères[467], les évènements extérieurs qui coïncident avec la réalisation des marchés ou le lancement des

---

461-Voir articles 77(1) et 77(2) du décret de 2018 portant code des marchés publics au Cameroun.

462 AMRANI-MEKKI (S), « Le principe de célérité », *op.cit.*, pp. 43-53.

463 DE CLAVIERE-BONNAMOUR (B), NOURISSAT (C), *Droit de la concurrence-Libertés de circulation*, op.cit., 782 P.

464 SERR (F), *Exécution des marchés publics : Mise en œuvre administrative et financière*, Le Moniteur, 23 octobre 2013, 376 P.

465 CHEVALLIER (J), *Le service public*, Presse universitaires de France, 9 mars 2012, 128 P. L'intérêt des populations est fortement rattaché à la notion de service public.

466 LE MIRE Pierre, *L'action administrative : Tome 2, les activités de prestation*, La documentation française, octobre 1991, 50 P.

467 LEBOULANGER (P), *Les contrats entre Etats et entreprises étrangères*, Economica, 1er janvier 1985, 354 P.

procédures[468] d'appel d'offres internationaux. Parmi ces retards, on peut citer les impacts négatifs comme l'abandon des marchés des travaux, de fournitures ou de services. Bref, des prestations non exécutées ou non réalisées.

Les maîtres d'ouvrage et maîtres d'ouvrage délégués doivent aussi faire un constat sur les retards observés pendant la passation des marchés publics à cause d'une situation ou circonstance turbulente ne dépendant pas de leur volonté ou de la volonté des entrepreneurs, fournisseurs ou prestataires des services. Par exemple, une procédure d'appel d'offres internationale restreinte qui s'est interrompue à cause d'une crise économique mondiale[469]. Pour faire face à cette crise, les maîtres d'ouvrage et maîtres d'ouvrage délégués peuvent passer une procédure d'appel d'offres internationale restreinte en urgence. Ceci en justifiant ladite urgence par une réduction des délais normaux de remise des offres et des candidatures, en exigeant aux soumissionnaires étrangers[470] la mention de l'urgence sur les copies de remise de leurs offres.

Par ailleurs, au Cameroun le pouvoir réglementaire[471] a fait preuve de mutisme[472] dans le fait qu'il faut justifier l'urgence simple en phase de remise des offres et des candidatures en procédure d'appel d'offres international restreint. Aucun motif pour justifier l'urgence n'a été invoqué. Le pouvoir adjudicateur peut donc passer un marché en urgence sans autorisation préalable. Le pouvoir réglementaire ne s'est que limité à la formulation suivante : << les délais de remise des candidatures à compter de la date de publication de l'appel à manifestation d'intérêt sont de 21 jours ouvrables au moins et 30 jours au plus pour les appels d'offres internationaux. Les délais visés à l'alinéa 1 ci-dessus peuvent être ramenés à 10 jours et 15 jours ouvrables en cas d'urgence ».

---

[468] ZEGGAGH Abdelaziz, *Procédures de passation de marchés à Sonatrach, étude critique : Passation des marchés publics à Sonatrach*, université européenne, novembre 2018, 88 P.

[469] GUIBENTIF (P), KIRAT (T), « Le droit et les crises : après la crise financière un chantier à ouvrir. Présentation du dossier » in *Droit et société*, N°104, 2020, PP.21-34.

[470] LEBORGNE, *Les marchés publics dans le cadre de l'OMC*, op.cit., 608 P.

[471] DOUENCE (J-C), *Recherches sur le pouvoir réglementaire de l'administration*, LGDJ, janvier 1968, 535 P.

[472] BORDES (E), *Le silence et le droit : Recherches sur une métaphore, presses université Laval*, janvier 2018, 230 P. Dans cet ouvrage, l'auteur nous montre qu'il peut avoir silence du droit ou silence dans le droit sur une question donnée.

TITRE II : LA SAUVEGARDE RIGOUREUSE DES REGLES RELATIVES A LA PASSATION PAR APPEL D'OFFRES

Pour faire face à une situation d'urgence simple, les acheteurs publics procèdent à un allègement parcimonieux de la passation par appel d'offres. Allègement qui se traduit par une réduction des délais normaux de la procédure d'appel d'offres et une modification de certaines conditions de la passation par appel d'offres. Ces mesures réactives prises par les acheteurs publics ne les exonèrent pas du respect des règles applicables aux étapes de la passation par appel d'offres (chapitre 1) et ne les dispensent pas du respect des règles applicables au contentieux de la passation par appel d'offres (chapitre 2).

CHAPITRE 1 : LA PRESERVATION DES REGLES APLICABLES AUX ETAPES DE LA ¨PASSATION PAR APPEL D'OFFRES

Bien qu'il y ait passation des marchés publics en situation d'urgence simple, il s'observe une préservation des règles applicables aux étapes de la passation par appel d'offres. Cette préservation s'explique par la sauvegarde des règles applicables à l'appel d'offres (section 1) d'une part et se justifie par la préservation de la procédure d'attribution du marché (section 2) d'autre part.

Section 1 : La préservation des règles applicables à l'appel d'offres

Elle se traduit par 5 grandes articulations : le respect des règles applicables à l'objet de l'appel d'offres (paragraphe 1), le respect des règles d'ouverture des offres (paragraphe 2), le respect des règles applicables à la participation, à la consistance des prestations et au financement de l'appel d'offres (paragraphe 3), la sauvegarde des règles d'évaluation des offres (paragraphe 4) et le respect des règles relatives à la garantie de soumission, à la recevabilité des offres et aux dossiers d'appel d'offres(paragraphe 5).

Paragraphe 1 : Le respect des règles applicables à l'objet de l'appel d'offres

Malgré le fait qu'il faut faire face à une situation d'urgence simple, les acheteurs publics doivent toujours respecter les règles applicables à l'objet de l'appel d'offres. Par conséquent, les maîtres d'ouvrage doivent toujours présenter l'objet de l'appel d'offres ouvert(A) et l'objet de l'appel d'offres restreint(B).

A- Le respect des règles applicables à l'objet de l'appel d'offres ouvert

Tout marché public doit contenir un objet[473]. L'appel d'offres ouvert[474], qu'il soit lancé en situation normale ou en situation d'urgence doit impérativement porter un objet. L'objet en question doit déterminer ou préciser la nature des prestations à réaliser. L'objet peut porter sur les marchés de travaux[475], les marchés de fournitures[476] et les marchés de services[477] ou de prestations intellectuelles[478]. L'objet de l'appel d'offres ouvert doit obéir à un certain

---

[473] Voir article 124(a) du décret de 2018 portant code camerounais des marchés publics.

[474] COSSALTER (P), *L'appel d'offres ouvert*, op.cit., 106 P.

[475] ELSEN (M-A), *Guide pratique des marchés publics de travaux*, op.cit., 446 P.

[476] PERIER (A), *Des marchés de fournitures*, op.cit., 310 P.

[477] CANTAT (C), BONNEFOI (C), *Les marchés de services d'assurance*, op.cit., 78 P.

[478] JOURNAUX OFFICIELS, *Marchés publics de prestations intellectuelles*, Les éditions des journaux officiels, 17 novembre 2016, 48 P.

nombre de principes à savoir : le principe de libre accès à la commande publique[479], le principe d'égalité de traitement des candidats[480], le principe de la transparence des procédures[481], le principe d'efficience et le principe d'intégrité[482]. Il s'agira donc de présenter d'une part l'application des règles relatives à l'objet de l'appel d'offres national ouvert (1) et de mentionner d'autre part la conservation des règles applicables à l'objet de l'appel d'offres international ouvert (2).

1- L'application des règles relatives à l'objet de l'appel d'offres national ouvert

Les maîtres d'ouvrage et maîtres d'ouvrage délégués doivent toujours impérativement mentionner l'objet de l'appel d'offres national ouvert qu'il soit lancé en situation normale ou en situation d'urgence. L'objet en question peut porter sur les marchés de travaux, les marchés de fournitures, les marchés de services ou de prestations intellectuelles. En ce qui concerne les marchés de travaux, nous avons constaté que les maîtres d'ouvrage ont précisé leur objet dans l'appel d'offres national ouvert. En effet, un avis d'appel d'offres nous a permis de faire ce constat. Il s'agit de l'avis d'appel d'offres national ouvert N°48/AONO/MINHDU/CMPM/17 du 08 juin 2017 pour la construction d'ouvrages, hydrauliques et d'assainissement dans certaines villes du Cameroun en procédure d'urgence. Cet avis d'appel d'offres[483] a permis de comprendre que le maître d'ouvrage mentionne toujours la nature des prestations à réaliser. Dans le cas d'espèce, la nature des prestations c'est la construction d'ouvrages hydrauliques et d'assainissement dans certaines villes du Cameroun. La précision de ces prestations doit toujours obéir aux principes d'intégrité[484], d'efficience, de liberté d'accès à la commande publique, d'égalité de traitement des candidats et de la transparence des procédures.

En ce qui concerne les marchés de fournitures, nous avons constaté que les maîtres d'ouvrage précisent leur objet dans l'appel d'offres national ouvert. En effet, un avis d'appel d'offres nous a permis de faire ce constat. Il s'agit de l'avis d'appel d'offres national ouvert en procédure d'urgence N°113/AONO/CUY/CIPM/2016 pour la fabrication et la fourniture de barrières métalliques amovibles à la communauté urbaine de Yaoundé. Cet avis

---

479 MOUNTAGA SAGNA (M), *La maîtrise des marchés publics locaux : essai sur la liberté contractuelle des collectivités locales au Sénégal,* Atelier national de reproduction des thèses, 1er janvier 2013, Voir "Résumé ou description", 476 P.

480 NDIAYE ISSAKHA, *Guide de la passation des marchés publics au Sénégal,* L'Harmattan, Coll. Etudes africaines, janvier 2011, voir "Résumé", 212 P.

481 DOUGBLO (K), *La transparence dans les marchés publics au Sénégal et au Togo*, op.cit., 136 P.

482 Voir article 2 du même décret.

483 Voir article 1 de cet avis d'appel d'offres.

484 MARAVAL (P), « Les principes de la commande publique et de l'achat public », *op.cit.*, pp. 84-130.

d'appel d'offres[485] a permis de comprendre que le délégué du gouvernement auprès de la communauté urbaine de Yaoundé-maître d'ouvrage mentionne toujours la nature des prestations dans l'objet de l'avis d'appel d'offres national ouvert en question. Dans le cas d'espèce, la nature des prestations c'est la fabrication et la fourniture de 200 barrières métalliques amovibles à la municipalité.

En ce qui concerne les marchés de services, nous avons remarqué que les maîtres d'ouvrage précisent leur objet dans l'appel d'offres national ouvert. En effet, un avis d'appel d'offres nous a permis de faire ce constat. Il s'agit de l'avis d'appel d'offres national ouvert N°21/AONO/ADC/CIPM/2018 du 05/09/2018 lancé en procédure d'urgence pour la fourniture de services de gardiennage à la société Aéroports du Cameroun SA. Cet avis d'appel d'offres[486] a permis de comprendre que le directeur général-maître d'ouvrage mentionne toujours la nature des prestations dans l'objet de l'appel d'offres national ouvert. Dans le cas d'espèce, la nature des prestations c'est la fourniture de services de gardiennage à la société Aéroports du Cameroun SA.

Au demeurant, que nous soyons en situation normale ou en situation d'urgence, les maîtres d'ouvrage doivent toujours mentionner la nature des prestations à réaliser dans l'objet de l'appel d'offres national ouvert. C'est également la même logique avec l'appel d'offres international ouvert (2).

2- La conservation des règles applicables à l'objet de l'appel d'offres international_ouvert

Les maîtres d'ouvrage et maîtres d'ouvrage délégués doivent obligatoirement mentionner l'objet de l'appel d'offres international ouvert qu'il soit lancé en situation normale ou en situation d'urgence simple. L'objet en question doit porter sur les marchés de travaux, les marchés de fournitures, les marchés de services ou alors les marchés de prestations intellectuelles[487]. En ce qui concerne les marchés de travaux, un avis d'appel d'offres a retenu notre attention pour faire ce constat. Il s'agit de l'avis d'appel d'offres international ouvert N°016/AOIO/MINMAP/CCPM-AI /2015 du 25 février 2015 pour les travaux de remplacement des toits des bacs C51 et C55 à la SONARA (en procédure d'urgence). Cet avis d'appel d'offres[488] a permis de comprendre que le maître d'ouvrage mentionne toujours la nature des prestations à réaliser. Dans le cas d'espèce, la nature des prestations c'est la réalisation des travaux de remplacement des toits des bacs C51 et C55. La précision de ces prestations

[485] Voir article 1 de cet avis d'appel d'offres.
[486] Voir article 1 de cet avis d'appel d'offres.
[487] JOURNAUX OFFICIELS, *Marchés publics de prestations intellectuelles*, op.cit., 48 P.
[488] Voir article 1 de cet avis d'appel d'offres.

doit toujours obéir aux principes d'efficience, d'intégrité, de liberté d'accès à la commande publique, de l'égalité de traitement des candidats et de la transparence des procédures.

En ce qui concerne les marchés de fournitures[489], nous avons constaté que les maîtres d'ouvrage précisent leur objet dans l'appel d'offres international ouvert. En effet, un avis d'appel d'offres nous a permis de faire ce constat. Il s'agit de l'avis d'appel d'offres international ouvert en procédure d'urgence N°98/AOIO/PR/MINMAP/CCPM-AG/2017 du 27 juin 2017 pour la fourniture d'un lot de vingt (20) ensemble camions polybennes et remorque pour le transport du coton graine à la SODECOTON. Cet avis d'appel d'offres[490] nous a permis de comprendre que le ministre délégué à la présidence chargé des marchés publics-maître d'ouvrage mentionne toujours la nature des prestations dans l'objet de l'appel d'offres international ouvert en question. Dans le cas d'espèce, la nature des prestations c'est la fourniture d'un lot de vingt (20) ensembles camions polybennes et remorques pour le transport du coton graine à la SODECOTON. C'est également le même scénario avec l'avis d'appel d'offres international ouvert en procédure d'urgence N°074/AOIO/PR/MINMAP/CCPM/AG/2017 du 1er juin 2017 relatif à la fourniture des équipements pour le groupe banane de la Cameroon development corporation. Cet avis[491] d'appel d'offres a permis de comprendre que le maître d'ouvrage mentionne toujours la nature des prestations à réaliser dans l'objet dudit appel d'offres. Cette mention des prestations à réaliser permet au maître d'ouvrage de respecter un principe : celui de l'obligation d'informer les soumissionnaires sur la nature des prestations à exécuter. Dans le cas d'espèce, la nature des prestations c'est la fourniture des équipements pour le groupe banane de la Cameroon development coorporation. C'est également la même logique avec l'avis d'appel d'offres international ouvert N°07/AOIO/ADC/CIPM/2017 du 16/06/2017 lancé en procédure d'urgence pour la fourniture des pneumatiques et des batteries du matériel d'assistance à l'aéroport international de Douala. Cet avis[492] d'appel d'offres nous a révélés que le maître d'ouvrage mentionne toujours la nature des prestations à réaliser dans l'objet de l'appel d'offres concerné. Dans le cas d'espèce, la nature des prestations c'est la fourniture des pneumatiques et des batteries du matériel d'assistance à l'aéroport international de Douala.

---

[489] LECLERE (J), *Les marchés de fournitures et de travail public*, op.cit., 183 P.
[490] Voir article 1 de cet avis d'appel d'offres.
[491] Voir article 1 de l'avis d'appel d'offres international ouvert en procédure d'urgence N°074/AOIO/PR/MINMAP/CCPM-AG/2017 du 1er juin 2017 relatif à la fourniture des équipements pour le groupe banane de la Cameroon development coorporation(CDC).
[492]- Voir article 1 de l'avis d'appel d'offres international ouvert N°07/AOIO/ADC/CIPM/2017 du 16/06/2017 lancé en procédure d'urgence pour la fourniture des pneumatiques et des batteries du matériel d'assistance à l'aéroport international de Douala.

En ce qui concerne les marchés de services, nous avons aussi remarqué que les maîtres d'ouvrage précisent leur objet dans l'appel d'offres international ouvert. En effet, un avis d'appel d'offres a permis de faire ce constat. Il s'agit de l'avis d'appel d'offres international ouvert N°001/AOIO/SOHLI/CIPM/2017 du 05 mai 2017 en procédure d'urgence pour l'étude de marché et de faisabilité d'un centre Wellness avec SPA à l'hôtel Sawa à Douala. Cet avis d'appel d'offres[493] a permis de comprendre que le directeur général de l'hôtel Sawa-maître d'ouvrage mentionne toujours la nature des prestations dans l'objet de l'appel d'offres international ouvert. Dans le cas d'espèce, la nature des prestations est matérialisée par l'étude de marché et de faisabilité d'un centre wellness avec SPA à l'hôtel Sawa à Douala.

Au demeurant, que nous soyons en situation normale ou en situation d'urgence simple, les maîtres d'ouvrage doivent toujours mentionner la nature des prestations à réaliser dans l'objet de l'appel d'offres national ouvert et dans l'objet de l'appel d'offres international ouvert. C'est également la même logique avec l'appel d'offres restreint (B).

B- Le respect des règles applicables à l'objet de l'appel d'offres restreint

L'appel d'offres restreint qu'il soit lancé en situation normale ou en situation d'urgence, doit impérativement porter sur un objet. L'objet en question doit déterminer ou préciser la nature des prestations à réaliser. L'objet peut porter sur les marchés de travaux, les marchés de fournitures, les marchés de services ou de prestations intellectuelles. L'objet de l'appel d'offres restreint doit obéir à un certain nombre de principes à savoir : le principe de libre accès à la commande publique[494], le principe d'égalité de traitement des candidats[495], le principe de la transparence des procédures[496], le principe d'efficience[497] et le principe d'intégrité[498]. Il s'agira donc de présenter d'une part la préservation des règles applicables à l'objet de l'appel d'offres national restreint (1) et de mentionner d'autre part la conservation des règles applicables à l'objet de l'appel d'offres international restreint (2).

1- La préservation des règles applicables à l'objet de l'appel d'offres national restreint

Les maîtres d'ouvrage[499] et maîtres d'ouvrage délégués[500] doivent toujours impérativement mentionner l'objet de l'appel d'offres national restreint qu'il

493 Voir article 1 de cet avis d'appel d'offres.
494 MOUNTAGA SAGA (M), op.cit., 476 P.
495 NDIAYE ISSAKHA, *op.cit.*, 212 P.
496 DOUGBLO (K), *op.cit.*, 136 P.
497 MARAVAL (P) sous la direction de HOLEMAN (R), *Management public*, op.cit., pp. 89-130.
498 HÄNNI (D), *op.cit.*, 498 P.
499 HACHE (O), GODARD (J), *op.cit.*, 120 P.

soit lancé en situation normale ou en situation d'urgence. L'objet en question peut porter sur les marchés de travaux, les marchés de fournitures, les marchés de services ou de prestations intellectuelles. En ce qui concerne les marchés de travaux, nous avons constaté que les maîtres d'ouvrage ont précisé leur objet dans l'appel d'offres national restreint. En effet, un avis d'appel d'offres nous a permis de faire ce constat. Il s'agit de l'avis d'appel d'offres national restreint en procédure d'urgence N°88/AONR/MINTP/CMPM/2014 du 22 juillet 2014 pour le contrôle technique et la surveillance de l'exécution des travaux de réhabilitation de la route Yokadouma- Moampack-Lamedoum-Lomié dans la région de l'Est (PK10-PK45). Cet avis d'appel d'offres[501] a permis de comprendre que le maître d'ouvrage mentionne toujours la nature des prestations dans l'objet de l'appel d'offres national restreint en question. Dans le cas d'espèce, la nature des prestations c'est la surveillance des travaux de réhabilitation de la route rurale Yokadouma- Moampack-Lamedoum-Lomié dans la région de l'Est (PK-10-PK45). Les prestations comprennent le contrôle technique, géotechnique et environnemental des travaux. C'est également le même scénario avec l'avis d'appel d'offres national restreint en procédure d'urgence N°69/AONR/CUD/CIPM/2017 du 07 août 2017 relatif aux travaux d'entretien des feux tricolores. Cet avis[502] d'appel d'offres a permis de comprendre que le délégué du gouvernement auprès de la communauté urbaine de Douala-maître d'ouvrage mentionne toujours la nature des prestations à réaliser dans l'objet dudit appel d'offres. Cette mention des prestations à réaliser permet de respecter l'obligation d'informer les soumissionnaires sur la nature des prestations à exécuter. Dans le cas d'espèce, la nature des prestations c'est les travaux d'entretien des feux tricolores dans vingt-cinq (25) carrefours à feux de la ville de Douala pour l'exercice 2017. C'est également la même logique avec l'avis d'appel d'offres national restreint en procédure d'urgence N°55/AONR/CUD/CIPM/2017 du 12/07/2017 relatif aux travaux de réhabilitation du réseau d'éclairage public dans certaines artères de la ville de Douala. Cet avis[503] d'appel d'offres nous a révélé que le maître d'ouvrage mentionne toujours la nature des prestations à réaliser dans l'objet de l'appel d'offres concerné. Dans le cas d'espèce, la nature des prestations c'est les travaux de réhabilitation de l'éclairage public dans la ville de Douala. Un autre avis d'appel d'offres vient s'ajouter aux batteries d'appels d'offres mentionnées plus haut pour soutenir l'idée selon laquelle chaque maître d'ouvrage doit toujours préciser la nature des prestations dans l'objet de l'appel d'offres. Il s'agit de l'avis d'appel d'offres national restreint

[500] COSSALTER (P), *op.cit.*, 66 p.

[501] Voir article 1 de cet avis d'appel d'offres.

[502]-Voir article 1 de l'avis d'appel d'offres national restreint en procédure d'urgence N°69/AONR/CUD/CIPM/2017 du 07 août 2017 relatif aux travaux d'entretien des feux tricolores.

[503]-Voir article 1 de l'avis d'appel d'offres national restreint en procédure d'urgence N°55/AONR/CUD/CIPM/2017 du 12/07/2017 relatif aux travaux de réhabilitation du réseau d'éclairage public dans certaines artères de la ville de Douala.

N°42/AONR/MINTP/CMPM-TI/2017 du 9/05/2017 en procédure d'urgence pour l'exécution des travaux d'entretien courant de certaines routes revêtues du réseau prioritaire dans le réseau Ouest, région du Sud-Ouest. En effet, cet avis[504] d'appel d'offres nous a permis de comprendre que le maître d'ouvrage mentionne toujours la nature des prestations à exécuter dans l'objet de l'appel d'offres concerné. Dans le cas d'espèce, la nature des prestations c'est les travaux d'entretien courant de certaines routes revêtues du réseau propriétaire dans le réseau Ouest, région du Sud-Ouest.

En ce qui concerne les marchés de fournitures, nous avons constaté que les maîtres d'ouvrage imposent toujours leur objet dans l'appel d'offres national restreint. En effet, un avis d'appel d'offres nous a permis de faire ce constat. Il s'agit de l'avis d'appel d'offres national restreint en procédure d'urgence N°63/AONR/CUD/CIPM/2017 du 01/08/2017 relatif à l'achat du matériel d'éclairage public pour les travaux en régie. Cet avis[505] d'appel d'offres nous a permis de comprendre que le maître d'ouvrage mentionne toujours la nature des prestations dans l'objet de l'avis d'appel d'offres national restreint en question. Dans le cas d'espèce, la nature de prestation c'est l'achat du matériel d'éclairage public pour les travaux en régie avec pour financement le budget de la communauté urbaine de Douala pour l'exercice 2017.

En ce qui concerne les marchés de services, nous avons aussi remarqué que les maîtres d'ouvrage précisent leur objet dans l'appel d'offres national restreint. En effet, un avis d'appel d'offres national restreint a permis de faire ce constat. Il s'agit de l'avis d'appel d'offres national restreint N°151/AONR/MINMAP/CCPM-SPI/2016 du 11 octobre 2016 pour la réalisation des prestations de maîtrise d'œuvre dans le suivi de l'exécution des polices d'assurances maladie groupe et individuelle accident et globale dommage à la caisse nationale de prévoyance sociale (CNPS) en procédure d'urgence. Cet avis[506] d'appel d'offres permet de comprendre que le directeur général de la CNPS-maître d'ouvrage mentionne toujours la nature des prestations dans l'objet de l'appel d'offres national restreint. Dans le cas d'espèce, la nature des prestations est matérialisée par la réalisation des prestations de maîtrise d'œuvre dans le suivi de l'exécution des polices d'assurances maladie groupe et individuelle accident globale dommage à la caisse nationale de prévoyance sociale.

Au demeurant, que nous soyons en situation normale ou en situation d'urgence, les maîtres d'ouvrage doivent toujours mentionner la nature des prestations à réaliser dans l'objet de l'appel d'offres national restreint. C'est également la même logique avec l'appel d'offres international restreint (2).

---

504 Voir article 1 de cet avis d'appel d'offres.
505 Voir article 1 de cet avis d'appel d'offres.
506 Voir article 1 de cet avis d'appel d'offres.

2- La préservation des règles applicables à l'objet de l'appel d'offres international restreint

Les maîtres d'ouvrage et maîtres d'ouvrage délégués doivent obligatoirement mentionner l'objet de l'appel d'offres international restreint qu'il soit lancé en situation normale ou en situation d'urgence. L'objet en question doit porter sur les marchés de travaux, les marchés de fournitures, les marchés de services. Mais avant le lancement de l'appel d'offres, il y a des règles préalables à respecter. Les maîtres d'ouvrage doivent déterminer la nature des besoins à réaliser[507]. Ils doivent par la suite faire des études préalables[508]. Ils doivent aussi montrer que le financement[509] dudit appel d'offres est disponible. Et enfin ils doivent programmer[510] les marchés publics. C'est donc suite au respect de cette pluie de règles que le maître d'ouvrage procède à un lancement de l'appel d'offres international restreint. Appel d'offres dans lequel il sera obligé de présenter l'objet. En ce qui concerne les marchés de travaux, un avis d'appel d'offres a retenu notre attention pour faire ce constat. Il s'agit de l'avis d'appel d'offres international restreint N°015/AOIR/MINMAP/CSPM-PLANUT/2015 du 13/01/2016 en procédure d'urgence pour les travaux de réhabilitation de l'adduction en eau potable et de l'aménagement du barrage de OUAZZANG dans l'arrondissement de Meri, département du Diamaré, région de l'Extrême-Nord. Cet avis[511] d'appel d'offres a permis de comprendre que le ministre délégué à la présidence chargé des marchés publics-maître d'ouvrage mentionne toujours la nature des prestations à réaliser dans l'objet de l'appel d'offres en question. Dans le cas d'espèce, la nature des prestations c'est les travaux de réhabilitation de l'adduction en eau potable et de l'aménagement du barrage de OUAZZANG dans l'arrondissement de Meri, département du Diamaré, région de l'Extrême-Nord. La précision de ces prestations doit toujours obéir aux principes d'efficience, d'intégrité, de liberté d'accès à la commande publique, de l'égalité de traitement des candidats et de la transparence des procédures. Cette logique est également la même lorsqu'on analyse l'avis d'appel d'offres international restreint N°30/AOIR/MINTP/CMPM/2016 du 26 février 2016 en procédure d'urgence pour la réalisation des études techniques en vue de la réhabilitation/restauration de la voie navigable sur la Bénoué entre Garoua et la frontière du Nigéria (région du nord). En effet, d'après cet avis[512] d'appel d'offres, le maître d'ouvrage doit toujours présenter la nature des prestations à réaliser dans l'objet dudit appel d'offres. Dans le cas d'espèce, la nature des prestations c'est la réalisation des études techniques en vue de la réhabilitation/restauration de la voie navigable sur la Bénoué entre Garoua et la

---

507-voir articles 54(1) et (2) du décret de 2018 portant code camerounais des marchés publics.

508 -Voir article 55 du même décret.

509-Voir article 60 du même décret.

510-Voir article 59 du même décret.

511 Voir article 1 de cet avis d'appel d'offres.

512 Voir article 1 cet avis d'appel d'offres.

frontière du Nigéria (région du Nord). C'est également le même scénario avec l'avis d'appel d'offres international restreint N°143/AOIR/MINTP/CIPM-TERI/2019 du 4/11/2019 en procédure d'urgence pour le contrôle technique et la surveillance des travaux d'entretien des voies d'accès et de la reconstruction du pont définitif sur la rivière MAHE au PK17+00 du tronçon de route Yabassi-Nkondjock, dans le département du Nkam, région du Littoral. Cet avis d'appel d'offres[513] exige toujours aux maîtres d'ouvrage de mentionner la nature des prestations dans l'objet de l'appel d'offres en question.

En ce qui concerne les marchés de fournitures, nous avons constaté que les maîtres d'ouvrage précisent leur objet dans l'appel d'offres international restreint. Rappelons que l'objet c'est ce sur quoi doit porter l'appel d'offres. En effet, un avis d'appel d'offres nous a permis de faire ce constat. Il s'agit de l'avis d'appel d'offres international restreint N°026/AOIR/PR/MINMAP/CCPM-SPI/2017 du 06 mars 2017 en procédure d'urgence pour le recrutement d'un consultant pour la fourniture et l'intégration d'un progiciel de gestion intégré à la caisse autonome d'amortissement du Cameroun. Cet avis[514] d'appel d'offres nous a permis de comprendre que le ministre délégué à la présidence chargé des marchés publics-maître d'ouvrage mentionne toujours la nature des prestations à réaliser dans l'objet dudit appel d'offres. Dans le cas d'espèce, la nature des prestations c'est le recrutement d'un consultant chargé de la fourniture et l'intégration d'un progiciel de gestion intégré à la caisse autonome d'amortissement du Cameroun.

En ce qui concerne les marchés de services, nous avons remarqué que les maîtres d'ouvrage précisent leur objet dans l'appel d'offres international restreint. En effet, un avis d'appel d'offres a permis de faire ce constat. Il s'agit de l'avis d'appel d'offres international restreint N°2018/001/AOIR/DG/CIPM/CAMTEL du 08/08/2018 pour le recrutement en procédure d'urgence d'un cabinet ou d'une agence de communication dans l'évènementiel, pour accompagner CAMTEL dans l'organisation de la cérémonie d'inauguration du nouveau câble sous-marin SAIL. Cet avis d'appel d'offres[515] a permis de comprendre que la société CAMTEL mentionne toujours la nature des prestations dans l'objet de l'appel d'offres international restreint. Dans le cas d'espèce, la nature des prestations est matérialisée par le recrutement en procédure d'urgence d'un cabinet ou d'une agence de communication dans l'événementiel pour accompagner CAMTEL dans l'organisation de la cérémonie d'inauguration du nouveau câble sous-marin SAIL.

---

513 Voir article 1 de cet avis d'appel d'offres.

514 Voir article 1 de cet avis d'appel d'offres.

515 Voir article 1 de cet avis d'appel d'offres.

Au demeurant, que nous soyons en situation normale ou en situation d'urgence simple, les maîtres d'ouvrage doivent toujours mentionner la nature des prestations à réaliser dans l'objet de l'appel d'offres ouvert et dans l'objet de l'appel d'offres restreint. Ceci pour veiller au respect des règles applicables à l'objet de l'appel d'offres basées sur les principes d'efficience, d'intégrité, d'information des candidats, de liberté d'accès à la commande publique, d'égalité de traitement des candidats et de la transparence des procédures. Cependant, à ces règles s'ajoute le respect des règles d'ouverture des offres (paragraphe 2).

Paragraphe 2 : Le respect des règles d'ouverture des offres

Que nous soyons en situation normale ou en situation d'urgence simple, les règles d'ouverture des offres doivent entre respectées. En effet, il y a deux types[516] d'ouverture des offres : l'ouverture des offres en un temps (A) et l'ouverture des offres en deux temps (B).

A- La séance d'ouverture des offres en un temps

Aux termes de l'article 93(1) du décret de 2018 portant code camerounais des marchés publics, l'ouverture des offres en un temps concerne beaucoup plus les marchés de fournitures, les marchés de travaux et les marchés de services quantifiables. La séance d'ouverture des offres peut se faire en appel d'offres ouvert(1) et en appel d'offres restreint (2).

1- L'ouverture des offres en appel d'offres ouvert

En procédure ouverte, l'ouverture des offres en un temps se fait une heure après l'heure limite de réception des offres[517]. L'ouverture des offres ne se fait qu'en séance de dépouillement. Cela veut dire que le dépouillement est lié à l'ouverture des offres. L'ouverture des offres en un temps s'effectue lorsque les offres financières, les offres techniques et les pièces administratives sont déposées dans une même enveloppe. En procédure ouverte, nous allons analyser l'ouverture des offres en un temps dans les marchés de travaux, dans les marchés de fournitures et dans les marchés de services quantifiables.
En ce qui concerne les marchés de travaux, une batterie d'avis d'appels d'offres ouverts nous ont permis d'analyser l'ouverture des offres en un temps. Prenons par exemple le cas de l'avis d'appel d'offres national ouvert N°91/AONO/MINTP/CMPM-TI/2017 du 12/09/2017 en procédure d'urgence pour l'exécution des travaux d'entretien/réfection de certains

---

[516] Voir article 93(1) et (2) du décret de 2018 portant code camerounais des marchés publics.
[517] Voir article 9 de l'avis d'appel d'offres national ouvert N°06/AONO/CU/BFM/2012 du 4 décembre 2012 lancé en "procédure d'urgence" pour la construction d'un dalot en contrebas de la prison centrale de Bafoussam.

ouvrages d'art dans les régions de l'Adamaoua et de l'Est. Cet avis[518] d'appel d'offres nous a permis de comprendre que l'ouverture des offres en un temps se fait une heure après l'heure limite de réception des offres. Il nous a aussi permis de constater que tous les soumissionnaires peuvent participer à l'ouverture des offres. Pour cela, l'article 14 de cet avis d'appel d'offres a procédé à la formulation suivante : "L'ouverture des offres aura lieu le 16/10/2017 dès 11 heures précises dans la salle de réunion de la commission ministérielle de passation des marchés de travaux d'infrastructures, sis à la délégation régionale des travaux publics du centre de Yaoundé. L'ouverture des plis se fera en un temps et en trois étapes : 1ère étape ouverture de l'enveloppe A contenant les pièces administratives, 2ème étape ouverture de l'enveloppe B contenant les offres techniques, 3ème étape ouverture de l'enveloppe C contenant les pièces ou offres financières. Tous les soumissionnaires peuvent assister à cette séance d'ouverture ou s'y faire représenter par une seule personne dûment mandatée (même en cas de groupement) de leur choix ayant une parfaite connaissance du dossier". Un autre appel d'offres ouvert a permis de comprendre qu'en matière des marchés de travaux, l'ouverture des offres se fait en un temps et les plis contenant les offres doivent être déposés contre récépissé au lieu indiqué dans l'appel d'offres. Il s'agit de l'appel d'offres international ouvert[519] N°016/AOIO/MINMAP/CCPM-AI/2015 du 25/02/2015 pour les travaux de remplacement des toits des bacs C51 et C55 en procédure d'urgence. Cet appel d'offres nous apprend aussi que l'ouverture des plis s'identifie à l'ouverture des offres.

En ce qui concerne les marchés de fournitures, un appel d'offres ouvert nous a permis d'analyser l'ouverture des offres en un temps. Il s'agit de l'appel d'offres national ouvert en procédure d'urgence N°037/AONO/MINMAP/DR-LT/SMAS/CRPM-LT/2016 du 07/09/2016 pour la fourniture de deux vedettes motorisées et de deux moteurs de secours à la mission de développement de la pêche artisanale maritime(MIDEPECAM). Cet appel d'offres[520] nous a permis de comprendre que l'ouverture des offres se fait en un temps pour les marchés de fournitures et une heure après l'heure limite de réception des offres. L'ouverture des offres se fait dans un lieu indiqué dans l'appel d'offres et les soumissionnaires y participent sans restriction. L'ouverture des offres ou des plis est aussi coordonnée par la commission de passation des marchés publics. C'est également le même scénario avec l'avis d'appel d'offres national ouvert en procédure d'urgence N°008/AONO/MINTP/CIPM-ENSTP/2020 du 19/05/2020 pour la fourniture du matériel pédagogique (matériel topographique et informatique) à

---

518 Voir article 14 de cet avis d'appel d'offres.

519 Voir article 9 de l'appel d'offres international ouvert N°016/AOIO/MINMAP/CCPM-AI /2015 du 25/02/2015 pour les travaux de remplacement des toits des bacs C51 et C55 en procédure d'urgence.

520 Voir article 13 de cet appel d'offres.

l'école nationale supérieur des travaux publics de Yaoundé. En effet, l'une des dispositions[521] de cet avis d'appel d'offres a procédé à la formulation suivante : "L'ouverture des plis se fera en un temps le 12 juin 2020 à 13 heures précises par la commission interne de passation des marchés auprès de l'ENSTP dans la salle de lecture de la bibliothèque de l'école nationale supérieure des travaux publics de Yaoundé. Seuls les soumissionnaires peuvent assister à cette séance d'ouverture ou s'y faire représenter par une personne de leur choix dûment mandatée et ayant une parfaite connaissance du dossier".

En ce qui concerne les marchés de services quantifiables, un avis d'appel d'offres ouvert nous a permis d'analyser l'ouverture des offres en un temps. Il s'agit de l'avis d'appel d'offres national ouvert N°21/AONO/ADC/CIPM/2018 du 05/09/2018 lancé en procédure d'urgence pour la fourniture des services de gardiennage à la société Aéroports du Cameroun SA. Cet avis d'appel d'offres[522] nous a permis de comprendre que l'ouverture des offres financières, techniques et administratives se fait en un temps pour les marchés de services quantifiables. Pour cela, l'article 13 de cet avis d'appel d'offres a procédé à la formulation suivante : "L'ouverture des offres administratives, techniques et financières aura lieu le 25/09/2018 à 12 heures par la commission interne de passation des marchés publics de la société Aéroports du Cameroun SA, dans le bureau de la commission sis à l'aérogare passager de Yaoundé-Nsimalen. Seuls les soumissionnaires peuvent assister à cette séance ou s'y faire représenter par une personne de leur choix dûment mandatée et ayant une parfaite connaissance du dossier dont elle a la charge". Cet article nous permet de comprendre aussi que les différentes offres se déposent dans un lieu indiqué dans l'appel d'offres et les soumissionnaires participent à l'ouverture de ces offres sans restriction. C'est également la même logique avec l'avis d'appel d'offres national ouvert en procédure d'urgence N°107/AONO/CUY/CPIM/2016 du 16/08/2016 pour l'entretien de la station d'épuration des eaux usées de Biyem-Assi à Yaoundé[523] car cet avis permet l'ouverture en un temps pour les marchés de services d'entretien et la participation effective des soumissionnaires à l'ouverture des offres en question.

Au demeurant, l'ouverture des offres en un temps s'impose aux marchés de travaux, de fournitures et des services quantifiables lorsque ceux-ci sont lancés en procédure ouverte. C'est pareil aussi bien en situation normale qu'en situation d'urgence simple. Cependant, ces mêmes règles s'imposent aussi en procédure restreinte(2).

---

521 Voir article 13 de cet avis d'appel d'offres.

522 Voir article 13 de cet avis d'appel d'offres.

523 Voir article 13 de l'avis d'appel d'offres national ouvert en procédure d'urgence N°107/AONO/CUY/CPIM/2016 du 16 août 2016 pour l'entretien de la station d'épuration des eaux usées de Biyem-assi à Yaoundé.

2- L'ouverture des offres en appel d'offres restreint

En procédure restreinte, l'ouverture des offres en un temps se fait une heure après l'heure limite de réception des offres. L'ouverture des offres ne s'effectue qu'en séance de dépouillement. Cela signifie que le dépouillement est lié à l'ouverture des offres. L'ouverture des offres s'identifie aussi à l'ouverture des plis car les offres sont adressées sous plis cachetés et fermés portant le numéro et l'objet de l'appel d'offres. Les plis sont revêtus d'un numéro d'ordre, de la date et heure de remise des offres et sont enregistrés dans un registre spécial délivré par l'ARMP[524]. Seront donc irrecevables, les offres qui sont arrivées après l'heure et la date limite d'ouverture des plis[525]. L'ouverture des offres s'effectue en un temps lorsque les offres financières, les offres techniques et les pièces administratives sont déposées dans une même enveloppe. En procédure restreinte, nous allons analyser l'ouverture des offres en un temps dans les marchés de travaux, les marchés de fournitures et les marchés de services quantifiables.

En ce qui concerne les marchés de travaux, une série d'avis d'appels d'offres restreint nous ont permis d'analyser l'ouverture des offres en un temps. Prenons par exemple le cas de l'avis d'appel d'offres national restreint N°20/AONR/MINTP/CMPM-TI/2016 du 23/02/2016 en procédure d'urgence pour l'exécution des travaux d'entretien au stabilisant CON-AID/CBR PLUS de certaines routes principales en terre dans la région de l'Adamaoua. Cet avis d'appel d'offres[526] nous a permis de constater que l'ouverture des offres en un temps se fait toujours une heure après l'heure limite de réception des offres. Il nous a aussi permis de comprendre que tous les soumissionnaires peuvent assister à cette ouverture des offres. Les soumissionnaires en question sont généralement ceux qui ont réussi à la procédure de présélection ou de pré-qualification. Un autre avis d'appel d'offres restreint a permis de comprendre qu'en matière des marchés de travaux, l'ouverture des offres se fait en un temps et les plis contenant les offres doivent être déposés contre récépissé au lieu indiqué dans l'appel d'offres. Il s'agit de l'avis d'appel d'offres international[527] restreint N°015/AOIR/MINMAP/CSPM-PLANUT/2015 du 13/01/2016 en procédure d'urgence pour les travaux de réhabilitation de l'adduction en eau potable et de l'aménagement du barrage de OUAZZANG dans l'arrondissement de Meri, département du Diamaré, région de l'Extrême-Nord.

---

524 Voir article 24(3) de l'ancien décret de 2004 portant code camerounais des marchés publics.

525 Voir article 24(6) du même décret.

526 Voir article 15 de cet avis d'appel d'offres.

527 Voir article 14 de l'avis d'appel d'offres international restreint N°015/AOIR/MINMAP/CSPM-PLANUT/2015 du 13/01/2016 en procédure d'urgence pour les travaux de réhabilitation de l'adduction en eau potable et de l'aménagement du barrage de OUAZZANG dans l'arrondissement Méri, département du Diamaré, région de l'Extrême-Nord.

En ce qui concerne les marchés de fournitures, un appel d'offres restreint nous a permis d'analyser l'ouverture des offres en un temps. Il s'agit de l'avis d'appel d'offres international restreint N°AOIR/002-ARV/CENAME/CMS/2016 relatif à la fourniture des médicaments antirétroviraux(ARV) de première, deuxième et troisième lignes lancé en procédure d'urgence par le directeur général de la centrale nationale d'approvisionnement en médicaments et consommables médicaux essentiels du Cameroun(CENAME). Cet avis d'appel d'offres[528] nous a permis de comprendre que l'ouverture des offres se fait en un temps pour les marchés de fournitures et une heure après l'heure limite de réception des offres. L'ouverture est offres ou des plis est aussi coordonnée par la commission de passation des marchés publics.

En ce qui concerne les marchés de services quantifiables, un avis d'appel d'offres restreint nous a permis d'analyser l'ouverture des offres en un temps. Il s'agit de l'avis d'appel d'offres international restreint N°2018/001/AOIR/DG/CIPM/CAMTEL du 08/08/2018 pour le recrutement en procédure d'urgence d'un cabinet ou d'une agence de communication dans l'évènementiel pour accompagner CAMTEL dans l'organisation de la cérémonie d'inauguration du nouveau câble sous-marin SAIL. Cet avis d'appel d'offres[529] nous a permis de comprendre que l'ouverture des offres financières, techniques et administratives se fait en un seul temps pour les marchés de services quantifiables. Pour cela, l'article 12 de cet avis d'appel d'offres a procédé à la formulation suivante : "l'ouverture des plis se fera en un temps. L'ouverture des pièces administratives et les offres techniques se fera dans la salle des réunions de la commission interne de passation des marchés(CIPM) de CAMTEL, sise au 2ème étage, porte 203 du bâtiment siège CAMTEL le 27/08/2018 à partir de 14 heures, heure locale par ladite commission. Seuls les soumissionnaires peuvent assister à cette séance d'ouverture ou s'y faire représenter par une personne de leur choix dûment mandatée et ayant une parfaite connaissance du dossier et maîtrise de la réglementation sur les marchés publics notamment le décret N°2018/366 du 20 juin 2018 portant code des marchés publics et ses additifs". Cet article nous enseigne que les soumissionnaires participent toujours à la séance d'ouverture des offres en un temps relatives aux marchés des services quantifiables. Il nous enseigne aussi que la commission de passation des marchés publics assiste et coordonne toujours la séance d'ouverture des offres en un temps relatives aux marchés des services quantifiables.

Au demeurant, l'ouverture des offres en un temps se fait ressentir aussi bien en procédure ouverte qu'en procédure restreinte concernant les marchés de travaux, les marchés de fournitures et les marchés de services quantifiables. Cette ouverture des offres s'impose aussi bien en situation d'urgence normale

---

528 Voir article 9 de cet avis d'appel d'offres.

529 Voir article 12 de cet avis d'appel d'offres.

qu'en situation d'urgence simple. Cependant, à l'ouverture des offres en un temps, s'ajoute celle des offres en deux temps(B).

B- La séance d'ouverture des offres en deux temps

Aux termes[530] du décret de 2018 portant code camerounais des marchés publics, l'ouverture des offres en deux temps concerne beaucoup plus les marchés de services non quantifiables y compris les marchés de prestations intellectuelles. On parle de l'ouverture des offres en deux temps lorsque les offres techniques et administratives s'ouvrent en un premier temps d'une part et lorsque les offres financières ayant atteint la note technique minimale requise sont ouvertes dans un second temps en présence des soumissionnaires d'autre part. En effet, la séance d'ouverture des offres en deux temps peut se faire aussi bien en appel d'offres ouvert(1) qu'en appel d'offres restreint(2).

1- L'ouverture des offres en procédure ouverte

En procédure ouverte[531], l'ouverture des offres en deux temps s'opère en deux phases. La première phase consiste à donner la date et l'heure à laquelle l'ouverture des offres administratives et techniques s'effectuera. Généralement, cette ouverture des offres se fait une heure après l'heure limite de réception des offres . La seconde phase consiste à donner une autre date à laquelle l'ouverture des offres financières[532] s'effectuera. Les offres financières en question sont celles ayant atteint la note minimale requise. Les dates d'ouverture des offres en 2 temps sont séparées l'une de l'autre par opposition aux dates d'ouverture des offres en un temps qui sont uniques. En procédure ouverte, nous allons analyser l'ouverture des offres en deux temps dans les marchés de services non quantifiables et dans les marchés de prestations intellectuelles.

En ce qui concerne les marchés des services non quantifiables et de prestations intellectuelles, une batterie d'avis d'appels d'offres nous ont permis d'analyser l'ouverture des offres en 2 temps. Prenons par exemple le cas de l'avis d'appel d'offres national ouvert en procédure d'urgence N°2016/015/CIPM/MAETUR du 12/09/2016 pour la souscription triennale d'une police d'assurance flotte automobile pour la couverture du parc automobile de la Maetur. Cet avis d'appel d'offres[533] nous a permis de comprendre que la date d'ouverture des offres techniques et administratives est différente de celle de l'ouverture des offres financières ayant obtenu la note minimale requise. Cette séparation des dates donne

---

530 Voir article 93(2) du décret de 2018 portant code des marchés publics.

531 COSSALTER (P), *op.cit.*, 96 P.

532 COSSALTER (P), *Gestion administrative et financière des marchés publics*, op.cit., 106 P.

533 Voir article 13 de cet avis d'appel d'offres.

un sens à l'ouverture des offres en 2 temps . Cet avis d'appel d'offres nous a aussi permis de comprendre que l'ouverture des offres techniques et administratives se fait une heure après l'heure limite de réception des offres. Les soumissionnaires participent à l'ouverture des offres techniques, administratives et financières. Pour cela l'article 13 de cet avis d'appel d'offres a procédé à la formulation suivante : « L'ouverture des plis fera en deux (02) temps. L'ouverture des pièces administratives et des offres techniques aura lieu le 4/10/2016 à 13h00, heure locale dans la salle de conférence de la Maétur en présence des soumissionnaires ou de leurs représentants dûment mandatés. L'ouverture des offres financières aura lieu à une date ultérieure ». Un autre avis d'appel d'offres ouvert a permis de comprendre que en matière de marchés de services non qualifiables et de prestations intellectuelles, l'ouverture des offres se fait en deux temps. Il s'agit de l'avis d'appel d'offres national ouvert N°00000268/AONO/ART/CIPM/2019 du 18 Octobre 2019 pour l'assistance comptable et fiscale triennale (2020 ,2021 et 2022) à l'agence de régulation des télécommunications (ART) en procédure d'urgence[534]. En effet, cet avis d'appel d'offres a procédé à la formulation suivante : "L'ouverture des offres se fera en deux temps. L'ouverture des offres administratives et techniques interviendra dans un premier temps, suivi dans un second temps de celle des offres financières des soumissionnaires ayant obtenu la note technique minimale requise. L'ouverture des pièces administratives et des offres techniques aura lieu le 18 Novembre 2019 à 13 heures par la commission interne de passation des marchés publics auprès de L'ART. Seuls les soumissionnaires peuvent assister à cette séance d'ouverture ou s'y faire représenter par une personne de leur choix dûment mandatée. La séance d'ouverture des offres financières aura lieu au terme de l'analyse technique et ne concernera que les soumissionnaires ayant obtenu la note minimale de 70 points sur 100". Au vue de cette longue formulation, l'on constate que les dates d'ouverture des offres en 2 temps sont séparées. L'une des offres techniques et administratives est différente de la date de l'ouverture des offres financières. Les soumissionnaires peuvent assister à toutes les séances d'ouverture des offres. Les offres techniques et administratives sont toujours déposées dans un lieu indiqué.

Au demeurant, l'ouverture des offres en 2 temps s'impose dans les marchés de services non qualifiables et de prestations intellectuelles lorsque ceux-ci sont lancés en procédure ouverte. C'est pareil aussi bien en

[534] Voir article 13 de l'avis d'appel d'offres national ouvert N°00000268/AONO/ART/CIPM/2019 du 18 octobre 2019 pour l'assistance comptable et fiscale triennale (2020 ,2021 et 2022) à l'agence de régulation des télécommunications(ART) en procédure d'urgence.

situation normale qu'en situation d'urgence simple. Cependant, ces mêmes règles s'imposent aussi en procédure restreinte(2).

2- L'ouverture des offres en procédure restreinte

En procédure restreinte[535], l'ouverture des offres est conditionnée par le résultat de l'examen ou ouverture des candidatures. En procédure restreinte, l'ouverture des offres en deux temps s'opère en deux phases. La première phase consiste à donner la date et l'heure à laquelle l'ouverture des offres administratives et techniques s'effectuera. Généralement, cette ouverture des offres se fait une heure après l'heure limite de réception des offres. La seconde étape consiste à donner une autre date à laquelle l'ouverture des offres financières s'effectuera. Les offres financières en question concernent les soumissionnaires ayant atteint la note technique minimale requise. Les dates d'ouverture des offres en deux temps sont séparées l'une de l'autre par opposition aux dates d'ouverture des offres en un temps qui sont indissociables. En procédure restreinte, nous allons examiner l'ouverture des offres en deux temps dans les marchés de services non quantifiables et dans les marchés de prestations intellectuelles.

En ce qui concerne les marchés de services non quantifiables et les marchés de prestations intellectuelles[536], une pluralité d'avis d'appels d'offres nous ont permis de cerner l'ouverture des offres en deux temps en procédure restreinte. Prenons le cas de l'avis d'appel d'offres national restreint N°012/RNIT/SOWEDA/SITP/CP/2016 du 20/07/2016 pour le recrutement d'un consultant pour la réalisation du plan d'organisation et des effectifs(POE) de la SOWEDA, en procédure d'urgence. Cet avis d'appel d'offres[537] nous a permis de constater que la date d'ouverture des offres techniques et administratives est différente de celle de l'ouverture des offres financières formulées par les soumissionnaires ayant obtenu la note technique minimale requise. C'est cette dissociation de dates qui donne le sens à l'ouverture des offres en deux temps. Cet avis nous a aussi permis de comprendre que l'ouverture des offres techniques et administratives se fait une heure après l'heure limite de réception des offres. Pour cela, l'article 13 de cet avis d'appel d'offres a procédé à la formulation suivante : "L'ouverture des offres se fera en deux temps, l'ouverture des offres administratives et techniques interviendra dans un premier temps, suivie dans un second temps de celle des offres financières des soumissionnaires ayant obtenu la note technique minimale requise. L'ouverture des pièces administratives et des offres techniques aura lieu le 18/08/2016 à 11 heures par la commission de passation des marchés de la SOWEDA dans la salle de conférence sise au siège de la

535 COSSALTER (P), *L'appel d'offres restreint*, op.cit., 116 P.
536 MALHEY (B), *Les marchés de prestations intellectuelles*, op.cit., 100 P.
537 Voir article 13 de cet avis d'appel d'offres.

SOWEDA à Buéa". Un autre avis d'appel d'offres restreint a permis de comprendre qu'en matière de marchés de services non quantifiables et de marchés de prestations intellectuelles, l'ouverture des offres se fait en deux temps. Il s'agit de l'avis d'appel d'offres international restreint N°042/AOIR/MINMAP/CCPM-AI/2015 du 20/04/2015 pour la réalisation des études d'impact environnemental et social(EIES) complémentaire dans le cadre de la mise en œuvre du projet d'aménagement hydroélectrique de la MENCHUM en procédure d'urgence[538]. En effet, cet avis d'appel d'offres a procédé à la formulation suivante :"Les offres seront ouvertes en deux (2) temps. L'ouverture des offres administratives et techniques aura lieu le 22/06/2015 à 11 heure par la commission centrale de passation des marchés des autres infrastructures siégeant au premier étage du bâtiment A du ministère des marchés publics...".

Au demeurant, que nous soyons en situation normale ou en situation d'urgence simple, les règles d'ouverture des offres s'imposent dans les marchés de travaux, de fournitures, de services quantifiables, de services non quantifiables et de prestations intellectuelles. Cependant, à ces règles s'ajoutent également les règles applicables à la participation, à la consistance des prestations et au financement de l'appel d'offres (paragraphe 3).

Paragraphe 3 : Le respect des règles applicables à la participation, à la consistance des prestations et du financement de l'appel d'offres

Que nous soyons en situation normale ou en situation d'urgence simple, un certain nombre de règles s'imposent à la passation des marchés publics. Il s'agit de celles qui exigent la participation à l'appel d'offres (A), celles qui exigent la consistance des prestations (B) et celles qui demandent un financement de l'appel d'offres (C).

A/ Le respect des règles de participation à l'appel d'offres

La participation à l'appel d'offres est un impératif pour tout marché public qui se veut compétitif. Qu'il soit lancé en situation normale ou en situation d'urgence, tout soumissionnaire a le droit de participer à l'appel d'offres. Ce droit de participation conduit au respect du principe de mise en concurrence[539] dans les marchés publics. La participation à l'appel d'offres conduit aussi au principe d'obligation d'information[540] des soumissionnaires. Cela signifie que

---

[538] Voir article 12 de l'avis d'appel d'offres international restreint N°042/AOIR/MINMAP/CCPM-AI/2015 du 20/04/2015 pour la réalisation des études d'impact environnemental et social(EIES) complémentaire dans le cadre de la mise en œuvre du projet d'aménagement hydroélectrique de la MENCHUM en procédure d'urgence.

[539] NEVEU (B), CABANES (C), *Droit de la concurrence dans les contrats publics*, op.cit., 360 P.

[540] LE BOUËDEC (P), *op.cit.*, fasc. 60-30.

les maîtres d'ouvrage doivent toujours informer les soumissionnaires sur la nature d'appel d'offres à participer. Ça peut être un appel d'offres ouvert (1) ou restreint (2).

1- La conservation des règles de participation à l'appel d'offres ouvert

Que nous soyons en situation normale ou en situation d'urgence simple, les soumissionnaires ont le droit à la participation à l'appel d'offres ouvert. Ce droit oblige les soumissionnaires à compétir selon les règles fixées par l'appel d'offres ouvert. Ce droit de participation oblige aussi les maîtres d'ouvrage à énumérer les entreprises qui doivent compétir et oblige à les informer qu'ils sont en procédure ouverte. En effet, plusieurs marchés publics sont concernés pour matérialiser le droit de participation des soumissionnaires en procédure ouverte. Il s'agit des marchés de travaux, les marchés de fournitures et les marchés de services. En ce qui concerne les marchés de travaux, une batterie d'avis d'appels d'offres ouverts ont permis la matérialisation du droit pour les soumissionnaires de participer auxdits appels d'offres afin de compétir. En effet, aux termes de l'avis d'appel d'offres national ouvert N°048/AONO/MINHDU/CMPM/17 du 08/06/2017 pour la construction d'ouvrages hydrauliques et d'assainissement dans certaines villes du Cameroun en procédure d'urgence, le droit à la participation par les soumissionnaires est obligatoire pour les maîtres d'ouvrage. Ainsi, cet avis[541] d'appel d'offres ouvert a procédé à la formulation suivante : "La participation au présent appel d'offres est ouverte aux entreprises des travaux publics installées au Cameroun". Ce droit de participation des soumissionnaires s'impose aussi dans l'avis d'appel d'offres national ouvert N°117/AONO/CUY/CIPM/2016 du 31 Août 2016 en procédure d'urgence pour les travaux de VRD et la construction d'une clôture avec grilles métalliques autour de la forêt urbaine N°2 à Oyom-Abang dans la ville de Yaoundé. Pour cela, cet avis[542] d'appel d'offres ouvert a procédé à la formulation suivante : "la participation au présent appel d'offres est ouverte à toute entreprise nationale spécialisée dans les travaux publics".

En ce concerne les marchés de fournitures, une série d'avis d'appels d'offres ouverts ont permis de comprendre que tous les soumissionnaires ont le droit de participer aux marchés publics. Que ces derniers soient lancés en situation normale ou en situation d'urgence simple. En effet, aux termes[543] de l'avis d'appel d'offres national ouvert en procédure d'urgence N°113/AONO/CUY/2016 pour la fabrication et la fourniture des barrières

---

541 Voir article 5 de l'avis d'appel d'offres national ouvert N°048/AONO/MINHDU/CMPM/17 du 08 juin 2017 pour la construction d'ouvrages hydrauliques et d'assainissement dans certaines villes du Cameroun en procédure d'urgence.

542 Voir article 5 de l'appel d'offres national ouvert N°117/AONO/CUY/CIPM/2016 du 31 août 2016 en procédure d'urgence pour les travaux de VRD et la construction d'une clôture avec grilles métalliques autour de la forêt urbaine N°2 à Oyom-Abang dans la ville de Yaoundé.

543 Voir article 5 de cet avis d'appel d'offres.

métalliques amovibles à la communauté urbaine de Yaoundé, le droit à la participation par les soumissionnaires est obligatoire pour tout maître d'ouvrage. Ainsi, l'article 5 de cet avis d'appel d'offres a procédé à la formulation suivante : "La participation au présent appel d'offres est ouverte aux entreprises spécialisées dans la fabrication métallique". Ce droit de participation des soumissionnaires s'impose aussi dans l'appel d'offres national ouvert en procédure d'urgence N°17/AONO/ADC/CIPM/2018 du 06/07/2018 pour la fourniture de cinq (05) véhicules à la société Aéroports du Cameroun SA(phase II). Pour cela, l'une des dispositions[544] de cet avis d'appel d'offres a procédé à la formulation suivante : "La participation au présent appel d'offres est ouverte, à égalité de condition aux concessionnaires automobiles installés en République du Cameroun".

En ce qui concerne les marchés de services, une pluralité d'avis d'appels d'offres ont permis de constater que tout soumissionnaire a le droit de participer aux marchés publics. Que ces derniers soient lancés en situation normale ou en situation d'urgence simple. En effet, aux termes[545] de l'avis d'appel d'offres national ouvert N°21/AONO/ADC/CIPM/2018 du 05/09/2018 lancé en procédure d'urgence pour la fourniture des services de gardiennage à la société Aéroports du Cameroun SA, le droit à la participation audit appel d'offres par les soumissionnaires est obligatoire ou impératif pour tout maître d'ouvrage. Ainsi, l'article 5 de cet avis d'appel d'offres a procédé à la formulation suivante : "La participation au présent appel d'offres est ouverte, à égalité de condition aux entreprises installées en République du Cameroun, spécialisées dans la sécurité des personnes et des biens et agréés par le ministère de l'administration territoriale". Ce droit de participation des soumissionnaires s'impose aussi dans l'avis d'appel d'offres national ouvert en procédure d'urgence N°107/AONO/CUY/CPIM/2016 du 16/08/2016 pour l'entretien de la station d'épuration des eaux usées de Biyem-Assi à Yaoundé. Pour cela, cet avis[546] d'appel d'offres a procédé à la formulation suivante : " La participation du présent appel d'offres est ouverte à toute entreprise nationale spécialisée dans l'entretien de stations d'épurations".

Au demeurant, que nous soyons en situation normale ou en situation d'urgence simple, les règles de participation à l'appel d'offres ouvert s'imposent aux maîtres d'ouvrage. C'est également le cas dans l'appel d'offres restreint(2).

---

544 Voir article 4 de cet avis d'appel d'offres.

545 Voir article 5 de cet avis d'appel d'offres.

546 Voir article 5 de l'avis d'appel d'offres national ouvert en procédure d'urgence N107/AONO/CUY/CPIM/2016 du 16 août 2016 pour l'entretien de la station d'épuration des eaux usées de Biyem-Assi à Yaoundé.

3- La conservation des règles de participation à l'appel d'offres restreint

Que nous soyons en situation normale ou en situation d'urgence simple, les soumissionnaires ont le droit de participer à l'appel d'offres restreint. Cette participation est restreinte dans la mesure où seuls les soumissionnaires qui ont réussi à la phase de pré-qualification ou de présélection sont habilités ou autorisés à assister à l'appel d'offres restreint. Ce droit de participation oblige les maîtres d'ouvrage à énumérer les entreprises qui doivent compétir et oblige à les informer qu'elles sont en procédure restreinte. En effet, plusieurs marchés publics sont concernés pour justifier le droit à la participation des soumissionnaires en procédure restreinte. Il s'agit des marchés de travaux, des marchés de fournitures et des marchés de services. En ce qui concerne les marchés de travaux, une batterie d'avis d'appel d'offres restreints ont permis la matérialisation du droit pour les soumissionnaires de participer auxdits appels d'offres afin de compétir. En effet, aux termes de l'appel d'offres international restreint N°006/AOIR/CAYDE/CIPM/2017 en procédure d'urgence pour l'installation et la mise en service d'une infrastructure de concassage pour la carrière communale de Yaoundé 7 au lieu-dit NKOLOMAN, le droit à la participation par les soumissionnaires pré-qualifiés est obligatoire pour les maîtres d'ouvrage. Par conséquent, ces acheteurs publics mentionnent sur une liste les noms des entreprises présélectionnées qui doivent compétir. Ainsi, cet appel[547] d'offres restreint a procédé à la formulation suivante : "La participation à cet appel offres international restreint concerne les entreprises ci-après : - AYMAK INDUSTRIE SARL BP 36 251 Yaoundé, phone 699 87 63 49, -RDC Trading Rhône Alpes Saint Didier sur chalaronne (France), phone : +33 474 066 880 ; TATTU T.P- France, phone + 33617566218, - TRACTAFRICMOTORS CAMEROON BP 7028 Yaoundé, phone + 237 22 30 28 06". Ce droit de participation des soumissionnaires présélectionnés s'impose aussi dans l'avis d'appel d'offres international restreint N°015/AOIR/MINMAP/CSPM-PLANUT/2015 du 13/01/2016 en procédure d'urgence pour les travaux de réhabilitation de l'adduction en eau potable et de l'aménagement du barrage de OUAZZANG dans l'arrondissement de MERI, département du Diamaré, région de l'Extrême-Nord. Pour cela, cet avis d'appel d'offres restreint[548] a procédé à la formulation suivante : " Le présent appel d'offres est adressé aux candidats pré-qualifiés et inscrits sur la liste restreinte ci-après conformément au communiqué N°001/C/MINMAP/DGMI/DAMI/CEA4 du 2 juin 2015 portant

---

547 Voir article 5 de l'appel d'offres international restreint N°006/AOIR/CAYDE/CIPM/2017 en procédure d'urgence pour l'installation et la mise en service d'une infrastructure de concassage pour la carrière communale de Yaoundé 7 au lieu-dit Nkoloman.

548 Voir article 6 de l'avis d'appel d'offres international restreint N°015/AOIR/MINMAP/CSPM-PLANUT du 13/01/2016 en procédure d'urgence pour les travaux de réhabilitation de l'adduction en eau potable et de l'aménagement du barrage de Ouazzang dans l'arrondissement de Méri, département du Diamaré, région de l'Extrême-Nord.

publication des résultats de l'avis général d'appel à manifestation d'intérêt pour la pré-qualification de cabinets, bureaux d'études techniques et entreprises en vue de la réalisation du plan d'urgence triennal 2015-2017 pour l'accélération de la croissance au Cameroun et l'amélioration des conditions de vie de la population composante VI-Eau, catégorie C, projet VI-4". Selon cet appel d'offres, les noms des entreprises pré-qualifiées sont les suivantes : BC corporation, STE CHABANE et compagnie, Hytra SA, Prosem engineering Co, Excalibur Reseach center sarl, ETS kendely construction.

En ce qui concerne les marchés de fournitures, un appel d'offres restreint nous a permis de comprendre que chaque soumissionnaire présélectionné a le droit de participer à la procédure normale ou à celle marquée par l'urgence. Il s'agit de l'avis d'appel d'offres international restreint N°AOIR/002-ARV/CENAME/CMS/2016 relatif à la fourniture des médicaments antirétroviraux (ARV) de première, deuxième et de troisième lignes, lancé en procédure d'urgence par le directeur général de la centrale nationale d'approvisionnement en médicaments et consommables médicaux essentiels du Cameroun. En effet, aux termes[549] de cet avis appel, le droit à la participation des soumissionnaires à l'appel d'offres restreint est obligatoire pour l'acheteur public. Pour cela, son article 3 a procédé à la formulation suivante : "Le présent appel d'offres en procédure d'urgence référencé sous le numéro AOIR/002-ARV/CENAME/CM est adressé uniquement aux fabricants ayant été agréés par l'OMS dans le cadre de la procédure de pré-qualification des produits fabriqués à partir des sites de production spécifiés. Ces produits devront appartenir à la classe A et B de la classification du fonds mondial de lutte contre le Sida, le paludisme et la tuberculose".

En ce qui concerne les marchés de services, une série d'avis d'appels d'offres restreints ont permis de comprendre que tout soumissionnaire pré-qualifié a le droit de participer aux marchés publics. Par conséquent les maîtres d'ouvrage et maîtres d'ouvrage délégués sont obligés de mentionner sur une liste les noms des entreprises ayant réussi à brûler l'étape de pré-qualification. En effet, aux termes de l'appel d'offres international restreint N°2018/001/AOIR/DG/CIPM/CAMTEL du 08/08/2018 pour le recrutement en procédure d'urgence d'un cabinet ou d'une agence de communication dans l'événementiel pour accompagner CAMTEL dans l'organisation de la cérémonie d'inauguration du nouveau câble sous-marin SAIL, le droit à la participation des soumissionnaires présélectionnés est obligatoire pour tout maître d'ouvrage. Pour cela, Cet appel[550] d'offres a

---

549 Voir article 3 de cet avis d'appel d'offres.

550 Voir article 6 de l'avis d'appel d'offres international restreint N°2018/001/AOIR/DG/CIPM/CAMTEL du 08/08/2018 pour le recrutement en procédure d'urgence, d'un cabinet ou d'une agence de communication dans l'événementiel pour accompagner CAMTEL dans l'organisation de la cérémonie d'inauguration du nouveau câble sous-marin SAIL.

procédé à la formulation suivante : "La participation au présent appel d'offres est ouverte aux cabinets ou agences de communication ci-après sélectionnés après appel à manifestation d'intérêt N°2018/02/AMI/DG/DAP/CAMTEL du 24/05/2018 : -GLEVENT LIVE 59 QUAI RAMBEAUD 69002 LYON 33144315410, -MC CANN BP 12516 Douala 233 43 91 88". C'est également le même scénario avec l'avis[551] d'appel d'offres international restreint N°042/AOIR/MINMAP/CCPM-AI/2015 du 2014/2015 pour la réalisation des études impact environnemental et social(EIES) complémentaire dans le cadre de la mise en œuvre du projet d'aménagement hydroélectrique de la Menchum en procédure d'urgence.

Au demeurant, qu'on soit en situation normale ou en situation d'urgence simple, les règles applicables à la participation de l'appel d'offres sont toujours conservées et respectées. Cependant, à ces règles s'ajoute également le respect des règles applicables à la consistance des prestations(B).

B- Le respect des règles applicables à la consistance des prestations

On parle de la consistance des prestations lorsque le maitre d'ouvrage détaille de manière précise les prestations à réaliser dans l'appel d'offres. Les prestations sont donc saucissonnées c'est-à-dire réparties en plusieurs tranches. Ces prestations sont également réparties en lots. C'est en d'autres termes la composition détaillée des prestations à réaliser. La consistance des prestations dans l'appel d'offres est un impératif pour tout marché public qui se veut compétitif. Elle permet aux maîtres d'ouvrage d'informer les soumissionnaires sur les différentes prestations à réaliser. Qu'un marché public soit lancé en situation normale ou en situation d'urgence simple, tout soumissionnaire a le droit d'être informé sur la composition des prestations à réaliser. Ça peut être en appel d'offres ouvert (1) ou en appel d'offres restreint (2).

1- Le respect des règles en appel d'offres ouvert

Que nous soyons en situation normale ou en situation d'urgence simple, les soumissionnaires ont le droit à l'information concernant la composition des prestations à réaliser dans l'appel d'offres ouvert. Ce droit oblige les maîtres d'ouvrage à détailler de manière précise les prestations à réaliser dans l'appel d'offres ouvert. En effet, plusieurs marchés publics sont concernés pour matérialiser la consistance des prestations en procédure ouverte. Il s'agit des marchés de travaux, les marchés de fournitures et les marchés de services. En ce qui concerne les marchés de travaux, une batterie d'avis d'appels d'offres

[551] Voir article 3 de l'avis d'appel d'offres international restreint N°042/AOIR/MINMAP/CCPM-AI/2015 du 20/04/2015 pour la réalisation des études d'impact environnemental et social(EIES) complémentaire dans le cadre de la mise en œuvre du projet d'aménagement hydroélectrique de la Menchum, en procédure d'urgence.

ouverts ont permis de constater que la consistance des prestations est obligatoire pour l'information des soumissionnaires. Ce qui leur permettra d'avoir une meilleure visibilité sur les différentes prestations à exécuter. En effet, aux termes[552] de l'avis d'appel d'offres national ouvert N°117/AONO/CUY/CIPM/2016 du 31 Août 2016 en procédure d'urgence pour les travaux de VRD et la construction d'une clôture avec grilles métalliques autour de la forêt urbaine N°2 à Oyom-Abang dans la ville de Yaoundé, la consistance des prestations est mentionnée par le maître d'ouvrage. Pour cela, son article 2 a procédé à la formulation suivante : "Les travaux comprennent notamment l'aménagement des aires de stockage et divers ateliers, le nettoyage et évacuations, les terrassements (feuilles, déblai et remblai rocheux), les travaux de VRD, les ouvrages divers en béton ou en maçonnerie, les ouvrages particuliers, le déplacement des réseaux et toutes autres sujétions nécessaires à la bonne exécution des travaux". Ce droit d'information des soumissionnaires sur les détails des prestations à réaliser s'impose aussi dans l'avis d'appel d'offres national ouvert N°048/AONO/MINHDU/CMPM/17 du 08/06/2017 pour la construction d'ouvrages hydrauliques et d'assainissement dans certaines villes du Cameroun en procédure d'urgence. Pour cela, cet avis[553] d'appel d'offres ouvert a procédé à la formulation suivante :"Ces travaux comprennent les opérations suivantes : l'installation de chantier, les travaux préliminaires, les terrassements généraux, les travaux de voirie, l'assainissement des eaux fluviales, la construction d'ouvrages d'art et hydrauliques, le déplacement des réseaux des concessionnaires, le cas échéant".

En ce qui concerne les marchés de fournitures, une série d'avis d'appels d'offres ouverts ont permis de comprendre que tout soumissionnaire a le droit à l'information sur les détails des prestations à réaliser. Qu'on soit en situation normale ou en situation d'urgence simple. En effet, aux termes de l'avis d'appel d'offres international ouvert en procédure d'urgence N°046/AOIO/MINMAP/CCPM-AG/2015 du 27/04/2015 pour la fourniture de mille tonnes de papier journal(blanc amélioré et couleur saumon) à la SOPECAM, la consistance des prestations est mentionnée par les maîtres d'ouvrage. Pour cela, cet avis d'appel d'offres[554] a procédé à la formation suivante :"Les fournitures objet de cette consultation constituées de mille tonnes de papiers journal blanc amélioré à la SOPECAM, destiné à la fabrication du journal Cameroun Tribune et des autres journaux pour l'exercice 2015, répartis en trois (03) lots de la manière suivante et répondant aux spécifications ci-après : lot 1 200 tonnes de papiers blancs améliorés, lot 2 500 tonnes de papiers blancs améliorés, lot 3 300 tonnes de papiers couleur

---

552 Voir article 2 de cet avis d'appel d'offres.

553 Voir article 2 de l'avis d'appel d'offres national ouvert N°048/AONO/MINHDU/CMPM/17 du 8 juin 2017 pour la construction d'ouvrages hydrauliques et d'assainissement dans certaines villes du Cameroun en procédure d'urgence.

554 Voir article 2 de cet avis d'appel d'offres.

saumon". Ce droit d'information des soumissionnaires sur les détails des prestations à réaliser s'impose aussi dans l'avis d'appel d'offres national ouvert N°17/AONO/ADC/CIPM/2018 du 06/07/2018 lancé en procédure d'urgence pour la fourniture de cinq véhicules à la société Aéroports du Cameroun (phase II). Pour cela, cet avis[555] d'appel d'offres ouvert a procédé à la formulation suivante : "Les prestations consistent en : lot 1 fourniture, immatriculation y compris plaque CEMAC et acheminement jusqu'à l'aéroport international de Yaoundé-Nsimalen d'un véhicule de type ludospace, climatisé, cinq places assises, cinq portières et alimentation essence ; lot 2 : fourniture immatriculation y compris plaque CEMAC et acheminement jusqu'à l'aéroport international de Yaoundé-Nsimalen de deux (02) véhicules de tourisme de type berline de luxe, climatisé, cinq places assises, cinq portières et alimentation essence, lot 3 : fourniture, immatriculation y compris plaque CEMAC et acheminement jusqu'à l'aéroport international de Yaoundé-Nsimalen de deux véhicules de tourisme de type berline, climatisés, quatre places assises, cinq portières et alimentation essence. Les détails sont connus dans le descriptif des fournitures".

En ce qui concerne les marchés de services, une pluralité d'avis d'appels d'offres ouvert ont permis de constater que tout soumissionnaire a le droit à l'information sur les détails des prestations à réaliser. Qu'on soit en situation normale ou en situation d'urgence simple. En effet, aux termes de l'avis d'appel d'offres national ouvert en procédure d'urgence N°2016/015/CIPM/MAETUR du 12/09/2016 pour la souscription triennale d'une police d'assurance flotte automobile pour la couverture du parc automobile de la MAETUR, la consistance des prestations est mentionnée par le maître d'ouvrage. Pour cela, cet avis d'appel d'offres[556] a procédé à la formulation suivante : " Les prestations à exécuter sont réparties en un (01) lot. La consistance de ces prestations est détaillée par les termes de référence (TDR) du présent DAO". Ce droit d'information des soumissionnaires sur la composition des prestations à réaliser s'impose aussi dans l'avis d'appel d'offres national ouvert N°00000268/AONO/ART/CIPM/2019 du 18 octobre 2019 pour l'assistance comptable et fiscale triennale (2020, 2021 et 2022) à l'agence de régulation des télécommunications (ART) en procédure d'urgence. Pour cela, cet avis[557] d'appel d'offres ouvert a procédé à la formulation suivante : les prestations consisteront en la réalisation des tâches ci-après : s'assurer de la cohérence de la conformité de la comptabilité de l'agence aux exigences de la

---

555 Voir article 2 de l'avis d'appel d'offres national ouvert N°17/AONO/ADC/CIPM/2018 du 06/07/2018 lancé en procédure d'urgence pour la fourniture de cinq(05) véhicules à la société Aéroports du Cameroun SA (Phase II).

556 Voir article 2 de cet avis d'appel d'offres.

557 Voir article 2 de l'avis d'appel d'offres national ouvert N°00000268/AONO/ART/CIPM/2019 du 18 octobre 2019 pour l'assistance comptable et fiscale triennale (2020, 2021 et 2022) à l'agence de régulation des télécommunications(ART) en procédure d'urgence.

nouvelle réglementation en vigueur, analyser et valider les schémas d'écritures comptables, vérifier toutes les écritures comptables mensuelles et proposer les corrections le cas de besoin, assister la direction générale à la consolidation des comptes et états financiers de l'agence en vue de leur transmission au conseil d'administration pour leur arrêt de manière définitive pour les exercices considérés..."

Au demeurant, que nous soyons en situation normale ou en situation d'urgence simple, les règles de la consistance des prestations s'imposent dans l'appel d'offres ouvert. C'est aussi le cas dans l'appel d'offres restreint (2).

2- Le respect des règles en appel d'offres restreint

Que nous soyons en situation normale ou en situation d'urgence simple, les soumissionnaires pré-qualifiés ont droit à l'information concernant la composition des prestations à réaliser dans l'appel d'offres restreint. Ce droit oblige les maîtres d'ouvrage à détailler de manière précise les prestations à exécuter dans l'appel d'offres restreint. En effet, plusieurs marchés publics sont concernés pour matérialiser la consistance des prestations en procédure restreinte. Il s'agit des marchés de travaux, les marchés de fournitures et les marchés de services. En ce qui concerne les marchés de travaux, une batterie d'avis d'appels d'offres restreints ont permis de constater que la consistance des prestations est obligatoire pour les maîtres d'ouvrage afin d'informer les soumissionnaires. Ce qui leur permettra d'avoir une meilleure observation sur les différentes prestations à exécuter. En effet, aux termes[558] de l'une des dispositions de l'appel d'offres international restreint N°006/AOIR/CAYDE7/CIPM/2017 en procédure d'urgence pour l'installation et la mise en service d'une infrastructure de concassage pour la carrière communale de Yaoundé 7 au lieu-dit Nkoloman, la consistance des prestations est mentionnée par le maître d'ouvrage. Pour cela, son article 2 a procédé à la formulation suivante : "Les travaux consistent en l'installation et mise d'une infrastructure de concassage pour la carrière communale de Yaoundé 7". Ce droit à l'information des soumissionnaires sur les détails des prestations à réaliser s'impose aussi dans l'avis d'appel d'offres international restreint N°015/AOIR/MINMAP/CSPM-PLANUT/2015 du 13/01/2016 en procédure d'urgence pour les travaux de réhabilitation de l'adduction en eau potable et de l'aménagement du barrage de OUAZANG dans l'arrondissement de Méri, département du Diamaré, région de l'Extrême-Nord. Pour cela, cet avis[559] d'appel d'offres restreint a procédé à la formulation suivante : "Les

558 Voir article 2 de cet avis d'appel d'offres.

559 Voir article 2 de l'avis d'appel d'offres international restreint N°015/AOIR/MINMAP/CSPM-PLANUT/2015 du 13/01/2016 en procédure d'urgence pour les travaux de réhabilitation de l'adduction en eau potable et de l'aménagement du barrage de Ouazzang dans l'arrondissement de Méri, département du Diamaré, région de l'Extrême-Nord.

prestations comprennent : les travaux préparatoires, le terrassement, les fondations, les maçonneries et élévations, la charpente, couverture et plafond, les menuiseries (métallique, bois) la peinture, les VRD, la clôture".

En ce qui concerne les marchés de fournitures, un avis d'appel d'offres restreint a permis de comprendre que tout soumissionnaire a le droit à l'information sur les détails des prestations à réaliser. Qu'on soit en situation normale ou en situation d'urgence simple. En effet, aux termes de l'avis d'appel d'offres national restreint en procédure d'urgence N°63/AONR/CUD/CIPM/2017 du 01/08/2017 relatif à l'achat de matériel d'éclairage public pour les travaux en régie, la consistance des prestations est mentionnée par les maîtres d'ouvrages. Pour cela, cet avis d'appel d'offres[560] a procédé à la formulation suivante : " Les prestations, objet du présent appel d'offres consistent en l'acquisition et livraison du matériel électrique en deux (02) lots définis ci-après : lot 1- lanternes à LED 70 watt, poteaux bois, crosse non rabattable de 2,5m, projecteur LED 100 watt, lot 2- coffret de commande thermoplastique avec rail, barrette de dominos 25A, interrupteur plexo étanche…"

En ce qui concerne les marchés de services, un avis d'appel d'offres restreint nous a permis de constater que tout soumissionnaire pré-qualifié a le droit à l'information sur les détails des prestations à réaliser. Qu'on soit en situation d'urgence simple ou en situation normale. En effet, aux termes[561] de l'avis d'appel d'offres international restreint N°2018/001/AOIR/DG/CIPM/CAMTEL du 08/08/2018 pour le recrutement en procédure d'urgence d'un cabinet ou d'une agence de communication dans l'événementiel pour accompagner CAMTEL dans l'organisation de la cérémonie d'inauguration du nouveau câble sous-marin SAIL, la consistance des prestations est mentionnée par le maître d'ouvrage. Pour cela, l'article 2 de cet avis d'appel d'offres a procédé à la formulation suivante : "Les prestations objet du présent appel d'offres comprennent : la conception de l'événement, préparation de l'événement, mise en œuvre de l'événement, évaluation post-événementiel".

Au demeurant, que nous soyons en situation normale ou en situation d'urgence simple, les règles liées à la consistance des prestations s'imposent aussi bien dans l'appel d'offres ouvert que dans l'appel d'offres restreint. Cependant, à ces règles s'ajoutent également celles liées au financement de l'appel d'offres (C).

---

560 Voir article 2 de cet avis d'appel d'offres.
561 Voir article 2 de cet avis d'appel d'offres.

C/ Le respect des règles de financement de l'appel d'offres

Tout marché public, qu'il soit passé en situation normale ou en situation d'urgence simple, a besoin d'un financement[562]. Les maîtres d'ouvrages doivent nous préciser le type de budget au quel s'appuie l'appel d'offres. Ça peut être le budget de l'exercice d'une année par exemple. Ça peut également être le budget d'investissement public[563] d'une personne publique ou alors un budget autonome[564]. Par conséquent, les maîtres d'ouvrage doivent préciser ou mentionner le coût prévisionnel dudit appel d'offres. Le financement[565] s'impose donc dans 2 types d'appels d'offres : l'appel d'offres ouvert (1) et l'appel d'offres restreint (2).

1- La conservation des règles de financement en procédure ouverte

Que nous soyons en situation normale ou en situation d'urgence simple, le maître d'ouvrage a l'obligation de mentionner le financement de l'appel d'offres ouvert. En effet, plusieurs marchés publics sont concernés pour matérialiser la précision d'un financement en procédure ouverte. Il s'agit des marchés de travaux, des marchés de fournitures et les marchés de services. En ce qui concerne les marchés de travaux, une batterie d'avis d'appels d'offres ouverts ont permis de comprendre que le financement est obligatoire pour les maîtres d'ouvrage. En effet, aux termes[566] de l'avis d'appel d'offres national ouvert N°048/AONO/MINHDU/CMPM/17 du 08 juin 2017 pour la construction d'ouvrages hydrauliques et d'assainissement dans certaines villes du Cameroun en procédure d'urgence, le maître d'ouvrage mentionne toujours le financement disponible pour passer les marchés publics. Pour cela, son article 6 a procédé à la formulation suivante : "Les travaux objet du présent appel d'offres seront financés par le budget du MINHDU, ligne interventions d'urgence exercice 2017". Le financement s'impose aussi dans l'avis d'appel d'offres national ouvert N°01/AONO/MINTP/CMPM-TI/2017 du 18/09/2017 en procédure d'urgence pour l'exécution des travaux d'entretien/réfection de certains ouvrages d'art dans les régions de l'Adamaoua et de l'Est. Pour cela cet avis d'appel d'offres[567] a procédé à la formulation suivante : "Les travaux objet du présent appel d'offres sont financés par le budget du ministère des travaux publics, ligne fonds routier, pour un coût prévisionnel de cent trente un millions huit cent dix-huit mille (131 818 000) francs CFA TTC".

---

[562] Le dictionnaire Linternaute définit le financement comme une démarche qui permet à un projet ou une action d'obtenir l'argent nécessaire à la réalisation, grâce à la réunion ou à la levée de fonds d'origines diverses.

[563] CONSEIL D'ETAT, *Les grands investissements publics*, La documentation française, Coll. Droits et débats, août 2019, 178 P.

[564] OLIVIA (E), « La conception de l'autonomie financière locale quel contenu ? Quelle effectivité ? » dans *Gestion et Finances publiques*, 2017, N°2, pp. 13-24.

[565] BRECHON-MOULENES (C), *Le financement des marchés publics*, op.cit., 218 P.

[566] Voir article 6 de cet avis d'appel d'offres.

[567] Voir article 5 de cet avis d'appel d'offres.

En ce qui concerne les marchés de fournitures, un avis d'appel d'offres ouvert a permis de comprendre que le maître d'ouvrage doit mentionner le financement pour faciliter la passation d'un marché en question. Il s'agit de l'avis d'appel d'offres international ouvert en procédure d'urgence N°046/AOIR/MINMAP/CCPM-AG/2015 pour la fourniture de 1000 tonnes de papier journal (blanc amélioré et couleur saumon) à la SOPECAM. Pour cela, cet avis d'appel d'offres[568] a procédé à la formulation suivante :"Les prestations objet du présent avis d'appel d'offres sont financées par le budget d'exploitation de la SOPECAM exercice 2015".
En ce qui concerne les marchés de services, un avis d'appel d'offres ouvert a permis de constater que le maître d'ouvrage a l'obligation de préciser le type de financement auquel s'appuiera ledit appel d'offres. Il s'agit de l'avis d'appel d'offres national ouvert N°21/AONO/ADC/CIPM/2018 du 05/08/2018 lancé en procédure d'urgence pour la fourniture des services de gardiennage de la société Aéroports du Cameroun SA. En effet, cet avis[569] d'appel d'offres a procédé à la formulation suivante :"Les prestations objet du présent appel offres seront financées par le budget de la société Aéroports du Cameroun SA, exercices 2018 et 2019".

Au demeurant, les maîtres d'ouvrage doivent toujours mentionner le type de financement auquel s'appuiera l'appel d'offres ouvert qu'il soit lancé en situation normale ou en situation d'urgence simple. C'est également la même logique avec l'appel d'offres restreint(2).

2- La conservation des règles de financement en procédure restreinte

Que nous soyons en situation normale ou en situation d'urgence simple, le maître d'ouvrage a l'obligation de mentionner le type de financement auquel s'appuiera l'appel d'offres restreint. En effet, plusieurs marchés publics sont concernés pour matérialiser la précision d'un financement en procédure restreinte. Il s'agit des marchés de travaux, des marchés de fournitures et des marchés de services. En ce qui concerne les marchés de travaux, un avis appel d'offres restreint nous a permis de comprendre que le financement est obligatoire pour les maîtres d'ouvrage. Il s'agit de l'avis d'appel d'offres international restreint N°015/AOIR/MINMAP/CSPM-PLANUT/2015 du 13/012016 en procédure d'urgence pour les travaux de réhabilitation de l'adduction en eau potable et de l'aménagement du barrage de OUAZZANG dans l'arrondissement de Méri, département du Diamaré, région de l'Extrême-

568 Voir article 4 de cet avis d'appel d'offres.

569 Voir article 6 de l'avis d'appel d'offres national ouvert N°21/AONO/ADC/CIPM/2018 du 05/08/2018 lancé en procédure d'urgence pour la fourniture de services de gardiennage de la société Aéroports du Cameroun SA.

Nord. Pour cela, cet avis[570] d'appel d'offres a procédé à la formulation suivante :"Les travaux objet du présent appel d'offres sont financés par le budget du plan d'urgence triennal pour l'accélération de la croissance économique(PLANUT)".

En ce qui concerne les marchés de fournitures, un avis d'appel d'offres restreint a permis de constater que tout maître d'ouvrage a l'obligation de mentionner le type de financement ou le type de budget auquel s'appuiera ledit appel d'offres afin de faciliter la passation du marché public. Il s'agit de l'avis d'appel d'offres international restreint N°AOIR/002-ARV/CENAME/CMS/2016 relatif à la fourniture des médicaments antirétroviraux (ARV) de première, deuxième et troisième lignes, lancé en procédure d'urgence par le directeur général de la centrale nationale d'approvisionnement en médicaments et consommables médicaux essentiels du Cameroun. En effet, cet avis d'appel d'offres[571] a procédé au type de financement suivant :"le présent appel d'offres est financé par le budget de la CENAME, exercice 2016".

En ce qui concerne les marchés de services, un avis d'appel d'offres restreint a permis de constater que le maître d'ouvrage a l'obligation de préciser le type de financement auquel s'appuiera ledit appel d'offres. Il s'agit de l'appel d'offres international restreint N°2018/001/AOIR/DG/CIPM/CAMTEL du 08/08/2018 pour le recrutement en procédure d'urgence, d'un cabinet ou d'une agence de communication dans l'événementiel pour accompagner CAMTEL dans l'organisation de la cérémonie d'inauguration du nouveau câble sous-marin SAIL. Dans cet avis[572] d'appel d'offres, le maître d'ouvrage précise le budget sur lequel sera appuyé ledit appel d'offres. Ceci en procédant à la formulation suivante : "Les prestations objet du présent appel d'offres seront financées par le budget de CAMTEL, exercice 2018, pour un coût prévisionnel de 500.000.000Fcfa TTC".

Au demeurant, trois types de règles sont conservés dans la passation des marchés publics en situation d'urgence simple. Il s'agit des règles applicables à la participation de l'appel d'offres, celles applicables à la consistance des prestations à réaliser et celles relatives au financement de l'appel d'offres.

---

570 Voir article 7 de l'avis d'appel d'offres international restreint N°015/AOIR/MINMAP/CSPM-PLANUT/2015 du 13/01/2016 en procédure d'urgence pour les travaux de réhabilitation de l'adduction en eau potable et de l'aménagement du barrage de Ouazzang dans l'arrondissement de Méri, département du Diamaré, région de l'Extrême-Nord.

571 Voir article 4 de cet avis d'appel d'offres.

572 Voir article 5 de l'avis d'appel d'offres international restreint N°2018/001/AOIR/DG/CIPM/CAMTEL du 08/08/2018 pour le recrutement en procédure d'urgence, d'un cabinet ou d'une agence de communication dans l'événementiel pour accompagner CAMTEL dans l'organisation de la cérémonie d'inauguration du nouveau câble sous-marin SAIL.

Cependant, d'autres règles sont aussi conservées en situation d'urgence simple. Il s'agit des règles d'évaluation des offres (paragraphe 4).

Paragraphe 4 : La sauvegarde des règles d'évaluation des offres

Que nous soyons en situation normale ou en situation d'urgence simple, les règles d'évaluation des offres s'imposent dans la passation des marchés publics. Pour évaluer les offres, les commissions de passation des marchés publics se constituent en sous-commission d'analyse des offres[573]. Il est important de révéler que l'ancienne réglementation a fixé les délais d'urgence pour permettre à la sous-commission d'évaluer les offres techniques et financières. Cette réglementation était caractérisée par la circulaire N°001/CAB/PR du 19/06/2012 relative à la passation et au contrôle de l'exécution des marchés publics. Au vue de l'article 13 de cette circulaire, la durée d'évaluation des offres en cas d'urgence était fixée à 5 jours. Mais suite à l'arrivée du nouveau décret de 2018 portant code des marchés publics, le pouvoir réglementaire n'a pas fait avancer la réglementation concernant les délais d'urgence pour évaluer les offres. Au contraire, la nouvelle réglementation a fait preuve de silence, de mutisme concernant l'encadrement ou la précision des délais d'urgence pour évaluer les offres. Le pouvoir réglementaire camerounais ne s'est que limité à donner les délais normaux d'évaluation des offres[574]. Ceci en procédant à la formulation suivante :"La commission de passation des marchés fixe la durée d'évaluation des offres techniques et financières. Ce délai ne doit pas excéder dix (10) jours ouvrables pour les projets de moindre envergure et lorsque l'ouverture des offres s'effectue en un temps et quinze (15) jours ouvrables lorsque cette ouverture s'effectue plutôt en deux temps. Pour les projets complexes et de grande envergure, ce délai peut être porté à vingt un (21) jours ouvrables". Cependant, en vertu du principe de la non-rétroactivité des actes administratifs, lorsque le nouveau texte réglementaire est au moins favorable par rapport à l'ancien texte sur une question précise, on applique le texte le plus doux c'est-à-dire l'ancien texte. Par conséquent, en ce qui concerne les délais d'urgence pour l'évaluation des offres, on appliquera la circulaire de 2012 relative à la passation et à l'exécution des marchés publics. Car ce dernier fixe ces délais à 5 jours. La conservation des règles d'évaluation des offres s'explique par deux éléments : la précision des critères éliminatoires(A) et la précision des critères essentiels(B).

A- La précision des critères éliminatoires

Aux termes[575] du décret de 2018 portant code des marchés publics, c'est la sous-commission d'analyse qui procède à une évaluation détaillée des offres

[573] Voir article 9(d) du décret de 2018 portant code camerounais des marchés publics.
[574] Voir l'article 94(1) du décret de 2018 portant code camerounais des marchés publics.
[575] Voir article 95 (2) du même décret.

jugées conformes et qui répondent à toutes les stipulations et conditions du dossier de consultation en appliquant des critères éliminatoires. Ces critères éliminatoires sont précisés aussi bien dans l'appel d'offres ouvert(1) que dans l'appel d'offres restreint(2).

1- La précision des critères éliminatoires en procédure ouverte

Avant de dresser un rapport d'analyse des offres[576], la sous-commission d'analyse fixe les critères éliminatoires en procédure ouverte. Ces critères peuvent être analysés et observés dans plusieurs avis d'appels d'offres ouverts. En effet, plusieurs marchés publics sont concernés par la précision des critères éliminatoires. Il s'agit des marchés des travaux, des marchés de fournitures et des marchés de services. En ce qui concerne les marchés de travaux, un avis d'appel d'offres a permis de constater que la sous-commission d'analyse des offres fixe les critères éliminatoires afin de procéder à une évaluation des offres. Il s'agit de l'avis d'appel d'offres national ouvert N°01/AONO/MINTP/CMPM-TI/2017 du 18/08/2017 en procédure d'urgence pour l'exécution des travaux d'entretien/réfection de certains ouvrages d'art dans les régions de l'Adamaoua et de l'Est. En effet, aux termes[577] de cet avis d'appel d'offres, la sous-commission d'analyse des offres fixe les critères éliminatoires suivants : dossier administratif incomplet pour absence des pièces exigées dans le DAO ou pièces non conformes, dossier technique incomplet pour absence des pièces relatives à l'attestation de visite des lieux, à la déclaration sur l'honneur attestant que le soumissionnaire n'a pas abandonné un marché au cours des trois dernières années…

En ce qui concerne les marchés de fournitures, un avis d'appel d'offres nous a permis de comprendre que la sous-commission d'analyse des offres fixe les critères éliminatoires pour évaluer les offres. Il s'agit de l'avis d'appel d'offres national ouvert N°17/AONO/ADC/CIPM/2018 du 06/07/2018 lancé en procédure d'urgence pour la fourniture de cinq (5) véhicules à la société Aéroport du Cameroun SA (phase II). En effet, aux termes de cet avis[578] d'appel d'offres, la sous-commission d'analyse des offres fixe les critères éliminatoires suivants : dossier administratif incomplet, dossier financier incomplet, un nombre de oui inférieur à 11 pour l'ensemble des critères essentiels, la production d'une pièce falsifiée ou fausse déclaration, l'absence d'agrément du fournisseur, l'absence de déclaration de non abandon de marché et de non appartenance à la liste des entreprises défaillantes.

---

576 Voir article 98(1) du même décret.

577 Voir article 15 de cet avis d'appel d'offres.

578 Voir article 14.1 de l'avis d'appel d'offres national ouvert N°17/AONO/ADC/CIPM/2018 du 06/07/2018 lancé en procédure d'urgence pour la fourniture de cinq (05) véhicules à la société Aéroports du Cameroun SA (Phase II).

En ce qui concerne les marchés de services, un avis d'appel d'offres nous a permis de comprendre que la sous-commission d'analyse des offres fixe les critères éliminatoires pour évaluer les offres techniques et financières. Il s'agit de l'avis d'appel d'offres national ouvert N°21/AONO/ADC/CIPM/2018 du 05/09/2018 lancé en procédure d'urgence pour la fourniture des services de gardiennage à la société Aéroport du Cameroun SA. En effet, aux termes de cet avis[579] d'appel d'offres, la sous-commission d'analyse des offres fixe les critères éliminatoires suivants :"dossier administratif incomplet, dossier financier incomplet, absence d'agrément autorisant l'exercice de l'activité, note inférieure à 70 points sur 100, production d'une pièce falsifiée ou fausse déclaration, absence d'attestation de visite du site."
Au demeurant, les critères éliminatoires sont visibles pour évaluer les offres dans l'appel d'offres ouvert. C'est aussi le cas en procédure restreinte(2).

2- La précision des critères éliminatoires en procédure restreinte

Avant de dresser un rapport d'analyse des offres qu'elle soumettra à la commission de passation des marchés publics, la sous-commission d'analyse fixe les critères éliminatoires en procédure restreinte. Ces critères peuvent être analysés et observés dans plusieurs avis d'appels d'offres restreints. En effet, plusieurs marchés publics sont concernés par la précision des critères éliminatoires. Il s'agit des marchés de travaux, des marchés de fournitures et les marchés de services. En ce qui concerne les marchés de travaux, un avis d'appel d'offres nous a permis de constater que la sous-commission d'analyse des offres fixe les critères éliminatoires afin de procéder à une évaluation approfondie des offres. Il s'agit de l'avis d'appel d'offres international restreint N°015/AOIR/MINMAP/CSPM-PLANUT/2015 du 13/01/2016 en procédure d'urgence pour les travaux de réhabilitation de l'adduction en eau potable et de l'aménagement du barrage de OUAZZANG dans l'arrondissement de Meri, département du Diamaré, région l'Extrême-Nord. En effet, aux termes de cet avis d'appel d'offres[580], la sous-commission d'analyse des offres fixe les critères éliminatoires suivants : pièce administrative falsifiée ou non authentique, absence de la caution de soumission, dossier incomplet ou pièces non conformes, fausse déclaration, documents falsifiés, non existence dans l'offre technique la rubrique "organisation, méthodologie et planning", offre financière incomplète pour absence de pièces relatives à la soumission, au bordereau des prix, au sous détail des prix, au devis quantitatif et estimatif.

En ce qui concerne les marchés de fournitures, un avis d'appel d'offres restreint nous a permis de comprendre que la sous-commission d'analyse fixe les critères

---

579 -Voir article 15.1 de l'avis d'appel d'offres national ouvert N°21/AONO/ADC/CIPM/2018 du 05/09/2018 lancé en procédure d'urgence pour la fourniture de services de gardiennage à la société Aéroports du Cameroun SA.

580 Voir article 15.1 de cet avis d'appel d'offres.

éliminatoires pour évaluer les offres. Il s'agit de l'avis d'appel d'offres international restreint N°AOIR/002-ARV/CENAME/CMS/2016 relatif à la fourniture des médicaments antirétroviraux(ARV) de première, deuxième et troisième lignes, lancé en procédure d'urgence par le directeur général de la centrale nationale de l'approvisionnement en médicaments et consommables médicaux essentiels du Cameroun. En effet, aux termes de cet avis[581] d'appel d'offres, la sous-commission d'analyse des offres fixe les critères éliminatoires suivants : défaut de présentation d'autorisation de mise sur le marché(AMM) dans le pays d'origine du fabricant, non-conformité aux normes techniques de pré-qualification par l'OMS du site de production, la non-conformité à la classification A ou B du fonds mondial, fausse déclaration ou pièce falsifiée, non-conformité aux spécifications techniques des produits, absence d'autorisation d'exercice en qualité de fabricant de produits pharmaceutiques dans son pays d'origine.

En ce qui concerne les marchés de services, un avis d'appel d'offres nous a permis de comprendre que la sous-commission d'analyse des offres fixe les critères éliminatoires pour évaluer les offres administratives, techniques et financières. Il s'agit de l'avis d'appel d'offres international restreint N°2018/001/AOIR/DG/CIPM/CAMTEL du 08/08/2018 pour le recrutement en procédure d'urgence d'un cabinet ou d'une agence de communication dans l'événementiel pour accompagner CAMTEL dans l'organisation de la cérémonie d'inauguration du nouveau câble sous-marin SAIL. En effet, aux termes de cet avis[582] d'appel d'offres, la sous-commission d'analyse des offres fixe les critères éliminatoires suivants : dossier technique incomplet, offres financières incomplètes, non-conformité d'une pièce administrative non régularisée dans les délais fixés par la CIPM après le dépouillement, fausses déclarations ou falsification du document, absence d'un prix unitaire quantifié dans l'offre financière, note technique inférieure à 80%.

Au demeurant, que nous soyons en situation normale ou en situation d'urgence simple, la sous-commission d'analyse des offres fixe les critères éliminatoires pour évaluer les offres aussi bien en procédure ouverte qu'en procédure restreinte. Ladite commission fixe aussi les critères essentiels(B).

[581] Voir article 10 de l'avis d'appel d'offres international restreint N°AOIR/002-ARV/CENAME/CMS/2016 relatif à la fourniture des médicaments antirétroviraux(ARV) de première, deuxième et troisième lignes, lancé en procédure d'urgence par le directeur général de la CENAME.

[582] Voir article 13.1 de l'avis d'appel d'offres international restreint N°2018/001/AOIR/DG/CIPM/CAMTEL du 08/08/2018 pour le recrutement en procédure d'urgence d'un cabinet ou d'une agence de communication dans l'événementiel pour accompagner CAMTEL dans l'organisation de la cérémonie d'inauguration du nouveau câble sous-marin SAIL.

B- La précision des critères essentiels

La sous-commission d'analyse des offres procède aussi à une fixation des critères essentiels pour évaluer les offres. Ces critères sont généralement notés et portent particulièrement sur la présentation de l'offre, la disponibilité du personnel technique, le délai de livraison inférieur ou égal à 60 jours[583], la disponibilité des équipements et du matériel, la capacité financière, les références en prestations similaires… Ces critères essentiels sont précisés aussi bien dans l'appel d'offres ouvert(1) que dans l'appel d'offres restreint(2).

1- La précision des critères essentiels en procédure ouverte

Avant de dresser un rapport d'analyse des offres qui fera l'objet d'un document unique[584], paraphé et signé par tous les membres de la sous-commission, la sous-commission d'analyse fixe les critères essentiels en procédure ouverte. Ces critères peuvent être retrouvés dans plusieurs avis d'appels d'offres ouverts. En effet, plusieurs marchés publics sont concernés par la précision des critères essentiels. Il s'agit des marchés de travaux, des marchés de fournitures et des marchés de services. En ce qui concerne les marchés de travaux, un avis d'appel d'offres nous a permis de constater que la sous-commission d'analyse des offres fixe les critères essentiels afin de procéder à une évaluation des offres. Il s'agit de l'avis d'appel d'offres international ouvert N°16/AONR/MINMAP/CCPM-AI/2015 du 25/02/2015 en procédure d'urgence pour les travaux de remplacement des toits des bacs C51 et C55. En effet, aux termes[585] de cet avis d'appel d'offres, la sous-commission d'analyse des offres fixe les critères essentiels suivants : la consistance de l'offre, l'organisation des moyens humains, la spécification du matériel, le planning et exécution. L'examen de ces critères essentiels consistera en une vérification de la conformité de l'offre du soumissionnaire par rapport aux exigences du cahier des clauses techniques particulières.

En ce qui concerne les marchés de fournitures, un avis d'appel d'offres nous a permis de comprendre que la sous-commission d'analyse des offres fixe les critères essentiels pour évaluer les offres. Il s'agit de l'avis d'appel d'offres international ouvert en procédure d'urgence N°046/AOIO/MINMANP/CCPM-AG/2015 du 27/04/2015 pour la fourniture de 1000 tonnes de papier journal (blanc amélioré et couleur saumon)

[583] Voir article 14.2 de l'avis d'appel d'offres national ouvert en procédure d'urgence N°13/AONO/DDMAP-NS/CDPM-NS/2015 du 10-3-2015 pour l'équipement du bloc opératoire de l'hôpital de district de Mbalmayo.

[584] Voir article 98(2) du décret de 2018 portant code Camerounais des marchés publics.

[585] Voir article 11.2 de cet avis d'appel d'offres.

à la SOPECAM. En effet, aux termes de cet avis[586] d'appel d'offres, la sous-commission d'analyse des offres fixe les critères essentiels suivants : présentation de l'offre (intercalaires de couleur, reliure, clarté des documents, respect de l'ordre de DAO), les références similaires (au moins une référence), le planning et le délai de livraison, le cahier de clauses administratives particulières et le descriptif des fournitures paraphés à chaque page et signés au derrière.

En ce qui concerne les marchés de services, un avis d'appel d'offres nous a permis de comprendre que la sous-commission d'analyse des offres fixe les critères essentiels pour évaluer les offres administratives, techniques, et financières. Il s'agit de l'avis d'appel d'offres national ouvert en procédure d'urgence N°107/AONO/CUY/CPIM/2016 du 16/08/2016 pour l'entretien de la station d'épuration des eaux usées de Biyem-Assi à Yaoundé. En effet, aux termes de cet avis[587] d'appel d'offres, la sous-commission d'analyse des offres procède à une fixation des critères essentiels suivants : les références, la qualité du personnel clé, la qualité du matériel, la méthodologie (compréhension-organisation-planning).

Au demeurant, les critères essentiels sont visibles pour évaluer les offres dans l'appel d'offres ouvert. C'est aussi le cas en procédure restreinte(2).

2- Précision des critères essentiels en procédure restreinte

Avant de dresser un rapport d'analyse des offres qu'elle soumettra à la commission de passation des marchés publics, la sous-commission d'analyse des offres fixe les critères éliminatoires en procédure restreinte. Ces critères peuvent être analysés et observés dans plusieurs avis d'appels d'offres restreints. En effet, plusieurs marchés publics sont concernés par la précision des critères essentiels. Il s'agit des marchés de travaux, des marchés de fournitures et des marchés de services. En ce qui concerne les marchés de travaux, un avis d'appel d'offres nous a permis de constater que la sous-commission d'analyse des offres fixe les critères essentiels afin de procéder à une évaluation approfondie des offres. Il s'agit de l'appel d'offres international restreint N°O06/AOIR/CAYDE7/CIPM/2017 en procédure d'urgence pour l'installation et la mise en service d'une infrastructure de concassage pour la carrière communale de Yaoundé 7 au lieu-dit Nkoloman. En effet, aux termes de cet avis d'appel d'offres[588], la sous-commission d'analyse des offres fixe les

[586] Voir article 13.2 de l'avis d'appel d'offres international ouvert en procédure d'urgence N°046/AOIO/MINMAP/CCPM-AG/2015 du 27/04/2015 pour la fourniture de 1000 tonnes de papier journal(Blanc amélioré et couleur saumon) à la SOPECAM.

[587] Voir article 14.2 de l'avis d'appel d'offres national ouvert en procédure d'urgence N°107/AONO/CUY/CPIM/2016 du 16 août 2016 pour l'entretien de la station d'épuration des eaux usées de Biyem-Assi à Yaoundé.

[588] Voir article 15 de cet avis d'appel d'offres.

critères essentiels suivants : la qualité du matériel, l'attestation de solvabilité, les références du fournisseur, l'expérience du personnel d'encadrement, le délai de livraison, la formation, le service après-vente, l'autorisation du fabriquant.

En ce qui concerne les marchés de fournitures, un avis d'appel d'offres nous a permis de comprendre que la sous-commission d'analyse fixe les critères essentiels pour évaluer de manière approfondie les différentes offres tant administratives, financières que techniques. Il s'agit de l'avis d'appel d'offres national restreint en procédure d'urgence N°63/AONR/CUD/CIPM/2017 du 01/08/2017 relatif à l'achat du matériel d'éclairage public pour les travaux en régie. En effet, au terme de cet avis[589] d'appel d'offres, la sous-commission d'analyse des offres fixe les critères essentiels suivants : le chiffre d'affaires, les références du cocontractant, la garantie, l'acceptation des conditions du marché.

En ce qui concerne les marchés de services, un avis d'appel d'offres nous a permis de comprendre que la sous-commission d'analyse procède à la fixation des critères essentiels pour évaluer les offres techniques, administratives et financières. Il s'agit de l'avis d'appel d'offres international restreint N°2018/001/AOIR/DG/CIPM/CAMTEL du 08/08/2018 pour le recrutement en procédure d'urgence d'un cabinet ou d'une agence de communication dans l'événementiel pour accompagner CAMTEL dans l'organisation de la cérémonie d'inauguration du nouveau câble sous-marin SAIL. En effet, aux termes de cet avis[590] d'appel d'offres, la sous-commission d'analyse des offres fixe les critères essentiels suivants : qualification du personnel à mobiliser, expérience du bureau d'étude ou du cabinet dans les prestations similaires, la conformité aux spécifications techniques, délai et planning, présentation de l'offre, compréhension des prestations.

Au demeurant, que nous soyons en situation normale ou en situation d'urgence simple, les règles d'évaluation des offres s'imposent. A côté de ces règles, s'ajoutent également celles relatives à la garantie de la soumission, à la présentation des offres et aux dossiers d'appel d'offres (paragraphe 5).

---

[589] Voir article 14 de l'avis d'appel d'offres national restreint en procédure d'urgence N°63/AONR/CUD/CIPM/2017 du 01/08/2017 relatif à l'achat de matériel d'éclairage public pour les travaux en régie.

[590] Voir article 13.2 de l'avis d'appel d'offres international restreint N°2018/001/AOIR/DG/CIPM/CAMTEL du 08/08/2018 pour le recrutement en procédure d'urgence d'un cabinet ou d'une agence de communication dans l'événementiel pour accompagner CAMTEL dans l'organisation de la cérémonie d'inauguration du nouveau câble sous-marin SAIL.

Paragraphe 5 : La conservation des règles relatives à la garantie de soumission, à la recevabilité des offres et aux dossiers d'appel d'offres

Que nous soyons en situation normale ou en situation d'urgence simple, les règles relatives à la garantie de soumission(A), à la présentation des offres(B) et aux dossiers d'appel d'offres s'imposent(C).

A- La conservation des règles applicables à la garantie de soumission

La garantie de soumission s'appelle techniquement le cautionnement provisoire. C'est une garantie qui permet à tout opérateur économique de soumissionner à un appel d'offres qu'il soit lancé dans une situation normale ou dans une situation d'urgence simple. Après l'ouverture des plis, cette garantie est restituée soit aux soumissionnaires n'ayant pas été retenus ou alors à tout soumissionnaire désirant présenter leur offre. Le cautionnement provisoire est généralement indiqué par un établissement bancaire agréé de premier ordre par le ministre en charge des finances. En clair, chaque offre présentée doit être accompagnée d'un cautionnement. Le montant du cautionnement provisoire doit toujours être mentionné dans l'avis d'appel d'offres ouvert(1) et dans l'avis d'appel d'offres restreint(2) lancés en situation d'urgence simple.

1- Le cautionnement provisoire dans l'appel d'offres ouvert

Que nous soyons en situation normale ou en situation d'urgence simple, le cautionnement provisoire s'impose dans l'appel d'offres ouvert. Cette garantie doit toujours être mentionnée pour sécuriser les soumissionnaires en procédure ouverte. En effet, plusieurs marchés publics sont concernés par la garantie de soumission. Il s'agit des marchés de travaux, des marchés de fournitures et des marchés de services. En ce qui concerne les marchés de travaux, un avis d'appel d'offres nous a permis de comprendre que le cautionnement provisoire doit toujours être mentionné pour protéger les soumissionnaires. Il s'agit de l'avis d'appel d'offres national ouvert N°91/AONO/MINTP/CMPM-TI/2017 du 18/09/2017 en procédure d'urgence pour l'exécution des travaux d'entretien/réfection de certains ouvrages d'art dans les régions de l'Adamaoua et de l'Est. En effet, aux termes de cet avis d'appel d'offres[591], le cautionnement provisoire est perceptible. Ceci par la formulation suivante :"Les offres devront être accompagnées, pour chaque lot postulé, d'un cautionnement provisoire (garantie de soumission) d'une durée de validité de 120 jours à compter de la date initiale de remise des offres et établi selon le modèle indiqué dans le dossier d'appel d'offres par un établissement bancaire de premier rang agréé par le ministre en charge des finances d'un montant égal à 1000000 pour le lot 16-AD/17, d'un montant égal à 1500000 pour le lot 11 ES/14". Le cautionnement provisoire est délivré aux soumissionnaires n'ayant

---

591 Voir article 8 de cet avis d'appel d'offres.

pas été retenus. Pour les soumissionnaires ayant gagné le marché, le cautionnement provisoire est libéré après constitution d'un cautionnement définitif.
En ce qui concerne les marchés de fournitures, un avis d'appel d'offres nous a permis de comprendre que le cautionnement provisoire doit toujours être mentionné pour protéger ou sécuriser les soumissionnaires. Il s'agit de l'avis d'appel d'offres national ouvert N°17 /AONO/ADC/CIPM/2018 du 06/07/2018 lancé en procédure d'urgence pour la fourniture de cinq (05) véhicules à la société Aéroports du Cameroun SA (phase II). En effet, aux termes de cet avis[592] d'appel d'offres, le cautionnement provisoire est perceptible à travers ses caractéristiques et mécanismes. Pour cela, cet avis d'appel d'offres a procédé à la formulation suivante :"Chaque soumissionnaire devra joindre à ses pièces administratives, une caution de soumission délivrée par un établissement bancaire de premier ordre ou une compagnie d'assurance, agréé par le ministre en charge des finances, d'un montant de 330.000Fcfa pour le lot 1, d'un montant d'un million cent vingt mille (1.120.000Fcfa pour le lot 2 et d'un montant de 288000Fcfa pour le lot 3).

En ce qui concerne les marchés de services, un avis d'appel d'offres nous a permis de comprendre que le montant du cautionnement provisoire et ses mécanismes d'obtention doivent toujours être mentionnés pour protéger ou sécuriser les soumissionnaires. Il s'agit de l'avis d'appel d'offres national ouvert N°21/AONO/ADC/CIPM/2018 du 05/09/2018 lancé en procédure d'urgence pour la fourniture des services de gardiennage à la société Aéroports du Cameroun SA. En effet, aux termes de cet avis[593] d'appel d'offres, le cautionnement provisoire est perceptible. Ceci par la formulation suivante : "Chaque soumissionnaire devra joindre à ses pièces administratives, une caution de soumission délivrée par un établissement bancaire de premier ordre, agréé par le ministre en charge des finances d'un montant de quatre millions cinq cent soixante-seize mille (4.576.000FCFA) et valable pendant trente (30) jours au-delà de la date de validité des offres, soit quatre-vingt- dix (90) jours".

Au demeurant, les règles relatives au cautionnement provisoire s'imposent dans l'avis d'appel d'offres ouvert. C'est également le cas en procédure restreinte(2).

---

592 Voir article 10 de l'avis d'appel d'offres national ouvert N°17/AONO/ADC/CIPM/2018 du 06/07/2018 en procédure d'urgence pour la fourniture de cinq (05) véhicules à la société Aéroports du Cameroun SA (Phase II).
593 Voir article 7 de l'avis d'appel d'offres national ouvert N°21/AONO/ADC/CIPM/2018 du 05/09/2018 lancé en procédure d'urgence pour la fourniture de services de gardiennage à la société Aéroports du Cameroun SA.

2- Le cautionnement provisoire dans l'avis d'appel d'offres restreint

Que nous soyons en situation normale ou en situation d'urgence simple, le cautionnement provisoire s'impose dans l'appel d'offres restreint. Cette garantie doit toujours être mentionnée pour sécuriser les soumissionnaires en procédure restreinte. En effet, plusieurs marchés publics sont concernés par la garantie de soumission. Il s'agit des marchés de travaux, des marchés de fournitures et des marchés de services. En ce qui concerne les marchés de travaux, un avis d'appel d'offres nous a permis de comprendre que le cautionnement provisoire doit toujours être indiqué pour protéger les soumissionnaires. Il s'agit de l'avis d'appel d'offres international restreint N°015/AOIR/MINMAP/CSPM-PLANUT/2015 du 13/01/2016 en procédure d'urgence pour les travaux de réhabilitation de l'adduction en eau potable et de l'aménagement du barrage de OUAZZANG dans l'arrondissement de Méri, département du Diamaré, région de l'Extrême-Nord. En effet, aux termes de cet avis d'appel d'offres[594], le cautionnement provisoire est perceptible. Ceci par la formulation suivante :"Chaque soumissionnaire devra joindre à ses pièces administratives, une caution de soumission établie par une banque ou une compagnie d'assurance agréée par le ministre en charge des finances et dont le modèle figure dans la liste en annexe du DAO, d'un montant d'un million neuf cent cinquante mille (1.950.000) FCFA. Cette caution provisoire sera valable trente (30) jours au-delà de la date originale de validité des offres".

En ce qui concerne les marchés de fournitures, un avis d'appel d'offres nous a permis de comprendre que la garantie de soumission doit toujours être mentionnée pour protéger ou sécuriser les soumissionnaires ayant obtenu le marché et les soumissionnaires ayant perdu le marché. Il s'agit de l'avis d'appel d'offres national restreint en procédure d'urgence N°63/AONR/CUD/CIPM/2017 du 01/08/2017 relatif à l'achat du matériel d'éclairage public pour les travaux en régie. En effet, aux termes de cet avis[595] d'appel d'offres, le cautionnement provisoire est perceptible à travers ses caractéristiques et mécanismes. Pour cela, cet avis d'appel d'offres a procédé à la formulation suivante :"Chaque soumissionnaire doit joindre à ses pièces administratives, une caution de soumission établie par une banque de premier ordre agréée par le ministère chargé des finances, et dont la liste figure dans la pièce 11 du DAO d'un montant de deux millions (2.000.000) Francs CFA par lots et valable pendant trente (30) jours au-delà de la date limite de validité des offres.".

En ce qui concerne les marchés de services, un avis d'appel d'offres nous a permis de comprendre que le montant du cautionnement provisoire et ses

[594] Voir article 8 de cet avis d'appel d'offres.

[595] Voir article 11 de l'avis d'appel d'offres national restreint en procédure d'urgence N°63/AONR/CUD/CIPM/2017 du 01/08/2017 relatif à l'achat du matériel d'éclairage public pour les travaux en régie.

mécanismes d'obtention doivent toujours être mentionnés pour protéger les soumissionnaires. Il s'agit de l'avis d'appel d'offres international restreint N°2018/001/AOIR/DG/CIPM/CAMTEL du 08/08/2018 pour le recrutement en procédure d'urgence d'un cabinet ou d'une agence de communication dans l'événementiel pour accompagner CAMTEL dans l'organisation de la cérémonie d'inauguration du nouveau câble sous-marin SAIL. En effet, aux termes de cet avis[596] d'appel d'offres, le cautionnement provisoire est perceptible. Ceci par la formulation suivante :"Chaque soumissionnaire doit joindre à ses pièces administratives, une caution de soumission établie par un établissement bancaire de premier ordre agréée par le ministre chargé des finances dont la liste figure dans la pièce 11 du DAO, précisant le montant de dix millions (10.000.000) FCFA valable pendant trente (30) jours au-delà de la date limite de validité des offres".

En somme, les règles relatives au cautionnement provisoire s'imposent aussi bien dans l'avis d'appel d'offres ouvert qu'en procédure restreinte. A côté de ces règles, s'ajoutent également celles relatives à la recevabilité des offres(B).

B- La conservation des règles relatives à la recevabilité des offres

Que nous soyons en situation normale ou en situation d'urgence simple, les règles liées à la recevabilité des offres s'imposent. Aux termes[597] du décret de 2018 portant code camerounais des marchés publics, la recevabilité des offres s'explique par le fait que les pièces administratives, l'offre technique et l'offre financière doivent être placées dans des enveloppes différentes et remises sous pli scellé. Sont donc recevables, les offres qui respectent la séparation entre l'offres technique, l'offre administrative et l'offre financière. Toute offre doit être conforme aux prescriptions de l'avis d'appel d'offres. En cas de non-conformité, ladite offre sera déclarée irrecevable. C'est le cas par exemple des offres qui ont été déposées après la date et l'heure limites de réception des offres[598]. Pour faire face à une situation d'urgence simple, la recevabilité des offres s'impose aussi bien en procédure ouverte(1) qu'en procédure restreinte(2).

---

596 Voir article 7 de l'avis d'appel d'offres international restreint N°2018/001/AOIR/DG/CIPM/CAMTEL du 08/08/2018 pour le recrutement en procédure d'urgence d'un cabinet ou d'une agence de communication dans l'événementiel pour accompagner CAMTEL dans l'organisation de la cérémonie d'inauguration du nouveau câble sous-marin SAIL.

597 Voir article 91(1) du décret de 2018 portant code des marchés publics.

598 Voir article 91(6) du décret de 2018 portant code camerounais des marchés publics.

1- La recevabilité des offres en procédure ouverte

Que nous soyons en situation normale ou en situation d'urgence simple, les règles liées à la recevabilité des offres s'imposent dans l'appel d'offres ouvert. Par conséquent, le principe de séparation entre les offres administratives, les offres financières et les offres techniques doit toujours être respecté en procédure ouverte. En effet, plusieurs marchés publics sont concernés par la recevabilité des offres. Il s'agit des marchés de travaux, les marchés de fournitures et les marchés de services. En ce qui concerne les marchés de travaux, un avis d'appel d'offres nous a permis de comprendre que la séparation entre l'offre administrative, l'offre technique et l'offre financière est perceptible. Cet avis d'appel d'offres nous a aussi permis de comprendre que les offres doivent aussi être conformes aux prescriptions d'appel d'offres et à celles relatives au règlement particulier de l'appel d'offres. Il s'agit de l'avis d'appel d'offres national ouvert N°91/AONO/MINTP/CMPM-TI/2017 du 18/09/2017 en procédure d'urgence pour l'exécution des travaux d'entretien/réfection de certains ouvrages d'art dans les régions de l'Adamaoua et de l'Est. En effet, aux termes de cet avis d'appel d'offres[599], les règles liées à la recevabilité sont visibles. Ceci grâce à la formulation suivante :"Les offres parvenues après la date et l'heure de dépôt des offres ou celles ne respectant pas le mode de séparation de l'offre financière des offres administratives et techniques seront irrecevables. Sous peine de rejet, les pièces administratives requises devront être impérativement produites en originaux ou en copies certifiées conformes par le service émetteur conformément aux stipulations du règlement particulier de l'appel d'offres".

En ce qui concerne les marchés de fournitures, un avis d'appel d'offres nous a permis de comprendre que les règles liées à la recevabilité des offres sont perceptibles. Il s'agit de l'avis d'appel d'offres national ouvert N°17/AONO/ADC/CIPM/2018 du 06/07/2018 lancé en procédure d'urgence pour la fourniture de cinq (05) véhicules à la société Aéroports du Cameroun SA (phase II). En effet, aux termes de cet avis[600] d'appel d'offres, les offres qui ne sont pas conformes aux prescriptions du règlement particulier de l'appel d'offres et celles relatives au dossier d'appel d'offres sont irrecevables. Pour cela, cet avis d'appel d'offres a procédé à la formulation suivante :"Sous peine de rejet, les pièces du dossier administratif requises doivent être produites en originaux ou en copies certifiées conformes par le service émetteur ou autorité administrative compétente, conformément aux stipulations du règlement particulier de l'appel d'offres. Toute offre incomplète

---

599 Voir article 13 de cet avis d'appel d'offres.

600 Voir article 11 de l'avis d'appel d'offres national ouvert N°17/AONO/ADC/CIPM/2018 du 06/07/2017 lancé en procédure d'urgence pour la fourniture de cinq (05) véhicules à la société Aéroports du Cameroun SA (Phase II).

conformément aux prescriptions du dossier d'appel d'offres sera déclarée irrecevable".

En ce qui concerne les marchés de services, un avis d'appel d'offres nous a permis de comprendre que les règles liées à la recevabilité des offres sont perceptibles. Il s'agit de l'avis d'appel d'offres national ouvert N°21/AONO/ADC/CIPM/2018 du 05/09/2018 lancé en procédure d'urgence pour la fourniture des services de gardiennage à la société Aéroports du Cameroun SA. En effet, aux termes de cet avis[601] d'appel d'offres, les offres qui ne sont pas conformes aux prescriptions du règlement particulier de l'appel d'offres et à celles relatives au dossier d'appel d'offres sont purement et simplement rejetées.

En fin de compte, les règles relatives à la recevabilité des offres s'imposent en procédure ouverte. C'est également le cas en procédure restreinte(2).

2- La recevabilité des offres en procédure restreinte

Que nous soyons en procédure normale ou en situation d'urgence simple, les règles liées à la recevabilité des offres s'imposent dans l'appel d'offres restreint. Par conséquent, la séparation entre l'offre technique, l'offre administrative et l'offre financière doit être obligatoire. Ces différentes offres doivent donc être contenues dans des enveloppes différentes. Cette séparation des offres doit donc être respectée en procédure restreinte. En effet, plusieurs marchés publics sont concernés par la recevabilité es offres en procédure restreinte. Il s'agit des marchés de travaux, des marchés de fourniture et des marchés de services. En ce qui concerne les marchés de travaux, un avis d'appel d'offres nous a permis de comprendre que la séparation entre l'offre administrative, l'offre technique et l'offre financière est perceptible. Cet avis d'appel d'offres nous a permis de constater que les offres doivent être conformes aux prescriptions du règlement particulier de l'appel d'offres et celles relatives aux dossiers d'appel d'offres. Il s'agit de l'avis d'appel d'offres international restreint N°006/AOIR/CAYDE7/CIPM/2017 en procédure d'urgence pour l'installation et la mise en service d'une infrastructure de concassage pour la carrière communale de Yaoundé 7 au lieu-dit Nkoloman. En effet, aux termes cet avis d'appel d'offres[602], les règles liées à la recevabilité des offres sont visibles. Ceci grâce à la formulation suivante :"Chaque soumissionnaire devra joindre à ses pièces administratives, une caution de soumission établie par une banque de premier ordre agréée par le ministre en charge des finances dont le montant est de dix-neuf millions (19.000.000) FCFA valable pendant 30 jours

[601] Voir article 12 de l'avis d'appel d'offres national ouvert N°21/AONO/ADC/CIPM/2018 du 05/09/2018 lancé en procédure d'urgence pour la fourniture de services de gardiennage à la société Aéroports du Cameroun SA.
[602] Voir article 12 de cet avis d'appel d'offres.

au-delà de la date de validité des offres. Sous peine de rejet, les autres pièces administratives requises devront être impérativement produites en originaux ou en copies certifiées conformes par le service émetteur conformément aux stipulations du règlement particulier de l'appel d'offres. Toute offre non conforme à la prescription du présent avis d'appel d'offres et du dossier d'appel d'offres sera déclarée irrecevable".

En ce qui concerne les marchés de fournitures, un avis d'appel d'offres nous a permis de comprendre que les règles liées à la recevabilité des offres sont perceptibles. Il s'agit de l'avis d'appel d'offres national restreint en procédure d'urgence N°63/AONR/CUD/CIPM/2017 du 01/08/2017 relatif à l'achat du matériel d'éclairage public pour les travaux en régie. En effet, aux termes de cet avis[603] d'appel d'offres, les offres qui ne sont pas conformes aux prescriptions du règlement particulier de l'appel d'offres et à celles relatives au dossier d'appel d'offres sont irrecevables. Par conséquent, l'absence de caution de soumission est une cause d'invalidité de l'offre.

En ce qui concerne les marchés de services, un avis d'appel d'offres nous a permis de comprendre que les règles liées à la recevabilité des offres sont perceptibles. Il s'agit de l'avis d'appel d'offres international restreint N°2018/001/AOIR/DG/CIPM/CAMTEL du 08/08/2018 pour le recrutement en procédure d'urgence, d'un cabinet ou d'une agence de communication dans l'événementiel pour accompagner CAMTEL dans l'organisation de la cérémonie d'inauguration du nouveau câble sous-marin SAIL. En effet, aux termes de cet avis[604] d'appel d'offres, les offres qui ne sont pas conformes aux prescriptions du règlement particulier de l'appel d'offres et à celles relatives au dossier d'appel d'offres sont ou seront purement et simplement écartées.

En somme, les règles liées à la recevabilité des offres s'imposent aussi bien en procédure ouverte qu'en procédure restreinte. Ces règles s'imposent aussi bien en situation normale qu'en situation d'urgence simple. Cependant, à ces règles s'ajoutent aussi celles relatives au dossier d'appel d'offres(C).

---

603 Voir article 12 de l'avis d'appel d'offres national restreint en procédure d'urgence N°63/A0NR/CUD/CIPM/2017 du 01/08/2017 relatif à l'achat du matériel d'éclairage public pour travaux en régie.

604 Voir article 11 de l'avis d'appel d'offres international restreint N°2018/001/AOIR/DG/CIPM/CAMTEL du 08/08/2018 pour le recrutement en procédure d'urgence d'un cabinet ou d'une agence de communication dans l'événementiel pour accompagner CAMTEL dans l'organisation de la cérémonie d'inauguration du nouveau câble sous-marin SAIL.

C- La conservation des règles applicables au dossier d'appel d'offres

Que nous soyons en situation normale ou en situation d'urgence simple, les règles applicables au dossier d'appel d'offres s'imposent. Ces règles sont au nombre de deux : celles liées à la consultation du dossier d'appel d'offres(1) et celles liées à l'acquisition du dossier d'appel d'offres(2).

1- La consultation du dossier d'appel d'offres

Le dossier d'appel d'offres est consulté aux heures ouvrables dans un lieu précis portant une adresse particulière. En effet, plusieurs marchés publics sont concernés par la consultation du dossier d'appel d'offres. Il s'agit des marchés de travaux, des marchés de fournitures et des marchés de services. En effet, un avis d'appel d'offres nous a permis de comprendre que la consultation du dossier d'appel d'offres est perceptible. Il s'agit de l'avis d'appel d'offres national ouvert N°048/AONO/MINHDU/CMPM/2017 du 08/06/2017 pour la construction d'ouvrages hydrauliques et d'assainissement dans certaines villes du Cameroun en procédure d'urgence. En effet, aux termes de cet avis d'appel d'offres[605], le maître d'ouvrage mentionne les heures et les lieux au cours desquels sera consulté le dossier d'appel d'offres. Pour cela, son article 7 a procédé à la formulation suivante :"Le dossier d'appel d'offres peut être consulté au service des marchés du ministère de l'habitat et du développement urbain, sis au 9ème étage-porte 2 de l'immeuble ministériel N°1 (face post centrale de Yaoundé)".

En ce qui concerne les marchés de fournitures, un avis d'appel d'offres nous a permis de comprendre que les règles liées à la consultation du dossier d'appel d'offres sont visibles. Il s'agit de l'avis d'appel d'offres national ouvert en procédure d'urgence N°113/AONO/CUY/2016 pour la fabrication et la fourniture des barrières métalliques amovibles à la communauté urbaine de Yaoundé. En effet, aux termes de l'avis[606] d'appel d'offres, le maître d'ouvrage mentionne les heures et lieux au cours desquels sera consulté le dossier d'appel d'offres. Ceci par la formulation suivante :"Le dossier d'appel d'offres peut être consulté aux heures ouvrables à la communauté urbaine de Yaoundé auprès des services techniques, 2ème étage, hôtel de ville de Yaoundé, Tel(237) 222.23.11.12/222.23.07.39.".

En ce qui concerne les marchés de services, un avis d'appel d'offres nous a permis de comprendre que la consultation du dossier d'appel d'offres est perceptible. Il s'agit de l'avis d'appel d'offres national ouvert en procédure

---

605 Voir article 7 de cet avis d'appel d'offres.
606 Voir article 7 de l'avis d'appel d'offres national ouvert en procédure d'urgence N°113/AONO/CUY/2016 pour la fabrication et la fourniture des barrières métalliques amovibles à la communauté urbaine de Yaoundé.

d'urgence N°107/AONO/CUY/CPIM/2016 du 16/08/2016 pour l'entretien de la station d'épuration des eaux usées de Biyem-Assi à Yaoundé. En effet, cet avis d'appel d'offres[607] a procédé de la manière suivante :"Le dossier d'appel d'offres peut être consulté dès publication du présent avis d'appel d'offres dans le journal des marchés publics ou dans Cameroun Tribune, au secrétariat de la direction des services techniques de la communauté urbaine de Yaoundé, hôtel de ville, 2e étage, dès publication du présent avis".

En fin de compte, les règles liées à la consultation du dossier d'appel d'offres sont visibles dans plusieurs types de marchés publics. A ces règles, s'ajoutent aussi celles relatives à l'acquisition du dossier d'appel d'offres (2).

2- L'acquisition du dossier d'appel d'offres

Le dossier d'appel d'offres peut être obtenu aux heures ouvrables dans un lieu précis portant une adresse particulière. Pour acquérir un dossier d'appel d'offres, les soumissionnaires doivent verser une somme au trésor public. C'est grâce à ce reçu de versement que le soumissionnaire pourra prétendre à une obtention du dossier d'appel d'offres. Le reçu de versement en question doit porter l'identité du soumissionnaire et le numéro de l'appel d'offres. Prenons pour exemple l'avis d'appel d'offres national ouvert N°21/AONO/ADC/CIPM/2018 du 05/09/2018 lancé en procédure d'urgence pour la fourniture de services de gardiennage à la société Aéroports du Cameroun SA. En effet, aux termes de cet avis d'appel d'offres[608], nous avons constaté que les règles applicables à l'acquisition du dossier d'appel d'offres sont perceptibles. Ceci grâce à la formulation suivante : "Le dossier d'appel d'offres peut être obtenu à la cellule des marchés de la société Aéroports du Cameroun SA, sis à l'Aéroport international de Yaoundé-Nsimalen Tél : 222 23 36 02, postes 359/335 dès publication du présent avis sur présentation d'un reçu de versement d'une somme non remboursable de cent cinquante mille (150 000)FcFA dans le compte intitulé « compte spécial CAS-ARMP » ouvert dans les agences de la banque internationale du Cameroun pour l'épargne et le crédit (Yaoundé-agence centrale, Douala-Bomenjo, Limbé, Buéa, Dschang, Bafoussam, Bertoua, Ebolowa, Bamenda, Ngaoundéré, Garoua et Maroua)" .

En fin de compte, une pluralité de règles s'appliquent à l'appel d'offres qu'il soit lancé en situation normale ou en situation d'urgence simple. Il s'agit des règles applicables à l'objet de l'appel d'offres, celles relatives à l'ouverture des offres, celles applicables à la participation, à la consistance des prestations et au

---

607 Voir article 7 de cet avis d'appel d'offres.

608 Voir article 9 de l'avis d'appel d'offres national ouvert N°21/AONO/ADC/CIPM/2018 du 05/09/2018 lancé en procédure d'urgence pour la fourniture de services de gardiennage à la société Aéroports du Cameroun SA.

financement de l'appel d'offres, celles relatives à l'évaluation des offres et celles relatives à la garantie de soumission, à la recevabilité des offres et aux dossiers d'appel d'offres. Cependant, à cette multitude de règles, se constate aussi une préservation de la procédure d'attribution du marché (section 2).

Section 2 : la préservation de la procédure d'attribution du marché

Les marchés publics passés en situation d'urgence simple préservent aussi la procédure d'attribution du marché. Cette préservation s'explique par la formulation des critères d'attribution du marché (paragraphe 1) et par la conservation de la mise en œuvre de la décision d'attribution du marché (paragraphe 2).

Paragraphe 1 : la formulation des critères d'attribution des marchés

Trois types de critères d'attribution des marchés existent aussi bien dans la passation en situation normale que dans la passation en situation d'urgence simple. Il s'agit du respect des critères d'attribution des marchés de travaux (A), des marchés de fournitures (B) et des marchés de services (C).

A- Le respect des critères d'attribution des marchés de travaux

Aux termes[609] du décret de 2018 portant code des marchés publics, l'attribution des marchés de travaux se fait au soumissionnaire ayant présenté une offre remplissant les critères de qualification technique et financière requises et dont l'offre évaluée est la moins-disante. Les critères de base c'est le respect des conditions de conformité des offres. Pour déterminer l'offre régulière la plus intéressante, le pouvoir adjudicateur doit tenir compte des seuls critères d'attribution annoncés dans l'appel d'offres ou précisés dans le cahier de charges. L'attribution des marchés de travaux se fait sur la base des critères économiques, financiers et techniques mentionnés dans le dossier d'appel d'offres. Le respect de ces critères s'effectue donc dans 2 procédures : en procédure ouverte (1) et en procédure restreinte (2).

1- Le respect des critères d'attribution en procédure ouverte

En procédure ouverte, les critères d'attribution des marchés de travaux sont perceptibles. Ceci à travers une batterie d'avis d'appels d'offres. Nous pouvons citer l'avis d'appel d'offres national ouvert N°01/AONO/MINTP/CMPM-TI/2017 du 18/09/2017 en procédure d'urgence pour l'exécution des travaux d'entretien/réfection de certains ouvrages d'art dans les régions de l'Adamaoua

[609] Voir article 99(a) du décret de 2018 portant code des marchés publics.

et de l'Est. En effet, aux termes de cet avis d'appel d'offres[610], le marché sera attribué au soumissionaire présentant l'offre évaluée la moins-disante et remplissant les capacités techniques, administratives et financières requises. Les critères d'attribution des marchés de travaux sont aussi perceptibles dans l'appel d'offres international ouvert N°016/AOIO/MINMAP/CCPM-AI/2015 du 25/02/2015 pour les travaux de remplacement des toits des bacs C51 et C55 en procédure d'urgence. En effet, aux termes de cet appel d'offres[611], le marché sera attribué au soumissionnaire dont l'offre technique qualifiée sera évaluée la moins-disante.

Au demeurant, les critères d'attribution des marchés de travaux sont visibles en procédure ouverte. C'est aussi le cas en procédure restreinte (2).

2- Le respect des critères d'attribution en procédure restreinte

En procédure restreinte, les critères d'attribution des marchés de travaux sont constatables. Ceci à travers une pluie d'avis d'appels d'offres. Nous pouvons citer l'appel d'offres international restreint N°006/AOIR/CAYDE 7/CIPM/2017 en procédure d'urgence pour l'installation et la mise en service d'une infrastructure de concassage pour la carrière communale de Yaoundé 7 au lieu-dit Nkoloman[612]. En effet, aux termes de cet appel d'offres, le marché sera attribué au soumissionnaire qui présentera l'offre évaluée la moins-disante. Les critères d'attribution des marchés de travaux sont aussi perceptibles dans l'avis d'appel d'offres international restreint N°015/AOIR/MINMAP/CSPM-PLANUT/2015 du 13/01/2016 en procédure d'urgence pour les travaux de réhabilitation de l'adduction en eau potable et de l'aménagement du barrage de OUAZZANG dans l'arrondissement de Meri, département du Diamaré, région de l'Extrême-nord. En effet, aux termes de cet avis d'appel d'offres[613], l'autorité contractante attribuera le marché au soumissionnaire dont l'offre a été reconnue conforme pour l'essentiel au DAO et qui dispose des capacités techniques et financières requises pour exécuter le marché de façon satisfaisante et dont l'offre financière a été évaluée la moins-disante par rapport à l'enveloppe prévisionnelle en incluant le cas échéant les réductions.

---

610 Voir article 17 de l'avis d'appel d'offres national ouvert N°01/AONO/MINTP/CMPM-TI/2017 du 18/09/2017 en procédure d'urgence pour l'exécution des travaux d'entretien /réfection de certains ouvrages d'art dans les régions de l'Adamaoua et de l'Est.

611 Voir article 11.3 de cet appel d'offres.

612 Voir article 15 de l'appel d'offres international restreint N°006/AOIR/CAYDE7/CIPM/2017 en procédure d'urgence pour l'installation et la mise en service d'une infrastructure de concassage pour la carrière communale de Yaoundé 7 au lieu-dit Nkoloman.

613 Voir article 16 de cet avis d'appel d'offres.

En fin de compte, l'on retrouve les critères d'attribution des marchés de travaux aussi bien en procédure ouverte qu'en procédure restreinte. C'est également le même scénario avec les marchés de fournitures (B).

B/ Le respect des critères d'attribution des marchés de fournitures

Les marchés de fournitures ont pour but l'acquisition ou la location par le service contractant, des matériels ou des produits destinés à satisfaire les besoins liés à son activité. Aux termes de l'article 99 (a) du décret de 2018 portant code des marchés publics, l'attribution des marchés de fournitures se fait au soumissionnaire ayant présenté une offre remplissant les critères de qualification technique et financière requises et dont l'offre évaluée est la moins-disante. Pour l'attribution de ce type de marché, le critère de base c'est aussi le respect des conditions de conformité des offres. L'attribution des marchés de fournitures se fait sur la base des critères économiques, financiers et techniques mentionnés dans le dossier d'appel d'offres. Le respect de ces critères s'effectue donc dans 2 procédures : en procédure ouverte (1) et en procédure restreinte (2).

1- Le respect des critères d'attribution en procédure ouverte

En procédure ouverte, les critères d'attribution des marchés de fournitures sont perceptibles. Ceci à travers une batterie d'avis d'appels d'offres. Nous pouvons citer l'avis d'appel d'offres national ouvert N°17/AONO/ADC/CIPM/2018 du 06/07/2018 lancé en procédure d'urgence pour la fourniture de cinq (05) véhicules à la société Aéroports du Cameroun SA (Phase II). En effet, aux termes de cet avis[614] d'appel d'offres, le marché sera attribué au soumissionnaire présentant l'offre la moins-disante et remplissant les capacités administratives et techniques requises. Les critères d'attribution des marchés de fournitures sont aussi perceptibles dans l'avis d'appel d'offres international ouvert en procédure d'urgence N°046/AOIO/MINMAP/CCPM-AG/2015 du 27/04/2015 pour la fourniture de 1000 tonnes de papier journal (blanc amélioré et couleur saumon) à la SOPECAM. En effet, aux termes de cet avis d'appel d'offres[615], un lot est attribué au soumissionnaire ayant satisfait tous les critères éliminatoires et dont l'offre financière sera évaluée la moins-disante. Au demeurant, les critères d'attribution des marchés de fournitures sont visibles en procédure ouverte. C'est aussi le cas en procédure restreinte(2).

---

[614] Voir article 15 de l'avis d'appel d'offres national ouvert N°17/AONO/ADC/CIPM/2018 du 06/07/2018 lancé en procédure d'urgence pour la fourniture de cinq (05) véhicules à la société Aéroports du Cameroun SA (Phase II).

[615] Voir article 14 de cet avis d'appel d'offres.

2- Le respect des critères d'attribution en procédure restreinte

En procédure restreinte, les critères d'attribution des marchés de fournitures sont perceptibles. Ceci à travers une pluralité d'avis d'appels d'offres. Nous pouvons citer l'avis d'appel d'offres international restreint N°AOIR/002-ARV/CENAME/CMS/2016 relatif à la fourniture des médicaments antirétroviraux(ARV) de premier, deuxième et troisième lignes, lancé en procédure d'urgence par le directeur général de la centrale nationale d'approvisionnement en médicaments et en consommables médicaux essentiels du Cameroun. En effet, aux termes de cet avis d'appel d'offres[616], le critère d'attribution des marchés sera le choix de l'offre évaluée la moins-disante, après toutes les étapes de l'analyse des offres, ainsi qu'elles sont détaillées à l'article 12.4 du règlement particulier de l'appel d'offres, et pour autant que cette offre ait préalablement satisfait aux critères administratifs et techniques d'analyse des offres selon les dispositions des articles 12.1 à 12.3 du règlement particulier de l'appel d'offres. Les critères d'attribution des marchés de fournitures s'imposent aussi dans l'avis d'appel d'offres national restreint en procédure d'urgence N° 63/AONR/CUD/CIPM/2017 du 01/08/2017 relatif à l'achat du matériel d'éclairage public pour les travaux en régie. En effet, aux termes de cet avis d'appel d'offres[617], l'autorité contractante attribuera le marché au soumissionnaire dont l'offre a été reconnue conforme pour l'essentiel au dossier d'appel d'offres et qui dispose des capacités techniques et financières requises pour exécuter le marché et de façon satisfaisante et dont l'offre a été évaluée la moins-disante en incluant le cas échéant les remises proposées.

En fin de compte, l'on retrouve les critères d'attribution des marchés de fournitures aussi bien en procédure ouverte qu'en procédure restreinte. C'est également le même scénario avec les marchés de services (C).

C- L'application des critères d'attribution des marchés de services

Il existe deux types de marchés de services : les marchés de services quantifiables et les marchés de services non quantifiables. Les marchés de services quantifiables se traduisent par un résultat physiquement mesurable. Par contre, les marchés de services non quantifiables revêtent un caractère principalement intellectuel. Aux termes de l'article 99(a) du décret de 2018 portant code des marchés publics, l'attribution des marchés de services quantifiables se fait au soumissionnaire ayant présenté une offre remplissant les critères de qualification technique et financière requises et dont l'offre évaluée

---

[616] Voir article 11 de l'avis d'appel d'offres international restreint N°AOIR/002-ARV/CENAME/CMS/2016 relatif à la fourniture en procédure d'urgence des médicaments antirétroviraux(ARV) de premier, deuxième et troisième lignes par le directeur général de la CENAME.

[617] Voir article 15 de cet avis d'appel d'offres.

est la moins-disante. En ce qui concerne les marchés de services non quantifiables, l'attribution du marché est différente. Ceci par la formulation suivante :"L'attribution des marchés de services non quantifiables y compris les prestations intellectuelles et des marchés passés à la suite d'un appel d'offres avec concours se fait au soumissionnaire présentant l'offre évaluée la mieux-disante par combinaison des critères techniques, financiers et/ou esthétiques[618]". Le respect de ces critères s'opère donc dans deux procédures : en procédure ouverte(1) et en procédure restreinte(2).

1- Le respect des critères d'attribution en procédure ouverte

En procédure ouverte, les critères d'attribution des marchés des services sont perceptibles. Ceci à travers une batterie d'avis d'appels d'offres. En ce qui concerne les marchés de services quantifiables, un avis d'appel d'offres a permis de comprendre que l'attribution de ces marchés se fait au soumissionnaire ayant présenté l'offre évaluée la moins-disante. Il s'agit de l'avis d'appel d'offres national ouvert en procédure d'urgence N°107/AONO/CUY/CPIM/2016 du 16 Août 2016 pour l'entretien de la station d'épuration des eaux usées de Biyem-Assi à Yaoundé. En effet, aux termes de cet avis d'appel d'offres[619], le marché sera attribué au soumissionnaire dont l'offre techniquement qualifiée sera évaluée la moins-disante. En ce qui concerne les marchés de services non quantifiables, un avis d'appel d'offres nous a permis de comprendre que l'attribution de ces marchés se fait au soumissionnaire ayant présenté l'offre évaluée la mieux-disante. Il s'agit de l'avis d'appel d'offres national ouvert N°21/AONO/ADC/CIPM/2018 du 05/09/2018 lancé en procédure d'urgence pour la fourniture de services de gardiennage à la société Aéroports du Cameroun SA. En effet, cet avis d'appel d'offres[620] a procédé à la formulation suivante : "Le marché sera attribué au soumissionnaire présentant l'offre la mieux disante et remplissant les capacités administratives et techniques requises". Cette logique s'impose aussi dans l'avis d'appel d'offres national ouvert N°00000268/AONO/ART/CIPM/2019 du 18 octobre 2019 pour l'assistance comptable et fiscale triennale (2020,2001 et 2022) à l'agence de régulation des télécommunications (ART) en procédure d'urgence. En effet, aux termes de cet avis d'appel d'offres[621] , le marché sera attribué au soumissionnaire dont l'offre aura été évaluée la mieux-disante[622].

---

[618] Voir article 99(b) du décret de 2018 portant code camerounais des marchés publics.
[619] Voir article 15 de cet avis d'appel d'offres.
[620] Voir article 17 de cet avis d'appel d'offres.
[621] Voir article 16 de l'avis d'appel d'offres national ouvert N°00000268/AONO/ART/CIPM/2019 du 18 octobre 2019 pour l'assistance comptable et fiscale triennale (2020, 2021 et 2022) à l'agence de régulation des télécommunications(ART) en procédure d'urgence.
[622] PICTET (J), BOLLINGER (D), *Adjuger un marché au mieux-disant : analyse multicritère, pratique et droit des marchés publics*, Presses polytechniques et universitaires romandes, 1ère édition, 20 novembre 2003, 264 P.

Au demeurant, les critères d'attribution des marchés de services sont perceptibles en procédure ouverte. C'est aussi le cas en procédure restreinte (2).

2- Le respect des critères d'attribution en procédure restreinte

En procédure restreinte, les critères d'attribution des marchés de services sont visibles et s'imposent. Ceci à travers une pluralité d'avis d'appels d'offres. En ce qui concerne les marchés de services quantifiables, un avis d'appel d'offres a permis de comprendre que l'attribution de ces marchés se fait au soumissionnaire avant présenté l'offre évaluée la moins-disante. Il s'agit de l'appel d'offres international restreint N°2018/001/AOIR/DG/CIPM/CAMTEL du 08/08/2018 pour le recrutement en procédure d'urgence, d'un cabinet ou d'une agence de communication dans l'événementiel pour accompagner CAMTEL dans l'organisation de la cérémonie d'inauguration du nouveau câble sous-marin SAIL. En effet, aux termes[623] de cet avis d'appel d'offres, le marché sera attribué au soumissionnaire présentant l'offre financière évaluée « la moins-disante » et remplissant les capacités techniques administratives requises.

En ce qui concerne les marchés de services non quantifiables, un avis d'appel d'offres nous a permis de comprendre que l'attribution de ces marchés se fait au soumissionnaire ayant présenté l'offre évaluée la mieux-disante. Il s'agit de l'avis d'appel d'offres national restreint en procédure d'urgence N°030/AONR/MINESUP/CMPM/2016 du 20 septembre 2016 pour le recrutement d'un consultant chargé de la réalisation des études géotechniques sur le site devant abriter les travaux du projet de construction d'un bloc pédagogique de la faculté des sciences juridiques et politiques de l'annexe de l'université de Yaoundé 2 à Ebolowa (site de METYIPKWALE). En effet, cet avis d'appel d'offres[624] a procédé de manière suivante : "Le maître d'ouvrage attribuera la lettre commande au soumissionnaire dont l'offre a été reconnue conforme pour l'essentiel du dossier d'appel d'offres et qui a soumis l'offre évaluée la mieux-disante, selon les termes du point 14 ci-dessus". Cette logique s'impose aussi dans l'avis d'appel d'offres national restreint en procédure d'urgence N°164/AONR/MINMAP/CCPM-BEC/2017 du 18/10/2017 pour la réalisation de la maîtrise d'œuvre des travaux de construction clé en main de l'ENIET de JIKEJEM. En effet, aux termes de cet avis d'appel d'offres[625], l'attibution du contrat se fera au soumissionnaire présentant l'offre évaluée la mieux-disante c'est-à-dire ayant obtenu la note globale la plus élevée par combinaison des critères techniques et financiers. Les critères d'attribution des marchés de services non quantifiables s'imposent aussi dans l'avis d'appel

---

[623] Voir article 14 de cet avis d'appel d'offres.
[624] Voir article 14 de cet avis d'appel d'offres.
[625] Voir article 15 de cet avis d'appel d'offres.

d'offres national restreint N°009/AONR/MIDIMA/CIPM-SPI/2016 du 12 octobre 2016 en procédure d'urgence pour la réalisation de l'étude d'impact environnemental et social (EIES) détaillée du projet de construction de deux (02) retenues d'eau (MABOUDJI et TCHEVI) dans la commune de BOURHA, département du Mayo Tsanaga, région de l'Extrême-Nord. En effet, aux termes de cet avis d'appel d'offres[626], l'autorité contractante attribuera le marché au soumissionnaire dont l'offre a été reconnue conforme pour l'essentiel au DAO et qui dispose des capacités techniques et financières requises pour exécuter le marché de façon satisfaisante et dont l'offre financière a été évaluée la mieux-disante par rapport à l'enveloppe prévisionnelle en incluant le cas échéant les réductions.

Au demeurant, les critères d'attribution des marchés publics s'imposent aussi bien en situation normale qu'en situation d'urgence simple. L'attribution des marchés de travaux, de fournitures et de services quantifiables est faite au soumissionnaire ayant présenté l'offre évaluée la moins-disante. Par contre, l'attribution des marchés de services non quantifiables se fait au soumissionnaire ayant présenté l'offre évaluée la mieux-disante. Cependant, à ces critères d'attribution, s'ajoute également la préservation de la mise en œuvre de la décision d'attribution du marché (paragraphe 2).

Paragraphe 2 : la préservation de la mise en œuvre de la décision d'attribution du marché

Les marchés passés en situation d'urgence simple utilisent aussi la décision d'attribution du marché. En effet, aux termes[627] du décret de 2018 portant code des marchés publics, toute attribution d'un marché est matérialisée par une décision du maître d'ouvrage ou du maître d'ouvrage délégué et notifiée à l'attributaire dans un délai maximum de soixante-douze (72) heures à compter de sa signature. Aux termes de l'article 101 (2) du même décret, le maître d'ouvrage au maitre d'ouvrage délégué dispose de cinq jours (05) ouvrables pour signer la décision d'attribution et publier les résultats à compter de la date de réception de la proposition d'attribution finale de la commission des marchés compétente sauf en cas de suspension de la procédure. Il s'agira donc de présenter la décision d'attribution de plusieurs types de marchés à savoir celle relative aux marchés de travaux (A), celle relative aux marchés de fournitures (B) et celle relative aux marchés de services (C).

---

[626] Voir article 15 de l'avis d'appel d'offres national restreint N°009/AONR/MIDIMA/CIPM-SPI/2016 du 12 octobre 2016 en procédure d'urgence pour la réhabilitation de l'étude d'impact environnemental et social(EIES) détaillée du projet de construction de deux (02) retenues d'eau (MABOUDJI et TCHEVI) dans la commune de BOURHA, département du Mayo Tsanaga, région de l'Extrême-Nord.

[627] Voir article 101(1) du décret de 2018 portant code des marchés publics.

A- La décision d'attribution des marchés de travaux

C'est le maître d'ouvrage ou maître d'ouvrage délégué qui procède à la décision d'attribution des marchés de travaux. Cette dernière est rendue publique tout comme l'avis d'appel d'offres. Cette décision s'accompagne toujours d'une signature et d'une notification. Plusieurs décisions d'attribution des marchés de travaux nous ont permis de comprendre que c'est le maître d'ouvrage ou maître d'ouvrage délégué qui désigne et qui convoque l'entreprise adjudicataire du marché. Il s'agira donc de présenter d'une part la désignation de l'attributaire du marché (1) et de présenter d'autre part la convocation de l'entreprise adjudicataire (2).

1- La désignation de l'entreprise attributaire du marché

En ce qui concerne les marchés de travaux, plusieurs décisions d'attribution du marché nous ont permis de comprendre que c'est le maître d'ouvrage ou maître d'ouvrage délégué qui désigne l'entreprise adjudicataire. On peut citer la décision N°271D/MINTP/DAG/SDMP/SAO/2016 du 23/09/2016 portant publication du résultat de l'appel d'offres national ouvert N°100/AONO/MINTP/CMPM-TI/2016 du 08 Août 2016 en procédure d'urgence pour l'exécution des travaux d'aménagement des routes revêtues dans les régions du Centre et de l'Ouest. En effet, aux termes de cette décision[628], le ministre des travaux publics a désigné 3 entreprises adjudicataires à savoir : l'entreprise ECSB, NAP ENTREPRISE et l'entreprise ETS BAO. Une autre décision va dans la même logique que celle citée précédemment. Il s'agit de la décision N°09/D/CUD/DIVMP/2017 portant attribution de l'appel d'offres national ouvert N°58/AONO/CUD/CIPM/2016 du 27 juin 2016 pour l'exécution des travaux d'urgence de réhabilitation du réseau de distribution de l'énergie électrique dans la partie sinistrée du marché-central de Douala. En effet, aux termes de l'article 1er de cette décision, le délégué du gouvernement aujourd'hui maire de la ville auprès de la communauté urbaine de Douala a procédé à la désignation d'une entreprise attributaire du marché. Ceci par la formulation suivante : "Le prestataire dont le nom suit est déclaré attributaire du marché relatif à la l'appel d'offres susmentionné pour le montant et délai ci-après, nom et adresse de l'attributaire : ELECPLOMB.SC SARL, prix final 123316425 FCFA, délai :cinq(05)mois". La désignation de l'attributaire du marché s'impose aussi dans la décision N°71/D/PR/MINMAP/SG/DRCE/DRCE/SMI/2017 du 08 Août 2017 portant publication des résultats de l'avis d'appel d'offres national restreint

[628] Voir article 1er de la décision N°271D/MINTP/DAG/SDMP/SAO/2016 du 23/09/2016 portant publication du résultat de l'appel d'offres national ouvert N°100/AONO/MINTP/CMPM-TI/2016 du 08 août2016 en procédure d'urgence pour l'exécution des travaux d'aménagement des routes revêtues dans les régions du Centre et de l'Ouest.

N°034 Bis/AONR/PR/MINMAP/SG/CRPM-AI/2017 du 06 juillet 2017 en procédure d'urgence pour les travaux de construction de dix-neuf (19) forages dans les départements de la Lékié, du Nyong et kellé et du Nyong et So'o, région du centre en trois (03) lots. En effet, aux termes de cette décision[629], le délégué régional des marchés publics du centre a procédé à la désignation de l'attributaire du marché. Ceci par la formulation suivante : "Le soumissionnaire ETS IMPERIAL PRINT Bp : 11348 Yaoundé , est attributaire du lot 3 des travaux de construction de 19 forages dans les départements de la Lékié, du Nyong et kellé et du Nyong et So'o ,région du Centre pour le montant toutes taxes comprises de 62 220 000 de F CFA et un délai d'exécution de 4 mois calendaires pour chaque forage".

Au demeurant, la désignation de l'attributaire des marchés de travaux se fait ressentir. A cela, s'ajoute aussi la convocation de l'entreprise adjudicataire(2) pour matérialiser la décision d'attribution dans les marchés de travaux.

2- La convocation de l'entreprise adjudicataire

En ce qui concerne les marchés de travaux, plusieurs décisions d'attribution du marché nous ont permis de comprendre que c'est le maître d'ouvrage ou maître d'ouvrage délégué qui convoque l'entreprise adjudicataire. On peut citer la décision N°271D/MINTP/DAG/SDMP/SAO/2016 du 23/09/2016 portant publication du résultat de l'appel d'offres national ouvert N°100/AONO/MINTP/CMPM-TI/2016 du 08 août 2016 en procédure d'urgence pour l'exécution des travaux d'aménagement des routes revêtues dans les régions du Centre et de l'Ouest. En effet, aux termes[630] de cette décision, le ministre des travaux publics a convoqué 3 entreprises adjudicataires à savoir : l'entreprise ECSB, NAP ENTREPRISE et l'entreprise ETS BAO. Cette décision s'est matérialisée par la formulation suivante : "Les mandataires desdites entreprises sont invités à se présenter à la sous-direction des marchés publics pour l'établissement de leurs projets de marché".

En fin de compte, la décision d'attribution des marchés de travaux est perceptible à travers d'une part la désignation de l'attributaire du marché et

---

[629] Voir article 1er de la décision N°71/D/PR/MINMAP/SG/DRCE/SMI/2017 du 08 août 2017 portant publication des résultats de l'avis d'appel d'offres national restreint N°034BIS/AONR/PR/MINMAP/SG/DRCE/CRPM-AI /2017 du 06 juillet 2017 en procédure d'urgence pour les travaux de construction de dix-neuf(19) forages dans les départements de la LEKIE, du NYONG ET KELLE et du NYONG ET SO'O, région du centre en trois (03) lots.

[630] Voir article 2 de la décision N°271D/MINTP/DAG/SDMP/SAO/2016 du 23/09/2016 portant publication du résultat de l'appel d'offres national ouvert N°100/AONO/MINTP/CMPM-TI/2016 du 08 août 2016 en procédure d'urgence pour l'exécution des travaux d'aménagement des routes revêtues dans les régions du centre et de l'Ouest.

d'autre part par la convocation de l'entreprise adjudicataire. Cependant, cette logique s'explique aussi dans les marchés de fournitures (B).

B- La décision d'attribution des marchés de fournitures

C'est le maître d'ouvrage ou maître d'ouvrage délégué qui procède à la décision d'attribution des marchés de fournitures. Cette décision est publiée comme l'avis d'appel d'offres. Cette décision s'accompagne toujours d'une signature et d'une notification. Plusieurs décisions d'attribution des marchés de fournitures nous ont permis de comprendre que c'est le maître d'ouvrage ou maître d'ouvrage délégué qui désigne et qui convoque l'entreprise adjudicataire du marché. Il s'agira donc de présenter d'une part la désignation de l'attributaire du marché(1) et de présenter d'autre part la convocation de l'entreprise adjudicataire(2).

1- La désignation de l'entreprise adjudicataire du marché

En ce qui concerne les marchés de fournitures, plusieurs décisions d'attribution des marchés nous ont permis de comprendre que c'est le maître d'ouvrage ou le maître d'ouvrage délégué qui désigne l'entreprise adjudicataire. On peut citer la décision N°186/D/MIPRO/DR/A10/A50/09/16 portant attribution du marché pour la fourniture des véhicules à la MIPROMALO en trois (03) lots, suite à l'appel d'offres national ouvert en procédure d'urgence. En effet, aux termes de cette décision[631], le directeur de la MIPROMALO a désigné une entreprise adjudicataire à savoir la CAMISA. Une autre décision va dans la même logique que celle cité précédemment. Il s'agit de la décision N°016/D/CENEEMA/DAF/SEEXT du 28 juin 2017 portant attribution du marché relatif à l'appel d'offres national ouvert N°005/AONO/MINADER/CENEEMA/CIPM/2017 du 24/05/2017 en procédure d'urgence pour la fourniture d'un équipement de transport de matériaux en vrac équipé au centre national d'études et d'expérimentation du machinisme agricole. En effet, aux termes de l'article 1er de cette décision, le directeur du CENEEMA a procédé à la désignation d'une entreprise attributaire du marché. Ceci par la formulation suivante : « La société SMT CAMEROUN, BP 4908 DOUALA est déclarée attributaire du marché N°005/AONO/MINADER/CENEEMA, pour le montant global de 223546050Fcfa TTC et d'un délai de livraison de 120 jours. ».

Au demeurant, la désignation de l'attributaire des marchés de fournitures se fait ressentir. A cela s'ajoute aussi la convocation de l'entreprise

[631] Voir article 1er de la décision N°186/D/MINPRO/DR/A10/A50/09/16 portant attribution du marché pour la fourniture des véhicules à la MIPROMALO en trois (03) lots, suite à l'appel d'offres national ouvert en procédure d'urgence.

adjudicataire(2) pour matérialiser la décision d'attribution dans les marchés de fournitures.

2- La convocation de l'entreprise adjudicataire

En ce qui concerne les marchés de fournitures , plusieurs décisions d'attribution du marché nous ont permis de comprendre que c'est le maître d'ouvrage ou maître d'ouvrage délégué qui convoque l'entreprise adjudicataire. On peut citer la décision N°186/D/MIPRO/DR/A10/A50/09/16 portant attribution du marché pour la fourniture des véhicules à la MINPROMALO en trois (03) lots, suite à l'appel d'offres national ouvert en procédure d'urgence . En effet, aux termes[632] de cette décision, le directeur de MIPROMALO a convoqué une entreprise adjudicataire à savoir la société CAMI TOYOTA SA. Cette convocation s'est matérialisée par la formulation suivante : « La société CAMI TOYOTA SA est invitée à se présenter à la MIPROMALO pour l'établissement du projet de marché correspondant . ».

En fin de compte, la décision d'attribution des marchés de fournitures est perceptible à travers d'une part la désignation de l'attributaire et d'autre part par la convocation de l'entreprise adjudicataire. Cependant, cette logique s'explique aussi dans les marchés de services (C).

C- La décision d'attribution des marchés de services

C'est le maître d'ouvrage ou maître d'ouvrage délégué qui procède à la décision d'attribution des marchés de services. Cette dernière est rendue publique comme l'avis d'appel d'offres. Techniquement, on parle souvent d'avis d'attribution du marché. Cette décision s'accompagne toujours d'une signature et d'une notification. Plusieurs décisions d'attribution des marchés de services nous ont permis de comprendre que c'est le maître d'ouvrage ou maître d'ouvrage délégué qui désigne et convoque l'entreprise adjudicataire du marché. Il s'agira donc de présenter d'une part la désignation de l'attributaire du marché(1) et de présenter d'autre part la convocation de l'entreprise adjudicataire(2).

1- La désignation de l'entreprise attributaire du marché

En ce qui concerne les marchés de services, plusieurs décisions d'attribution du marché nous ont permis de comprendre que c'est le maître d'ouvrage ou maître d'ouvrage délégué qui désigne l'entreprise adjudicataire. On peut citer le communiqué N°165/C/PR/MINMAP/DGMAS/SPI/CEA1/MH/2016 du 07 Septembre

---

632 Voir article 2 de cette décision.

2016 portant publication des résultats de l'appel d'offres national ouvert N°080/AONO/PR/MINMAP/CCPM-SPI/2016 du 09/06/2016 relatif à l'entretien des matériels, équipements et engins lourds de la communauté urbaine de Douala (CUD) en procédure d'urgence. En effet, aux termes de ce communiqué[633], le ministre délégué à la présidence chargé des marchés publics a désigné 2 entreprises adjudicataires à savoir : l'entreprise ETS SERAYIM et l'entreprise ETS BUILPA.BUS.CO. Une autre décision va dans la même logique que celle citée précédemment. Il s'agit de la décision N°1051/D/BUCREP/DG/2016 du 15/11/2016 portant attribution définitive du marché relatif à l'appel d'offres national ouvert en procédure d'urgence N005/AONO/BUCREP/4eRGPH/CN/CIPM/2016 du 14 Octobre 2016 pour la souscription d'une police d'assurance pour le personnel du recensement pilote du 4eRGPM.En effet, aux termes de l'une[634] des dispositions de cette décision, le directeur général du BUCREP a désigné une entreprise adjudicataire à savoir l'entreprise AXA CAMEROUN.

Au demeurant, la désignation de l'attributaire des marchés de services se fait ressentir. A cela, s'ajoute aussi la convocation de l'entreprise adjudicataire (2) pour matérialiser la décision d'attribution dans les marchés de services.

2- La convocation de l'entreprise adjudicataire

En ce qui concerne les marchés de services, plusieurs décisions d'attribution du marché nous ont permis de comprendre que c'est le maître d'ouvrage ou maître d'ouvrage délégué qui convoque l'entreprise adjudicataire. On peut citer la décision N°1051/D/BUCREP/DG/2016 du 15/11/2016 portant attribution définitive du marché relatif à l'appel d'offres national ouvert en procédure d'urgence N°005/AONO/BUCREP/4e RGPM/CN/CIPM/2016 du 14 Octobre 2016 pour la souscription d'une police d'assurance pour le personnel du recensement pilote du 4eRGPM. En effet, aux termes[635] de cette décision, le directeur général du BUCREP a convoqué une entreprise adjudicataire à savoir l'entreprise AXA CAMEROUN. Cette convocation s'est matérialisée par la

---

633 Voir communiqué N°165/C/PR/MINMAP/DGMAS/SPI/CEA1/MH/2016 du 07 septembre 2016 portant publication des résultats de l'appel d'offres national ouvert N°080/AONO/PR/MINMAP/CCPM-SPI/2016 du 09/06/2016 relatif à l'entretien des matériels, équipements et engins lourds de la communauté urbaine de Douala en procédure d'urgence.

634 Voir article 1er de cette décision.

635 Voir article 2 de la décision N°1051/D/BUCREP/DG/2016 du 15/11 /2016 portant attribution définitive du marché relatif à l'appel d'offres national ouvert en procédure d'urgence N°005/AONO/BUCREP/4e RGPM /CN/CIPM/2016 du 14 octobre 2016 pour la souscription d'une police d'assurance pour le personnel du recensement pilote du 4e RGPM.

formulation suivante : «Le directeur général de l'entreprise ou son représentant est invité à se présenter au service des marchés du bureau central des recensements et des études de population, sis en MFANDENA(omnisport) à Yaoundé , pour recevoir notification de la décision et le projet de marché correspondant.».

En définitive, on conçoit la passation des marchés publics en situation d'urgence simple en préservant les règles applicables aux étapes de la passation par appel d'offres. Cependant, cette préservation ne s'arrête pas là. Elle va jusqu'aux règles applicables au contentieux de la passation des marchés publics (chapitre 2).

CHAPITRE 2 : LA PRESERVATION DES REGLES APPLICABLES AU CONTENTIEUX DE LA PASSATION PAR APPEL D'OFFRES

Que nous soyons en situation normale ou en situation d'urgence simple, les règles relatives au contentieux de la passation par appel d'offres sont sauvegardées et s'imposent. Des litiges peuvent donc naître entre les acheteurs publics et les soumissionnaires pendant et après passation des marchés publics en situation d'urgence simple. Généralement, ce sont les soumissionnaires lésés qui attaquent beaucoup plus les décisions administratives formulées avant et après la signature du marché. Pour permettre aux soumissionnaires lésés de s'exprimer, le décret de 2018 portant code camerounais des marchés publics a procédé à l'identification des recours liés au contentieux de la passation par appel d'offres (section 1) et à la sauvegarde des modes de règlement des différends y relatifs (section 2).

Section 1 : La conservation des recours liés au contentieux de la passation par appel d'offres

Pendant le déroulement de la passation des marchés publics en situation d'urgence simple, peuvent naître des conflits entre les soumissionnaires lésés et les maîtres d'ouvrage. Pour cela, la réglementation en la matière a permis aux soumissionnaires d'exprimer leur droit de contestation. Ceci en fixant deux types de recours : les recours administratifs (paragraphe 1) et les recours contentieux ou juridictionnels (paragraphe 2).

Paragraphe 1 : La préservation des recours administratifs

Le recours administratif[636] est un recours ou une requête qui s'adresse directement à l'administration. Le but de ce recours est de permettre à l'administration de revoir sa décision sans passer devant une juridiction ou devant le juge. Il existe donc deux types de recours administratifs[637] : le recours gracieux[638] et le recours hiérarchique[639]. Le recours gracieux[640] est un recours

---

636 BRISSON (J-F), *Les recours administratifs en droit public français*, T.185, LGDJ, 1ère édition, Coll. Thèses, sous-collection "Bibliothèque de droit public", janvier 1996, 494 P.

637 JEANNARD (S), *Le recours administratif dans le système juridique français*, LGDJ, Coll. Systèmes, décembre 2012, 172 P.

638 ABANE ENGOLO (P-E), *Traité de contentieux administratif du Cameroun*, L'Harmattan, 13 mars 2019, 402 P.

639 MICHEL (J), *Les recours administratifs gracieux, hiérarchiques et de tutelle*, La Documentation française, 1er janvier 1996, 313 P.

640 DOUNGUE KAMO (G), *Le recours gracieux préalable au Cameroun, trente ans après*, mémoire de Master 2 en droit public, université de Dschang, 2011, 159 P.

qui se forme auprès de l'auteur de l'acte administratif[641]. Autrement dit, la victime[642] de la décision administrative[643] adresse directement sa demande auprès de la même administration qui a rendu ladite décision que l'administré souhaite voir reformée ou annulée. Par contre, on parle du recours hiérarchique[644] lorsqu'il s'adresse à une autorité administrative qui est supérieure[645] à celle qui a rendu l'acte administratif ou la décision administrative contestée[646]. A titre d'illustration, un recours hiérarchique peut être adressé à un gouverneur contre une décision rendue par un préfet lorsque celui-ci statue au nom de l'Etat.

En ce qui concerne les marchés publics, les recours formulés par les soumissionnaires lésés[647] interviennent dans plusieurs étapes de la passation par appel d'offres. Ils peuvent intervenir en phase de pré-qualification (A), en phase qui s'opère entre la publication de l'avis d'appel d'offres et l'ouverture des plis (B), en phase de l'ouverture des plis (C), en phase d'analyse des offres techniques pour l'ouverture des offres en 2 temps (D), en phase située entre la publication des résultats et la notification d'attribution du marché (E).

A - Le recours en phase de pré-qualification

Aux termes du décret[648] de 2018 portant code camerounais des marchés publics, tout candidat ou soumissionnaire qui s'estime lésé ou écarté dans la passation des marchés publics peut introduire un recours en fonction de l'étape de la procédure soit auprès du maître d'ouvrage ou du maître d'ouvrage délégué, soit auprès du comité d'examen de recours. En effet, pour être recevable, tout recours doit préciser un fait ou un manquement à l'encontre du présent code des marchés publics et à la réglementation relative à la passation des marchés ou au dossier de consultation concerné[649]. La pré-qualification concerne beaucoup plus les appels d'offres restreints qui peuvent être lancés soit en situation normale soit en situation d'urgence simple. Elle consiste à sélectionner les soumissionnaires pour rester avec un nombre de candidats restreints. Il peut donc arriver qu'à la suite de cette phase, les soumissionnaires

---

641 GAUDEMET (Y), *Droit administratif*, LGDJ, 23e édition, voir "Chapitre 2 : La théorie générale de l'acte administratif unilatéral", septembre 2020, 652 P.

642 TRAVARD (J), *La victime et l'évolution de la responsabilité administrative extracontractuelle*, Thèse, Mare et Martin, septembre 2013, 892 P.

643 DEFOORT (B), *op.cit.* , 706 P.

644 AUBY (J-M), DRAGO (R), *Traité des recours en matière administrative*, BNF, Paris, 1992, 704 P.

645 OWONA (J), *Droit administratif spécial de la République du Cameroun*, EDICEF, Paris, 1985, P. 207.

646 FRIER (P), *op.cit.* , 532 P.

647 LATRECHE (A), *op.cit.*, 120 P.

648 Voir article 170 (1) du décret de 2018 portant code camerounais des marchés publics.

649 Voir article 170 (2) du même décret.

qui s'estiment lésés décident d'introduire un recours ou une requête[650] pour obtenir gain de cause. Il s'agira donc de présenter d'une part l'objet de ce recours (1) et d'afficher d'autre part les délais de recevabilité de ce recours (2).

1- L'objet du recours

On entend par objet de recours, le contenu de la requête ou alors ce sur quoi doit porter le recours. En phase de pré-qualification, nous allons présenter l'objet du recours selon la réglementation camerounaise et selon les réglementations des autres pays noires d'Afrique francophone. En effet, en vertu du décret[651] du code camerounais de 2018 relatif aux marchés publics, le recours peut porter sur les demandes de réexamen des conditions de sollicitation, de pré-qualification ou sur des demandes de réexamen des décisions ou actes pris par le maître d'ouvrage ou le maître d'ouvrage délégué lors de la procédure de pré-qualification. Par ailleurs, en République centrafricaine, la loi N°08-017 du 06 juin 2008 portant code des marchés publics et délégations de service public encadre les recours administratifs que l'on peut observer en phase de pré-qualification. En effet, d'après l'une des dispositions[652] de cette loi, les soumissionnaires qui s'estiment injustement évincés des procédures, peuvent introduire un recours gracieux préalable contre des procédures et décisions rendues à l'occasion de la procédure de passation et leur causant préjudice, devant le représentant de l'autorité contractante. La décision de ce dernier peut être contestée directement devant son supérieur hiérarchique. Une copie de ce recours est adressée au comité de règlement des différends près l'autorité de régulation des marchés publics et des conventions de délégation de service public. Au vue de cette longue formulation, l'on constate que le recours administratif peut se faire à deux niveaux : auprès de l'autorité contractante ou maître d'ouvrage et auprès d'un comité de règlement des différends. C'est donc un recours qui est à la fois gracieux et hiérarchique. Par ailleurs, en République de Guinée, le décret du 3 décembre 2012 portant code des marchés publics et de délégations des services publics nous renseigne sur l'objet du recours en phase de pré-qualification. En effet, ce décret[653] a procédé à la formulation suivante : « Ce recours peut porter sur la décision prise en matière de pré-qualification ou d'établissement de la liste restreinte, les conditions de publication des avis, les règles relatives à la participation des candidats et aux capacités et garanties exigées, le mode de passation et la procédure de sélection retenus, les spécifications techniques retenues, les critères d'évaluation. Il doit indiquer ou invoquer une violation caractérisée de

---

[650] LEBRUN (G), « La jonction des requêtes en droit administratif » in *Revue de droit public*, N°1, 1er janvier 2018, P.85.

[651] Voir article 171 (1) du même décret.

[652] Voir article 106 de la loi de 2008 portant code des marchés publics et de délégation de service public en République centrafricaine.

[653] Voir article 124 du décret de 2012 portant code des marchés publics et de délégations de service public en République de Guinée.

la réglementation des marchés publics et des délégations de service public ». Par ailleurs, le Mali a aussi consacré les recours administratifs en phase de pré-qualification. Ceci à travers son décret N°2015-0604/P-RM du 25 septembre 2015 portant code des marchés publics et des délégations de service public. En effet, l'une[654] des dispositions de ce décret exige que l'exercice du recours gracieux préalable soit obligatoire pour tout candidat ou soumissionnaire qui entend exercer une action en contestation devant le comité de règlement des différends. En ce qui concerne l'objet du recours[655], le recours peut porter sur la décision d'attribuer ou de ne pas attribuer le marché ou la délégation, sur les conditions de publication des avis, les règles relatives à la participation des candidats et aux capacités et garanties exigées, les critères d'évaluation le mode de passation et la procédure de sélection retenue, la conformité des documents d'appel d'offres à la réglementation…

Au demeurant, que nous soyons en situation normale ou en situation d'urgence simple, l'objet du recours administratif formulé par les soumissionnaires évincés est perceptible en phase de pré-qualification. Cependant, il conviendra de faire ressortir les délais de recevabilité dudit recours en phase de pré-qualification (2).

2- Les délais de recevabilité du recours

En phase de pré-qualification, les délais de recevabilité du recours administratif sont perceptibles selon la réglementation camerounaise et selon les réglementations des autres pays noirs d'Afrique francophone. En effet, en vertu du décret[656] du code camerounais de 2018 relatif aux marchés publics, les candidats disposent de 5 jours ouvrables avant la date de dépôt des candidatures et 5 jours ouvrables après la publication des résultats de pré-qualification pour introduire leur recours auprès du maître d'ouvrage ou du maître d'ouvrage délégué avec copie à l'autorité chargée des marchés publics et à l'organisme chargé de la régulation des marchés publics. Par ailleurs, en République de Guinée, le décret du 3 décembre 2012 portant code des marchés publics et de délégations de service public nous renseigne sur les délais de recevabilité du recours en phase de pré-qualification. En effet, ce décret[657] a procédé de manière suivante : « Ce recours doit être exercé au plus tard 10 jours ouvrables précédant la date prévue pour la candidature ou la soumission. Il a pour effet de suspendre la procédure jusqu'à la décision définitive de l'autorité contractante ou de l'ARMP ».

---

654 Voir article 120.2 du décret de 2015 portant code des marchés publics et de délégation de service public au Mali.

655 Voir article 120.3 du décret N°2015-0604/P-RM du 25 septembre 2015 portant code des marchés publics et des délégations de service public.

656 Voir article 171 (2) du décret de 2018 portant code camerounais des marchés publics.

657 Voir article 125 du décret de 2012 portant code guinéen des marchés publics et de délégations de service public.

Au demeurant, les recours administratifs sont perceptibles en phase de pré-qualification aussi bien en situation normale qu'en situation d'urgence simple. L'analyse de ces recours nous montre qu'ils sont visibles aussi bien par leur objet que leurs délais de recevabilité. Cependant, ce scénario s'explique aussi dans la phase comprise entre la publication de l'avis d'appel d'offres et l'ouverture des plis (B).

B- L'introduction d'un recours entre la publication de l'avis d'appel d'offres et l'ouverture des plis

Aux termes[658] du décret de 2018 portant code camerounais des marchés publics, tout candidat ou soumissionnaire qui s'estime lésé dans la phase comprise entre la publication de l'avis d'appel d'offres et l'ouverture des plis peut introduire un recours auprès du maître d'ouvrage ou du maître d'ouvrage délégué avec copie à l'autorité chargée des marchés publics et à l'organisme chargé de la régulation des marchés publics. Ce recours est généralement un recours gracieux. Cependant, il peut arriver qu'il y ait un désaccord[659] entre le requérant et le maître d'ouvrage ou maître d'ouvrage délégué. Dans ce cas, le recours formulé par le requérant est adressé auprès du comité chargé de l'examen des recours. Ce recours est généralement qualifié de recours hiérarchique car il vise à contester le rejet du recours gracieux qui avait été formulé et adressé auprès du maître d'ouvrage ou du maître d'ouvrage délégué. Il s'agira donc de présenter d'une part l'objet de ce recours (1) et d'afficher d'autre part les délais de recevabilité de ce recours (2).

1- L'objet du recours

Aux termes[660] du décret de 2018 portant code camerounais des marchés publics, le recours formulé par le requérant en phase comprise entre la publication de l'avis d'appel d'offres et l'ouverture des plis peut porter sur les éléments suivants : la conformité [661] des dossiers de consultation à la réglementation, les spécifications techniques retenues[662], les critères d'évaluation[663], les conditions de publication des avis[664], les règles relatives à la participation des candidats et aux capacités des garanties exigées[665], le mode de passation et la procédure de sélection retenue[666]. Par ailleurs, en République du Gabon, le décret N°00027/PR/MEPPDD du 17 janvier 2018 portant code des

---

658 Voir article 172(1a) du décret de 2018 portant code camerounais des marchés publics.
659 Voir article 172 (1.d) du décret de 2018 portant code camerounais des marchés publics.
660 Voir article 172 du décret de 2018 portant code des marchés publics.
661 Voir l'article 172(2-a) du décret de 2018 portant code camerounais des marchés publics.
662 Voir l'article 172(2-b) du même décret.
663 Voir l'article 172(2-c) du même décret.
664 Voir article 172(2-d) du même décret.
665 Voir article 172 (2-e) du même décret.
666 Voir article 172 (2-f) du même décret.

marchés publics encadre les recours administratifs que l'on peut observer en phase comprise entre la publication de l'avis d'appel d'offres et l'ouverture des plis. En effet, ce décret[667] a procédé à la formulation suivante : « Le recours doit invoquer une violation caractérisée de la réglementation des marchés publics ». L'article 235 du même décret a énuméré les mêmes éléments cités plus haut qui constituent l'objet du recours administratif formulé par le requérant soumissionnaire. Au Gabon, le recours peut être adressé à deux niveaux : auprès de l'autorité contractante ou pouvoir adjudicateur et auprès de l'autorité en charge de la régulation des marchés publics.

En fin de compte, que nous soyons en situation normale ou en situation d''urgence simple, l'objet du recours administratif formulé par les soumissionnaires lésés est perceptible en phase comprise entre la publication de l'avis d'appel d'offres et l'ouverture des plis. Cependant, il conviendra aussi de faire ressortir les délais de recevabilité dudit recours dans la même phase (2).

2- Les délais de recevabilité du recours

En phase comprise entre la publication de l'avis d'appel d'offres et l'ouverture des plis les délais de recevabilité du recours administratif sont perceptibles selon la réglementation camerounaise et selon la réglementation des autres pays noirs d'Afrique francophone. En effet, en vertu de l'article 172 (1b) du décret du code camerounais de 2018 relatif aux marchés publics, les candidats ou soumissionnaires disposent de 14 jours ouvrables avant la date d'ouverture des offres pour introduire leur recours gracieux auprès du maître d'ouvrage ou du maître d'ouvrage délégué. Par ailleurs, en République du Tchad, le décret de 2015 portant code des marchés publics nous renseigne sur les délais de recevabilité du recours en phase comprise entre la publication de l'avis d'appel d'offres et l'ouverture des plis. En effet, aux termes[668] de ce décret, le recours doit parvenir au maître d'ouvrage ou au maître d'ouvrage délégué au plus tard 14 jours avant la date d'ouverture des offres. Ce délai peut être ramené à 7 jours en cas d'urgence. Par ailleurs, en République du Gabon, son décret du 17 janvier 2018 nous renseigne sur les délais de recevabilité des recours en phase comprise entre la publication de l'avis d'appel d'offres et l'ouverture des plis. En effet, aux termes de l'article 236 de ce décret, les soumissionnaires lésés ont 5 jours ouvrables pour déposer leur requête au recours gracieux auprès des maîtres d'ouvrage ou maîtres d'ouvrage délégués.

Il est également important de rappeler qu'en cas de désaccord entre le requérant et les maîtres d'ouvrage ou maîtres d'ouvrages délégués, le recours exercé ou adressé auprès du comité chargé de l'examen des recours n'est pas suspensif[669].

---

[667] Voir article 236 du décret de 2018 portant code des marchés publics au Gabon.

[668] Voir article 195(b) du décret de 2015 portant code des marchés publics au Tchad.

[669] Voir article 172(1 e) du même décret.

Cela signifie que la décision qui sera prise par ce comité de règlement des différends sera obligatoire ou exécutoire avant une éventuelle contestation devant le juge administratif.

Au demeurant, les recours administratifs sont perceptibles dans la phase comprise entre la publication de l'avis d'appel d'offres et l'ouverture des plis. L'analyse de ces recours nous montre qu'ils sont visibles aussi bien de par leur objet que de par leurs délais de recevabilité. Cependant, cette logique s'explique aussi en phase d'ouverture des plis (C).

C- Le recours en phase d'ouverture des plis

Aux termes du décret[670] du 20 juin 2018 portant code camerounais des marchés publics, tout candidat ou soumissionnaire qui s'estime lésé dans la phase d'ouverture des plis peut introduire un recours auprès du comité chargé de l'examen des recours avec copie au maître d'ouvrage ou au maître d'ouvrage délégué, au président de la commission de passation des marchés concernée, à l'organisme chargé de la régulation des marchés publics et à l'autorité chargée des marchés publics. Il s'agira donc de présenter d'une part l'objet de ce recours (1) et d'afficher d'autre part les délais de recevabilité dudit recours (2).

1- L'objet du recours

Aux termes[671] du décret de 2018 portant code camerounais des marchés publics, le recours formulé par le requérant en phase d'ouverture des plis peut porter sur les éléments suivants à savoir : le respect des procédures et la régularité des pièces vérifiées. Ces pièces peuvent être les pièces administratives, les offres techniques et les offres financières. Le recours du requérant doit donc porter sur la notation de ces offres et généralement sur le déroulement de la phase d'ouverture des plis. Par ailleurs, en République du Tchad, le décret N°2417/PR/PM/2015 portant code des marchés publics encadre les recours administratifs que l'on observe en phase d'ouverture des plis. En effet, ce décret[672] a procédé à la formulation suivante : « A l'ouverture des plis, le recours ne porte que sur le déroulement de cette étape notamment le respect des procédures et la régularité des pièces vérifiées. Une fiche de recours mise à la disposition des soumissionnaires par l'autorité de régulation des marchés publics est remplie et signée à l'issue de cette séance.». Aux termes de l'article 196 (a) de ce décret, le recours en question doit être adressé à l'autorité chargée des marchés publics avec copies à l'autorité de régulation des marchés publics et au maître d'ouvrage ou au maître d'ouvrage délégué.

---

[670] Voir article 173 (2) du décret de 2018 portant code camerounais des marchés publics.
[671] Voir article 173 (1) du décret de 2018 portant code camerounais des marchés publics.
[672] Voir article 196 du décret de 2015 portant code des marchés publics au Tchad.

Il est important voir nécessaire de préciser que le recours introduit par le requérant en phase d'ouverture des plis n'est pas suspensif [673].Cela signifie que la décision administrative dont il est demandé l'annulation continue de s'appliquer après le dépôt de la requête devant le juge administratif jusqu'au moment où se juge statuera sur ledit recours.

Finalement, que nous soyons en situation normale ou en situation d'urgence simple, l'objet du recours administratif formulé par les soumissionnaires lésés est perceptible en phase d'ouverture des plis. Cependant, il conviendra aussi de faire ressortir les délais de recevabilité dudit recours dans la même phase.

2- Les délais de recevabilité du recours

En phase d'ouverture des plis, les délais de recevabilité du recours administratif sont visibles dans la réglementation camerounaise et dans la réglementation des autres pays noirs d'Afrique francophone. En effet, en vertu des termes[674] du décret du code camerounais de 2018 relatif aux marchés publics, les candidats ou soumissionnaires lésés disposent d'un délai maximum de trois (03) jours ouvrables après l'ouverture des plis pour introduire leur recours gracieux auprès du comité en charge de l'examen des recours avec copie au maître d'ouvrage, au maître d'ouvrage délégué, au président de la commission de passation de marchés concernée, à l'organisme chargé de la régulation des marchés publics et à l'autorité des marchés publics. Par ailleurs, en République du Tchad, le décret de 2015 portant code des marchés publics nous renseigne sur les délais de recevabilité des recours en phase d'ouverture des plis. En effet, aux termes[675] de ce décret le recours doit parvenir dans un délai maximum de trois (03) jours ouvrables après l'ouverture des plis sous la forme d'une lettre à laquelle est obligatoirement joint un feuillet de la fiche des recours dûment signée par le requérant et, éventuellement par le président de la commission de passation des marchés..

Finalement, que nous soyons en situation normale ou en situation d'urgence simple, l'objet du recours administratif formulé par les soumissionnaires ou candidats lésés et le délai de recevabilité de ce recours sont perceptibles en phase d'ouverture des plis. Cependant ce scénario s'explique aussi dans la phase d'analyse des offres techniques pour l'ouverture des offres en 2 temps.

[673] Voir l'article 173 (4) du même décret.
[674] Voir article 173 (3) du décret de 2018 portant code camerounais des marchés publics.
[675] Voir article 196 (b) du décret de 2015 portant code des marchés publics au Tchad.

D- Le recours en phase d'analyse des offres technique s pour l'ouverture des offres en 2 temps

L'ouverture des offres en 2 temps concerne beaucoup plus les marchés de services non quantifiables ou alors les marchés de prestations intellectuelles. En effet, aux termes[676] du décret de 2018 portant code camerounais des marchés publics, le maître d'ouvrage ou maître d'ouvrage délégué est tenu d'informer les soumissionnaires des résultats de l'analyse des offres techniques avant l'ouverture des offres financières. Ceci à l'issue de la phase d'analyse des offres techniques lorsque l'ouverture des offres se fait en 2 temps. Il peut arriver qu'à l'issu des résultats de l'analyse des offres techniques, certains soumissionnaires s'estiment lésés injustement. Pour cela, il leur est permis d'introduire un recours. Il s'agira donc de présenter les conditions de recevabilité en phase d'analyse des offres techniques lorsque l'ouverture des offres se fait en 2 temps (1) et d'afficher les délais de recevabilité dudit recours (2).

1- Conditions de recevabilité du recours

Aux termes[677] du décret de 2018 portant code camerounais des marchés publics, tous les candidats ou soumissionnaires qui s'estiment lésés, écartés ou non qualifiés dans la phase d'analyse des offres techniques peuvent introduire un recours administratif auprès du comité chargé de l'examen des recours avec copie au maître d'ouvrage ou maître d'ouvrage délégué, au président de la commission de passation des marchés concernée et à l'autorité chargée des marchés publics. Par ailleurs, en République du Congo-Brazzaville, le décret N°2009 -156 du 20 mai 2009 portant code des marchés publics nous renseigne sur les modalités ou conditions d'exercice du recours en phase d'analyse des offres techniques lorsque l'ouverture des offres se fait en 2 temps. En effet, aux termes[678] de ce décret, les recours peuvent être exercés soit par dépôt direct soit par lettre recommandée avec accusé de réception soit par tout autre moyen prévu par la réglementation.

Finalement, que nous soyons en procédure normale ou en procédure motivée par une situation d'urgence simple, les conditions de recevabilité du recours administratif formulé par les soumissionnaires lésés sont perceptibles en phase d'analyse des offres techniques lorsque l'ouverture des offres se fait en 2 temps. Cependant, il conviendra aussi de faire ressortir les délais de recevabilité dudit recours dans la même phase.

---

676 Voir article 174 (1) du décret de 2018 portant code camerounais des marchés publics.
677 Voir article 174 (2) du même décret.
678 Voir article 143 du décret de 2009 portant code des marchés publics au Congo-Brazzaville.

2- Les délais de recevabilité du recours

En phase d'analyse technique des offres lorsque l'ouverture de ces offres se fait en 2 temps, les délais de recevabilité du recours administratif auprès du comité d'examen des recours sont visibles dans la réglementation camerounaise. En effet, en vertu des termes[679] du décret du 20 juin 2018 portant code camerounais des marchés publics, les candidats ou soumissionnaires qui s'estiment injustement lésés, écartés ou non qualifiés disposent d'un délai maximum de trois jours ouvrables après la séance d'ouverture des offres financières pour introduire leur recours administratif auprès du comité en charge de l'examen des recours avec copie au maître d'ouvrage, au maître d'ouvrage délégué, au président de la commission de la passation des marchés concernée et à l'autorité chargée des marchés publics.

Finalement, que nous soyons en situation normale ou en situation d'urgence simple, les conditions de recevabilité du recours administratif formulé par les candidats ou soumissionnaires lésés et les délais de recevabilité de ce recours sont perceptibles en phase d'analyse des offres techniques lorsque l'ouverture des offres se fait en 2 temps. Cependant, ce scénario s'explique aussi dans la phase comprise entre la publication des résultats et la notification d'attribution du marché.

E- Les recours entre la publication des résultats et la notification d'attribution du marché

Aux termes[680] du décret de 2018 portant code camerounais des marchés publics, les recours administratifs introduits par les soumissionnaires lésés pendant la phase comprise entre la publication des résultats et la notification d'attribution ne peuvent que porter sur l'attribution du marché. C'est généralement ce qu'on appelle le contentieux de l'attribution[681]. Par ailleurs, la République de Guinée s'est invitée dans la danse pour encadrer l'objet du recours en phase comprise entre la publication des résultats et la notification d'attribution des marchés. En effet, aux termes du décret[682] du 03 décembre 2012 portant code des marchés publics et délégations de service public, le recours peut porter sur la décision d'attribuer ou de ne pas attribuer le marché ou la délégation et sur l'application des critères d'évaluation. Le recours en question doit invoquer une violation caractérisée de la réglementation des marchés publics et des délégations de service publics. Il peut donc arriver qu'à

[679] Voir article 174 (3) du décret de 2018 portant code camerounais des marchés publics.
[680] Voir article 175(1) du même décret.
[681] Voir sous-titre I du décret N°2009 – 156 du 20 mai 2009 portant code des marchés publics en République du Congo-Brazzaville.
[682] Voir article 127 du décret de 2012 portant code des marchés publics et de délégation de service public en République de Guinée.

l'issue de la publication des résultats et qu'après l'attribution du marché, les soumissionnaires soient écartés injustement. Pour cela, il leur est permis d'introduire un recours. Il s'agira donc de présenter d'une part les conditions de recevabilité de ce recours(1) et d'afficher d'autre part les délais de recevabilité dudit recours(2) en phase comprise entre la publication des résultats et la notification d'attribution du marché.

1- Les conditions de recevabilité du recours

Aux termes du décret[683] de 2018 portant code camerounais des marchés publics, tous les candidats ou soumissionnaires qui s'estiment lésés, écartés ou non qualifiés au cours de la phase comprise entre la publication des résultats et la notification d'attribution peuvent introduire un recours administratif auprès du comité chargé de l'examen des recours avec copie au maître d'ouvrage ou au maître d'ouvrage délégué, au président de la commission de passation concernée, à l'organisme chargé de la régulation des marchés publics et à l'autorité chargée des marchés publics. Ce recours peut conduire à la suspension[684] de la procédure à l'appréciation de l'organisme en charge de la régulation des marchés publics. Ladite suspension est levée par l'autorité[685] chargée des marchés publics après examen des conclusions du comité chargé de l'examen des recours. Par ailleurs, en République du Tchad, le décret N°2417/PR/PM/2015 portant code des marchés publics nous renseigne sur les conditions d'exercice du recours en phase comprise entre la publication des résultats et la notification de l'attribution. En effet, aux termes[686] de ce décret, le recours doit être adressé à l'autorité chargée des marchés publics avec copies à l'autorité de régulation des marchés publics, au maître d'ouvrage ou au maître d'ouvrage délégué et au président de la commission des marchés.

Finalement, que nous soyons en procédure normale ou en procédure motivée par une situation d'urgence simple, les conditions de recevabilité du recours administratif formulé par les soumissionnaires non qualifiés sont perceptibles entre la phase comprise entre la publication des résultats et la notification d'attribution du marché. Cependant, il conviendra aussi de faire ressortir les délais de recevabilité dudit recours dans la même phase.

2- Les délais de recevabilité du recours

Les délais de recevabilité du recours sont perceptibles à deux niveaux. Au niveau de la phase de publication des résultats des candidats ou soumissionnaires d'une part et au niveau de la phase de notification

---

683 Voir article 175(2) du décret du 20 juin 2018 portant code camerounais des marchés publics.
684 Voir article 175(4) du même décret.
685 Voir 175(5) du même décret.
686 Voir article 197 (a) du décret de 2015 portant code des marchés publics au Tchad.

d'attribution du marché. Ces délais sont encadrés par la réglementation camerounaise. En ce qui concerne la phase de publication des résultats, le délai de recours est encadré par l'une des dispositions[687] du décret camerounais des marchés publics de 2018. En effet, le recours formulé par les soumissionnaires lésés doit intervenir dans un délai maximum de 5 jours ouvrables après la publication des résultats. Par ailleurs, au Tchad, les délais du recours dans cette phase sont pareils. Ceci en vertu des dispositions[688] du décret de 2015 portant code des marchés publics au Tchad. En République de Guinée, les délais de recours sont différents. Ainsi, en vertu des termes[689] du décret de 2012 portant code des marchés publics et de délégations de service public en Guinée-Conakry, le recours doit être exercé au plus tard 15 jours ouvrables après la publication du procès-verbal d'attribution.

En ce qui concerne la phase de la notification de l'attribution du marché, la notification de l'attribution doit s'effectuer au plus tard quinze jours calendaires après la publication des résultats. Ce qui veut dire que le soumissionnaire lésé dispose de 15 jours pour introduire son recours en phase de notification de l'attribution. Ce délai peut même aller jusqu'à plus de 15 jours. Ceci au cas où la notification de l'attribution s'effectue après 15 jours.

Au demeurant, la passation des marchés publics en situation d'urgence simple se conçoit aussi en conservant ou en préservant les recours administratifs formulés en cas d'un soupçon de litiges pouvant survenir en phase de passation par appel d'offres. Ces recours peuvent être hiérarchiques, gracieux ou alors auprès d'une autorité non juridictionnelle chargée de l'examen de ces requêtes. Cependant, ces recours ne sont pas exclusifs car il existe aussi des recours juridictionnels ou contentieux en phase de passation par appel d'offres lancé en situation d'urgence simple

.

Paragraphe 2 : La préservation des recours contentieux

Le recours contentieux est un recours ou une requête qui s'adresse au juge pour contester ou attaquer une décision administrative. Le recours contentieux est toujours porté devant une juridiction. Il aboutit à une décision juridictionnelle. En droit des marchés publics, il existe deux grands types de recours contentieux : les recours formulés ou introduits dans le contentieux normal (A) et les recours introduits dans le contentieux de l'urgence (B)

---

[687] Voir article 175 (3) du décret de 2018 portant code camerounais des marchés publics.
[688] Voir article 197(b) du décret de 2015 portant code des marchés publics au Tchad.
[689] Voir article 128 du décret de 2012 portant code des marchés publics en République de Guinée.

A- L'identification des recours dans le contentieux normal

Au cours de la passation des marchés publics en situation d'urgence simple, les rapports entre les acheteurs publics et les opérateurs économiques ou soumissionnaires ne sont pas toujours harmonieux. Dans la plupart des cas, c'est un environnement qui est souvent sujet à de nombreux contentieux ou litiges. Il est important de rappeler que les recours contentieux interviennent lorsque les recours administratifs ont échoué. Raison pour laquelle aux termes de la loi N°2006/022 du 22 décembre 2006 fixant l'organisation et le fonctionnement des tribunaux administratifs[690], « le recours devant le tribunal administratif n'est recevable qu'après rejet d'un recours gracieux adressé à l'autorité auteur de l'acte attaqué ou à celle statutairement habilitée à représenter la collectivité publique ou l'établissement public en cause ». Constitue également un rejet du recours gracieux, le silence gardé par l'autorité pendant un délai de trois mois sur une demande ou réclamation qui lui est adressée[691]. Ce délai court à compter de la notification du recours gracieux. Généralement, les actes administratifs unilatéraux qui sont attaquables dans la passation des marchés publics en urgence, constituent des actes détachables. Les soumissionnaires lésés peuvent attaquer ces actes dans toutes les étapes de ladite passation. Ce sont donc des actes préalables à la conclusion ou à la formation des marchés passés en situation d'urgence simple qui peuvent être attaqués. Autrement dit ce sont des actes préalables à la signature du marché public qui peuvent être poursuivis. D'autres actes administratifs unilatéraux peuvent aussi être attaqués à la fin de la passation des marchés publics ou après leur signature. Il s'agit des actes d'approbation.

Dans le contentieux normal de la passation des marchés publics lancés en situation d'urgence simple, l'entreprise lésée peut introduire 3 types de recours contentieux à savoir le recours pour excès de pouvoir (1), le recours en indemnisation ou en réparation (2), le recours de plein contentieux ou recours de pleine juridiction (3).

1- Le recours pour excès de pouvoir

Etymologiquement, le mot recours vient du latin recurrere[692] qui signifie revenir en courant, retourner, rebrousser chemin, avoir recours à. Le recours pour excès de pouvoir[693] est un recours qui peut être porté devant une juridiction administrative. Il peut être porté devant un tribunal administratif ou devant la

---

690 Voir article 17(1) de la loi N°2006/022 du 22 décembre 2006 fixant l'organisation et le fonctionnement des tribunaux administratifs.

691 Voir article 17(2) de la même loi citée ci-dessus.

692 Définition émanant du Toupictionnaire.

693 BRISSON (J-F), *Le recours pour excès de pouvoir*, Ellipses, Coll. Universités, Sous-collection "Droit", juillet 2004, 144 P.

chambre administrative de la cour suprême[694]. Ce recours[695] vise à faire annuler totalement ou particllement un acte administratif unilatéral considéré comme illégal en se fondant sur la violation d'une règle de droit. La réglementation camerounaise encadre le recours pour excès de pouvoir pour permettre aux justiciables d'attaquer une décision administrative. En effet, aux termes[696] de la loi de 2006 portant organisation et fonctionnement des tribunaux administratifs, « le contentieux administratif comprend : les recours en annulation pour excès de pouvoir et, en matière non répressive les recours incidents en appréciation de la légalité. Est constitutif d'excès de pouvoir au sens du présent article : le vice de forme, l'incompétence la violation d'une disposition légale ou réglementaire, le détournement de pouvoir ». AUBY et DRAGO définissent le recours pour excès de pouvoir comme : « un recours tendant à l'annulation d'une décision administrative et fondé sur la violation par cette décision d'une règle de droit »[697]. Il existe donc 2 types d'illégalités[698] qui conduisent au recours pour excès de pouvoir : les illégalités externes à l'acte administratif[699] et les illégalités internes audit acte[700]. Les illégalités externes concernent l'incompétence et le vice de forme et de procédure. L'incompétence de l'auteur de l'acte peut être matérielle, territoriale ou temporelle. L'incompétence signifie que l'autorité administrative qui a pris la décision portant grief n'avait pas qualité pour la prendre. En ce qui concerne le vice de forme[701] et de procédure, elle constitue l'irrégularité des formalités des procédures auxquelles était assujetti l'accomplissement de l'acte administratif »[702]. Les illégalités internes liées à l'acte concernent la violation de la loi et le détournement de pouvoir. La violation d'une disposition légale ou réglementaire concerne les erreurs de faits et les erreurs de droit que l'on peut retrouver dans l'acte administratif unilatéral. Quant au détournement de pouvoir, il n'a de sens que si l'autorité administrative a utilisé ses pouvoirs à des fins autres que celles pour lesquelles ces pouvoirs lui ont été confiés. Il y a donc « détournement de pouvoir lorsqu'une autorité administrative accomplit un acte

---

694 CARTIER-BRESSON (A), *Le recours pour excès de pouvoir devant le juge de cassation*, Editions Panthéon-Assas, janvier 1998, 140 P.

695 DE LA MARDIERE (C), *Recours pour excès de pouvoir et contentieux administratif de l'impôt*, Thèse, LGDJ, mai 2002, 360 P.

696 Voir article 2(3) de la loi de 2006 portant organisation et fonctionnement des tribunaux administratifs.

697 AUBY et DRAGO, *Traité de contentieux administratif*, Tome 2, P.137.

698 CHARITE (M), « Les cas d'ouverture du recours pour excès de pouvoir dirigé contre les actes réglementaires » in *Revue générale du droit*, N°43928, 2019, P.43928.

699 Voir NGOLE (P, J), *Eléments de contentieux administratif camerounais*, édition l'harmattan, 2010, P164.

700 NGOLE(P), *Op.cit.*, édition l'harmattan, 2010, P167.

701 LEMIEUX (D), « Procédure et formes de l'acte administratif unilatéral en droit français, par René HOSTIOU, préface de Georges DUPUIS, Paris, L.G.D.J, 1975 » in *Les Cahiers de droit*, Vol 17, N°1, 1976, PP. 257-258.

702 DE LAUBADERE (A), *Traité de droit administratif*, 6e édition, P.938.

de sa compétence mais en vue d'un but autre que celui pour lequel l'acte pouvait être légalement accompli »[703].

En ce qui concerne la passation des marchés publics en situation d'urgence simple, en cas de litiges entre soumissionnaires lésés et acheteurs publics le recours pour excès de pouvoir peut être adressé au juge administratif en cas de désaccord entre le comité en charge de l'examen des recours et le demandeur. Ce recours est dressé contre tous les actes détachables antérieurs ou postérieurs à la passation des marchés publics en situation d'urgence simple. Ce recours peut donc être introduit dans toutes les phases de la passation des marchés publics en situation d'urgence simple. Il peut aller du dépôt des offres à la signature du marché. Pour cela, nous allons relever les irrégularités qui peuvent conduire au recours pour excès de pouvoir. Ces irrégularités seront énumérées en fonction des différentes phases de ladite passation des marchés publics. en effet, entre la publication de l'avis d'appel d'offres et l'ouverture des plis, les hypothèses litigeuses sont les suivantes : la non publication de l'avis d'appel d'offres ou sa publication non conforme (publication dans les revues non habilitées ou alors via des mécanismes non autorisés), le non-respect des délais réglementaires pour la remise des offres (entre 25 et 58 jours, 20 jours pour les cas d'urgence simple et de 90 jours pour les appels d'offres internationaux), l'indisponibilité du dossier d'appel d'offres, vente irrégulière du DAO, refus de communiquer le DAO ou tout autre document auquel a droit un soumissionnaire, DAO non conforme ou insuffisamment constitué (manque de certaines pièces ou renseignements obligatoires et essentiels), la diffusion de faux renseignements dans l'avis d'appel d'offres (AAO) (lieux et heure de procuration du DAO, références de l'appel d'offres (AO), type d'appel d'offres, nombre de lots le cas échéant…) , le non-respect de la procédure d'appel d'offres restreint, le refus de recevoir l'offre des soumissionnaires, l'heure d'ouverture des plis au-delà du délai réglementaire (1h au plus tard après la clôture de la phase de réception des offres. Cette pluie d'irrégularités peut entacher l'étape comprise entre la publication de l'avis d'appel d'offres et l'ouverture des plis. Par ailleurs, dans la phase de l'ouverture des plis, les hypothèses litigieuses sont les suivantes : commission de passation des marchés irrégulièrement constituée (absence du président ou du secrétaire, présence d'un membre frappé d'incompatibilité, remplacement d'un membre par une personne extérieure à la commission de passation des marchés), non satisfaction aux vérifications préalables par le président avant le lancement de la séance d'ouverture des plis (vérification de ce que les offres sont parvenues dans les délais, que les offres sous plis sont fermées et cachetées), le viol des textes relatifs au déroulement de la séance d'ouverture des plis (non vérification des pièces administratives, admission d'offres déposées hors-délai, non admission des représentants des soumissionnaires dans la salle de réunion, non constitution ou constitution irrégulière de la sous-commission d'analyse, non

703 DE LAUBADERE (A), *Op.cit.,* N°946, P534.

rédaction du procès-verbal (PV) de la séance d'ouverture des plis, rédaction non conforme dudit procès-verbal ou non remise d'une copie signée annexée à la feuille de présence à tous les participants, l'indisponibilité de la fiche de recours durant le déroulement de la séance d'ouverture des plis, la constitution irrégulière de la sous-commission d'analyse des offres (membres non qualifiés ou frappés d'incompatibilité), compromission d'un membre de la commission de passation des marchés publics (collusion, concussion, prise d'intérêt...). Cette pluie d'irrégularités peut être les motifs pour lesquels, les soumissionnaires lésés peuvent introduire un recours pour excès de pouvoir[704] dans la phase d'ouverture des plis. Par ailleurs, en phase comprise entre la publication des résultats et la notification de l'attribution, les hypothèses litigieuses pouvant conduire à l'introduction d'un recours pour excès de pouvoir auprès du juge administratif qui sont les suivantes : non-respect des critères d'attribution, déclaration illégale d'un appel d'offres infructueux, entente illicite entre soumissionnaires et pouvoir adjudicateur, rejet illégal de l'offre des soumissionnaires, adjudication d'un marché à un prestataire sans existence légale ou en faillite, attribution du marché en violation de la réglementation en vigueur (le soumissionnaire retenu ou adjudicataire a fourni des pièces fausses ou irrégulières constatées durant l'ouverture des plis), l'attribution d'un marché à un soumissionnaire non retenu dans la liste de proposition d'attribution établie par la commission de passation des marchés publics, la non remise du rapport de la sous-commission d'analyse des offres, la signature du marché au–delà des délais réglementaires, la signature d'un marché sans visa préalable du contrôleur financier placé auprès du maître d'ouvrage ou du maître d'ouvrage délégué, vice de procédure (une lettre d'éclaircissement d'un soumissionnaire qui opère une modification de l'offre initiale et la rend plus compétitive), l'attribution d'un marché non suivi de sa notification (si on a affaire au soumissionnaire retenu). Au vue de toutes ces irrégularités observées dans toutes les phases de passation des marchés publics en urgence simple, la loi de 2006 portant sur l'organisation et le fonctionnement des tribunaux administratifs a donné un délai légal pour déposer des recours contre les décisions administratives en cas d'échec des recours administratifs. Ceci par la formulation suivante : « Sous peine de forclusion, les recours contre les décisions administratives doivent être introduits dans un délai de soixante (60) jours à compter de la décision de rejet du recours gracieux visé à l'article 17 ci-dessus »[705]. Il est également important de noter que le recours pour excès de pouvoir est non seulement ouvert aux parties contre les actes détachables d'un marché passé en urgence simple mais aussi aux tiers représentant l'une des parties au procès[706]. Ce recours ne peut être possible qu'après épuisement des

[704] CHARITE (M), « Les cas d'ouverture du recours pour excès de pouvoir dirigés contre les actes réglementaires », *op.cit.*, P.43928.

[705] Voir article 18 (1) de la loi N°2006/22 du 29 décembre 2006 fixant l'organisation et le fonctionnement des tribunaux administratifs.

[706] Voir CE, 4 Aout 1905, Martin.

voies de recours non juridictionnels relatifs à la passation des marchés publics en situation d'urgence simple[707]. Il est également important de rappeler que ledit recours doit être introduit avant la signature du contrat et le délai pour déposer le recours pour excès de pouvoir doit obligatoirement être respecté. En effet, en France, aux termes[708] du code de la justice administrative, le délai pour introduire ladite requête est de 2 mois à compter soit de la notification (s'il s'agit d'une décision individuelle) ou de la publication s'il s'agit d'un règlement. Le recours pour excès de pouvoir est même souvent ouvert en absence de texte. L'avocat n'est pas obligatoire mais il est conseillé de prendre un représentant qui pourra défendre la requérant.

Au cours de la passation des marchés publics en urgence simple, le préfet peut demander au juge administratif l'annulation d'un acte détachable pris par une collectivité territoriale décentralisée surtout s'il voit que ledit acte est illégal. C'est ça qu'on appelle le déféré préfectoral.

Au demeurant, le recours pour excès de pouvoir est perceptible dans la passation des marchés publics en urgence simple. Ce recours permet aux soumissionnaires d'obtenir gain de cause face aux irrégularités constatées durant le déroulement de ladite passation. Il permet aussi au préfet d'exercer ce droit. Enfin il permet aux membres de la commission de passation des marchés qui se sont fait suspendre illégalement par l'autorité des marchés publics d'obtenir gain de cause ou d'ester en justice devant une juridiction administrative[709]. Cependant, à ce recours s'ajoute aussi le recours en indemnisation.

2- Le recours en indemnisation.

Tout concurrent ou tout soumissionnaire qui considère qu'il a été irrégulièrement et injustement évincé d'une procédure de passation d'un marché public en urgence simple peut demander la réparation du dommage ou du préjudice qu'il estime avoir subi. En effet, seules les entreprises ayant participé à la procédure litigieuse c'est-à-dire qui ont fait acte de candidature et/ou ont déposé une offre ont le droit d'introduire un recours indemnitaire[710]. Pour que le recours s'assimile en véritable recours indemnitaire[711], les soumissionnaires évincés doivent se contenter de réclamer l'indemnisation[712] du préjudice subi. Dans ce cas, ils n'ont pas l'obligation d'introduire leur recours

---

707 Voir article 123 du décret N°2015-0604/P-RM du 25 septembre 2015 portant code des marchés publics et de délégations de service public.

708 Voir article R421-1 du code de la justice administrative en France.

709 Voir affaire kouekam justin C/Etat du cameroun (premier ministère).

710 COLLECTIF, *Responsabilité, indemnisation et recours*, Anthemis, 2017, 288 P.

711 BELRHALI H., *Responsabilité administrative*, LGDJ, 26 septembre 2017, 416 P.

712 FRANK (A), *Le droit de la responsabilité administrative à l'épreuve des fonds d'indemnisation*, op.cit., 464 P.

dans un délai de deux mois à compter de l'accomplissement des mesures de publicité appropriée comme c'est le cas en France. Mais ils peuvent introduire leur requête pendant 4 ans à compter du 1er janvier suivant l'année à laquelle le préjudice a été subi. Ceci conformément à la réglementation française. Au Cameroun, le requérant a 6 mois[713] pour déposer son recours en indemnisation suivant la réalisation du dommage ou sa connaissance. L'entreprise requérante ne peut pas directement saisir le juge administratif d'une requête indemnitaire. Elle doit au préalable mettre en demeure l'acheteur public ou pouvoir adjudicateur de lui verser la somme correspondant au préjudice subi par l'intermédiaire d'une « demande préalable indemnitaire ». Cette demande préalable doit être adressée au pouvoir adjudicateur par courrier avant la saisine du juge administratif. Si l'entreprise a omis d'adresser cette demande et a saisi le juge administratif, elle doit régulariser immédiatement son recours avant que l'acheteur public ne soulève l'irrecevabilité devant le juge.

Le juge administratif indemnise une entreprise de son manque à gagner en fonction de l'évaluation des chances du candidat à l'obtention du marché. Il existe donc deux motifs pour lesquels le requérant soumissionnaire peut demander réparation : l'entreprise doit être dépourvue de toute chance d'obtenir ou de gagner le marché et il faudrait aussi déterminer "le manque à gagner du candidat". L'indemnisation du candidat ou soumissionnaire évincé sur le fondement de la responsabilité quasi-délictuelle de l'administration est admise par le juge administratif tout en étant conditionnée à l'existence de sa perte de chance d'obtenir le marché public. Les conditions de mise en œuvre de cette responsabilité ont été rappelées par le conseil d'Etat français dans un considérant de principe d'un arrêt du 27 janvier 2006, commune d'Amiens : « lorsqu'une entreprise candidate à l'attribution d'un marché public demande la réparation du préjudice né de son éviction irrégulière de ce marché, il appartient au juge de vérifier d'abord si l'entreprise était dépourvue de toute chance de remporter le marché ; que, dans l'affirmative, l'entreprise n'a droit à aucune indemnité ; que dans la négative, elle a droit en principe au remboursement des frais qu'elle a engagés pour présenter son offre ; que dans le cas où l'entreprise avait des chances sérieuses d'emporter le marché , elle a droit à l'indemnisation de l'intégralité du manque à gagner qu'elle a subi"[714]. Autrement dit, au cas où le candidat n'était pas dépourvu de chance de remporter le marché sans avoir toutefois des chances sérieuses, il n'a droit qu'au remboursement des frais dépensés pour présenter son offre[715]. Par contre, si le candidat avait des chances sérieuses d'être retenu, il a le droit d'être indemnisé du manque à gagner qui inclut nécessairement les frais de présentation de l'offre[716]. Par

---

[713] Voir article 17(3-b) de la loi de 2006 fixant l'organisation et le fonctionnement des tribunaux administratifs.

[714] Voir CE, 27 janvier 2006, Commune d'Amiens, N°259374, rec. P32 ; CE, 18 juin 2003, Groupement d'entreprises solidaires ETPO Guadeloupe, N°249630, rec. T. P 865.

[715] Voir CE, 3 juillet 1968, Lavigne, rec.P1000.

[716] Voir CE, 13 mai 1970, Monti C/Commune de Ranspach, rec. P22.

ailleurs, en ce qui concerne la détermination du « manque à gagner » du candidat, le juge administratif prend en compte le bénéfice qui pouvait être normalement attendu de l'exécution du marché, en tenant compte par exemple de l'intensité de la concurrence[717]. L'évaluation du manque à gagner porte sur le bénéfice net avant la déduction de l'impôt sur les sociétés[718]. Cette réparation inclut nécessairement, en l'absence de stipulation contraire du marché, les frais de présentation de l'offre intégrés dans les charges de l'entreprise mais excluant le remboursement de ses frais généraux qui seraient affectés à ce marché[719]. Le candidat ou soumissionnaire évincé ne peut se prévaloir d'aucun droit à l'indemnité en absence de tout lien de causalité direct entre les irrégularités ayant entaché la procédure d'attribution du marché et le préjudice invoqué par lui[720].

Le juge administratif accordera une indemnité en fonction des éléments qui ressortent des pièces du marché et de l'argumentation développée. Pour ce type de recours, il est donc recommandé au requérant soumissionnaire de réclamer au préalable la communication des pièces du marché et notamment le rapport d'analyse des offres. En effet, c'est sur la base des informations contenues dans ce document que l'entreprise écartée pourra démontrer au juge administratif qu'elle avait des chances sérieuses d'obtenir le marché au lieu et place de l'entreprise attributaire. Cette procédure peut aussi être engagée par l'entreprise déclarée attributaire mais dont le contrat ou marché est ensuite annulé sur recours d'un candidat évincé. Par conséquent, le préjudice sera très facile à démontrer. Si le pouvoir adjudicateur ou acheteur public n'avait pas commis d'irrégularité, l'entreprise évincée pourrait poursuivre l'exécution de ce marché. Elle a le droit de réclamer le manque à gagner.

Au demeurant, le recours en indemnisation est perceptible dans la passation des marchés publics en situation d'urgence simple en cas de litiges opposant le soumissionnaire évincé au pouvoir adjudicateur. Ceci n'est possible que s'il y a perte de chance et manque à gagner de la part de l'entreprise lésée au vue des irrégularités constatées pendant le déroulement de la passation des marchés publics en urgence simple. Cependant, à ce recours contentieux, s'ajoute aussi le recours de plein contentieux ou de pleine juridiction.

3- Le recours de plein contentieux

Tout concurrent ou tout soumissionnaire qui considère qu'il a été irrégulièrement et injustement écarté d'une procédure de passation des marchés

---

717 Voir CE, 10 janvier 1986, société des travaux du Midi, N°41778, rec.T.P 701.
718 Voir CE, 19 janvier 2015, Sté Spie Est, N°384653, rec.T.
719 Voir CE, 08 février 2010, Commune de la Rochelle, N° 314075, rec. P.14.
720 Voir CE, 10 Juillet 2013, cie martiniquaise de transport, N° 362777, rec.T. Consultation proposée par maître Simon Williamson, avocat au barreau de Paris, Docteur en droit.

publics en urgence simple peut introduire un recours de plein contentieux auprès du juge administratif. On l'appelle encore le recours de pleine juridiction. C'est un recours qui est né de la décision du conseil d'Etat du 04 mars 2014 concernant l'affaire Tarn et Garonne. En effet, il s'agit d'un recours qui intervient après la signature du marché et qui permet de contester la validité du contrat ou de certaines de ses clauses. C'est un recours qui est non seulement ouvert aux soumissionnaires lésés mais aussi aux tiers au contrat. Grâce à ce recours, le requérant peut demander plusieurs choses à la fois c'est-à-dire l'annulation de la procédure de passation des marchés publics en urgence simple, l'indemnisation ou réparation du préjudice subi. Deux grands points seront donc analysés ici : les pouvoirs étendus du juge administratif et les conditions d'exercice ou de recevabilité du recours de plein contentieux ou recours Tarn-et- Garonne. En effet, les pouvoirs du juge sont plus importants et plus diversifiés dans le contentieux de pleine juridiction. L'arrêt d'assemblée du conseil d'Etat Tarn-et-Garonne a mis en place un nouveau recours susceptible d'être introduit par l'ensemble des tiers à un contrat y compris les soumissionnaires lésés afin de leur ouvrir la possibilité de contester les actes détachables de la passation des marchés publics tant en situation normale qu'en situation d'urgence simple[721]. Ce recours « doit être exercé y compris si le contrat contesté est relatif à des travaux publics, dans un délai de deux mois à compter de l'accomplissement des mesures de publicité appropriées, notamment au moyen d'un avis mentionnant à la fois la conclusion du contrat et les modalités de sa consultation dans le respect des secrets protégés par la loi »[722]. Le juge dispose des pouvoirs étendus qu'il utilise en fonction de la nature du vice entachant le contrat de marché public et des motifs tirés de la préservation de la sécurité juridique et de l'intérêt général tels que la continuité du service public. En effet, le juge administratif peut arrêter une procédure de passation des marchés publics à tous les stades, il peut annuler un contrat de marché public si cela ne porte pas excessivement atteinte à l'intérêt général. Il peut demander et ordonner réparation du dommage subi par les soumissionnaires lésés pendant le déroulé de la passation des marchés publics en urgence simple. Il peut décider de la poursuite de l'exécution du marché. Il peut inviter les parties à prendre des mesures de régularisation dans un délai qu'il fixe. En cas d'irrégularités qui ne peuvent être couvertes par une mesure de régularisation et ne permettant pas la poursuite de l'exécution du marché, le juge du plein contentieux peut prononcer le cas échéant avec un effet différé et après avoir vérifié que sa décision ne porte pas atteinte excessive au service public la résiliation du contrat. Si le marché a un contenu illicite ou s'il se trouve affecté d'un vice de consentement ou de tout autre vice d'une particulière

---

[721] Il s'agit des actes relatifs au choix du contractant ou au choix du soumissionnaire, la décision ou délibération autorisant la conclusion du contrat et la décision de signer. Confer CE ass, 4 avril 2014, Département du Tarn et Garonne, N° 358994, rec.P70.

[722] Ibid, Enoncé présenté par le droit français concernant le recours de pleine juridiction dans le contentieux relatif à la passation des marchés publics.

gravité, le juge peut prononcer l'annulation totale ou partielle du contrat. Ceci après avoir vérifié que sa décision ne portera pas une atteinte excessive à l'intérêt général. De plus, le candidat évincé qui avait une chance d'obtenir ou de gagner le marché peut dans le cadre de ce recours présenter des conclusions indemnitaires « à titre accessoire ou complémentaire à ses conclusions à fin de résiliation ou d'annulation du contrat »[723].

S'agissant des conditions de recevabilité du recours de plein contentieux, elles sont restreintes. En effet, ledit recours est ouvert aux soumissionnaires lésés et à tout tiers au marché. Il est ouvert auxdits tiers à la seule condition que celui-ci soit susceptible d'être lésé dans ses intérêts de façon suffisamment directe et certaine par sa passation ou ses clauses. Cela signifie que toute personne peut engager ce recours même si elle n'a pas été candidate ou soumissionnaire au marché. Elle peut être susceptible d'être lésée dans ses intérêts si par exemple, elle n'a pas été admise à présenter son offre alors qu'elle avait un intérêt à le faire. Le conseil d'Etat français a également étendu le champ d'arguments sur lesquels un tiers au marché peut se baser pour demander l'annulation du contrat. Dans son arrêt du 30 juin 2017, il a confirmé que les tiers peuvent contester le refus de l'acheteur d'accéder à leur demande de mettre fin à l'exécution du contrat. Si tous les tiers au contrat peuvent introduire le recours de plein contentieux, sa recevabilité suppose que ces derniers à l'exception de certains tiers privilégiés (le préfet et les membres des organes délibérants collectivités territoriales et leurs groupements) démontrent ou doivent démontrer que leurs intérêts sont menacés par le contrat en cause. En d'autres termes, les requérants ne sont recevables à invoquer que des vices en rapport direct avec l'intérêt lésé dont ils se prévalent ou des vices d'une particulière gravité[724]. La haute juridiction est aussi venue préciser que : « le tiers agissant en qualité de concurrent évincé de la conclusion d'un contrat administratif ne peut ainsi, à l'appui d'un recours contestant la validité de ce contrat, utilement invoquer, outre les vices d'ordre public que les manquements aux règles applicables à la passation de ce contrat qui sont en rapport direct avec son éviction »[725]. Autrement dit le recours de plein contentieux ne porte pas seulement sur les manquements aux règles de publicité et de mise en concurrence mais aussi aux irrégularités ou vices visant à perturber et troubler les moyens d'ordre public y compris l'intérêt général. Le conseil d'Etat français a fixé le délai de recours de pleine juridiction contre un contrat à deux mois à compter des mesures de publicité appropriées.

Le respect des clauses fixées dans le dossier de consultation des entreprises constitue aussi une condition importante pour introduire le recours de pleine

---

723 CE, Avis, 11 mai 2011, Société Rébillion Schmid, N°347002.

724. CAA Versailles, 10 décembre 2015, société Ozone, N°13VE02037.

725 CE, Sect, 5 février 2016, N°383149, Rec. Lebon. Cf. aussi, CAA Versailles, 7 avril 2016, N°14 VE00709.

juridiction. En effet, pour éviter les irrégularités dans les procédures de passation des marchés publics, les pouvoirs adjudicateurs et les opérateurs économiques sont tenus de respecter les clauses fixées au préalable dans le dossier de consultation. Ainsi, le non-respect de cette mesure peut conduire non seulement à une résiliation du contrat de la part du pouvoir adjudicateur mais aussi de celle prononcée par le juge administratif. Dans cette optique, un candidat a la possibilité de porter plainte devant le juge administratif s'il se voit écarté et constate la présence d'un défaut de procédure. Si le dossier de consultation ne stipule pas par exemple le recours à la procédure négociée, le pouvoir adjudicateur ne doit pas en user pour sélectionner les candidats. Cette condition est indispensable pour éviter les situations conflictuelles au maximum.

Au demeurant, les recours contentieux sont conservés en cas de litiges nés de la passation les marchés publics en urgence. Ils sont au nombre de 3 à savoir le recours pour excès de pouvoir, le recours en indemnisation et le recours de pleine juridiction[726] ou de plein contentieux. Cependant, le juge de l'urgence peut aussi imposer des recours contentieux en cas de litiges nés de la passation des marchés publics en urgence simple. Ces recours sont au nombre de deux : le référé précontractuel et le référé contractuel.

A- l'identification des recours dans le contentieux de l'urgence

Le juge de l'urgence peut aussi être saisi en cas de litiges nés de la passation des marchés publics en situation d'urgence simple. C'est généralement un juge unique qui statue seul, ça peut être le président d'un tribunal administratif. En effet, le soumissionnaire qui s'estime lésé au cours de ladite passation peut introduire deux types de recours d'urgence à savoir : le référé précontractuel (1) et le référé contractuel (2).

1- Le référé précontractuel

Le référé précontractuel[727] permet d'obtenir l'annulation du marché public ou la régularisation de la procédure lorsque celle-ci n'a pas respecté les obligations de publicité et de mise en concurrence. C'est un recours qui permet de contester rapidement la passation des marchés publics en situation normale ou en situation d'urgence simple. Comme son nom l'indique ce recours doit être introduit avant la signature du marché public par le requérant. Les personnes pouvant prétendre à déposer du référé précontractuel sont celles qui ont un intérêt à conclure le contrat ou le marché et qui sont susceptibles d'être lésés par les manquements aux obligations de publicité et de mise en concurrence.

---

726 COSSALTER (P), *Le plein contentieux devant les juridictions administratives*, op.cit., 76 P.

727 Voir « section 1 » du décret français N°2009-1456 du 27 novembre 2009 relatif aux procédures de recours applicables aux contrats de la commande publique.

Ces personnes peuvent être non seulement les soumissionnaires mais aussi les personnes publiques. Le régime du référé précontractuel est défini aux dispositions[728] du code français de justice administrative. Peuvent donc saisir le juge du référé précontractuel : les candidats évincés à tout stade de la procédure de passation des marchés publics, les candidats potentiels que la violation des obligations de publicité et de mise en concurrence a dissuadé de soumissionner. Le juge du référé précontractuel peut être saisi jusqu'à la signature du contrat ou du marché. Après ladite signature, la requête est irrecevable. L'exercice du référé précontractuel suspend automatiquement la procédure de passation des marchés publics tant en situation normale qu'en situation d'urgence simple. À compter de la saisine du juge, le contrat ne peut plus être signé jusqu'à ce que le pouvoir adjudicateur soit notifié par une décision juridictionnelle. Si le pouvoir adjudicateur signe le contrat sans respecter la suspension, le candidat évincé peut transformer son référé précontractuel en référé contractuel[729]. Le juge statue dans un délai maximum de 20 jours en France. Ceci à compter de sa saisine et son ordonnance est susceptible d'un recours en cassation devant le conseil d'Etat dans les 15 jours de sa notification. Doté de prérogatives d'un juge du fond, le juge du référé précontractuel peut ordonner au pouvoir adjudicateur de se conformer à ses obligations. Il peut également suspendre et annuler l'exécution de toute décision qui se rapporte à la passation du contrat. Le juge de l'urgence peut aussi supprimer les clauses ou prescriptions destinées à figurer dans le contrat. Par conséquent, le juge peut ordonner de recommencer toute la procédure ou de la reprendre là où le manquement est apparu et exiger la réintégration d'un candidat évincé ou imposer la communication des motifs de rejet. Un manquement concernant l'élaboration même des offres est sanctionné par l'annulation de l'ensemble de la procédure de passation[730]. Il en va ainsi de l'irrégularité du choix des critères de jugement des offres[731] alors qu'un manquement se rapportant à la seule phase de sélection des offres ne peut entrainer qu'une annulation de la procédure à compter de l'examen de ces offres[732].A l'encontre des entités adjudicatrices, le juge ne dispose que d'un pouvoir d'injonction sous astreinte[733].

Au demeurant, le soumissionnaire lésé peut introduire un référé précontractuel pour contester la procédure née de la passation des marchés publics en urgence en raison des manquements observés ou des irrégularités constatées. Ceci pour soit annuler rapidement ladite procédure soit la régulariser. Cependant, à ce recours s'ajoute aussi le référé contractuel.

---

728 Voir les articles L 551-1, L551-12 et les articles R.551-1 à R.551-2 du code français de la justice administrative.

729 Voir CE, 10 novembre 2010, France Agrimer, N°340944 rec.T.

730 CE, 23 novembre 2011, Département des Bouches- du-Rhône, N° 350519, Rec.T.

731 CE, 13 juin 2016, Société Latitudes, N°396403.

732 CE, 23 mars 2012, Caisse des écoles de la commune de Six-Fours-Les-plages, N°355439.

733 CJA, L551-6.

2- Le référé contractuel

Comme son nom l'indique, le référé contractuel[734] est un recours d'urgence qui intervient après la signature du marché et qui permet de contester la procédure de passation dudit marché. C'est un marché qui est ouvert uniquement aux candidats ou soumissionnaires évincés. En France, il doit être introduit dans un délai de 31 jours à compter de la publication d'un avis d'attribution. Dans le cas où aucun avis d'attribution n'est publié, c'est un délai de 6 mois qui commence à compter de la conclusion ou signature du contrat pour introduire le référé contractuel. Ce recours codifié aux dispositions[735] du code de justice administrative, est le pendant après signature du contrat, du référé précontractuel. Il permet aussi de sanctionner les manquements aux règles de publicité et de mise en concurrence mises en exergue après la signature du contrat. Le juge administratif pourra suspendre l'exécution du contrat pendant la durée de l'instance, à moins qu'il n'estime que les inconvénients liés à l'arrêt de la procédure ne soient tellement importants qu'il vaut mieux dans l'intérêt de tous, maintenir l'exécution du contrat. Il pourra prononcer la nullité du contrat lorsque l'une des mesures de publicité requises pour sa passation n'a pas été prise ou lorsqu'a été omise une publication au journal officiel des marchés publics. Le juge pourra aussi dans une moindre mesure réduire la durée du marché, appliquer une pénalité financière si la nullité du contrat n'est pas envisageable pour des raisons impérieuses d'intérêt général. Le référé contractuel concerne les procédures de passation des contrats administratifs ayant pour objet l'exécution des travaux, la livraison des fournitures et la prestation des services avec une contrepartie consistant en un prix, un droit d'exploitation ou une délégation de service public.

Le référé contractuel diffère du référé précontractuel quant à son domaine d'application. En ce qui concerne son champ d'application, le référé contractuel permet d'agir en cas de manquements aux règles de publicité, aux règles de mise en concurrence, au délai d'attente, à la suspension de la signature du contrat pendant la durée d'un référé précontractuel. Le référé contractuel vient donc en renfort au référé précontractuel qui au préalable n'a pas été respecté concernant sa décision de justice. Pour cela, afin d'éviter les abus, le code français de justice administrative[736] interdit le recours au référé contractuel lorsqu'un référé précontractuel a été engagé, si le pouvoir adjudicateur a respecté son obligation de ne pas signer le marché ou le contrat pendant le référé précontractuel et a respecté la décision de justice. Peuvent exercer ce recours les personnes qui ont intérêt à agir c'est-à-dire à conclure ce contrat et qui sont lésées par un manquement aux règles de publicité et de mise en concurrence. A côté de

[734] Voir « section2 » du décret français n°2009-1456 du 27 novembre 2009 relatif aux procédures de recours applicables aux contrats de la commande publique.
[735] Voir articles L551-13 à L551-23 du code français de justice administrative.
[736] Voir article 551-14 du code français de justice administrative.

celles-ci, peuvent également exercer ce recours le préfet dans le cadre de son contrôle de la légalité. Les décisions de justice qui y sont prononcées constituent des ordonnances formulées par le président du tribunal administratif ou d'un magistrat délégué. Ces décisions peuvent être attaquées devant le conseil d'Etat français dans un délai de 15 jours à compter de la notification de l'ordonnance.

Au demeurant, les marchés publics qui sont passés en situation d'urgence simple conservent les recours en cas de litiges opposant les soumissionnaires lésés au pouvoir adjudicateur. Ces recours sont au nombre de deux à savoir : les recours administratifs et les recours contentieux. Ces recours peuvent être intentés dans tous les stades de la passation des marchés publics en situation d'urgence simple. Ces recours contribuent à la sécurité des droits des co-contractants de l'administration. Cependant, à ces recours s'ajoute aussi la sauvegarde des modes de règlement des différends.

Section 2 : La sauvegarde des modes de règlement des différends

La passation des marchés publics en situation d'urgence simple est susceptible de générer des litiges dont la résolution peut être délicate. Dans le souci de parvenir à la résolution du différend, les partisans au litige peuvent décider de se référer à deux solutions. Soit ils se réfèrent aux modes non juridictionnels de résolution des litiges (paragraphe1) soit lesdites parties se font imposer un règlement juridictionnel (paragraphe2).

Paragraphe 1 : La préservation des modes alternatifs de règlement des différends liés aux marchés publics

On entend par modes alternatifs de règlement des différends, des procédés qui ont pour objet la résolution du conflit en dehors de l'institution judiciaire. Ainsi, parler du règlement non juridictionnel des différends relatifs aux marchés publics revient à présenter les modes alternatifs de règlement à l'amiable des litiges. Ces modes sont consacrés à l'article 187 du décret de 2018 portant code camerounais des marchés publics[737]. En effet, selon ledit décret[738], le règlement à l'amiable constitue la procédure de droit commun en matière de règlement des litiges relatifs aux marchés publics. Ce qui signifie que les parties au litige né de la passation des marchés publics en urgence simple peuvent s'étendre librement pour résoudre à l'amiable leurs conflits. Différents mécanismes de règlement non juridictionnels des litiges sont actuellement à la disposition des

---

[737] Aux termes de l'article187(1) du décret de 2018 portant code camerounais des marchés publics, les litiges résultant des marchés publics peuvent, en tant que de besoin, faire l'objet d'une tentative de règlement à l'amiable.

[738] Voir article 187 (2) du même décret.

parties et peuvent le cas échéant se compléter. Il s'agit de la médiation (A), de la transaction (B), de la conciliation (C), et de l'arbitrage (D).

A- La médiation

Le terme médiation vient du latin « mediatio» qui signifie intervention et est dérivé de « medium » qui signifie milieu ou lien. Au sens ordinaire la médiation est une entremise qui a pour objectif la facilitation d'un accord, un accommodement entre les parties ou des personnes ayant un différend. En droit des marchés publics, le terme médiation est présent aussi bien dans le contentieux de la passation par appel d'offres que dans le contentieux de l'exécution desdits marchés. En effet, lorsqu'il y a un conflit dans l'application d'une clause du contrat dans le déroulement d'un marché public, le titulaire du marché et le pouvoir adjudicateur peuvent solliciter la médiation des entreprises. La médiation peut aussi intervenir pendant la procédure de passation d'un marché public normal ou en situation d'urgence simple. En droit des marchés publics, la médiation est un processus par lequel le médiateur agit comme une tierce partie sans pouvoir décisionnel afin d'aider les parties qui en ont exprimé la volonté à trouver une solution mutuellement acceptable à leur différend. Toute entreprise ou acheteur public peut saisir le médiateur des entreprises afin de résoudre entre clients ou fournisseurs d'un marché privé ou d'une commande publique : les conflits commerciaux ou des difficultés contractuelles ou relationnelles que ce soit entre partenaires privés ou entre acteurs publics et privés.

Les entreprises ont le choix entre 3 types de médiation à savoir la médiation individuelle, la médiation collective et la médiation de branche. On parle de médiation individuelle lorsqu'une entreprise entre seule en médiation contre le maître d'ouvrage ou son client. On parle de médiation collective lorsque plusieurs entreprises peuvent se regrouper si elles rencontrent les mêmes difficultés vis-à-vis d'un même client qu'est le maître d'ouvrage. La médiation de branche est une branche professionnelle contre un autre secteur d'activité. Donc en conclusion, on parle de médiation individuelle lorsqu'une entreprise décide de choisir un seul médiateur et de médiation collective lorsque plusieurs entreprises décident de se regrouper pour choisir un médiateur face au donneur d'ordre public

.

La médiation vise à convaincre les parties de renouer le dialogue afin qu'elles s'accordent sur une solution commune donnant lieu à un protocole d'accord signé par les deux parties. Pendant le déroulement de la médiation, on choisit le médié (l'organisme saisissant) afin d'affiner l'objet de sa demande et les conditions dans lesquelles la médiation pourra se dérouler. Le médiateur a pour mission de diffuser les bonnes pratiques dans les relations commerciales entre acheteurs publics et opérateurs économiques. Le médiateur n'est ni juge, ni arbitre, ni conciliateur. Il agit comme un intervenant neutre, impartial et indépendant afin d'aider les parties à trouver une solution mutuellement acceptable à leur différend. Le médiateur s'emploie à créer des conditions qui facilitent et permettent le rétablissement des relations durables entre les parties. En effet, il contribue à l'information et à la compréhension mutuelle des parties sur leur situation respective. Il contribue à une négociation franche et efficace. Il participe aussi à la conclusion par les parties, sur la base d'un libre consentement, d'une transaction, un protocole ou encore un accord donnant effet, si nécessaire, aux solutions identifiées. Pour Jean-lou Blachier[739], la médiation des marchés publics répond à la nécessité d'améliorer les pratiques d'achat entre les entreprises et les acheteurs publics et de faire de la commande publique un véritable levier de croissance. En effet, il veut dire que la médiation des marchés publics joue un rôle important en termes de pédagogie entre acheteurs publics et entreprises, permettant entre ces différents protagonistes un dialogue mais aussi une écoute de façon à conserver et favoriser la communication entre eux de manière à prévenir tout type de conflits qui pourraient surgir dans le cadre de leur relation. Cette médiation des marchés publics revêt un intérêt particulier pour les entreprises lorsqu'elle est initiée lors de l'attribution du marché puisqu'elle permet de mettre en œuvre « un espace de dialogue et de compréhension mutuelle » de manière à prévenir un recours au juge.

Au demeurant, les parties dont le litige est né de la passation des marchés publics en situation d'urgence simple peuvent recourir à la médiation afin d'éviter un règlement juridictionnel. Cependant, celles-ci peuvent également recourir à une transaction.

B- La transaction.

La transaction est un mode de règlement à l'amiable dans les litiges relatifs aux marchés publics. C'est le résultat d'une conciliation et d'une médiation réussies. En droit privé comme en droit public, la transaction est un contrat[740] écrit permettant aux parties de terminer une contestation née ou de prévenir une contestation à naître. La transaction est beaucoup plus répandue dans le contentieux de l'exécution des marchés publics. Cependant, elle peut aussi intervenir dans le contentieux de la passation par appel d'offres car du moment où la médiation y réussit, cela peut conduire à une transaction entre soumissionnaires lésés et maître d'ouvrage. En effet, la transaction comporte trois éléments constitutifs : une situation litigieuse, des concessions réciproques et une convention de règlement. Le contrat de transaction doit être fondé sur un litige en cours ou à venir mais qui présente un caractère certain, le différend hypothétique n'est pas possible ou envisageable. La transaction interdit aux

[739] BLACHIER Jean-Lou est un médiateur national des marchés publics.
[740] Voir article 2044 du code civil.

personnes publiques toutes libéralités mais autorise une indemnité transactionnelle réparant un préjudice. Les concessions réciproques ne sont pas nécessairement équivalentes. Cela signifie que la transaction se traduise par la renonciation pure et simple de l'une des parties à ses droits ou prétentions.

« Une mauvaise transaction vaut mieux qu'un bon procès ». Ce célèbre adage attribué dans le milieu judicaire, l'Etat l'a fait sien et contribue depuis des années au règlement amiable des conflits qui se concrétisera par une transaction. Si le recours à la transaction ne peut constituer un mode courant de gestion des litiges nés des contrats, son emploi présente de nombreux avantages. En effet, la transaction facilite un règlement rapide et amiable des différends. Elle permet une gestion économe des deniers publics et allège la charge de travail des juridictions. Elle oblige les parties à exécuter les termes du contrat afin de régler définitivement leur litige. En ce sens, la transaction présente un caractère extinctif. Elle empêche ainsi tout recours juridictionnel ultérieur qui porterait sur le même litige. Comme tout contrat, la transaction se fait aussi signer par les parties. Et une fois la transaction signée, les termes contenus dans la transaction s'imposent aux parties. Autrement dit la transaction devient exécutoire non seulement entre les parties mais également à l'égard des tiers. L'objectif de la transaction est de mettre fin au litige.

Au demeurant, la transaction est perceptible aussi bien dans le contentieux de l'exécution des marchés publics que dans le contentieux de la passation par appel d'offres. Mais ce n'est pas le seul mode de règlement à l'amiable des différends car s'ajoute aussi la conciliation (C).

C- La conciliation

Etymologiquement, le terme conciliation vient du latin « conciliare » qui signifie unir, réunir, rendre bienveillant. On parle de conciliation lorsque l'acheteur public et le titulaire du marché ou soumissionnaire lésé peuvent en cas de litige faire appel à un tiers conciliateur. Autrement dit, on parle de conciliation lorsqu'on a affaire à un arrangement amiable auquel parviennent des personnes en conflit au besoin ou avec l'aide d'un tiers. En effet, il existe deux types de conciliation : La conciliation informelle et la conciliation institutionnalisée. On parle de conciliation informelle lorsque les stipulations du contrat, une loi ou un avis d'appel d'offres peuvent instaurer la procédure de conciliation en cas d'un éventuel litige. Ici, c'est le conciliateur qui organise la procédure de conciliation. Il y a donc une liberté d'organisation, de choix du conciliateur, qui peut donner un caractère facultatif ou obligatoire à ce recours à la conciliation. La procédure débouche sur une proposition ou une décision. La seule limite est que quel que soit ce qui sera pris comme décision, celle-ci ne fera pas obstacle à ce qu'il y ait une saisine du juge administratif.

La conciliation peut aussi être institutionnalisée. Cette version de conciliation peut s'identifier à travers deux autres types de conciliation à savoir la conciliation judiciaire[741] et la saisine d'un organe de règlement amiable des différends[742]. En effet, on parle de la conciliation judiciaire lorsqu'il s'agit de choisir le juge administratif comme conciliateur. Les présidents de juridiction peuvent organiser une mission de conciliation à la demande des parties en litige. Par ailleurs, la saisine d'un organe de règlement amiable des différends est une spécificité contractuelle en droit des marchés publics existant depuis a fin du 19e siècle. Au plan national et particulièrement en France, on parle du comité de règlement amiable des différends. Au plan international, on parle de l'organe de règlement des différends au sein de l'organisation mondiale du commerce. Ce ne sont pas des instances arbitrales. Il ne s'agit non plus des juridictions mais des organismes consultatifs. Ces organismes peuvent être saisis de tous différends survenus au cours de la passation et de l'exécution d'un marché public pour rechercher les éléments de fait et de droit en vue d'une solution amiable et équitable. La conséquence est que rien n'oblige les parties à suivre l'avis rendu par ces organismes statuant en fait et en droit. Cependant, au cas où les parties respectent ledit avis, la conciliation réussit et aboutira à la rédaction d'une transaction.

En fin de compte, la conciliation est mode de règlement à l'amiable des différends nés des marchés publics. Cependant, à celle-ci, s'ajoute aussi l'arbitrage.

D- L'arbitrage

Etymologiquement, le terme arbitrage vient du latin « arbiter » qui signifie spectateur, témoin, arbitre, maître qui dispose à son gré. Au sens ordinaire l'arbitrage est le fait d'arbitrer, de régler un différend en le soumettant à la décision d'un tiers, l'arbitre. En droit, l'arbitrage est une procédure qui permet de soumettre un différend à un tribunal arbitral composé d'un ou plusieurs arbitres dont la décision engagera les deux parties qui ont décidé de faire appel à lui ou qui doivent faire appel à lui sur décision d'un tribunal. C'est un mode de règlement des litiges qui ne fait pas intervenir les tribunaux de l'Etat. C'est pourquoi on qualifie l'arbitrage comme un mode juridictionnel de règlement amiable non étatique. Autrement dit l'arbitrage est une justice privée d'origine conventionnelle qui donne la possibilité aux parties par un compromis de décider que leur litige n'ira pas devant le juge mais devant une juridiction arbitrale. En droit des marchés publics, l'arbitrage n'est pas une délégation de pouvoir de juger de l'Etat mais un contrat au terme duquel les parties accordent leur volonté sur le fait que les litiges ne sont pas portés devant le juge administratif mais devant un tribunal arbitral.

---

741 Voir article L211-4 du code français de justice administrative.

742 En France, on parle de la saisine du comité de règlement amiable des différends (CRAD).

L'arbitrage peut prendre 2 formes : la clause compromissoire et le compromis spécial d'arbitrage. On parle de clause compromissoire dans la conclusion ou passation du contrat et /ou du marché. Par contre, si les parties n'ont rien prévu et à la naissance du litige, elles décident de le faire régler par un arbitre on parle de compromis spécial d'arbitrage. Il existe donc deux types d'arbitrage : l'arbitrage au plan interne[743] et l'arbitrage au plan communautaire ou international[744].

Au plan interne, il existe un régime de l'arbitrage administratif. En effet, la délibération de signer est détachable du contrat. Cela fragilise la technique arbitrale. Elle ne fait pas partie de la culture du juge administratif. L'exécution de la sentence suppose l'exéquatur de la sanction où il est fait un contrôle de la sentence. On le voit le régime de l'arbitrage en droit administratif est fragile. Quand bien même l'arbitre intervient légalement, sa décision sera toujours limitée et pourra être encore contrôlée si l'acte à l'origine du contrat est détachable et contrôlable par le juge administratif.

Au plan international, l'arbitrage se matérialise par une institution : la cour commune de justice et d'arbitrage dans le règlement des différends relatifs aux marchés publics. En effet, les litiges relatifs aux marchés publics et susceptibles de faire l'objet d'un arbitrage peuvent porter autant sur la validité, la passation, l'interprétation, l'annulation que sur l'exécution du contrat. Dans l'espace OHADA, les marchés publics sont généralement régis par les dispositions du droit national contenues dans les lois ou textes spéciaux ou dans un code des marchés publics comprenant des dispositions imprégnées de la philosophie d'une ancienne législation française.
Sous réserve de certaines dispositions particulières prévues dans certains Etats dans les codes d'investissements et qui concernent les investissements étrangers, l'arbitrage se définit comme un mode amiable et juridictionnel de règlement des litiges par une autorité[745]qui tient son pouvoir de juger non d'une déclaration permanente de l'Etat ou d'une institution internationale mais de la convention des parties. Dans l'espace communautaire OHADA deux points seront abordés ici en ce qui concerne l'arbitrage : les mécanismes de l'arbitrage OHADA applicables aux marchés publics et l'arbitrabilité des litiges relatifs aux marchés publics dans l'espace OHADA.

---

743 SOUYRIS (A), CHETRITE (G), *Guide pratique de l'arbitrage en droit interne*, Gualino Editions, 13 mars 2012, 208 P.

744 SERAGLINI (C), ORTSCHEIDT (J), *Droit de l'arbitrage interne et international*, LGDJ, 2e édition, 5 novembre 2019, 1055 P.

745 L'autorité peut être l'arbitre ou un tribunal arbitral.

Relativement à l'arbitrabilité[746] de tels litiges, l'OHADA a opéré une mutation importante par rapport aux législations nationales antérieures qui généralement excluaient du domaine de l'arbitrage les causes qui concernent l'Etat, les collectivités territoriales, les établissements publics, bref toutes les personnes publiques susceptibles d'être parties prenantes dans les marchés publics. En effet, l'acte[747] uniforme OHADA relatif à l'arbitrage de 1999 révisé en 2017 a procédé à un élargissement du champ matériel de l'arbitrage relativement aux personnes publiques et aux marchés dans lesquels elles sont impliquées en disposant sans équivoque que : « Toute personne physique ou morale peut recourir à l'arbitrage sur les droits dont elle a la libre disposition. Les Etats et les autres collectivités publiques territoriales ainsi que les établissements publics peuvent également être partie à un arbitrage, sans pouvoir invoquer leur propre droit pour contester l'arbitrabilité d'un litige, leur capacité à compromettre ou la validité de la convention d'arbitrage ». L'existence d'un tel régime juridique unique de l'arbitrage applicable aussi bien à l'arbitre interne qu'à l'arbitrage international, combinée à l'option de l'arbitrabilité de tous les litiges impliquant tant les personnes privées que publiques, facilite le recours à l'arbitrage.

Le règlement par l'arbitrage des litiges relatifs aux marchés publics peut emprunter les mécanismes prévus par l'acte uniforme relatif à l'arbitrage notamment l'arbitrage ad hoc et l'arbitrage sous l'égide de la CCJA[748] qui retiendra particulièrement notre attention en raison des innovations notables que l'OHADA y a apportées dans la pratique de l'organisation de l'arbitrage. Les mécanismes l'arbitrage OHADA applicables aux marchés publics sont nombreux. En effet, l'OHADA a perpétué les dispositifs classiques de l'arbitrage avec quelques spécificités notables. Ainsi dans l'espace OHADA, coexistent l'arbitrage ad hoc caractérisé par le libre choix des parties quant à la désignation des arbitres et lieu de l'arbitrage, l'arbitrage administré par les centres permanents d'arbitrage classiques fonctionnant suivant les modalités classiques et l'arbitrage sous l'égide d'une instance institutionnelle d'arbitrage d'un genre nouveau qu'est la CCJA. La sentence rendue dans l'arbitrage ad hoc ou dans l'arbitrage sous l'égide d'un centre d'arbitrage ne peut donc être critiquée que par le recours en annulation devant l'organe judiciaire compétent de l'Etat membre de l'O.H.A.D.A. La décision de cette juridiction nationale n'est susceptible que du recours en cassation devant la CCJA. La décision accordant l'exéquatur[749] n'est pas susceptible d'un recours direct. La CCJA connaît seulement les recours en cassation contre les décisions de refus

---

[746] Le concept d'arbitrabilité consiste à savoir si un type de différend peut ou ne peut pas être réglé par arbitrage. En termes pratiques, l'arbitrabilité répond à la question de savoir si l'objet d'une demande est ou non réservé à la sphère des tribunaux nationaux en vertu des dispositions nationales.

[747] Voir article 2 de l'acte uniforme OHADA révisé en 2017.

[748] CCJA : cour commune de justice et d'arbitrage.

[749] L'exéquatur c'est l'ordre d'exécution donné par une autorité judiciaire nationale d'une décision rendue hors de la sphère juridictionnelle nationale.

d'exéquatur rendues par les juridictions nationales relativement à une sentence intervenue dans un arbitrage ad-hoc ou dans un arbitrage sous l'égide des centres administratifs d'arbitrage. En cas de cassation d'une décision de refus d'exéquatur, la CCJA se substitue à la juridiction nationale et accorde l'exéquatur en vertu de son pouvoir d'évocation sauf si un moyen de pur droit qu'elle peut soulever d'office s'y oppose. Le coût de l'arbitrage peut être estimé au regard des frais de procédure et en terme de gain de temps. Les frais d'arbitrage à la charge des parties sont déterminés par une décision de la CCJA qui peut aussi servir de référence pour l'arbitrage de droit commun. La problématique de l'exécution des sentences impliquant les personnes publiques se pose. Ainsi, d'après l'article 30 de l'acte uniforme portant organisation des procédures simplifiées de recouvrement et des voies d'exécution, « l'exécution forcée et les mesures conservatoires ne sont pas applicables aux personnes qui bénéficient d'une immunité d'exécution. Toutefois, les dettes certaines, liquides et exigibles des personnes morales de droit public ou des entreprises publiques, quel qu'en soient la forme et la mission, donnent lieu à compensation avec dettes également certaines, liquides et exigibles dont quiconque sera tenu envers elles, sous réserve de réciprocité ». Ainsi, même si la règle de compensation atténue les effets de l'immunité d'exécution, il n'en demeure pas moins que celle-ci relativise l'efficacité pratique de la décision de condamnation de la personne publique.

Au demeurant, en cas de litiges nés de la passation des marchés publics en situation d'urgence simple, les parties ont le choix parmi les modes alternatifs de règlement des différends. Elles peuvent choisir la médiation, la transaction, la conciliation ou l'arbitrage. Cependant, à ces modes s'ajoutent aussi ceux relatifs au règlement juridictionnel des litiges (paragraphe 2).

Paragraphe 2 : La conservation des modes juridictionnels de règlement des différends liés aux marchés publics

En cas de litiges nés de la passation des marchés publics en situation d'urgence simple, le droit a proposé des modes juridictionnels pour résoudre ces différends. Ainsi, on parle de règlement juridictionnel des litiges lorsque les modalités de règlement à l'amiable ont échoué. Le règlement juridictionnel des litiges repose sur la décision obligatoire du juge.

Étant donné que nous avons déjà examiné le règlement par le juge administratif à travers l'identification des recours contentieux, il sera question pour nous de se concentrer uniquement sur le règlement imposé par d'autres juges à savoir : le juge pénal (A) et le juge international (B).

A- Le règlement des différends par le juge pénal

Malgré le fait que les marchés publics soient un moyen de développement et d'investissement, ils restent le terrain des pratiques déviantes[750] ou obscures. Par conséquent, le juge pénal accompagné du législateur et du pouvoir réglementaire ont procédé à l'encadrement des infractions liées à la passation des marchés publics. Le juge pénal a donc procédé à l'interdiction des actes de corruption(1), l'interdiction des manœuvres frauduleuses(2), la condamnation des délits d'initiés (3), la prohibition des conflits d'intérêt ou prise illégale d'intérêt(4), la prohibition des complicités (5) la répression de la concussion (6), la répression du trafic d'influence (7) et la prohibition du délit de favoritisme (8).

1- L'interdiction des actes de corruption

Au-delà des risques d'annulation des contrats de la commande publique consécutifs à des vices affectant la procédure de passation, les personnes responsables de ces marchés peuvent aussi voir leur responsabilité pénale engagée par les candidats ou soumissionnaires évincés. Ceci pour corruption. Etymologiquement le terme corruption vient du latin « corrumpere » qui signifie briser complètement, détériorer physiquement ou moralement. Au sens ordinaire, la corruption est l'utilisation abusive d'un pouvoir reçu par délégation à des fins privées[751] comme l'enrichissement personnel ou d'un tiers (famille, ami). Elle consiste pour un agent public, un élu, un médecin, un arbitre sportif, un salarié d'entreprise privée…, de s'abstenir de faire, de faire, de faciliter quelque chose, du fait de sa fonction, en échange d'une promesse, d'un cadeau, d'une somme d'argent, d'avantages divers… On distingue deux types de corruption : la corruption active pour l'auteur de l'offre de promesse, des avantages et la corruption passive pour celui qui, du fait de sa fonction, accepte ou sollicite cette offre. Le droit des marchés publics condamne et réglemente les actes de corruption à travers les dispositions[752] décret portant code des marchés publics de 2018. Ceci par la formulation suivante : « Les agents relevant du service public, les soumissionnaires et les titulaires de marchés, ainsi que toute personne intervenant à quelque titre que ce soit dans la chaîne de passation, d'exécution, de contrôle et de régulation des marchés sont soumis aux dispositions des lois et règlement interdisant les actes de corruption, les manœuvres frauduleuses les pratiques collusoires, coercitives ou obstructives, les conflits d'intérêts, les délits d'initiés et les complicités ». Au vue de cette formulation, nous constatons que la corruption est réprimée par la loi

---

750 DJILA (R), « Les libres propos sur la sanction pénale de la violation des procédures de passation des marchés publics au Cameroun » in *Revue de science criminelle et de droit pénal comparé*, 2014, N°4, PP.761 à 775. Particulièrement dans le "résumé" de cet article.

751 Définition proposée par le Toupictionnaire.

752 Voir article 196 du décret de 2018 portant code camerounais des marchés publics.

N°2016/007 du 12 juillet 2016 portant code pénal camerounais. La corruption active est condamnée par le juge pénal[753]. En effet, est puni d'un emprisonnement de cinq (05) à dix (10) ans et d'une amende de deux cent mille (200 000) à deux millions (2 000 000) de francs, tout fonctionnaire ou agent public national, étranger ou international qui, par lui-même ou pour un tiers, sollicite, agrée ou reçoit des offres, promesses, dons ou présents pour faire, s'abstenir de faire ou ajourner un acte de sa fonction. En ce qui concerne la corruption passive[754], quiconque, pour obtenir soit l'accomplissement, l'ajournement ou le refus d'accomplissement d'un acte, soit des faveurs ou des avantages tels que prévus à l'article 134 ci-dessus, fait des promesses, offres, dons présents ou cède à des sollicitations tendant à la corruption, est puni des mêmes peines prévues pour la corruption active. La corruption des agents du secteur privé est aussi prohibée[755]. Ceci par la formulation suivante : « Est puni d'un emprisonnement de un (01) à cinq (05) ans et d'une amende de deux cent mille (200 000) à deux millions (2 000 000) de francs, celui qui fait directement ou indirectement des offres, des promesses, des dons, des présents ou des avantages quelconques pour obtenir d'une personne qui, sans être dépositaire de l'autorité publique ou chargée d'une mission de service public, exerce dans le cadre d'une activité professionnelle ou sociale, une fonction de direction ou un travail pour une personne physique ou morale ou un organisme quelconque, pour qu'elle accomplisse ou s'abstienne d'accomplir un acte de son activité ou de sa fonction, ou facilite la commission dudit acte par son activité ou sa fonction, en violation de ses obligations légales, contractuelles ou professionnelles ». Par ailleurs, le décret de 2018 portant code camerounais des marchés publics[756] a tenté de définir l'acte de corruption relatif aux marchés publics. Ceci par la formulation suivante : « Est convaincu d'acte de corruption quiconque offre, donne, sollicite ou accepte un quelconque avantage en vue d'influencer l'action d'un agent public au cours de l'attribution ou de l'exécution d'un marché ». En marchés publics, la corruption passive est beaucoup plus le genre de corruption qui est pratiquée. Ainsi, 3 éléments de cette infraction seront étudiés ici : l'auteur de l'infraction, l'élément matériel et l'élément moral. En ce qui concerne l'auteur de la corruption passive, par principe c'est une personne dépositaire de l'autorité publique, d'une mission de service public ou d'un mandat électif. Toutefois sont exclus de cette infraction les magistrats ou toute autre personne siégeant dans une formation juridictionnelle, des fonctionnaires de greffe, des experts nommés par une juridiction ou par les parties, des personnes chargées par l'autorité judiciaire ou par une juridiction administrative d'une mission de conciliation ou de médiation et enfin des arbitres exerçants sa mission sous l'empire du droit national sur l'arbitrage[757].

---

[753] Voir article 134 de la loi N°2016/007 du 12 juillet 2016 portant code pénal camerounais.
[754] Voir article 134-1 de la même loi citée ci-dessus.
[755] Voir article 312 (1) de la même loi.
[756] Voir article 197 (1) du décret de 2018 portant code camerounais des marchés publics.
[757] Conformément aux dispositions de l'article 434-9 du code pénal français.

En ce qui concerne l'élément matériel, la corruption suppose en effet l'existence d'un acte corrompu qui s'engage à faire ou à ne pas faire quelque chose et une contrepartie promise par le corrupteur. Le délit de corruption est constitué par une simple sollicitation directe ou indirecte en vue d'octroyer des avantages même si en définitive le corrompu ne respecte pas son engagement concernant la nature de la contrepartie, elle peut prendre plusieurs formes. Il peut s'agir des promesses, des dons, avantages quelconques même si la plupart du temps c'est de l'argent liquide. La contrepartie n'a pas non plus à être effectivement versée pour que le délit soit consommé. Le seul accord entre le corrupteur et le corrompu suffit donc à entrainer la consommation du délit. En ce qui concerne l'élément moral de la corruption, il s'agit pour l'autorité poursuite de démontrer la volonté de la personne publique de réaliser un acte illégal. Il faut démontrer que le caractère illicite de la sollicitation ou l'agrément était connu de la personne publique ou de son représentant.
Au demeurant, le juge pénal contribue à encadrer les actes de corruption dans la passation des marchés publics en situation d'urgence simple. Ceci en procédant à des interdictions et des répressions. Cependant, il intervient aussi pour prohiber les manœuvres frauduleuses au sein des marchés publics.

2- L'interdiction des manœuvres frauduleuses.

On entend par manœuvres frauduleuses, des actes mensongers, des déformations d'informations y compris des ententes illicites entre soumissionnaires afin d'influencer l'entité de passation de marché à prendre des décisions erronées ou une mauvaise exécution du contrat. En effet, aux termes[758] du décret de 2018 portant code camerounais des marchés publics, se livre à des « manœuvres frauduleuses » quiconque déforme ou dénature des faits afin d'influencer l'attribution ou l'exécution d'un marché. Les manœuvres frauduleuses peuvent être employées par les acheteurs publics d'une part et par les soumissionnaires d'autre part. En effet, les acheteurs publics peuvent faire une fausse publicité[759] dans un journal. Ce qui signifie que la copie du journal peut exister dans le dossier du marché mais la publicité n'a pas été faite. La publicité peut aussi être effective mais le dossier d'appel d'offres n'est pas mis à la disposition des soumissionnaires. Les soumissionnaires peuvent également être ouvertes frauduleusement avant la séance d'ouverture des plis afin de permettre la modification des offres des soumissionnaires que la commission veut favoriser. Ça peut être par exemple le faux en écriture. Tout ceci participe non seulement à la violation des règles de publicité mais aussi à la violation des règles de transparence dans les procédures de passation des marchés publics tant en situation normale qu'en situation d'urgence simple. Les maitres d'ouvrages peuvent aussi biaiser les marchés à consultation restreinte. Ceci à

[758] Voir article 197 (2) du décret de 2018 portant code camerounais des marchés publics.
[759] DIZAKANA (J), *Les pratiques frauduleuses dans la phase d'attribution des marchés publics, regard sur la loi 10/010 du 27 avril 2010 relative aux marchés publics en République démocratique du Congo*, 63 p.

travers des candidatures fantômes ou obscures ou jugées non conformes. Cela peut conduire à la constitution d'une liste restreinte déséquilibrée en défaveur des meilleurs candidats.

Les soumissionnaires peuvent aussi faire ou pratiquer des manœuvres frauduleuses. En effet, il peut arriver que certaines personnes créent des entreprises fictives[760] n'existant que sur le papier sans aucune installation ni aucun matériel. Ces entreprises gagnent des marchés pour après louer des matériels auprès d'autres ou les sous-traiter à d'autres. Les soumissionnaires peuvent aussi usurper la qualité de certaines entreprises en procédant à l'emploi de leurs noms pour gagner les marchés. En effet, le juge pénal condamne l'usurpation de dénomination à travers la mise en place par le législateur de l'article 219-1 de la loi de 2016 portant code pénal camerounais. Est donc puni d'un emprisonnement de 01 mois à 1 an et d'une amende de 100 000 à un million de francs ou de ces 2 peines seulement, toute personne qui, sans y être habilitée conformément aux dispositions légales et réglementaires applicables à ce type de groupement, utilise indûment les expressions de sociétés coopératives, unions de sociétés coopératives, fédération de sociétés coopératives ou de confédérations de sociétés coopératives accompagnées d'un qualificatif quelconque ainsi que toute dénomination de nature à laisser entendre qu'il s'agit d'un des groupements cités dans le présent article.

Au demeurant, les pratiques frauduleuses sont réprimées par le juge pénal au sein des marchés publics. C'est aussi le cas pour les délits d'initiés.

3- La condamnation des délits d'initiés

On parle de délit d'initié[761] lorsqu'un membre de l'autorité contractante ou délégante, une personne chargée d'un service public ou investie d'un mandat électif fournit ou fait usage des informations privilégiées détenues en raison de ses fonctions ou de son mandat, dans le but d'influencer l'attribution d'un marché public ou d'une délégation de service public. Par conséquent, les consultants ayant contribué à l'élaboration d'un dossier de consultation ne peuvent plus participer à ladite consultation[762]. Aucun organisme public à caractère industriel et commercial placé sous tutelle d'une autorité contractante n'est admis à présenter une offre dans le cadre d'une consultation lancée par cette dernière[763]. Un observateur indépendant ne peut fournir des biens, travaux

---

760 Au Sénégal, selon un extrait du rapport d'audit publié par le journal officiel « le populaire », N°378, 2001, il existe une prolifération d'entrepreneurs fictifs ou improvisés.
761 RENUCCI (J-F), *Le délit d'initié*, op.cit., 127 P.
762 Voir article 198 (1) du décret de 2018 portant code camerounais des marchés publics.
763 Voir article 198 (2) du même décret.

ou services à l'administration auprès de laquelle il exerce pendant la durée de son mandat[764].

Le juge pénal condamne fermement le délit d'initié. En effet, aux termes[765] de la loi de 2016 portant code pénal camerounais, « est puni d'un emprisonnement de six (06) mois à deux (2) ans et d'une amende de un million (1 000 000) à dix millions (10 000 000) de francs, le fait pour des dirigeants d'une société commerciale ou industrielle et pour les personnes disposant, à l'occasion de l'exercice de leur profession ou de leurs fonctions, d'informations privilégiées sur la situation ou les perspectives d'un émetteur dont les valeurs mobilières sont négociées sur le marché, de réaliser ou de permettre sciemment de réaliser, directement ou par personne interposée, une ou plusieurs opérations avant que le public ait connaissance de ces informations et avec pour but de réaliser un profit indu ». Subie les mêmes peines, "Toute personne disposant à l'occasion de l'exercice de ses fonctions d'informations privilégiées et soumises au secret professionnel relatives à la réalisation d'un projet par l'Etat, une collectivité décentralisée ou toute autre personne morale de droit public, d'utiliser lesdites informations pour se permettre ou permettre à autrui, de poser des actes à son profit de manière à faire retarder le projet envisagé ou de le grever des charges supplémentaires"[766].

Au demeurant, le juge pénal encadre le délit d'initié au sein des marchés publics en appliquant des mesures de répression ou de condamnation. C'est également le cas pour les conflits d'intérêt ou prise illégale d'intérêt.

4- La prohibition des conflits d'intérêts ou prise illégale d'intérêts.

On parle de conflits d'intérêt lorsqu'un membre de l'autorité contractante ou délégante prend part à la prise de décision concernant le candidat ou le titulaire du marché public auquel il est lié par des intérêts incompatibles avec ceux de l'Etat. Autrement dit, le conflit d'intérêt[767] est toute situation[768] dans laquelle le titulaire d'un contrat ou surveillant des procédures de passation et/ou de l'exécution du marché pourrait tirer des profits directs ou indirects d'un marché conclu par le maître d'ouvrage ou le maître d'ouvrage délégué, d'une affectation ou situation dans laquelle il a des intérêts personnels ou financiers suffisants pour compromettre son impartialité dans l'accomplissement de ses fonctions ou de nature à affecter défavorablement son jugement. Les présidents, membres, secrétaires et experts des commissions des marchés publics, sous-

[764] Voir article 198 (3) du même décret.
[765] Voir article 135-1 de la loi de 2016 portant code pénal camerounais.
[766] Voir article 135-1(c) de la loi de 2016 portant code pénal camerounais.
[767] OCDE, *Gérer les conflits d'intérêts dans le service public*, Organization for economic co-operation and development (OECD), 11 août 2005, 274 P.
[768] Voir article 199 (1) du décret 2018 portant code camerounais des marchés publics.

commission d'analyse et responsables chargés des marchés sont astreints à l'obligation de réserve et de discrétion[769]. Ils doivent s'abstenir de toute action de nature à compromettre leur objectivité et dans tous les cas, ne disposer d'aucun intérêt financier, personnel ou autre lié au marché en examen. Les conflits d'intérêts doivent toujours être déclarés ou signalés auprès du supérieur hiérarchique par les acteurs en désaccord. En effet, en cas de conflit d'intérêt[770], les présidents, les experts et les membres des commissions passation des marchés et des commissions de contrôle des marchés et ceux des sous-commissions d'analyse ainsi que les observateurs indépendants doivent le signaler par écrit au maître d'ouvrage, ou au président de la commission, avec copie à l'organisme chargé de la régulation des marchés publics, sous peine des sanctions prévues par la réglementation en vigueur. Dans ce cas, il est alors pourvu à leur remplacement pour les marchés concernés.

Le juge pénal condamne et prohibe fermement la non déclaration du conflit d'intérêts. En effet, aux termes de la loi[771] de 2016 portant code pénal camerounais, « est puni d'un emprisonnement de un (01) à cinq(05) ans et d'une amende de deux cent mille (200 000) à deux millions (2 000 000) de francs, l'agent public ou l'employé du secteur privé qui, possédant par lui-même ou par personne interposée et sous quelque dénomination que ce soit, dans une entreprise ou dans un secteur soumis à son contrôle direct ou en relation avec lui, des intérêts de nature à compromettre ou à restreindre son indépendance, s'abstient d'en faire la déclaration auprès de ses supérieurs hiérarchiques ».

Par ailleurs, il y a prise illégale d'intérêts[772] lorsqu'un fonctionnaire, un agent public ou un élu prend, reçoit ou conserve un intérêt dans une entreprise ou une opération dont il a, au moment de l'acte, la charge d'assurer la surveillance, l'administration ou la liquidation. Le juge pénal et le législateur répriment et prohibent la prise illégale d'intérêt[773]. En effet, est puni d'un emprisonnement de un (01) à cinq (05) ans et d'une amende de deux cent mille (200 000) à deux millions de francs, tout fonctionnaire ou agent public qui, directement ou indirectement, prend ou reçoit un intérêt dans les actes ou adjudications[774] soumis à son avis, ou dont il avait la surveillance, le contrôle, l'administration ou la passation. Subissent les mêmes peines, ceux qui prennent intérêt dans les marchés ou contrats passés au nom de l'Etat ou d'une collectivité publique, avec une personne physique ou morale[775].

---

769 Voir article 199(2) du même décret.
770 Voir article 199(3) du même décret.
771 Voir article 313-1 de la loi de 2016 portant code pénal camerounais.
772 PETIT (P), *La prise illégale d'intérêts*, Territorial Editions, 21 août 2006, 100 P.
773 Voir article 135 de la loi de 2016 portant code pénal camerounais.
774 Voir article 135 (1a) de la même loi.
775 Voir article 135 (1c) de la même loi.

La prise illégale d'intérêt nous permet d'étudier 3 éléments fondamentaux : l'auteur de l'infraction, l'élément matériel et l'élément moral. En ce qui concerne l'auteur de l'infraction, sont visées trois catégories de personnes publiques habituelles c'est-à-dire les personnes dépositaires de l'autorité publique, les personnes chargées d'une mission de service public et enfin celles qui sont investies d'un mandat électif public. En ce qui concerne l'élément matériel, il est double. La personne publique doit commettre un acte d'ingérence et doit satisfaire un intérêt quelconque. En ce qui concerne la notion d'acte d'ingérence, le code pénal français la définit comme le fait « de prendre, recevoir ou conserver, directement ou indirectement, un intérêt quelconque dans une entreprise ou dans une opération dont elle a, au moment de l'acte, en tout ou partie, la charge d'assurer la surveillance, l'administration, la liquidation ou le paiement ». Ainsi, le fait pour un président d'association de confier à une société dont sa femme est gérante l'organisation d'actions de formation est constitutive d'une prise illégale d'intérêt[776]. L'intérêt peut quant à lui être personnel mais aussi celui d'un proche. La cour de cassation française va même jusqu'à considérer que le délit est constitué par le seul abus de fonction, et donc en dehors de la satisfaction de tout intérêt spécifique[777]. En ce qui concerne l'élément moral, il faudrait que le représentant ou mandataire de la personne publique soit de mauvaise foi dans la prise illégale des intérêts lors de la passation ou de l'exécution d'un marché public.

En fin de compte, le juge pénal prohibe non seulement les conflits d'intérêts au sein des marchés publics mais condamne aussi la prise illégale d'intérêts. C'est également le même scénario pour les actes de complicité au sein des pratiques obscures observées dans les marchés publics.

5- La prohibition des complicités

Le juge pénal condamne et interdit les complicités qui peuvent survenir aussi dans la passation des marchés publics que dans leur exécution. Autrement dit, la responsabilité de tout surveillant des procédures de passation ou d'exécution d'un marché public des procédures de passation ou d'exécution d'un marché public est engagée en cas de complicité. Au sens du code des marchés publics, on entend par complicité, l'omission[778] ou la négligence d'effectuer les contrôles ou de donner les avis techniques prescrits. C'est également l'abstention volontaire[779] de porter à la connaissance du maître d'ouvrage ou de l'autorité compétente, les irrégularités constatées lors de la réalisation de ses missions. En effet, aux termes de l'article 97 de la loi portant code pénal camerounais, est complice d'une infraction qualifiée de crime ou délit celui qui aide ou facilite la

[776] Voir cass. criminelle. 30 janvier 2013, N°11-89.224.
[777] Voir cass. criminelle.23 juillet 2014, N°13-82.193.
[778] Voir article 200(2-a) du décret de 2018 portant code des marchés publics.
[779] Voir article 200(2-b) du même décret.

préparation ou la consommation de l'infraction[780]. C'est également celui qui provoque, de quelque manière que ce soit, la commission de l'infraction ou donne des instructions pour la commettre[781]. En droit des marchés publics, la responsabilité pour complicité peut-être engagée dans le cas où il s'observe toute déclaration ou confirmation d'informations mensongères[782] sur la situation de l'administration ou de l'organisme public ou parapublic dont on a changé la surveillance l'évaluation ou la supervision. Le juge pénal condamne fermement les déclarations mensongères. En effet, aux termes de l'article 162(1) de la loi portant code pénal camerounais, est puni d'un emprisonnement de quinze (15) jours à trois (03) mois et d'une amende de cinq mille (5000) à cinquante mille (50 000) francs, celui qui, par ses déclarations mensongères, influe sur la conduite du fonctionnaire. La responsabilité pour complicité est aussi engagée dans les marchés publics lorsqu'il y a eu une perception d'avantages indus[783] ou de nature à porter atteinte à l'indépendance du surveillant de crédit. La responsabilité pour complicité dans les marchés publics peut aussi être engagée quand les transactions ont été faites avec l'entité dont on a chargé la surveillance en violation des incompatibilités légales ou réglementaires en vigueur[784].

Finalement, les complicités dans les marchés publics sont prohibées par le juge pénal. C'est également le cas avec la concussion.

6- La répression de la concussion

Etymologiquement le terme concussion vient du latin « concusssio » qui signifie agitation, secousse, ébranlement, extorsion d'argent. La concussion est une infraction commise par une personne représentant l'autorité publique qui, par abus d'autorité, retire un profit illicite de sa fonction en percevant sciemment ou en ordonnant de percevoir des sommes de manière indue. l'une des dispositions[785] du code pénal français définit la concussion comme « le fait, par une personne dépositaire de l'autorité publique ou chargée d'une mission de service public, de recevoir, exiger ou ordonner de percevoir à titre de droits ou contributions, impôts ou taxes publics, une somme qu'elle sait ne pas être due ou excéder ce qui est dû ». Le juge pénal Camerounais réprime également la concussion dans les marchés publics en complicité avec le législateur. Ceci par la formulation suivante : « est puni d'un emprisonnement de deux (02) à dix (10) ans et d'une amende de vingt (20 000) mille à deux millions (2 000 000) de francs, tout fonctionnaire ou agent public qui accorde des exonérations de

[780] Voir article 97(1-b) de la loi portant code pénal camerounais de 2016.
[781] Voir article 97(1-a) de la même loi.
[782] Voir article 200 (3-a) du décret de 2018 portant code camerounais des marchés publics.
[783] Voir article 200 (3-b) du même décret.
[784] Article 200 (3-c) du même décret.
[785] Voir article 432-10 du code pénal français.

droits, taxes, redevances, impôts ou contributions, délivre à un prix inférieur à celui qui est prescrit, les produits de l'Etat d'une coopérative, d'une collectivité ou établissement ou soumis à la tutelle administrative de l'Etat ou dont l'Etat détient, directement ou indirectement, la majorité du capital »[786]. Trois éléments permettent de mieux cerner la concussion dans les marchés publics : l'auteur de l'infraction, l'élément matériel et l'élément moral. S'agissant des auteurs de l'infraction de concussion, seules les personnes dépositaires de l'autorité publique et les personnes chargées d'une mission de service public à l'exclusion n'empêche cependant pas que les élus puissent faire l'objet de condamnation, puisque dans la majorité des cas l'élus est soit dépositaire de l'autorité publique, soit investie d'une mission de service public à l'exclusion donc des personnes investies d'un mandat électif public, peuvent se rendre coupable de ce délit. Une telle exclusion n'empêche cependant pas que les élus puissent faire l'objet de condamnation, puisque dans la majorité des cas l'élu est soit dépositaire de l'autorité publique, soit investi d'une mission de service public. Il convient aussi de mentionner qu'entrent aussi dans cette catégorie les magistrats ou les officiers publics et ministériels, tels que les notaires, les huissiers, le commissaire-priseur. En effet, ces derniers sont condamnés par le juge pénal Camerounais en cas de concussion au détriment des particuliers. Ainsi, aux termes de l'article 142 de la loi de 2016 portant code pénal camerounais, « Est muni d'un emprisonnement de deux (02) à dix (10) ans et d'une amende de deux cent mille (200000) à deux millions(2.000.000) de francs, le fonctionnaire ou l'agent public, le notaire , le commissaire-priseur, l'huissier ou l'agent d'exécution et leurs préposés qui exigent des droits, taxes, redevances, impôts ou contributions indus ou des avantages matériels sans en payer le juste prix.». En ce qui concerne l'élément matériel de la concussion, il peut prendre deux formes différentes : soit la perception d'une somme indue soit l'exonération du paiement d'une somme due. Ainsi, il y a concussion lorsqu'une personne dépositaire d'une personne publique perçoit une somme alors qu'elle sait que cette somme n'est pas due en réalité. En ce qui concerne la nature de la somme perçue, la jurisprudence considère qu'il ne s'agit pas forcément d'argent liquide mais que cela peut aussi porter sur des sommes « en nature ». Il peut aussi avoir concussion lorsque le dépositaire d'une personne publique accorde une exonération ou une franchise de droits, contributions, impôts ou taxes publics c'est-à-dire lorsque l'agent s'abstient de percevoir une somme qu'en vertu de la loi qu'il devait percevoir, ou qu'il perçoit une somme moindre[787].

En ce qui concerne l'élément moral de l'infraction de concussion, l'auteur doit avoir eu conscience du caractère indu de la somme qu'il a exigé de percevoir ou du caractère indu de l'exonération accordée.

---

786 Voir article 137 de la loi de 2016 portant code pénal camerounais.

787 Voir cass.crim. 10 octobre 2012, N°11-85.914.

Au demeurant, la répression de la concussion par le juge pénal est perceptible dans les marchés publics. Cependant, à cette infraction d'affaires s'ajoute aussi le trafic d'influence.

7-La répression du trafic d'influence

Le trafic d'influence[788] peut aussi séjourner dans les marchés publics. En droit, le trafic d'influence est le fait d'accepter des offres ou des promesses ou bien de recevoir des dons pour, en contrepartie, faire obtenir ou tenter de faire obtenir une faveur ou un avantage quelconque de l'autorité publique. C'est également un délit qui consiste pour un dépositaire des pouvoirs publics, à recevoir des dons (argent, biens) de la part d'une personne physique ou morale, en échange de l'octroi ou de la promesse à cette dernière d'avantages divers (marché, emploi, décoration ...). Au Cameroun, le juge pénal condamne le trafic d'influence en appliquant la loi portant code pénal. Ceci par la formulation suivante : « Est puni d'un emprisonnement de 2 ans à 10 ans et d'une amende de vingt mille (20.000) à un million (1000 000) de francs, celui qui par voie de fait, menaces, dons ou promesses, corrompt une personne ayant une influence réelle ou supposée pour obtenir de l'autorité publique ou privée, un avantage quelconque »[789]. Est également puni des mêmes peines, le fonctionnaire ou l'agent public qui pour lui-même ou pour autrui , sollicite agrée ou reçoit des offres, promesses ou dons pour faire obtenir un avantage quelconque accordé par l'autorité publique ou par un organisme placé sous contrôle de l'autorité publique, des marchés, entreprises ou autres bénéfices résultant de conventions conclues avec l'autorité publique ou un organisme placé sous le contrôle de l'autorité publique, abusant ainsi de l'influence réelle ou supposée que lui donne sa qualité ou son mandat[790]. La notion d'influence est beaucoup plus proche de celle de la corruption. La différence réside dans le fait que le trafic d'influence nécessite la présence d'un intermédiaire entre le bénéficiaire potentiel et l'autorité publique, qui va user de son influence pour obtenir la décision souhaitée. L'influence peut s'exercer de différentes manières : réseau, copinage, lien familial, pouvoir financier, position politique, lien de subordination. Trois principaux éléments permettent de mieux cerner le trafic d'influence : l'auteur de l'infraction, l'élément matériel et l'élément moral. S'agissant du trafic d'influence, sont concernées par cette infraction la personne dépositaire de l'autorité publique, la personne chargée d'une mission de service public ou enfin la personne investie d'un mandat public électif. En ce qui concerne l'élément matériel, il s'agira pour le dépositaire de la personne publique soit de solliciter soit d'agréer à tout moment, directement ou non, des offres, des promesses. Le trafic d'influence énumère précisément ce que cherche à obtenir l'auteur du trafic d'influence. Il doit s'agir des distinctions, d'emplois, de

---

788 WILFRID (JD), *Corruption et trafic d'influence-nouveauté*, Dalloz, 7 novembre 2018, 372 P.

789 Voir article 161(1) de la loi de 2016 portant code pénal camerounais.

790 Voir article 161(2) de la même loi.

marchés ou de toute autre décision favorable comme l'octroi d'un marché public[791]. S'agissant de l'élément moral, il s'agit d'une infraction intentionnelle, exigeant à la fois un dol général et un dol spécial, et dont les mobiles sont indifférents.

Au demeurant, le trafic d'influence[792] est une infraction que le juge pénal Camerounais réprime aussi bien dans les marchés publics qu'au plan général. Cependant, est aussi prohibé par le juge pénal le délit de favoritisme.

8- La prohibition du délit de favoritisme.

Le délit de favoritisme peut aussi séjourner dans les marchés publics. Etymologiquement, le terme favoritisme est dérivé du latin « favor » qui signifie faveur, bienveillance, intérêt, affection, sympathie. Le verbe favoriser désigne l'action de traiter une personne avec une bienveillance particulière et plus particulièrement, de la mettre dans une situation qui l'avantage ou lui donne un privilège par rapport à d'autres personnes. Le favoritisme est l'attitude qui consiste, pour une personne dépositaire d'une autorité ou d'un pouvoir de décision, à accorder des faveurs injustifiées, à octroyer des avantages sans tenir compte de la compétence, du mérite, de l'équité ou de la loi, au profit de ses protégés ou de proches[793]. Le juge pénal Camerounais réprime le favoritisme. Ceci par la formulation suivante : « Est puni d'un emprisonnement de un (01) à cinq (05) ans, tout fonctionnaire qui décide par faveur ou par inimitié contre l'une des parties »[794]. Si le fonctionnaire est un magistrat ou une autorité administrative, la peine est doublée[795]. Trois éléments permettent de mieux appréhender le concept de favoritisme : l'auteur de l'infraction, l'élément matériel et l'élément intentionnel. En ce qui concerne l'auteur du délit de favoritisme, est concerné quiconque intervient dans le processus d'attribution du marché. Il peut donc s'agir des élus, des fonctionnaires, de personnes chargées d'une mission de service public et plus généralement de toutes personnes agissant pour le compte des catégories mentionnées ci-dessus. En ce qui concerne l'élément matériel, le délit de favoritisme s'analyse comme la fourniture à autrui d'un avantage injustifié et qui constitue un acte contraire aux dispositions législatives et réglementaires encadrant la commande publique. En ce qui concerne la fourniture d'un avantage injustifié, la jurisprudence considère qu'il peut s'agir principalement d'un octroi d'informations privilégiées à l'un des candidats. A cet égard, l'attribution du marché au candidat en cause ne fait pas disparaître l'infraction initiale. Est donc constitutif d'un acte contraire aux dispositions législatives et réglementaires encadrant la commande publique, au

---

[791] Cass.crim.16 décembre 1997, N°96-82.509.

[792] WILFRID (JD), *Corruption et trafic d'influence-nouveauté*, op.cit., 372 P.

[793] Définition proposée par le « toupictionnaire », dictionnaire de politique.

[794] Voir article 143 (1) de la loi portant code pénal camerounais de 2016.

[795] Voir article 143 (2) de la même loi.

stade de la consultation des entreprises, le fait de définir ses besoins en fonction de l'entreprise que l'on cherche à rendre attributaire[796], le fait de fractionner artificiellement les marchés[797], l'utilisation anormale d'une procédure, la réduction des délais de passation du marché. Lors de l'examen des offres, il a été considéré que le fait d'accepter une offre inacceptable était constitutif d'un délit de favoritisme[798], tout comme le fait de manipuler les critères d'attribution ou encore de permettre la présence d'un des candidats lors de la réunion de la commission d'appel d'offres. S'agissant de l'élément intentionnel, le juge impose de démontrer que l'auteur de l'infraction a eu connaissance d'enfreindre ou de violer les dispositions législatives et réglementaires encadrent la commande publique.
Au demeurant le juge pénal sanctionne les infractions liées aux marchés publics. Ces infractions sont les suivantes : la corruption, les manœuvres frauduleuses, les délits d'initiés, les conflits d'intérêt, la prise illégale d'intérêts, les complicités, la concussion, le trafic d'influence et le favoritisme. A ce type de règlement des différends liés aux marchés publics, s'ajoute aussi celui encadré par le juge international.

C- Le règlement des différends par le juge international ou juge de l'OMC

Le juge international peut également intervenir dans les contentieux nés des appels d'offres internationaux. Ceci à travers l'organe de règlement des différends au sein de l'organisation mondiale du commerce (OMC). En effet, pour que le juge international intervienne, l'accord sur les marchés publics de l'OMC impose deux types de mécanismes pour régler les différends liés aux marchés publics : les mécanismes de recours internes au niveau national (1) et les mécanismes de règlement des différends de l'OMC (2).

1- Le recours contentieux liés aux appels d'offres internationaux ou mécanismes de recours interne au niveau national

Pour saisir le juge international, il faudrait épuiser toutes les voies de recours internes. C'est ce qu'on appelle le principe de subsidiarité. Ce principe voudrait dire que les justiciables saisissent d'abord la juridiction administrative avant de saisir le juge international. L'accord sur les marchés publics révisé à l'article XVIII dispose que toutes les parties à l'accord établissent des systèmes de recours interne s'appliquant en temps opportun, efficaces, transparents et non discriminatoires. Ces systèmes permettent aux fournisseurs, entrepreneurs ou prestataires de services de déposer des recours pour violation de l'accord sur les marchés publics ou de la législation nationale donnant effet à l'accord. L'organe

796 Cass.crim. 30 juin 2006, N°03-86.287.
797 Cass.crim. 14 décembre 2005, N°05-83.898.
798 Cass. crim.3 juin 2004, N°03-87.941.

de recours qui peut être une autorité administrative ou un tribunal administratif, doit avoir le pouvoir de mettre en œuvre des mesures correctives et de faire en sorte qu'il y ait une compensation pour perte ou des dommages subis par les soumissionnaires fournisseurs , entrepreneurs et prestataires de services. Des mesures transitoires rapides doivent également être prévues pour que le fournisseur puisse continuer de participer aux activités relevant des marchés publics pertinents, s'il y a lieu. Dans l'appel d'offres international lancé en situation d'urgence simple, des irrégularités peuvent être constatées notamment la non publication de l'avis d'appel d'offres international, le non-respect des délais réglementaires de réception des appels d'offres internationaux (90jours), l'indisponibilité du dossier d'appel d'offres, le refus de recevoir l'offre du soumissionnaire.
Au demeurant, les mécanismes de recours internes au niveau national sont une condition de saisine du juge international représenté par l'organe de règlement des différends au sein de l'OMC. Ceci lorsqu'il s'observe un contentieux né des appels d'offres internationaux. Cependant, à ces mécanismes, s'ajoutent également les mécanismes de règlement des différends au sein de l'OMC (2).

2- Les mécanismes de règlement des différends au sein de l'OMC ou l'intervention du juge de l'OMC dans le contentieux des appels d'offres internationaux.

L'accord des marchés publics révisé[799] prévoit que le mémorandum d'accord sur les règles et procédures régissant le règlement des différends de l'OMC s'applique également aux différends engagés au titre de l'accord sur les marchés publics. Trois différends engagés entre les parties ont été portés devant l'OMC au titre de l'AMP : on a l'affaire DS88-DS95 concernant les ETATS-UNIS aux entreprises faisant le commerce avec le Myanmar. Dans cette affaire il y a eu des mesures affectant les marchés publics interdisant les entreprises du Myanmar de passer des marchés publics avec l'Etat du Massachusetts. Il y'a aussi l'affaire DS163 en Corée où des mesures affectant les marchés publics ont été prises concernant les pratiques de passation des marchés suivies par l'autorité de construction des aéroports de la Corée. Il y a enfin l'affaire DS73 concernant l'acte d'un satellite de navigation au Japon.

Toute partie à l'accord des marchés publics issus de l'OMC peut engager des procédures contre une autre partie lorsqu'elle pense que l'autre partie est en situation de manquement à ses obligations au titre de l'accord. Au sein de l'OMC, il y a 2 mécanismes de règlement des différends : les mécanismes juridictionnels (a) et les mécanismes non juridictionnels (b).

---

[799] Voir article XX de l'accord des marchés publics de l'OMC.

a- Les mécanismes non juridictionnels au sein de l'OMC

Le règlement des différends au sein de l'OMC est à la fois souple et rigide. Si la rigidité se trouve dans les délais stricts qui ont été institués, la souplesse réside quant à la possibilité de choisir le mode de règlement du différend commercial : les négociations, les bons d'offices, la médiation et la conciliation sont autant des mécanismes classiques du droit international admis pour régler les différends au sein de l'OMC. Mais au-delà de ces premiers moyens, les accords de l'OMC ont également consacré une autre procédure devenue quasiment de principe proche d'un règlement juridictionnel ou tout le moins « juridicisée ».

Le règlement des différends commence obligatoirement par une demande de consultations qui donne une existence matérielle et officielle au différend. Par la suite, en cas d'échec, les parties peuvent recourir à un ensemble de moyens non juridictionnels identiques à ceux énoncés à la charte des nations unies[800].

Le règlement d'un litige au sein de l'OMC doit nécessairement commencer par une négociation. Ce qui signifie que le membre estimant que ses avantages ou concessions ont été réduits doit demander des consultations à l'autre membre. Dans le cadre où le membre visé accepte la tenue de ces consultations, ces dernières seront faites dans les 30 jours qui suivent la demande. Les parties disposent alors de 60 jours pour discuter et tenter de trouver une solution à l'amiable. Au contraire, si le membre visé refuse les consultations demandées, la partie plaignante a alors la possibilité de demander directement l'établissement d'un groupe spécial par l'organe de règlement des différends. De plus, les consultations permettent aux parties de s'échanger des renseignements, d'évaluer les points forts et les points faibles de leurs thèses respectives et de réduire la portée des divergences qui les séparent. Les consultations attribuent aussi aux parties la possibilité de définir et ce circonscrire la portée des différends entre elles. Lorsque l'Etat mis en cause refuse la tenue des consultations, son comportement précipite la procédure par l'établissement rapide d'un groupe spécial. En cas d'échec des consultations, la partie plaignante a deux solutions : soit elle poursuit la voie du règlement non juridictionnel par le biais de bons offices, de médiation ou de conciliation soit au contraire elle demande à l'organe de règlement des différends l'établissement d'un groupe spécial.

Le mémorandum[801] d'accord offre la possibilité aux 2 parties de recours aux bons offices, à la conciliation et à la médiation si elles l'acceptent. Ce triptyque désigné par l'article 5 reprend l'article 33 de la charte des nations unies. Les parties à un litige ont la possibilité de choisir le mode de règlement en particulier par des voies non juridictionnelles. La reprise de ce principe du libre

---

[800] Voir article 33 de la charte des nations unies.

[801] L'article 5 du mémorandum d'accord qui fait l'objet de l'annexe 2 de l'accord sur l'OMC.

choix des moyens ne doit pas surprendre car il ne s'agit finalement que de la mise en œuvre dans le cadre des relations commerciales internationales d'un principe général de droit international bien établi. Le mémorandum d'accord précise que les bons offices, la conciliation et la méditation pourront être demandés à tout moment par l'une des parties. Les parties peuvent également y mettre fin à tout moment. Si ces modes sont mis fin prématurément, l'une des parties peut recourir à l'établissement d'un groupe spécial. L'une des dispositions[802] du mémorandum d'accord précise que le directeur de l'OMC « pourra, dans le cadre de ses fonctions, offrir ses bons d'offices, sa conciliation ou sa méditation en vue d'aider les membres à régler leurs différends ».

On entend par « bons d'offices », une procédure non juridictionnelle qui permet à un tiers (Etat ou organisation internationale) d'intervenir dans un différend qui oppose deux ou plusieurs parties dont l'une au moins est étatique, pour proposer aux parties qui ont accepté son entremise des moyens de règlement en vue de régler pacifiquement leur différend.
On parle de médiation lorsqu'elle vise à choisir un médiateur qui proposera des bases de négociation et intervient dans le déroulement de celle-ci afin de rapprocher les points de vue des intéressés sans chercher à imposer une solution. La médiation se distingue donc des bons d'office dans la mesure où le tiers propose une solution de fond. Les taches du médiateur sont plus entendues. Celles-ci allant jusqu'à lui autoriser de suivre et même de guider la négociation jusqu'à son aboutissement.

Enfin, on parle de conciliation lorsqu'on a affaire à un arrangement amiable auquel parviennent des personnes en conflit, au besoin ou à l'aide d'un tiers. Les mécanismes non juridictionnels au sein de l'OMC ne sont pas suffisants pour régler les contentieux nés des appels d'offres internationaux car il y a aussi la voie « juridicisée » de règlement des différends au sein de l'OMC.

b- La voie « juridicisée » de règlement des différends au sein de l'OMC.

La procédure juridicisée veut tout simplement dire que l'OMC dispose aussi un mécanisme qui se rapproche de la voie juridictionnelle mais sans être une juridiction. La procédure de principe de règlement des différends se déroule en deux phases. Si dans une première phase, un groupe spécial est chargé de l'examen de l'affaire, un organe d'appel, nouveauté créée par les accords de l'OMC se caractérise par une certaine originalité en ce qui concerne sa 2e phase. S'agissant de la procédure devant les groupes spéciaux, seront développés ici l'établissement d'un groupe spécial, sa composition, l'examen de l'affaire par lesdits organes. Concernant l'établissement des groupes spéciaux, lorsque la partie plaignante demande leur établissement, celui-ci ne peut rejeter sa

802 Voir article 5 (6) du mémorandum d'accord au sein de l'OMC.

demande que par un consensus négatif. Il s'agit ici d'une règle nouvellement insérée dans le cadre de l'OMC. La demande de l'établissement du groupe spécial vaut au sens du droit de l'OMC l'introduction d'une requête, cette demande doit être présentée par écrit, préciser si les consultations ont eu lieu indiqué les mesures spécifiques en cause et contenir un bref exposé du fondement juridique de la plainte. Comme cela a été mentionné dans les affaires des brevets pharmaceutiques, dans tous les cas, les parties à un différend doivent dès le début tout dire en ce qui concerne aussi bien les allégations en question que les faits en rapports avec ces allégations. Ces dernières doivent être clairement formulées. La demande doit être précise car elle constitue la base du mandat du groupe spécial et parce qu'elle informe la partie défenderesse et les tierces parties du fondement juridique de la plainte.

S'agissant de la composition du groupe spécial, tout groupe spécial est établi ad hoc. Composé de personnes très qualifiées en général au nombre de 3, dans le domaine de la politique commerciale du droit ou de l'économie, un groupe spécial n'est institué que par une affaire spécifique. Juristes, hommes politiques ou encore professeurs d'université peuvent ainsi être choisis pour leurs compétences et connaissances du système commercial multilatéral. Mais aucun ressortissant des membres dont le gouvernement est partie à un différend ou tierse partie, ne siègera au groupe spécial appelé à en connaître, à moins que les parties au différend n'en conviennent autrement. C'est la division du service juridique du secrétariat de l'OMC qui propose les membres du groupe spécial à partir notamment d'une liste indicative de personnes qualifiées et les parties aux différends ne peuvent pas s'opposer à ces désignations sauf pour des raisons contraignantes. Les membres du groupe spécial sont indépendants[803] et ils ne siègent qu'à titre personnel et non en qualité de représentants d'un gouvernement ou d'une organisation.

En ce qui concerne l'examen de l'affaire par le groupe spécial, l'affaire **Fils de Coton** en est un exemple. Dans cette affaire, l'organe d'appel a précisé que l'article 11 du mémorandum d'accord énonce le critère d'examen que les groupes spéciaux doivent appliquer dans les différends relevant des accords. Ce critère applicable n'est ni l'examen proprement dit ni la déférence totale mais l'évaluation objective des faits.

La procédure d'appel est sans nul doute l'innovation la plus visible et peut-être la plus originale du mécanisme de règlement des différends de l'OMC instituant les accords de Marrakech. Les parties à un différend soumis à un groupe spécial et seulement elles peuvent interjeter appel devant l'organe d'appel dans les 60 jours suivant la date de distribution du rapport aux membres de l'OMC. La dénomination donnée à cet organe peut sur prendre dans la mesure où l'appel tend à faire reformer ou annuler par la juridiction du second degré un jugement

[803] Voir articles 8 :1 et 8 :2 du mémorandum d'accord en rapport avec l'OMC.

rendu par une juridiction du premier degré. Le mémorandum d'accord[804] sur l'OMC s'inscrit dans une perspective en précisant que « l'organe d'appel pourra confirmer, modifier ou infirmer les constatations et les conclusions juridiques du groupe spécial ». Les pouvoirs dévolus à l'organe d'appel aux cours d'appel ordinaires ne semblent donc pas éloignés. Toutefois la comparaison atteint rapidement sa limite car dans la pratique juridictionnelle des systèmes continentaux, l'effet dévolutif de l'appel est de remettre en cause la question de la chose jugée par la juridiction du premier degré afin qu'il soit de nouveau statué aussi bien en fait qu'en droit. L'organe d'appel est donc érigé en un « juge » du droit censurant la violation des règles de droit commises par le groupe spécial. Sa fonction est ainsi plus proche d'une cour de cassation telle qu'elle peut exister dans certains systèmes juridiques. C'est l'ORD qui a eu la tâche initiale de mettre en place l'organe d'appel. Composé de 7 personnes dont 3 sont appelées à siéger par « section » pour chaque affaire, l'organe d'appel est à la différence des groupes spéciaux un organe permanent. Le mandat de ses membres est de 4ans renouvelable une fois. La compétence de l'organe d'appel est limitée uniquement aux questions de droit couvertes par le rapport du groupe spécial et aux interprétations données par celui-ci soulevées par les parties au litige. Deux caractéristiques de l'appel sont ainsi énoncées comme suit : les constatations de fait se rattachant au fond du différend ou les thèses des parties à ce sujet contenues dans le rapport du groupe spécial initial ne peuvent en principe être soumises à l'examen de l'organe d'appel. Ensuite l'organe d'appel comme les groupes spéciaux peut soulever toute question ou tout argument juridique non soulevé par les parties.

Comme les groupes spéciaux, l'organe d'appel ne prononce pas un arrêt, il ne fait que présenter un rapport à l'organe de règlement des différends. Celui-ci contient ses constatations et recommandations qui doivent en cas d'adoption être mises en œuvre. Lorsqu'un membre entame une procédure de règlement des différends et que cette procédure aboutit à une recommandation de l'ORD, il paraît légitime que l'Etat plaignant s'attende au retrait des mesures qui réduisent ses avantages. Comme le relève Carine MOCQUART, « les rapports adoptés par l'ORD ne constituent que la manifestation des droits et obligations que le membre s'est engagé à respecter ». Il appartient donc au membre « condamné » d'adopter une position conforme aux obligations auxquelles il a souscrit dans un délai raisonnable.

Toutefois, un membre ne peut choisir délibérément de ne pas mettre en œuvre les recommandations adressées par l'ORD. Dans cette hypothèse, le mémorandum d'accord[805] sur l'OMC donne la possibilité de compenser cette absence de mise en œuvre par le recours à des mesures correctives dans le souci de revenir à l'équilibre des concessions négociées.

---

[804] Voir article 17(3) du mémorandum d'accord sur l'OMC.
[805] Voir l'article 22 du mémorandum d'accord sur l'OMC.

2NDE PARTIE : UNE FONCTION DE NEGOCIATION LIMITEE

On considère la passation des marchés publics en urgence comme une dérogation extensive à la procédure négociée dans la mesure où les "urgences" sont beaucoup plus envahissantes dans les marchés négociés. L'on peut percevoir l'urgence impérieuse, l'urgence liée à la défaillance du soumissionnaire, l'urgence liée aux marchés complémentaires ou de substitution dans les marchés négociés justifiés par la passation par gré à gré. On peut également remarquer l'urgence simple et l'urgence impérieuse dans les marchés négociés justifiés par la passation des marchés spéciaux. Cependant, il existe des marchés spécifiques qui sont repoussés par ladite dérogation et qui s'exposent dans une insécurité juridique en cas d'urgence. Parmi ces marchés, on peut citer les marchés de conception-réalisation, les marchés pluriannuels, les marchés réservés, les accords-cadres. En ce qui concerne les marchés spéciaux, l'on remarque que la possibilité d'une dérogation pour cause d'urgence est voilée par les textes en vigueur au Cameroun. Or, en France la dérogation pour cause d'urgence est dévoilée et visible en ce qui concerne les marchés spéciaux. En ce qui concerne les marchés de gré à gré, l'on a observé la densification des "urgences" dévoilées et visibles dans les textes en vigueur au Cameroun. En clair, au Cameroun, en ce qui concerne les marchés négociés, il y a 3 types de dérogation qui s'imposent : une dérogation dense et visible dans les marchés de gré à gré, une dérogation voilée dans les marchés spéciaux mais dévoilée en France et enfin une dérogation répulsive aux autres marchés spécifiques. Ce qui signifie que la passation des marchés publics en urgence n'admet pas tous les types de marchés publics. Il y a donc une marginalisation de certains marchés publics au détriment d'autres pour ce qui est de l'encadrement ou présence des règles d'urgence. Or nous soutenons l'idée d'une pluralité ou d'une vision pluraliste de la passation des marchés publics en urgence. Ce qui veut dire que tous les marchés publics peuvent être confrontés à l'urgence pour être passés.

Il s'agira donc de démontrer que la passation des marchés publics en urgence est conçue comme un renforcement de la passation par gré à gré (titre 1). Elle renforce la passation par gré à gré dans la mesure où elle a plusieurs types d'urgence qui contribuent à la procédure de gré à gré : urgence impérieuse, urgence efficace c'est-à-dire liée à la défaillance du soumissionnaire et urgence économique liée aux marchés complémentaires ou de substitution. Le renforcement de la passation par gré à gré par les marchés passés en urgence se justifie non seulement par l'extension des conditions du gré à gré (Chapitre 1) mais aussi par l'extension des mécanismes du gré à gré (Chapitre 2). Ici, l'urgence est beaucoup plus dense et plus importante au point où les maîtres d'ouvrage veulent répondre rapidement aux besoins urgents des populations.

En ce qui concerne les marchés spéciaux ou marchés de défense et de sécurité, la passation des marchés publics en urgence se conçoit comme une dérogation attractive en France mais voilée au Cameroun. Cependant, en guise de théorie générale des contrats administratifs, ce sont les germes de la dérogation pour cause de l'urgence dans les marchés spéciaux en France qui seront beaucoup plus analysés ici voir pris en compte. Le cas du Cameroun sera pris en compte juste pour pallier les insuffisances des textes qui encadrent la passation des marchés spéciaux en urgence. C'est donc à cause du caractère obscur de la réglementation camerounaise en matière d'encadrement des marchés spéciaux en urgence qui nous pousse à analyser les dérogations proposées par la France en la matière.

En ce qui concerne les autres marchés spécifiques, l'on remarque que la passation des marchés publics en urgence est une dérogation répulsive. Répulsive parce qu'elle tend à repousser certains marchés spécifiques qui ne bénéficient pas de l'encadrement des règles d'urgence. Parmi ces marchés, sont marginalisés par les règles d'urgence les accords-cadres, les marchés de conception -réalisation, les marchés réservés, les marchés pluriannuels…

En clair, la passation des marchés publics en urgence est conçue comme un affaiblissement de la dérogation dans les marchés spéciaux et autres marchés spécifiques (Titre 2). C'est une dérogation affaiblie dans la mesure où bien qu'elle soit attractive en France, elle demeure voilée au Cameroun. D'où le caractère énigmatique ou ambigu de la dérogation (Chapitre 1). La passation des marchés publics en urgence constitue également une dérogation répulsive aux marchés spécifiques (Chapitre 2). Elle l'est parce qu'elle repousse certains marchés de l'encadrement des règles d'urgence.

TITRE I : LE RENFORCEMENT DE LA PASSATION PAR GRE A GRE

Lorsque les niveaux d'urgence sont denses, sont plus importants ou alors plus élevés, la passation des marchés publics en urgence est conçue comme une dérogation visant à renforcer la passation par gré à gré. Elle renforce la passation par gré à gré dans la mesure où elle contribue non seulement à l'élargissement ou à l'extension des conditions du gré à gré (Chapitre 1) mais participe également à l'extension des mécanismes du gré à gré (Chapitre 2). Bien qu'il y ait des conditions du gré à gré qui ne sont pas motivées par les niveaux d'urgence, la majorité des conditions de recours au gré à gré sont motivées par les niveaux ou degrés d'urgence. C'est même la passation des marchés publics en urgence qui donne un sens à la passation par gré à gré.

CHAPITRE 1 : L'EXTENSION DES CONDITIONS DU GRE A GRE

Avant de démontrer que la passation des marchés publics en urgence contribue à l'extension des conditions du gré à gré, nous essayerons de définir le marché de gré à gré dans tous les sens. En effet, au sens ordinaire[806], le terme "gré à gré" signifie d'un commun accord, à l'amiable. Autrement dit ce terme signifie une entente libre entre deux parties qui expriment une volonté de transmission d'un bienfait d'une partie à l'autre. Dans le langage de la rue, le gré à gré est fortement critiqué par la vindicte populaire dans la mesure où il relève de la subjectivité, du favoritisme, de la corruption. En d'autres termes, le gré à gré est un prétexte pour dilapider et détourner les fonds publics. La population a donc une vision péjorative du gré à gré. Au plan économique, un marché de gré à gré est un marché sur lequel les transactions sont conclues directement entre le vendeur et l'acheteur. Autrement dit, il s'agit de toute opération juridique menée en dehors d'un marché organisé et qui dépend de la volonté des parties liées par les transactions commerciales. En droit des marchés publics, un marché est dit de gré à gré[807] lorsqu'il est passé sans appel d'offres, après autorisation préalable de l'autorité chargée des marchés publics et selon la procédure de gré à gré[808]. Sous d'autres cieux, on qualifie les marchés de gré à gré de marchés par entente directe[809]. Sur le terrain des entreprises publiques[810], un marché est dit de gré à gré lorsqu'il est passé sans appel d'offres, après autorisation préalable du conseil d'administration.

Les marchés de gré à gré présentent des avantages et des inconvénients. Le premier avantage qu'ils présentent c'est la souplesse et la célérité dans la procédure d'attribution et d'exécution du marché. Autrement dit il y a un assouplissement des procédures d'attribution et d'exécution des marchés. Le second avantage que les marchés de gré à gré disposent c'est le déblocage rapide des fonds publics sans passer par les procédures d'exécution de la dépense publique. Ces marchés dérogent donc aux procédures d'exécution de la dépense publique[811]. C'est le cas par exemple des fonds qui sont alloués pour

---

806 Définition qui provient du dictionnaire Linternaute.

807 Voir article 108 du décret de 2018 portant code Camerounais des marchés publics.

808 Voir articles 110 et 111 du même décret.

809 Voir article 68 du décret n°00027/PR/MEPPDD du 17 Janvier 2018 portant code des marchés publics au GABON.

810 Voir article 61(1) du décret N°2018-355 du 12 juin 2018 fixant les règles communes applicables aux marchés des entreprises publiques.

811 Les procédures d'exécution de la dépense publique sont l'engagement de la dépense, la liquidation, l'ordonnancement et le paiement.

riposter face au Covid-19. Les marchés de gré à gré présentent aussi des inconvénients dans la mesure où la libre concurrence est très limitée, ils deviennent plus subjectifs, il y a risque de corruption, les fonds publics ne sont pas suffisamment protégés. Par conséquent, il y a risque de détournement des deniers publics. Les procédures de gré à gré ne sont pas souvent respectées. Le principe de l'égalité de traitement des candidats est également violé car généralement l'acheteur public choisit son "ami" le plus proche pour passer un marché de gré à gré sans forcément tenir compte de ses capacités techniques et financières.

La passation des marchés publics en urgence contribue à l'extension des conditions de gré à gré dans la mesure où il y a plusieurs niveaux d'urgence qui conditionnent la passation par gré à gré à savoir l'urgence impérieuse, l'urgence liée à la défaillance du soumissionnaire et l'urgence économique ou alors l'urgence liée aux aléas économiques. Les conditions de recours au gré à gré sont au nombre de 4. Or 3 conditions sont motivées par les niveaux d'urgence. La seule condition qui n'est pas motivée par l'urgence mais qui favorise la passation par gré à gré se matérialise par « les prestations nécessitant l'emploi d'un brevet d'invention, d'un procédé, d'un savoir-faire, d'une licence ou droits exclusifs détenus par un seul entrepreneur, un seul prestataire ou un seul fournisseur »[812]. Les niveaux d'urgence sont donc des conditions majoritaires pour recourir à la passation par gré à gré. D'où l'extension des conditions de gré à gré par la passation des marchés publics en urgence.

L'extension des conditions de gré à gré se justifie donc par les circonstances imprévisibles (section 1) ou cas de force majeure, et s'explique par la double exigence de la défaillance du soumissionnaire et des circonstances imprévues (section 2). Rappelons qu'il y a une différence fondamentale entre circonstances imprévisibles et circonstances imprévues[813].

Section 1 : L'enrichissement du gré à gré par les circonstances imprévisibles

Ici, le niveau d'urgence que le maître d'ouvrage doit affronter est très élevé. Autrement dit, c'est l'urgence impérieuse que l'acheteur public doit faire face pour satisfaire les besoins urgents des populations. On entend par urgence impérieuse, les cas de force majeure qui visent à menacer la vie des populations et leurs biens, et qui rendent impossible le respect des délais fixés par la procédure d'appel d'offres. En effet, 3 éléments doivent caractériser les cas de force majeure : l'extériorité, l'imprévisibilité et l'irrésistibilité. L'événement

[812] Voir article 109 (a) du décret de 2018 portant code camerounais des marchés publics.
[813] Dans les circonstances imprévues, les catastrophes ou aléas concernent uniquement le domaine économique. Par contre, dans les circonstances imprévisibles, les catastrophes sont multiples et concernent plusieurs domaines à savoir le domaine naturel, le domaine technologique, les domaines financier, économique, sanitaire, écologique…

urgent ou l'extrême urgence doit être extérieur aux parties. L'événement doit déjouer toutes les prévisions des parties. Et enfin, l'événement doit être insurmontable. D'où son caractère irrésistible. Il sera donc question pour nous de présenter d'une part les circonstances imprévisibles dans les marchés publics (paragraphe 1) et d'afficher d'autre part les motivations des circonstances imprévisibles présentées par le maître d'ouvrage (paragraphe 2).

Paragraphe 1 : La présence des circonstances imprévisibles dans les marchés publics

Il s'agira donc de présenter les circonstances imprévisibles dans les marchés de travaux (A) et de faire ressortir les circonstances imprévisibles dans les autres marchés (B).

A- Les circonstances imprévisibles dans les marchés de travaux

Les cas de force majeure peuvent empêcher l'exécution d'un marché de travaux et peuvent conduire à une passation en urgence desdits marchés. Passation supportée par une procédure de gré à gré. Parmi les cas de force majeure, on peut citer les catastrophes naturelles (1) et les autres catastrophes (2).

1- Les catastrophes naturelles

Le terme catastrophe naturelle est utilisé pour décrire un événement naturel violent ayant des effets destructeurs ou dévastateurs sur la surface de la terre, sur les humains et sur les autres êtres vivants. Autrement dit, une catastrophe naturelle est un phénomène naturel qui entraîne des conséquences dramatiques c'est-à-dire des dégâts matériels importants, des victimes humaines, animales ou végétales. Les catastrophes naturelles sont dévastatrices parce qu'elles se produisent de manière imprévisible et leurs conséquences sont, elles aussi, imprévisibles. Les catastrophes naturelles dont il s'agit ici sont celles strictement encadrées et prévues par le cahier de clauses[814] administratives et générales. En effet, il existe plusieurs types de catastrophes naturelles. On a les catastrophes géologiques, les catastrophes climatiques, les catastrophes biologiques et les catastrophes écologiques. Parmi les catastrophes géologiques, on peut citer les séismes ou tremblements de terre, les glissements de terrain, les avalanches, les éruptions volcaniques, les tsunamis. Les tremblements de terre sont imprévisibles et particulièrement dangereux en raison de leurs effets destructeurs ou dévastateurs. Selon leur force et leur emplacement, les tremblements de terre causent des dégâts importants et font souvent d'énormes victimes. Les maisons, les récoltes, les marchés publics en cours d'exécution, et les sources d'eau potable sont détruits ou interrompus. L'approvisionnement de la population en produits de première nécessité peut s'effondrer en raison des

---

814 Voir article 75.2 de l'annexe 1 du CCAG.

tremblements de terre. On entend par séisme, une série de secousses du sol plus ou moins fortes. Les glissements de terrain peuvent aussi favoriser la passation des marchés de gré à gré. On entend par glissement de terrain toute une série de phénomènes naturels se caractérisant par les chutes de pierres, dans un couloir de montagne, une coulée de boue mêlée de blocs rocheux, une déformation lente sur plusieurs années d'un versant, un affaissement du sol lors d'un comblement de vide souterrain. Les éruptions volcaniques peuvent aussi entraîner une passation des marchés de gré à gré en raison de l'extrême gravité ou l'extrême urgence. Une éruption volcanique est un phénomène naturel très spectaculaire qui se caractérise par les coulées de lave, les nuées ardentes. Elle entraîne généralement de nombreuses pertes en vies humaines. En ce qui concerne les tsunamis, ils peuvent également causer des dégâts importants pouvant conduire à une passation des marchés de gré à gré. En effet, un tsunami est une vague engendrée par une déformation du fond des océans due à un séisme sous-marin. Les vagues, espacées de quelques minutes à une heure, peuvent traverser tout un océan à la vitesse de 800km/h. Ces vagues sont généralement dévastatrices.

Les catastrophes naturelles se caractérisent aussi par des catastrophes climatiques. Parmi les catastrophes climatiques, on peut citer : les tempêtes, les inondations, la foudre, la sècheresse, les ouragans ou vents violents, les températures extrêmes, les intempéries, les incendies dus aux vents menaçants. Toutes ces catastrophes climatiques peuvent interrompre l'exécution des marchés de travaux et provoquer une passation par gré à gré. Ceci pour pallier les dégâts importants causés par ces catastrophes climatiques.

S'agissant des catastrophes écologiques, il s'agit des catastrophes qui peuvent être causées par la nature ou par l'homme. Parmi celles-ci, on peut citer : les incendies de forêt, les changements climatiques, la pollution environnementale. Tous ces éléments peuvent retarder ou interrompe l'exécution des marchés de travaux et conduire à la passation de marchés de gré à gré.

Au demeurant, les catastrophes naturelles sont perceptibles dans les marchés de travaux pour justifier leur passation en urgence selon la procédure de gré à gré. Cependant, à ces catastrophes naturelles, s'ajoutent également d'autres catastrophes qui sont prévues par le cahier de clauses administratives et générales.

2- Les autres catastrophes

Aux termes[815] de l'annexe 1 du cahier de clauses administratives et générales, les autres catastrophes qui peuvent perturber la réalisation des marchés des travaux sont perceptibles. Parmi elles, on peut citer la grève, les lock-out, les autres conflits du travail, les actes de l'ennemi, les guerres déclarées ou non, les blocus, les insurrections, les émeutes, les épidémies, les pandémies, les troubles

[815] Voir article 75.2 de l'annexe I du CCAG.

civils, les explosions, et tout autre événement imprévisible, extérieur et indépendant de la volonté du parties voire insurmontable[816]. Ces événements peuvent pousser les maîtres d'ouvrage à réagir immédiatement en passant les marchés de gré à gré. Prenons par exemple, la crise sanitaire mondiale justifiée par la Covid-19. Cette crise sanitaire peut retarder la réalisation des marchés de travaux ou leur passation en situation normale. Pour satisfaire urgemment les besoins des populations, les maîtres d'ouvrage sont obligés de passer les marchés de gré à gré pour cause d'urgence impérieuse[817]. Ici, les catastrophes sont assez importantes car elles peuvent menacer la vie économique, la vie sociale, la vie sécuritaire, la vie sanitaire…C'est pour cela qu'on qualifie ce type d'urgence, d'urgence impérieuse ou d'extrême urgence. Ceci parce que nous sommes dans une situation d'extrême gravité que les pouvoirs publics doivent remédier ou pallier.

Au demeurant, il existe des catastrophes qui justifient l'urgence impérieuse dans les marchés de travaux et qui favorisent la passation par gré à gré. Place à présent aux catastrophes qu'on peut trouver dans les autres types de marchés publics.

B- Les cas de force majeure dans les autres marchés

Il s'agit d'évoquer ici les catastrophes dans les marchés de fournitures(1) et les catastrophes dans les marchés de services (2).

1- Les catastrophes dans les marchés de fournitures

Les catastrophes imprévisibles, irrésistibles et insurmontables peuvent également intervenir pour empêcher soit la réalisation des marchés de fournitures soit leur passation en temps normal. Ces catastrophes ont été consacrées dans l'annexe II du cahier de clauses administratives et générales[818]. En effet, selon l'article 56 du cahier de clauses administratives générales applicables aux marchés de fournitures, l'expression « force majeure » désigne tout événement qui échappe au contrôle du fournisseur, qui n'est pas attribuable à sa faute ou à sa négligence et qui est imprévisible et inévitable. Par cette définition, l'on remarque que la force majeure a 4 caractéristiques. C'est un événement extérieur aux parties, c'est un événement irrésistible, c'est un événement imprévisible et enfin c'est un événement inévitable. Selon l'article 56 de l'annexe 2 du cahier de clauses administratives et générales, la force majeure dans les marchés de fournitures se désigne par les catastrophes suivantes : les guerres, les actes du maître d'ouvrage au titre de la souveraineté de l'Etat, les révolutions, les incendies, les inondations, les épidémies, les mesures de

[816] On pense également aux révolutions, aux crises économiques, aux crises sanitaires.
[817] Voir article 72 du décret N°2009-156 du 20 mai 2009 portant code des marchés publics en République du Congo-Brazzaville.
[818] Voir article 56 de l'annexe 2 du CCAG.

quarantaine et d'embargo sur le fret. Grâce à catastrophes non limitatives, les marchés de fournitures peuvent se voir imposés la passation par gré à gré pour cause d'urgence impérieuse[819].

Au demeurant, il existe des catastrophes qui justifient l'urgence impérieuse dans les marchés de fournitures. Place à présent aux catastrophes qu'on peut retrouver dans les marchés de services et de prestations intellectuelles.

2- Les catastrophes dans les marchés de services

Les catastrophes imprévisibles, irrésistibles, insurmontables peuvent également s'imposer pour empêcher soit la réalisation des marchés de services et de prestations intellectuelles soit leur passation en temps normal. Ces catastrophes ou cas de force majeure ont été précisés et encadrés dans l'annexe III du cahier de clauses administratives et générales[820]. En effet, selon l'article 41 du cahier de clauses administratives générales applicables aux marchés publics de services et de prestations intellectuelles, l'expression « force majeure » désigne un événement qui échappe au contrôle du prestataire, qui n'est pas attribuable à sa faute ou à sa négligence et qui est imprévisible et inévitable. Au vu de cette définition, l'on constate que la force majeure est un événement exceptionnel qui présente 4 caractéristiques. C'est un événement insurmontable, extérieur aux parties, imprévisible et inévitable. Il est insurmontable dans la mesure où il échappe à tout contrôle venant du prestataire. C'est un événement extérieur aux parties parce qu'il n'émane ni de la faute ou de la négligence du prestataire ni de celle du pouvoir adjudicateur. C'est un événement imprévisible parce qu'il déjoue toutes les prévisions des parties aussi bien dans la réalisation des marchés de services et de prestations intellectuelles que dans leur passation en temps normal. C'est enfin un événement inévitable parce que les prestataires et les acheteurs publics subissent ledit événement. Selon l'une des dispositions[821] de l'annexe 3 du cahier de clauses administratives et générales, la force majeure dans les marchés de services et de prestations intellectuelles se désigne par les catastrophes suivantes : les guerres, les révolutions, les incendies, les inondations, les épidémies, les mesures de quarantaine et d'embargo sur le fret, les tempêtes, la sécheresse, les actes du maître d'ouvrage au titre de la souveraineté de l'Etat. Grâce à ces catastrophes dont la liste est non exhaustive, les marchés de services et de prestations intellectuelles peuvent se faire appliquer la passation par gré à gré pour cause d'extrême urgence ou d'urgence impérieuse[822].

---

[819] Voir article 89 du décret de 2015 relatif au code des marchés publics au Tchad.

[820] Voir article 41 de l'annexe III du CCAG.

[821] Voir article 41 de l'annexe III du CCAG.

[822] Voir article 52 de la loi n°2017-04 du 19 octobre 2017 pourtant code des marchés publics au Bénin.

Au final, les marchés passés pour cause d'urgence impérieuse enrichissent la passation par gré à gré par les circonstances imprévisibles ou cas de force majeure. Ces marchés peuvent être les marchés de travaux, les marchés de fournitures, les marchés de services et les marchés de prestations intellectuelles. Cependant, l'énonciation des circonstances imprévisibles ne suffissent pas pour passer les marchés selon la procédure de gré à gré. Il faut également que ces événements dramatiques soient motivés par les maîtres d'ouvrage.

Paragraphe 2 : Les motivations des circonstances imprévisibles par le maître d'ouvrage

L'une des conditions majeures pour que le maître d'ouvrage puisse se défaire de toutes obligations de passation de marché est l'existence ou l'exigence d'une « urgence impérieuse »[823]. L'urgence impérieuse motivée par les circonstances imprévisibles doit être prouvée par les maîtres d'ouvrage. Les maîtres d'ouvrages doivent prouver que l'exécution du marché public nécessite des prises de décisions ponctuelles et immédiates survenues suite à des événements non-calculés. Les pouvoirs adjudicateurs doivent aussi prouver que les marchés de travaux, de fournitures, de services et de prestations intellectuelles ne peuvent subir les délais d'une procédure d'appel d'offres. Toutes ces exigences de preuve sont matérialisées par la rédaction d'une demande de gré à gré auprès de l'autorité des marchés publics (A) et par la notification de la demande aux maîtres d'ouvrage (B).

A- Les justifications de l'urgence impérieuse par le maître d'ouvrage

Pour passer les marchés selon la procédure de gré à gré, le maître d'ouvrage doit justifier le caractère urgent de la situation. Ladite situation qui est particulièrement grave et préoccupante[824]. Il s'agira donc de présenter le contenu de la demande de gré à gré (1) et de faire ressortir l'examen de cette demande (2).

1- Le contenu de la demande du gré à gré

Aux termes du décret[825] de 2018 portant code camerounais des marchés publics, c'est le maître d'ouvrage ou maître d'ouvrage délégué qui sollicite l'autorisation préalable auprès de l'autorité des marchés publics de passer les marchés publics selon la procédure de gré à gré. Cette sollicitation se matérialise donc par une demande dont le contenu est exigé par la réglementation. En effet, selon la circulaire de 2011 relative à l'amélioration de la performance du

---

[823] Voir l'article 109(c) du décret de 2018 portant code camerounais des marchés publics.
[824] Voir article 18 de la circulaire de 2012 sur la passation et le contrôle de l'exécution des marchés publics.
[825] Voir article 110(1) du décret de 2018 portant code camerounais des marchés publics.

système des marchés publics[826], le dossier de la demande du gré à gré doit contenir les éléments suivants : un justificatif du choix de la procédure, un chronogramme de passation dudit marché, les critères de qualification du candidat à retenir et l'état de l'exécution des éventuels accords de gré à gré. Cette demande de gré à gré peut être faite soit par correspondance du maître d'ouvrage ou maître d'ouvrage délégué adressée au ministre des marchés publics soit par une lettre administrative.

Au demeurant, nous venons de présenter le contenu de la demande du gré à gré pour faire face à une situation d'urgence impérieuse. Place à présent à l'examen de la demande par le Ministre des Marchés Publics.

2- L'examen de la demande par le ministre des marchés publics

Le décret de 2018 portant code[827] camerounais des marchés publics consacre de manière explicite l'examen de la demande de gré à gré. En effet, aux termes de son article 110 (2), c'est le ministre des marchés publics qui examine la demande du gré à gré. A ce niveau, le ministre des marchés publics vérifie si les critères de sélection des candidats sont bien définis. Il vérifie aussi si les justificatifs des choix de la procédure sont ficelés de la meilleure des manières et selon les conditions prévues par le décret portant code des marchés publics. Il doit aussi vérifier si l'état de l'exécution des éventuels accords de gré à gré est bien ficelé. Il le fait en sa qualité d'autorité actuelle des marchés publics. Ceci en vertu de l'article 50(1) du décret de 2018 portant code camerounais des marchés publics. A ce titre, le ministre des marchés publics dispose des pouvoirs en matière d'autorisation des procédures exceptionnelles.

Au demeurant, les maîtres d'ouvrage doivent justifier le recours au gré à gré à travers la formulation d'une demande adressée au ministre des marchés publics. Ce dernier, en sa qualité d'autorité des marchés publics examine la demande mais notifie également cette demande aux maîtres d'ouvrage.

B- La notification de la demande par le Ministre des marchés publics

Au plan du droit, le terme notification fait référence à un document écrit qui est destiné à informer une personne d'une réglementation ou d'une information légale importante. Au sens ordinaire, le terme notification s'identifie à une réponse qui peut être favorable ou défavorable.

Le ministre des marchés publics doit notifier la demande de gré à gré après l'avoir examinée de manière plus approfondie. En effet, il notifie la demande du gré à gré au maître d'ouvrage(1) et au maître d'ouvrage délégué(2).

---

826 Voir article I.5 de la circulaire de 2011 relative à l'amélioration de la performance du système des marchés publics.

827 Voir article 110(2) du décret de 2018 portant code camerounais des marchés publics.

1- Notification de la demande au maître d'ouvrage

C'est le ministre des marchés publics qui a compétence pour notifier la demande du gré à gré au maître d'ouvrage. Il agit en sa qualité d'autorité des marchés publics. Les maîtres d'ouvrage qui sont concernés par la notification peuvent être les chefs de département ministériel[828], une personne de droit privé[829] bénéficiant d'un appui financier ou d'une garantie financière provenant des ressources publiques. Au cas où le ministre des marchés publics accorde la demande de gré à gré, les maîtres d'ouvrage procèdent directement à la procédure et consultent les entreprises sans publicité pour choisir enfin le candidat qui présentera l'offre la plus avantageuse. Les maîtres d'ouvrage à leur tour disposent de 45 jours pour signer et notifier le gré à gré à l'attributaire[830] pour les marchés motivés par les cas de force majeure ou par l'urgence impérieuse.

Le Ministre des marchés publics doit également notifier la demande du gré à gré lorsque celle-ci se fait rédiger par le maître d'ouvrage délégué.

2- Notification de la demande au maître d'ouvrage délégué

Après l'examen de la demande du gré à gré, le ministre délégué à la présidence chargé des marchés publics doit aussi notifier cette demande lorsqu'elle est rédigée par les maîtres d'ouvrage délégués. En vertu de l'article 6(1) du décret de 2018 portant code camerounais des marchés publics, les maîtres d'ouvrage délégués bénéficiaires de la notification du gré à gré peuvent être les chefs d'une collectivité territoriale décentralisée, les chefs d'une circonscription administrative, les directeurs généraux, les directeurs d'un établissement public. Au cas où le ministre des marchés publics donne son accord à la demande du gré à gré, les maîtres d'ouvrage délégués procèdent directement à une consultation des entreprises de leur choix sans obligation de publicité pour enfin choisir le candidat qui présentera l'offre technique et financière la plus avantageuse. Aux termes de l'article 112(6) du décret de 2018 portant code camerounais des marchés publics, les maîtres d'ouvrage délégués disposent de 45 jours pour signer et notifier le gré à gré à l'attributaire pour les marchés motivés par les cas de force majeure ou par l'urgence impérieuse.

En conclusion, les circonstances imprévisibles constituent une condition de recours au gré à gré pour passer les marchés en urgence. Mais ces circonstances imprévisibles, inévitables, extérieures aux parties et graves doivent être justifiées et motivées par les maîtres d'ouvrage pour que l'autorité des marchés publics examine leur demande. Cependant, l'urgence impérieuse motivée par les circonstances imprévisibles ne constitue pas le seul niveau d'urgence qui

---

[828] Voir article 6(1) du décret de 2018 portant code camerounais des marchés publics.
[829] Voir article 6(2) du même décret.
[830] Voir article 112(6) du même décret.

conditionne la passation des marchés de gré à gré. S'ajoutent aussi deux autres niveaux d'urgence : l'urgence efficace liée à la défaillance du soumissionnaire et l'urgence économique liée aux aléas économiques ou aux circonstances imprévues. Autrement dit, la double exigence de la défaillance du soumissionnaire et des circonstances imprévues conditionne aussi la passation par gré à gré (section 2).

Section 2 : La double exigence de la défaillance du soumissionnaire et des circonstances imprévues

La passation des marchés publics en urgence est une dérogation extensive à la procédure de gré à gré dans la mesure où elle contribue également à l'élargissement des conditions de recours au gré à gré. En effet, en dehors de l'exigence des cas de force majeure, deux autres conditions pour recourir au gré à gré sont exigées pour passer les marchés publics en urgence. Il s'agit de la défaillance du soumissionnaire[831] et de l'exigence des circonstances imprévues liées aux aléas économiques contribuant à la passation des marchés complémentaires[832]. Ici, le maître d'ouvrage doit affronter deux autres niveaux d'urgence en dehors de l'urgence impérieuse analysée précédemment. Il s'agit de l'urgence liée à la performance du soumissionnaire ou à la défaillance du soumissionnaire et l'urgence liée aux circonstances imprévues dues aux aléas économiques. Il est donc évident que notre analyse portera sur deux grands points à savoir l'exigence de la défaillance du soumissionnaire (paragraphe 1) pour qu'il soit remplacé par la suite et l'exigence des circonstances imprévues (paragraphe 2).

Paragraphe 1 : L'exigence de la défaillance du soumissionnaire

Au sens ordinaire, le terme défaillance désigne le fait pour quelqu'un, un groupe, de ne pas assurer pleinement son rôle, sa fonction. C'est un terme qui est familier à l'incompétence, l'incapacité, la faiblesse. Au plan du droit, le terme défaillance désigne la non-exécution au terme fixé d'une clause, d'une condition, d'un engagement ou d'un contrat. D'une manière générale, une personne défaillante est une personne qui n'a pas exécuté ses obligations.

En ce qui concerne la défaillance du soumissionnaire, il s'agira de présenter les critères d'identification du soumissionnaire défaillant(A) et de faire ressortir le remplacement du soumissionnaire défaillant comme motif de recours au gré à gré (B).

---

831 Voir article 109(b) du même décret.

832 Voir article 109(d) du même décret.

A- La présentation des caractéristiques du soumissionnaire défaillant

Il s'agira pour nous de présenter les critères d'identification en fonction des catégories des soumissionnaires défaillants (1) et les caractéristiques du prestataire défaillant (2).

1- La précision des catégories de soumissionnaire défaillant

Il y a donc deux soumissionnaires défaillants qu'on peut ressortir : il s'agit des entrepreneurs défaillants (a) et des fournisseurs défaillants (b).

a- Les entrepreneurs défaillants

Avant d'analyser et de décrire les entrepreneurs défaillants, nous allons d'abord définir ce que c'est qu'un entrepreneur. En effet, un entrepreneur est une personne physique ou morale chargée de la réalisation des travaux. Il peut s'agir d'une entreprise ou d'un groupement d'entreprises. Parmi les groupements d'entreprise, on peut citer les entrepreneurs groupés solidaires et les entrepreneurs groupés conjoints. Il y a aussi les sous-traitants qui peuvent être des entrepreneurs dont le rôle est d'assurer l'exécution d'une partie des travaux de par un contrat privé non conclu avec le maître d'ouvrage mais conclu avec l'entrepreneur principal. Cette sous-traitance est acceptée par le maître d'ouvrage et les conditions de paiement doivent être agréées par celui-ci.

Pour présenter les critères d'identification de l'entrepreneur défaillant, nous allons nous référer au cahier de clauses administratives et générales notamment en son annexe I[833]. Ainsi, un entrepreneur est défaillant CCAG lorsqu'il a fait faillite, lorsqu'il a abandonné[834] les travaux ou lorsqu'il a trompé gravement le maître d'œuvre sur la qualité des travaux exécutés[835]. L'entrepreneur peut être aussi défaillant quand il a négligé sans motif valable le commencement[836]des travaux ou interrompu leur exécution et négligé de les reprendre dans les délais qui lui sont impartis par le maître d'œuvre. L'entrepreneur est également défaillant quand il a sous- traité une partie[837] des ouvrages sans l'accord du maître d'ouvrage. Il est aussi défaillant lorsqu'il a négligé d'exécuter les travaux[838]ou un ordre de service conformément au marché et d'une manière permanente et flagrante de remplir ses obligations. La défaillance de l'entrepreneur s'explique aussi par le fait qu'il a enfreint les dispositions

[833] Voir article 76 de l'annexe I du CCAG.
[834] Voir article 76.1 (a) du CCAG (- annexe I).
[835] Voir article76.1.e du CCAG (- annexe I).
[836] Voir article76.1.b du CCAG (- annexe I).
[837] Voir article 76.1.h du CCAG (- annexe I).
[838] Voir article 76.1.d du CCAG (annexe I).

législatives [839] ou réglementaire du code de travail relatives notamment aux salaires, aux conditions de travail, de sécurité, de santé et de bien-être des travailleurs intéressés. La défaillance de l'entrepreneur peut aussi se justifier par le fait que ce dernier ait dépassé le plafond[840]fixé dans le cahier de clauses administratives particulières pour l'application des pénalités de retard dans la réalisation des travaux. Enfin, l'entrepreneur peut être défaillant lorsqu'il a négligé d'enlever[841] les matériaux rebutés ou négligé de démolir et de reconstruire un ouvrage dans les délais qui lui sont impartis par le maître d'œuvre.

La défaillance des entrepreneurs peut compromettre le déroulement du chantier ou la réalisation des travaux. Ce qui n'est pas sans incidence financière pour le maître d'ouvrage et pour les autres intervenants. C'est la raison pour laquelle le maître d'ouvrage, face à une telle situation, se doit d'agir très rapidement et dispose pour cela de plusieurs solutions. Il peut appliquer les pénalités à l'entreprise défaillante, ordonner la poursuite des travaux aux frais et risques de l'entrepreneur, ou décider la poursuite des travaux aux frais et risques de l'entrepreneur défaillant, résilier le marché aux torts de l'entrepreneur. Le maître d'ouvrage peut même passer un marché de substitution avec un autre entrepreneur ayant pour objet de remédier en tout ou partie à la défaillance du titulaire du marché aux frais et risques de celui-ci. Ici le titulaire est seulement exclu du chantier ou des travaux sans que le marché soit rompu. Le marché de substitution s'accompagne d'un marché de gré à gré ou d'une "réadjudication à la folle enchère". Ici, l'entrepreneur défaillant supporte les dépenses d'un marché de substitution. Ce nouveau marché doit porter sur les prestations restantes qui sont celles définies dans le marché public initial. Le dossier de consultation du nouveau marché public ne pourra donc comporter aucune modification par rapport au premier marché. L'entrepreneur défaillant se verra notifier la décision de passer un nouveau marché public, pourra surveiller sa passation et suivre les prestations exécutées par le nouveau titulaire. Il dispose d'un droit à suivre le marché public de substitution afin de préserver ses intérêts[842]. En effet, le conseil d'Etat français par un arrêt en date du 9 juin 2017 est venu préciser l'étendue du droit de suivi du titulaire défaillant d'un marché public. Ceci par la formulation suivante : « Considérant qu'il résulte des stipulations de l'article 49.5 du CCAG travaux cités ci-dessus que l'entrepreneur dont le marché est résilié à ses frais et risques doit être mis à même d'user du droit de suivre les opérations exécutées par un nouvel entrepreneur dans le cadre d'un marché de substitution ; que ce droit de suivi est destiné à lui permettre de veiller à la sauvegarde de ses intérêts, les montants découlant des

[839] Voir article 76.1.f du CCAG (annexe I).
[840] Voir article 76.1.g du CCAG (annexe I).
[841] Voir article 76.1.c du CCAG (annexe I).
[842] CE. Sect, 10 juin 1932, sieur Bigot, Rec. P572.

surcoûts supportés par le maître d'ouvrage en raison de l'achèvement des travaux par un nouvel entrepreneur étant à sa charge ; qu'en revanche il ne résulte d'aucune stipulation du CCAG travaux que, lorsque l'entrepreneur dont le marché est résilié n'a pas exécuté les mesures de conservation et de sécurité prescrites par le pouvoir adjudicateur dans les conditions fixées par les stipulations de l'article 46 du CCAG travaux., mesures qui peuvent comprendre la démolition des ouvrages réalisés et qui sont elles aussi à la charge de l'entrepreneur, ce dernier disposerait du droit de suivre l'exécution d'office de ces mesures ; qu'il ressort par ailleurs des pièces du dossier soumis aux juges de fond que le décompte général n'incluait aucune somme correspondant au marché de substitution conclu avec la société Trasomar pour réaliser la mise en place de la digue sous-marine ; que dans ces conditions, le moyen soulevé par la société EMCC devant la cour administrative d'appel de Marseille, tiré de ce que la commune de Cannes aurait méconnu son droit de suivre l'exécution du marché de substitution et du marché de dépose du tronçon n°1 de la digue conclus avec la société Trasomar, était inopérant ; que la cour n'était donc pas tenue d'y répondre »[843]. Autrement dit, en cas d'un nouveau marché public passé à cause de la défaillance de l'entrepreneur, le titulaire défaillant est autorisé à en suivre l'exécution bien qu'il y ait déjà la présence d'un nouvel entrepreneur. Mais ce droit de suivi de l'entrepreneur défaillant ne doit pas entraver les ordres du maître d'œuvre et de ses représentants. Ce droit de suivi est destiné à lui permettre de veiller à la sauvegarde de ses intérêts.

De manière plus claire et brève, un acheteur public ne peut légalement conclure un marché de substitution selon la procédure de gré à gré que si le précédent marché a été résilié pour des motifs de défaillance exclusive de l'entrepreneur. Cette défaillance est un autre motif d'urgence dont le degré diffère de celui des cas de force majeure car son degré d'urgence ici est lié à la performance du soumissionnaire ou du titulaire du marché.

Au demeurant, nous venons de présenter les critères d'identification des entrepreneurs défaillants, les marchés qui s'y appliquent et la possibilité pour ses entrepreneurs d'avoir un droit de suivi des prestations bien qu'il y ait déjà la présence d'un nouvel entrepreneur. Analysons à présent les fournisseurs défaillants.

---

[843] Il est important de rappeler que cette décision de justice relève de l'affaire qui opposait la Commune de Cannes à la société Entreprise Morillon Corvol Courbot (EMCC) qu'il sera nécessaire d'invoquer les faits. En effet, un marché de travaux a été conclu entre la commune de Cannes et la société EMCC le 07 septembre 2009 afin d'assurer la protection des plages de la croisette. Une inspection du chantier en avril 2010 a relevé des malfaçons et des retards d'exécution. Par ailleurs, une tempête survenue le 4 mai 2010 a causé la destruction presque intégrale des éléments déjà posés. Après avoir cherché à obtenir de ladite société la reprise de l'exécution du chantier, la Commune de Cannes a prononcé par décision du 22 octobre 2010 la résiliation aux torts exclusifs de la société EMCC. Elle a ensuite conclu avec la société Trasomar un marché de substitution.

b- Fournisseurs défaillants

Avant d'analyser et de décrire les fournisseurs défaillants, nous allons d'abord définir ce que c'est qu'un fournisseur. Au plan économique, un fournisseur est une personne ou une entreprise qui fabrique, transforme, emballe ou installe des produits contrôlés. C'est également une entreprise ou une personne qui exerce des activités d'importation ou de vente de ces produits. Selon les domaines, le terme fournisseur a plusieurs significations. Dans le commerce de détail, un fournisseur est une personne qui vend des denrées, des produits ou des services à un client. Dans le domaine militaire, un fournisseur est une société ou entreprise qui est habilitée à fournir un certain type d'armement. Au plan du commerce international, un fournisseur est une entreprise ou une société à même d'approvisionner un certain type de denrées ou de matériaux. Sur le terrain des marchés publics, un fournisseur est une entreprise qui fournit la location-vente des produits ou du matériel, qui facilite l'achat et la prise en crédit-bail.

La défaillance du fournisseur est aussi une condition de passation des marchés publics en urgence afin de recourir au gré à gré. Pour présenter les critères d'identification du fournisseur défaillant, nous allons-nous référer au cahier de clauses administratives et générales notamment en son annexe II[844]. En effet, aux termes[845] de l'annexe II du cahier des clauses administratives et générales, le fournisseur est défaillant lorsqu'il n'exécute pas les marchés de fournitures. L'inexécution de la fourniture peut être partielle ou totale. Il peut aussi être défaillant lorsqu'il est nécessaire de passer un autre marché nouveau de fournitures à ses frais et risques sur décision qui lui sera notifiée par le maître d'ouvrage après résiliation du contrat en cours. Cette nécessité de passer un marché de substitution au profit d'un autre fournisseur s'explique par le fait que le fournisseur du marché initial a été négligeant au moment de l'exécution des marchés des fournitures. Le fournisseur peut aussi être défaillant lorsqu'il a trompé gravement le maître d'ouvrage sur la qualité des fournitures exécutées ou livrées.

La défaillance des fournisseurs peut compromettre le déroulement ou la réalisation d'un marché de fournitures. Ce qui n'est pas sans incidence financière pour le maître d'ouvrage et les autres intervenants. C'est la raison pour laquelle le pouvoir adjudicateur, face à une telle situation, se doit de réagir très rapidement et dispose pour cela de différentes solutions. Il peut appliquer les pénalités au fournisseur défaillant, ordonner la poursuite de l'exécution des fournitures aux frais et risques du fournisseur défaillant, résilier le marché de fournitures aux torts du fournisseur.

---

[844] Il s'agit du cahier des clauses administratives générales applicable aux marchés de fournitures.
[845] Voir article 59 de l'annexe II du CCAG.

Le maître d'ouvrage peut même passer un marché de substitution avec un autre fournisseur pour remédier en tout ou partie à la défaillance du titulaire du marché. Ici, le marché de substitution est passé aux frais et risques des fournisseurs défaillants. L'exécution d'un marché de fournitures aux frais et risques du fournisseur défaillant peut revêtir l'une des formes suivantes à savoir les achats[846] effectués par le maître d'ouvrage et l'exécution dans un établissement[847]. Contrairement aux entrepreneurs défaillants, les fournisseurs défaillants ne bénéficient pas d'un droit à suivre l'exécution des fournitures. Autrement dit, ils sont exclus totalement de l'exécution des marchés de fournitures liés aux nouveaux fournisseurs ou liés aux marchés de substitution. Par conséquent, le fournisseur défaillant n'est admis à prendre part ni directement, ni indirectement au marché passé pour l'exécution du service ou des fournitures qu'il a laissés en souffrance. Les fournisseurs défaillants sont donc des persona non grata dans l'exécution de la passation des nouveaux marchés de fournitures. Les frais occasionnés sont précomptés sur les mandats des sommes dues au fournisseur défaillant. En cas d'insuffisance, et lorsque le fournisseur ayant été mis régulièrement en demeure se refuse à verser l'excédent des frais, le dossier est transmis à l'autorité qualifiée pour recouvrement éventuel par toutes les voies de droit. Une situation comptable faisant ressortir les dépenses réellement faites ainsi que le montant du marché d'origine est mise à l'appui du dossier.

De manière plus claire et brève, un acheteur public ne peut légalement conclure un marché de substitution selon la procédure de gré à gré que si le précédent marché a été résilié pour des motifs de défaillance exclusive du fournisseur. Cette défaillance est un autre motif d'urgence dont le degré diffère de celui des cas de force majeure car son degré ou niveau d'urgence est lié à la performance du fournisseur ou du titulaire du marché.

Au final, la défaillance des entrepreneurs et des fournisseurs constitue l'une des conditions de recours au gré à gré afin de passer les marchés publics en urgence. Place maintenant aux prestataires défaillants.

2- Les caractéristiques du prestataire défaillant

Avant d'analyser et de décrire les prestataires défaillants, nous allons d'abord définir ce que c'est qu'un prestataire. Au sens ordinaire[848], le terme prestataire désigne une personne ou entreprise qui fournit des prestations à un client et qui bénéficie de ces prestations-là. Dans le domaine des marchés publics, le prestataire est un opérateur économique qui peut fournir ou rendre des services

[846] Voir article 59.a de l'annexe II du CCAG.
[847] Voir article 59.b de l'annexe II du CCAG.
[848] Définition proposée par le dictionnaire Linternaute.

pour les prestations intellectuelles, pour les prestations non qualifiables et pour des prestations quantifiables.

La défaillance du prestataire constitue également une condition de passation des marchés publics en urgence afin de recours au gré à gré. Il s'agira de présenter les cas de prestataires défaillants dans les marchés de services(a) et de faire ressortir les cas de prestataire défaillant dans les marchés de prestations intellectuelles(b).

a- Les cas de prestataire défaillant dans les marchés de services

Pour présenter les critères d'identification du prestataire défaillant dans les marchés de services, nous allons nous référer au cahier de clauses administratives et générales[849] notamment en son annexe III. En effet, aux termes du cahier de clauses administratives générales applicables aux marchés publics de services et de prestations intellectuelles, le prestataire de service est défaillant lorsqu'il n'a pas respecté les obligations relatives aux liens avec les organismes étrangers[850]. Autrement dit, le prestataire de service n'a pas signalé au maître d'ouvrage les liens qui existent entre lui-même et les organismes étrangers. Par conséquent le prestataire de service n'a pas respecté les obligations fixées par l'article 13 de l'annexe III du cahier des clauses administratives et générales. Le prestataire de service peut aussi être défaillant lorsqu'il a pris du retard dans l'exécution du marché[851]. Autrement dit, l'utilisation des résultats de l'exécution des marchés de services présentée par le maître d'ouvrage est gravement compromise. Le prestataire de services est également défaillant lorsqu'il contrevient aux obligations relatives à la réglementation ou à la législation du travail[852]. Autrement dit, le prestataire de service ne s'est pas soumis aux obligations résultant des lois et règlements relatifs à la protection de la main-d'œuvre et aux conditions de travail[853]. Par conséquent, le prestataire de service n'a pas respecté les obligations fixées par l'article 12 de l'annexe III du cahier de clauses administratives et générales. Le prestataire de service est aussi défaillant lorsqu'il ne respecte pas les obligations relatives à la discrétion, à la sécurité et au secret[854] conformément aux articles 9, 10 et 11 du cahier de clauses administratives générales applicables aux marchés publics de services et de prestations intellectuelles. Autrement dit, le prestataire de services a divulgué les informations, renseignements, objets ou documents quelconques qui sont confidentielles à d'autres personnes. Il a ainsi violé la protection du secret ou le caractère secret de l'exécution du marché. En cas de

849 Voir l'article 44 de l'annexe III du CCAG.
850 Voir article 44.1.e de l'annexe III DU CCAG.
851 Voir article 44.1.a de l'annexe III du CCAG.
852 Voir article 44.1 de l'annexe III du CCAG.
853 Le prestataire de services n'a pas respecté l'article 12.1 de l'annexe III du CCAG.
854 Voir article 44.1. C de l'annexe II du CCAG.

violation par le prestataire de ses obligations, le prestataire s'expose à la résiliation du marché et aux sanctions pénales.

La défaillance des prestataires dans les marchés de services peut mettre en difficulté le déroulement ou la réalisation des marchés de services quantifiables et non quantifiables. Ce qui n'est pas sans incidence financière pour le maître d'ouvrage et les autres intervenants. C'est la raison pour laquelle le pouvoir adjudicateur, face à une telle situation, se doit d'agir très rapidement et dispose pour cela différentes solutions. Il peut appliquer des pénalités au prestataire défaillant, ordonner des mesures coercitives[855] au prestataire, résilier le marché de services aux frais et risques du prestataire défaillant. Le maître d'ouvrage peut même passer un marché de substitution avec un autre prestataire pour remédier en tout ou partie à la défaillance du titulaire du marché. Ici, le marché de substitution est passé aux frais et risques des prestataires défaillants à l'issue d'une résiliation. Lorsque l'objet du marché exécuté aux frais et risques du prestataire défaillant[856] implique la mise en œuvre des brevets et si le prestataire défaillant n'est que licencié d'un tiers, il est obligé d'accorder au nouveau prestataire une sous-licence limitée à l'objet du marché dans la mesure où son contrat de licence l'y autorise. Dans le cas contraire, le prestataire défaillant doit s'efforcer d'obtenir la modification du contrat de licence. Si le prestataire défaillant apporte la preuve d'une impossibilité, le maître d'ouvrage peut accepter que lui soit sous-traitée une partie de la fourniture couverte par ce brevet ou que lui soit passé un marché direct.

Contrairement aux entrepreneurs défaillants, les prestataires dans les marchés de services ne bénéficient pas d'un droit de suivi de l'exécution de ces marchés. En vertu de l'article 46.3 de l'annexe III du cahier de clauses administratives et générales, le prestataire du marché résilié suite à sa défaillance n'est pas admis à prendre part à l'exécution des marchés passés à ses frais et risques. L'augmentation des dépenses[857], par rapport au prix du marché, qui résulterait de l'exécution des prestations aux frais et risques du prestataire défaillant est à sa charge. La diminution des dépenses ne lui profite pas.

D'une manière générale, un acheteur public ne peut légalement conclure un marché de substitution selon la procédure de gré à gré que si le précédent marché a été résilié pour des motifs de défaillance exclusive du prestataire des marchés de service. Cette défaillance est un autre motif d'urgence dont le degré diffère de celui des cas de force majeure car son niveau d'urgence est lié ou rattaché à la performance du prestataire des marchés de services ou du titulaire du marché.

---

855 Voir article 45 de l'annexe III du CCAG.

856 Voir article 46.2 de l'annexe III du CCAG.

857 Voir article 46.4 de l'annexe III du CCAG.

Nous venons de présenter les cas de prestataires défaillants dans les marchés de services. Présentons à présent les hypothèses de la défaillance du prestataire dans les marchés de prestations intellectuelles.

b- Les cas de prestataires défaillants dans les marchés de prestations intellectuelles

Les marchés d'œuvres et les marchés d'études sont des marchés de prestations intellectuelles. Pour présenter les critères d'identification du prestataire défaillant dans les marchés de prestations intellectuelles, nous allons nous référer au cahier de clauses administratives et générales notamment en son annexe III. En effet, aux termes du cahier de clauses administratives générales applicables aux marchés publics de services et de prestations intellectuelles, le prestataire des marchés de prestations intellectuelles est défaillant lorsqu'il ne s'est pas acquitté de ses obligations dans les délais contractuels[858]. Autrement dit, le prestataire des marchés présentant un caractère intellectuel n'a pas répondu aux attentes du maître d'ouvrage concernant la réalisation des prestations effectuées. En d'autres termes, la qualité de ses prestations est compromise. Le prestataire des marchés de prestations intellectuelles peut aussi être défaillant lorsqu'il refuse de satisfaire aux obligations de contrôle de prix de revient. Par conséquent, le prestataire en question n'a pas respecté les obligations fixées par l'article 14 de l'annexe III du cahier de clauses administratives et générales[859]. Le prestataire des marchés de prestations intellectuelles peut également être défaillant lorsqu'il entrave le libre exercice du contrôle en cours d'exécution prévu à l'article 20 de l'annexe III du cahier de clauses administratives et générales[860]. Par conséquent le prestataire n'a pas enregistré la notification du marché dans les délais et conditions fixées par le code général des impôts. Le prestataire n'a pas également fait connaitre au chef de service du marché les lieux d'exécution des prestations. Le chef de service du marché a été donc trompé par le prestataire en ce qui concerne les lieux d'exécution des prestations. Enfin, le prestataire des marchés de prestations intellectuelles est défaillant lorsqu'il n'a pas respecté les obligations relatives aux moyens qui lui ont été confiés[861]. Ces moyens sont fixés par l'une des dispositions[862] de l'annexe III du cahier de clauses administratives et générales. Le prestataire de ces marchés n'a pas par exemple été responsable de la conservation, de l'entretien et de l'emploi de tout matériel à lui confié. Il a utilisé ces moyens pour d'autres fins au détriment de ceux prévus par le marché.

La défaillance des prestations dans les marchés de prestations intellectuelles peut mettre en danger le déroulement ou la réalisation de ces marchés. Ce qui

---

[858] Voir article 44.1.b de l'annexe III du CCAG.
[859] Voir article 44.1.f de l'annexe III du CCAG.
[860] Voir article 44.1 g de l'annexe III du CCAG.
[861] Voir article 44.1.h de l'annexe III du CCAG.
[862] Voir article 21 de l'annexe III du CCAG.

n'est pas sans incidence financière pour le maître d'ouvrage et les autres intervenants. C'est la raison pour laquelle le maître d'ouvrage, face à une telle situation, se doit de réagir promptement ou rapidement. Le pouvoir adjudicateur pourra donc prendre plusieurs solutions. Il peut procéder à la mise en demeure du prestataire, il peut lui appliquer des pénalités, ordonner des mesures coercitives au prestataire, résilier le marché de prestations intellectuelles aux frais et risques du prestataire défaillant. Le pouvoir adjudicateur peut même procéder à une passation d'un marché de substitution avec un nouveau prestataire pour remédier à la défaillance de l'ancien prestataire selon la procédure de gré à gré. Le marché de substitution en question est passé aux frais et risques des prestataires défaillants à l'issue d'une résiliation prononcée par le maître d'ouvrage. En vertu de l'une des dispositions[863] de l'annexe III du cahier de clauses administratives et générales, le prestataire défaillant doit accorder au nouveau prestataire une sous-licence limitée à l'objet du marché. Cela n'est possible que si le prestataire défaillant n'est que licencié d'un tiers. Dans le cas contraire, le prestataire défaillant doit s'efforcer d'obtenir la modification du contrat de licence. S'il est impossible pour le prestataire défaillant de délivrer une licence au nouveau prestataire ou s'il est impossible pour lui de faciliter un contrat de licence au nouveau prestataire, le maître d'ouvrage peut accepter que lui soit sous-traitée une partie de la fourniture couverte par le brevet ou que lui soit passé un marché direct.

Contrairement aux entrepreneurs défaillants, les prestataires dans les marchés de prestations intellectuelles ne bénéficient pas d'un droit de suivi de l'exécution de ces marchés. Ceci conformément au respect des dispositions[864] du cahier de clauses administratives générales applicables aux marchés publics de services et de prestations intellectuelles. L'augmentation des dépenses, par rapport au prix du marché, qui proviendrait de l'exécution des prestations aux frais et risques du prestataire défaillant est à sa charge. Ceci conformément au respect des dispositions[865] de l'annexe III du cahier de clauses administratives et générales. La diminution de ces dépenses ne profite pas au prestataire défaillant.

D'une manière plus claire et brève, un acheteur public ne peut légalement conclure un marché de substitution selon la procédure du gré à gré que si le précédent marché a été résilié pour des motifs de défaillance exclusive du prestataire des marchés de prestations intellectuelles. Cette défaillante constitue un autre motif d'urgence dont le degré diffère de celui des cas de force majeure car son niveau d'urgence est rattaché à la performance du prestataire des marchés de prestations intellectuelles ou du titulaire du marché.

---

[863] Voir article 46.2 de l'annexe III du CCAG.

[864] Voir article 46.3 de l'annexe III du CCAG.

[865] Voir article 46.4 de l'annexe III du cahier de clauses administratives et générales.

Au demeurant, il faut qu'il y ait défaillance des soumissionnaires pour passer les marchés publics en urgence selon la procédure du gré à gré. Mais il faut aussi que le maître d'ouvrage remplace ledit soumissionnaire et motive ledit remplacement par des justifications. Tout ceci afin d'obtenir les faveurs de la passation par gré à gré.

B- Le remplacement du soumissionnaire défaillant comme motif de recours au gré à gré

Après avoir constaté la défaillance du soumissionnaire, le maître d'ouvrage et le maître d'ouvrage délégué doivent le remplacer mais à condition qu'ils justifient et motivent ce remplacement (1). Ceci conformément au respect de l'article 110(1) du décret de 2018 portant code camerounais des marchés publics. Cette motivation sera faite par le biais d'une demande et sera notifiée par l'autorité des marchés publics (2).

1- Les motivations du remplacement du soumissionnaire défaillant par les maîtres d'ouvrage

L'une des conditions majeures pour que le maître d'ouvrage puisse se libérer de toutes les exigences d'une passation des marchés publics en temps normal est l'existence d'une défaillance des soumissionnaires ou des opérateurs économiques pendant l'exécution de ces marchés. Les maîtres d'ouvrage doivent prouver que l'exécution du marché public nécessite des prises de décisions immédiates suite à des événements ou des circonstances non calculés. Autrement dit les maîtres d'ouvrage doivent justifier le remplacement du soumissionnaire défaillant pour passer les marchés selon la procédure du gré à gré. Cette justification doit se matérialiser par la formulation d'une demande de gré à gré dont le contenu sera présenté (a) et examiné par l'autorité des marchés publics (b).

a- Le contenu de la demande du gré à gré

Aux termes[866] du décret de 2018 portant code camerounais des marchés publics, ce sont les maîtres d'ouvrages ou maîtres d'ouvrages délégués qui demandent à l'autorité des marchés publics l'autorisation de passer les marchés publics selon la procédure de gré à gré. Ceci en raison de la défaillance ou des dysfonctionnements constatés lors de l'exécution des marchés publics. Cette sollicitation est matérialisée par une demande dont le contenu est détaillé par la circulaire de 2011 relative à l'amélioration de la performance du système des marchés publics. En effet, conformément à l'article I.5 de cette circulaire, le dossier de la demande du gré à gré doit être composé des éléments suivants à

[866] Voir article 110 (1) du décret de 2018 portant code camerounais des marchés publics.

savoir : un justificatif du choix de la procédure[867], un chronogramme[868] de la passation dudit marché, les critères de qualification du candidat à retenir et l'état de l'exécution des éventuels accords de gré à gré. Cette demande de gré à gré peut être faite par correspondance datée et signée par les maîtres d'ouvrage ou maîtres d'ouvrage délégués. Elle peut aussi être faite par voie de lettre administrative adressée au ministre des marchés publics.

Au demeurant, nous venons de présenter le contenu de la demande du gré à gré pour faire face à la défaillance du prestataire, du fournisseur ou de l'entrepreneur. Cette défaillance est un niveau d'urgence liée à la performance du titulaire du marché. Place à présent à l'examen de la demande du gré à gré par le ministre des marchés publics.

b- L'examen de la demande par le ministre des marchés publics

Le décret[869] de 2018 portant code camerounais des marchés publics consacre de manière précise l'examen de la demande de gré à gré dont le motif est la défaillance des titulaires du marché. En effet, en sa qualité d'autorité des marchés publics, c'est le ministre des marchés publics qui examine la demande du gré à gré. A ce niveau, le ministre des marchés publics vérifie la régularité des critères de sélection des candidats. Il vérifie aussi la régularité des justificatifs du choix de la procédure de gré à gré et selon les conditions prévues par le décret de 2018 portant code camerounais des marchés publics. Il doit également vérifier si l'état de l'exécution des éventuels accords de gré à gré est bien ficelé.

En conclusion, pour faire face à la défaillance des titulaires du marché, les maîtres d'ouvrage doivent justifier le recours au gré à gré à travers la formulation d'une demande adressée au ministre délégué à la présidence chargé des marchés publics. Ce dernier examine ladite demande mais doit aussi la notifier.

2- La notification de la demande par l'autorité des marchés publics

Pour affronter ou pallier la défaillance des opérateurs économiques lors de l'exécution des marchés publics, les maîtres d'ouvrage attendent une notification suite à leur demande de gré à gré. En effet, c'est le ministre des marchés publics qui a compétence pour notifier la demande de gré à gré après l'avoir examinée de manière rigoureuse et approfondie. Ainsi, il notifie sa réponse au maître d'ouvrage(a) et au maître d'ouvrage délégué(b).

---

[867] Les maîtres d'ouvrage doivent mentionner dans le contenu de la demande du gré à gré la défaillance du soumissionnaire ou du titulaire du marché. Ladite défaillance constitue donc un justificatif du choix de la procédure du gré à gré.

[868] Le chronogramme c'est le temps planifié de la passation desdits marchés.

[869] Voir article 110 (2) du décret de 2018 portant code camerounais des marchés publics.

a- Notification de la demande au maître d'ouvrage

Selon la circulaire N°004/CAB/PM du 30-12-2005 relative à l'application de l'ancien code des marchés publics de 2004 abrogé par le décret de 2018 portant code camerounais actuel des marchés publics, c'est le ministre des marchés publics qui a compétence pour notifier sa réponse[870] suite à la demande du gré à gré formulée par les maîtres d'ouvrage. Ici, il agit en sa qualité d'autorité des marchés publics[871]. Les maîtres d'ouvrage qui sont concernés par la notification de la demande du gré à gré afin de remédier à la défaillance des titulaires du marché peuvent être les chefs de département ministériel ou alors une personne bénéficiant d'un appui financier provenant des ressources publiques. Au cas où le ministre des marchés publics accorde la demande de gré à gré, les maîtres d'ouvrage procèdent directement à la procédure et consultent les entreprises de leur choix sans publicité pour choisir le candidat qui présentera l'offre la plus avantageuse. Ceci conformément au respect des dispositions[872] du décret de 2018 portant code camerounais des marchés publics.

Le ministre des marchés publics doit aussi notifier la demande du gré à gré lorsque celle-ci se fait rédiger par les maîtres d'ouvrage délégués afin de remédier à la défaillance du titulaire du marché.

b- Notification de la demande au maître d'ouvrage délégué

Après l'examen de la demande du gré à gré pour pallier la défaillance du soumissionnaire dans l'exécution du marché public, le ministre chargé des marchés publics a aussi compétence pour notifier cette demande lorsqu'elle est rédigée par les maîtres d'ouvrage délégués. En vertu du décret[873] de 2018 portant code camerounais des marchés publics, les maîtres d'ouvrage délégués qui bénéficient de la notification du gré à gré peuvent être les chefs des collectivités territoriales décentralisées, les gouverneurs de région, les préfets de département, les directeurs généraux, les directeurs d'un établissement public. Au cas où l'autorité des marchés publics donne son accord suite à la demande du gré à gré, les maîtres d'ouvrage délégués procèdent directement à une consultation des entreprises de leur choix pour enfin choisir le candidat qui présentera l'offre économique, technique et financière la plus avantageuse. Aux termes de l'une des dispositions[874] du décret de 2018 portant code camerounais des marchés publics, les maîtres d'ouvrage délégués disposent de 45 jours pour

---

[870] Voir article III.6.b.2 de la circulaire de 2005 relative à l'application de l'ancien code des marchés publics de 2004 abrogé par le nouveau décret de 2018 portant code camerounais actuel des marchés publics.

[871] Voir article 50 du décret de 2018 portant code camerounais des marchés publics.

[872] Voir article 110 (3) du décret de 2018 portant code camerounais des marchés publics.

[873] Voir article 6(1) du décret de 2018 portant code camerounais des marchés publics.

[874] Voir article 112(6) même décret.

signer et notifier le gré à gré à l'attributaire pour les marchés motivés par la défaillance des titulaires du marché.

En conclusion, la défaillance du soumissionnaire constitue une condition de recours au gré à gré pour passer les marchés publics en urgence. Mais cette circonstance perturbante doit être justifiée ou motivée par les maîtres d'ouvrage et maîtres d'ouvrage délégués pour que l'autorité des marchés publics examine leur demande. Cependant, l'urgence liée à la performance du soumissionnaire dans l'exécution du marché ne constitue pas le seul niveau d'urgence qui conditionne la passation par gré à gré et que les maîtres d'ouvrage doivent affronter. S'ajoute aussi un dernier niveau d'urgence : L'urgence économique liée aux aléas économiques et techniques ou aux circonstances imprévues constatées dans l'exécution des marchés publics. Cette urgence économique conduit à la passation des marchés complémentaires selon la procédure de gré à gré.

Paragraphe 2 : L'exigence des circonstances imprévues et extérieures aux parties

Les circonstances imprévues constituent un autre niveau d'urgence qui peut pousser les maitres d'ouvrage à passer des marchés complémentaires selon la procédure de gré à gré[875]. En effet, on entend par circonstances imprévues, des évènements ou aléas qui perturbent, entravent ou menacent la vie économique et technique de l'exécution d'un marché public ou d'un contrat administratif. Ces marchés publics peuvent être des marchés de travaux, de fournitures et de services. Ces événements perturbants n'ont pas pour but de rendre l'exécution du contrat impossible comme c'est le cas avec la force majeure. Mais ils ont pour but de rendre plus difficile et plus cher[876] l'exécution du marché ou du contrat. Ils bouleversent non seulement les aspects techniques du marché mais perturbent aussi les aspects économiques de l'exécution du marché. Il s'agira donc de présenter 3 grands points : la présence des aléas économico-techniques se caractérisant par la théorie de l'imprévision et les sujétions techniques imprévues (A), l'exigence des marchés complémentaires comme palliatifs aux aléas économico-techniques (B), les motivations de l'urgence économico- technique par les maîtres d'ouvrage devant l'autorité des marchés publics (C).

---

875 Les marchés complémentaires sont régis par l'article 109(d) du décret de 2018 portant code camerounais des marchés publics. Ces marchés sont aussi visés par l'article 35- II du code français des marchés publics de 2006.

876 Voir article 1195 du code civil français et l'article 1185 du code civil camerounais.

A- La présence des aléas économico-techniques dans les marchés publics

Pour mieux cerner les aléas économico- techniques dans les marchés publics, nous allons nous référer à deux grandes théories à savoir : celle de l'imprévision (1) et celle des sujétions techniques imprévues (2).

1- La théorie de l'imprévision

La théorie de l'imprévision a été consacrée pour la première fois dans un arrêt du conseil d'Etat surnommé Compagnie générale d'éclairage de Bordeaux du 30 Mars 1916. Pour mieux comprendre la théorie de l'imprévision, nous allons invoquer les faits de cet arrêt. En effet, une entreprise était chargée d'assurer l'éclairage de Bordeaux et utilisait du gaz produit à partir du charbon. A partir de 1914, on a observé une hausse vertigineuse du prix du charbon. En conséquence le prix du gaz est devenu supérieur au prix de vente fixé par le contrat. Face à cette hausse des prix, la compagnie générale d'éclairage de Bordeaux a cherché à obtenir de la ville de Bordeaux qu'elle supporte le surcoût observé. Cette tentative a été un échec et a conduit les parties devant le conseil d'Etat. Le conseil d'Etat décida que la compagnie restait tenue d'assurer le service mais qu'elle avait droit à être indemnisée de la part des conséquences pécuniaires de la situation de force majeure qui excédait l'aléa économique normal.

Cet arrêt nous fait retenir plusieurs leçons par rapport à la théorie de l'imprévision. La première leçon est que les circonstances imprévues constituent une force majeure qui surpasse ou excède l'aléa économique normal. Autrement dit les circonstances imprévues sont des aléas économiques anormaux dont la cause provient d'un événement extérieur aux parties. En d'autres termes, il y a eu un bouleversement de l'économie du marché ou du contrat par des circonstances imprévues qui vont au-delà de l'aléa économique simple ou normal. La deuxième leçon qu'il faut retenir est que les circonstances imprévues rendent plus difficile et plus onéreuse l'exécution du contrat ou du marché. Pour soutenir cette idée, le code civil français[877] a procédé à la formulation suivante : « Si un changement de circonstances imprévisibles lors de la conclusion du contrat rend l'exécution excessivement onéreuse pour une partie qui n'avait pas accepté d'en assumer le risque, celle-ci peut demander une renégociation du contrat à son cocontractant. Elle continue à exécuter ses obligations durant la renégociation. En cas de refus ou d'échec de la renégociation, les parties peuvent convenir de la résolution du contrat, à la date et aux conditions qu'elles déterminent, ou demander d'un commun accord au juge de procéder à son adaptation. A défaut d'accord dans un délai raisonnable, le juge peut, à la demande d'une partie réviser le contrat ou y mettre fin, à la

---

[877] Voir article 1195 du code civil français.

date et aux conditions qu'il fixe». On voit qu'à la lecture de cet article l'obligation contractuelle ne doit pas être impossible mais doit être excessivement chère ou onéreuse. La troisième leçon à retenir est que l'imprévision doit assurer la continuité du service public[878]. Ce qui veut dire que lorsque le cocontractant de l'administration se trouve dans une difficulté majeure pour exécuter le contrat ou le marché en cas de changement imprévu des circonstances, la continuité du service public ne doit pas être compromise ou mise en mal. Mais il ne poursuit pas l'exécution du marché initial sans qu'il ne soit modifié ou complété. Le décret[879] portant code camerounais des marchés publics permet au maître d'ouvrage de passer rapidement un marché complémentaire au marché initial selon la procédure de gré à gré pour suivre l'exécution du prestataire, du fournisseur ou de l'entrepreneur. Nous constatons ici que les circonstances imprévues sont un niveau d'agence auquel les marchés publics peuvent être passés. Ceci à cause de la procédure du gré à gré qu'on leur accorde et les évènements qui en découlent déjouent les prévisions des parties liées à la vie économique du contrat ou du marché. La quatrième leçon à retenir de la théorie de l'imprévision est que le cocontractant de l'administration a droit à une indemnité[880] d'imprévision. Ici, l'indemnisation du cocontractant de l'administration est partielle. Cette indemnité est donc partagée entre l'administration et l'opérateur économique. L'indemnité de l'imprévision est évaluée en fonction des pertes subies depuis le moment où le prix d'imprévision a été dépassé. En effet, 90% de la charge est supporté par l'administration et 10% par le cocontractant. En général, l'aléa économique anormal qui perturbe et bouleverse l'économie du contrat est une crise économique qui provoque l'inflation des prix sur le marché.

La dernière leçon à tirer de la théorie de l'imprévision est que le bouleversement de l'économie du marché doit être temporaire, l'évènement doit être extérieur aux parties et l'imprévision concerne presque tous les contrats administratifs. Le bouleversement de l'économie du marché ou du contrat doit être temporaire dans la mesure où l'objet est de rétablir l'équilibre entre les charges des différentes parties au contrat. Si le bouleversement de vient définitif, on ne parlera plus d'imprévision mais de résiliation pour cas de force majeure. L'événement imprévu doit être extérieur aux parties dans la mesure où ni l'administration ni le cocontractant ne sont responsables du bouleversement de l'économie du marché. Enfin l'imprévision concerne presque la majorité des contrats administratifs. Sont donc concernés ici, les contrats de concession de service public, des marchés publics, la délégation de service public, les contrats de partenariat public-privé…

---

878 COURREGES (M), *op.cit.,* 432 P.

879 Voir article 109 (d) du décret de 2018 portant code des marchés publics.

880 CE, 30 mars 1916, Compagnie générale d'éclairage de Bordeaux, Lebon 125.

Au demeurant, la théorie de l'imprévision nous permet de cerner les circonstances imprévues comme niveau d'urgence à caractère économique dont l'objectif est de passer des marchés complémentaires en urgence selon la procédure du gré à gré et conformément aux dispositions du décret de 2018 portant code camerounais des marchés publics. Cependant, place à présent aux sujétions techniques imprévues qu'il conviendra d'analyser.

2- La théorie des sujétions techniques imprévues

La théorie des sujétions techniques imprévues permet de faire face aux « difficultés matérielles rencontrées lors de l'exécution du marché, présentant un caractère exceptionnel, imprévisible lors de la conclusion du contrat et dont la cause est extérieure aux parties »[881]. Autrement dit les conditions de réalisation des sujétions techniques imprévues ont été définies par une jurisprudence du conseil d'Etat français nommée **Commune de Lens**. En effet, pour qu'il y ait sujétions techniques imprévues, il faudrait qu'elles concernent uniquement les marchés publics de travaux. Contrairement à l'imprévision qui s'applique aux marchés de fournitures, aux marchés de services, aux marchés de travaux, aux marchés de prestations intellectuelles et à tous les autres contrats administratifs. Il faudrait aussi que la sujétion imprévue résulte d'un aléa matériel ou technique[882]. Contrairement à l'imprévision qui s'occupe des aléas économiques. Les sujétions imprévues sont les plus souvent le fait d'un phénomène naturel visant à créer des difficultés techniques et matérielles dans l'exécution d'un marché public de travaux. C'est le cas par exemple de la rencontre des terrains de nature imprévue à raison de l'état des sous- sols[883], de la rencontre des roches dures[884], de nappes d'eau à drainer[885] , des déblais de volume inattendu[886] ou encore de la survenance d'intempéries[887]. Cependant la sujétion imprévue ne provient pas toujours d'un phénomène naturel car elle peut aussi résulter du fait d'un homme extérieur aux parties. C'est le cas par exemple de la découverte de la présence d'une canalisation non prévue au plan[888], des travaux de réfection d'une voie empruntée par l'entrepreneur[889], de l'insuffisance des fondations des immeubles riverains[890] ou

[881] CE, 30 Juillet 2003, Commune de Lens, N° 223445, Lebon T.P.862.
[882] MATHELET (M), **La responsabilité du maître de l'ouvrage public**, mémoire dirigé par le professeur GLAMOUR Guylain, voir «Les conditions d'application de la théorie des sujétions imprévues", BNDPA 2013, 177 pages.
[883] CE, 22 Décembre 1976, Dépussé, P575.
[884] CE, 12 Mai 1982, société des autoroutes Paris Rhin- Rhône préc.
[885] CE, 5 Janvier 1944, Ville de Montpellier, P433.
[886] CE, 19 Février 1975, Camperon- Bernard, P143.
[887] CE, 15 Décembre 2020, **Lacroix C/Association départementale Hydraulique Haute-savoie**.
[888] CE, 21 juillet 1937, ville de Carcassonne, P.754.
[889] CE, 5 février 1931, Ancona, P.137.
[890] CE, 10 décembre 1938, Société Entreprise coopérative française, P930.

de la rencontre d'une chaussée pavée non signalée au devis[891]. En clair les sujétions imprévues doivent présenter un caractère technique, matériel et non économique.

Les sujétions techniques imprévues doivent aussi résulter d'une circonstance extérieure aux parties. Ce qui signifie qu'elles ne doivent pas provenir du cocontractant de l'administration. Par conséquent, en cas de demande d'indemnisation par l'administration du fait du cocontractant ayant causé la sujétion imprévue ou son aggravation, ladite demande sera rejetée par le juge administratif. La sujétion imprévue doit aussi être extérieure à un fait ou à une faute du maître d'ouvrage car il s'agit plutôt de la théorie du fait du prince ici.

Pour que les sujétions techniques imprévues s'appliquent, il faudrait qu'elles soient une difficulté n'ayant pas pu être initialement envisagée par les parties. La jurisprudence parle à cet égard des prévisions « n'entrant pas dans la commune intention de parties »[892]. Par contre, lorsque les difficultés rencontrées étaient prévisibles, elles ne donnent pas droit à une indemnité[893]. Autrement dit, pour avoir droit à une indemnisation, la sujétion doit avoir été imprévue ou imprévisible[894]. Pour que les sujétions techniques imprévues s'appliquent, il faudrait aussi qu'un événement imprévu et extérieur aux parties bouleverse l'économie du marché. Les sujétions imprévues doivent aussi rendre difficile et plus cher ou onéreux l'exécution technique et matérielle des marchés de travaux publics. Autrement dit l'utilisation des techniques et du matériel doit être plus onéreuse. Par conséquent, cela entraînera des travaux supplémentaires indispensables.

Enfin, pour que les sujétions techniques imprévues s'appliquent, il faudrait qu'elles se présentent comme une difficulté d'un caractère absolument anormal. La sujétion imprévue n'est donc pas une simple difficulté. Il s'agit des difficultés inattendues qui surpassent ou dépassent les aléas normaux du marché. La jurisprudence française parle ainsi des "difficultés exceptionnelles [895] ou de "caractère exceptionnel"[896] que présentent lesdites difficultés.

L'obligation d'exécuter les marchés de travaux survit aux sujétions imprévues. En effet, l'entrepreneur a l'obligation de poursuivre les travaux nés des sujétions imprévues. Ceci pour des raisons de continuité du service public. L'entrepreneur a aussi droit à une indemnisation intégrale dans la mesure où

---

[891] CE, 7 février 1932, Dame Sutra, P1020.

[892] CE, 10 décembre 1938, société Entreprise coopérative française, P930.

[893] CE, 17 mars 1937, société générale d'entreprise, P354, CE, 2 juillet 1982, Société colas, P261.

[894] DE LAUBADERE (A), MODERNE (F) et DELVOLVE (P), *Traité des contrats administratifs*, Tome 2, Paris, LGDJ, 2e édition, 1984, P507.

[895] CE, 12 mai 1982, société des autoroutes Paris Rhin- Rhône.

[896] CE, 8 juin 1977, Ville de Marseille, req N°99169.

l'exécution du marché a été rendue plus onéreuse. S'il est impossible pour lui de poursuivre l'exécution des travaux, on ne parle plus des sujétions imprévues mais des cas de force majeure. L'indemnisation intégrale de l'entrepreneur concerne beaucoup plus les marchés à prix unitaire ayant subi des sujétions techniques imprévues. Rappelons qu'un marché à prix unitaire est un marché où le titulaire est payé au regard des quantités exactes qu'il réalise. Il s'agit d'un marché dont le payement des prestations est détaillé en fonction des prestations réalisées. En ce qui concerne les marchés à prix global et forfaitaire, la sujétion imprévue ne donne lieu à une indemnité qu'à condition qu'elle ait entraîné des bouleversements de l'économie du contrat[897]. L'indemnisation des sujétions imprévues dans un marché global et forfaitaire se rapproche de l'indemnisation d'un phénomène imprévu sur le fondement de la théorie de l'imprévision. L'indemnisation des sujétions imprévues dans un marché à prix global et forfaitaire est une exception au principe selon lequel l'indemnisation suite aux sujétions imprévues est intégrale. Rappelons qu'un marché à prix global et forfaitaire est un marché dans lequel le titulaire est payé en fonction de l'ensemble des prestations qu'il a réalisées. Le paiement n'est pas en quantité ici comme c'est le cas avec les marchés à prix unitaire. Le paiement est global dans les marchés à prix forfaitaire.

Au demeurant, pour mieux cerner la présence des circonstances imprévues, on a analysé deux théories à savoir : celle relative à l'imprévision et celle relative aux sujétions techniques imprévues. La théorie de l'imprévision concerne les aléas économiques anormaux constatés dans l'exécution du contrat ou du marché.

Par contre la théorie des sujétions imprévues concerne ou s'occupe des aléas à la fois techniques et matériels rencontrés dans l'exécution des marchés de travaux publics. Cependant, pour remédier à ces aléas néfastes, le décret de 2018 portant code camerounais des marchés publics a proposé des marchés complémentaires passés selon la procédure de gré à gré. Il s'agira donc de présenter les marchés complémentaires comme des palliatifs aux aléas économico-techniques anormaux.

B- l'exigence des marchés complémentaires comme palliatifs aux aléas économico-techniques anormaux

Les codes camerounais[898] et français[899] des marchés publics permettent en cas de « circonstances imprévues et extérieures aux parties », la passation selon la procédure de gré à gré d'un marché complémentaire à un marché initial. En effet, il s'agit du cas où un premier marché a été passé dont il convient de

---

[897] Voir CE, OPHLM de la Seine, req N°37656, 13 juillet 1956.

[898] Voir article 109(d) du décret de 2018 portant code camerounais des marchés publics.

[899] Voir le 5° de l'article 35-II du code français des marchés publics de 2006.

pallier les insuffisances au vu de la survenance des « circonstances imprévues ». Autrement dit les marchés complémentaires ont pour but de remédier aux difficultés économiques, matérielles et techniques subies par le marché initial. En droit et selon COSSALTER Patrice[900], on devrait plutôt parler d'une « procédure négociée pour conclure un marché sans mise en concurrence pour compléter un marché existant ». En effet, plusieurs conditions sont indispensables pour conclure un marché complémentaire sans publicité préalable et sans concurrence des soumissionnaires. Le marché ne peut être conclu qu'avec l'entreprise qui réalise « le marché de base », le marché que l'on veut compléter. L'autre condition est que le premier marché doit être passé selon la procédure d'appel d'offres. Les prestations achetées en complément ne doivent atteindre 50% du montant du marché à compléter. Le marché complémentaire doit porter sur les fournitures, travaux ou services qui ne figurent pas dans le marché initial conclu mais qui sont rendus nécessaires à la suite d'une circonstance imprévue et extérieure aux parties. Il s'agit d'une condition alternative dans la mesure où soit l'administration démontre que les prestations en complément sont indispensables à la bonne finition du chantier de la fourniture ou de la prestation de service, soit l'administration démontre qu'une mise en concurrence pour acheter ces prestations complémentaires poserait des problèmes techniques, matériels ou économiques. Les prestations supplémentaires doivent être complètement prévisibles. En d'autres termes, elles devaient ne pas être détectables lors de la passation du marché de base ou marché initial. Les marchés complémentaires de travaux, de services et de fournitures ne doivent pas être techniquement ou économiquement séparés du marché initial ou du marché principal. Pour les marchés de travaux, les marchés complémentaires sont exécutés par l'entrepreneur du marché initial. Pour les marchés de fournitures, les marchés complémentaires sont exécutés par le fournisseur du marché initial. Pour les marchés de services, les marchés complémentaires sont exécutés par le prestataire du marché initial.

Les marchés complémentaires sont des palliatifs efficaces aux difficultés économico-techniques du marché initial dans la mesure où la procédure qui s'y applique est à la fois souple et rapide. Cette procédure est le gré à gré. Elle est souple parce que le maître d'ouvrage n'a plus besoin de procéder par appel d'offres pour passer des marchés complémentaires. Autrement dit, le pouvoir adjudicateur n'a plus besoin de toutes les tracasseries procédurales qu'on peut rencontrer dans une procédure d'appel d'offres. C'est également une procédure rapide parce que les marchés complémentaires se passent rapidement pour faire face aux difficultés économico-techniques du marché initial. Par conséquent, le maître d'ouvrage réagit rapidement pour résoudre les problèmes du marché initial. Ces marchés complémentaires contribuent à la continuité du service

---

900 COSSALTER Patrice est un avocat à la cour, son cabinet d'avocat s'appelle LEGITIMA et c'est à Lyon en France.

public dans la mesure où ils poursuivent les charges qui étaient mentionnées dans le marché initial.

Au demeurant, les marchés complémentaires constituent un remède qui vise à éradiquer les difficultés d'ordre économique, technique ou matériel du marché initial. Cependant, pour que la réalisation des marchés complémentaires soit effective, il faudrait que les maîtres d'ouvrage motivent le caractère urgent des situations rencontrées dans le marché initial devant l'autorité des marchés publics. Autrement dit les motivations de l'urgence économico-technique par les maîtres d'ouvrage sont une condition de recours au gré à gré.

C- Les motivations de l'urgence économico-technique par les maîtres d'ouvrage devant l'autorité des marchés publics

Pour passer les marchés complémentaires selon la procédure de gré à gré, les maîtres d'ouvrage doivent justifier le caractère urgent de la situation constatée dans le marché initial. Ils doivent le justifier aussi bien au plan économique qu'au plan technique. Ces motivations ou justifications se caractériseront par 3 grands points à savoir : le contenu de la demande du gré à gré (1), l'examen de cette demande (2) et la notification de ladite demande(3).

1- Le contenu de la demande du gré à gré

Aux termes de l'article 110(1) du décret de 2018 portant code camerounais des marchés publics, c'est le maître d'ouvrage ou maître d'ouvrage délégué qui sollicite l'autorisation préalable auprès de l'autorité des marchés publics de passer des marchés complémentaires selon la procédure de gré à gré. Cette sollicitation se caractérise par une demande dont le contenu est exigé par la réglementation[901]. En effet, pour passer les marchés complémentaires selon la procédure de gré à gré, le contenu de la demande doit être marqué par les éléments suivants : un justificatif du choix de la procédure, un chronogramme de la passation dudit marché, les critères de qualification du candidat à retenir et l'état d'exécution des éventuels accords de gré à gré. Tous ces éléments sont précisés dans l'une des dispositions[902] de la circulaire de 2011 relative à l'amélioration de la performance du système des marchés publics au Cameroun. Circulaire prise par le premier ministre. Cette demande de gré à gré peut être faite soit par voie de correspondance du maître d'ouvrage ou du maître d'ouvrage délégué adressée au Ministre des marchés publics soit par une lettre administrative.

---

[901] Le contenu de la demande du gré à gré est consacré et précise par la circulaire de 2011 relative à l'amélioration de la performance du système des marchés publics au Cameroun.

[902] Voir article I.5 de la circulaire de 2011 relative à l'amélioration de la performance du système des marchés publics au Cameroun.

Au final, nous venons de présenter le contenu de la demande du gré à gré pour faire face à une situation d'urgence économico-technique rencontrée dans le marché initial afin de passer des marchés complémentaires de travaux, de fournitures ou de services. Place à présent à l'examen de la demande de gré à gré par le ministre des marchés publics.

2- L'examen de demande du gré à gré par le ministre des marchés publics

C'est le ministre des marchés publics[903] qui examine la demande du gré à gré motivée pour affronter l'urgence économico-technique rencontrée dans le contrat ou marché initial. A ce niveau, le ministre des marchés publics vérifie si le marché initial a véritablement connu des difficultés économiques, matérielles et techniques dues aux circonstances imprévues et extérieures aux parties. Il vérifie aussi si l'état de l'exécution des éventuels accords de gré à gré est bien ficelé. Il vérifie également si le soumissionnaire qui doit poursuivre l'exécution des marchés complémentaires a été sélectionné selon les règles de l'art conformément aux exigences de la passation du marché initial. Exigences qui se retrouvent dans la procédure d'appel d'offres.

Au demeurant, les maîtres d'ouvrage et maîtres d'ouvrage délégués doivent justifier la passation des marchés complémentaires selon la procédure de gré à gré en raison de l'urgence économico-technique observée dans le marché initial. Cette justification doit se faire à travers la formulation d'une demande de gré à gré adressée au ministre des marchés publics. Ce dernier en sa qualité d'autorité[904] des marchés publics examine la dite demande mais la notifie également aux maîtres d'ouvrage.

3- La notification de la_demande de gré à gré par le ministre des marchés publics

Le ministre des marchés publics a aussi pour rôle de notifier la demande de gré à gré aux maîtres d'ouvrage et aux maîtres d'ouvrage délégués après l'avoir examinée de manière plus rigoureuse. Les maîtres d'ouvrage qui sont concernés par la notification peuvent être les chefs des départements ministériels[905], une personne de droit privé[906] bénéficiant d'un appui financier ou d'une garantie financière provenant des ressources publiques. Au cas où le ministre des marchés publics accorde la demande de gré à gré, les maîtres d'ouvrage procèdent directement à la passation des marchés complémentaires avec le

---

[903] Voir article 110(2) du décret de 2018 portant code camerounais des marchés publics, article précité.

[904] Voir article 50 du décret de 2018 portant code Camerounais des marchés publics, article précité.

[905] Voir article 6(1) du même décret, article précité.

[906] Voir article 6(2) du même décret, article précité.

titulaire du marché initial. Ceci sans procéder à une publicité préalable et à une concurrence des soumissionnaires. Les maîtres d'ouvrage à leur tour disposent de 30 jours pour signer et notifier le gré à gré à l'attributaire[907] pour les marchés complémentaires motivés par l'urgence économico- technique rencontrée dans le marché initial.

Le ministre des marchés publics doit également notifier la demande du gré à gré lorsque celle- ci se fait rédiger par les maîtres d'ouvrage délégués. En effet, d'après l'article 6(1) du décret de 2018 portant code camerounais des marchés publics, les maîtres d'ouvrage délégués bénéficiaires de la notification du gré à gré peuvent être les chefs d'une collectivité territoriale décentralisée, les gouverneurs de région, les préfets de département, les directeurs généraux, les directeurs d'un établissement public. Au cas où le ministre des marchés publics donne son accord à la demande du gré à gré, les maîtres d'ouvrage délégués procèdent directement à la passation des marchés complémentaires avec le titulaire du marché initial. Ce dernier peut être un entrepreneur, un fournisseur ou un prestataire de services. Cette passation des marchés complémentaires se fait sans publicité préalable et sans concurrence des soumissionnaires. Aux termes de l'article 112 (6) du décret de 2018 portant code camerounais des marchés publics, les maîtres d'ouvrage délégués disposent de 30 jours pour signer et notifier le gré à gré à l'attributaire pour les marchés complémentaires motivés par l'urgence économico-technique rencontrée dans le marché initial.

---

907 Voir article 112(6) du décret de 2018 portant code camerounais des marchés publics, article précité.

CHAPITRE 2 : L'EXTENSION DES MECANISMES DU GRE A GRE

La passation des marchés publics en urgence contribue aussi à élargir les mécanismes de recours au gré à gré. Autrement dit, ce sont les niveaux d'urgence qui donnent un sens à l'élaboration des mécanismes du gré à gré. Ces niveaux d'urgence sont au nombre de 3 : l'urgence impérieuse, l'urgence efficace ou l'urgence liée à la performance du titulaire du marché et l'urgence économico-technique liées aux difficultés rencontrées dans le marché initial. C'est en quelque sorte ces degrés d'urgence qui donnent naissance aux mécanismes du gré à gré. Mécanismes pris ici au sens des méthodes qui conduisent à l'application d'une procédure donnée. Les mécanismes du gré à gré qui existent grâce à la passation des marchés publics en urgence sont au nombre de deux : il s'agit de la méthode par consultation directe des entreprises (Section 1) et la méthode par transmission des rapports d'évaluation à la commission de passation des marchés publics pour examen (Section 2).

Section 1 : La méthode par consultation directe des entreprises

La méthode par consultation directe ne se produit que s'il y a présence des circonstances imprévisibles, dramatiques et graves visant à retarder soit la passation normale d'un marché public ou alors à perturber l'exécution normale d'un marché public. Elle peut aussi se produire ou se faire lorsqu'il y a défaillance du soumissionnaire pendant l'exécution d'un marché public. Cette méthode peut enfin se produire lorsqu'on a constaté la présence des circonstances imprévues qui visent à créer des difficultés d'ordre économique, matériel et technique dans l'exécution d'un marché public initial. Nos voisins de la république du Tchad appellent encore cette méthode la méthode par entente directe[908]. Au Cameroun, pour que la méthode par consultation directe se réalise, il faut respecter les conditions de négociation et de mise en concurrence (paragraphe 1) sans appel d'offres. On présentera aussi l'objet de la consultation directe (paragraphe 2) des entreprises.

Paragraphe 1 : Les conditions de consultation directe des entreprises.

La méthode par consultation directe des entreprises impose des conditions pour se faire appliquer. En effet, pour qu'il y ait consultation directe, il faudrait la présence des négociations (A) et la mise en place d'une concurrence restreinte (B) sans publicité préalable.

---

[908] La méthode par entente directe a été consacrée par l'article 90 du décret n°2417/PR/PM/2015 portant code des marchés publics en république du Tchad.

A- Les négociations

La consultation directe des entreprises suppose et impose la négociation. Il s'agira donc de présenter la notion de négociation (1), les caractéristiques de la négociation (2), la forme de la négociation (3).

1- La notion de négociation

La notion de négociation sera appréhendée et analysée sous 3 approches : l'approche étymologique, l'approche ordinaire et l'approche technique c'est- à-dire celle relative aux marchés publics de gré à gré. Selon l'approche étymologique, le terme négociation vient du latin "negotium" qui signifie entreprise, "bourgeoisie d'affaires"[909]. Autrement dit, le terme négociation a existé pour la première fois dans une entreprise. Par conséquent, le terme "negotium" désignait toute affaire privée et publique où il fallait réussir à concilier dans un accord des points de vue différents. Nous constatons donc que la négociation se rapproche de la conciliation. Etymologiquement parlant, celui qui négocie doit avoir l'esprit d'entreprise et l'esprit de conciliation. Ceci dans le but d'obtenir un meilleur résultat.

Selon l'approche ordinaire, le terme négociation se définit comme "une série de démarches qu'on entreprend pour parvenir à un accord, pour conclure une affaire"[910]. Le terme négociation est donc utilisé dans un sens très large c'est- à-dire employé dans plusieurs domaines. On peut le retrouver dans la vie commerciale, dans la vie familiale, dans la diplomatie ou alors dans les relations professionnelles. Autrement dit, la négociation fait partie du quotidien et peut être présente partout. On peut même aussi la retrouver dans la sphère politique. Le terme négociation consiste à faire un jeu de concessions mutuelles pour dépasser non seulement les divergences d'opinion mais transcender aussi les difficultés rencontrées. La négociation constitue donc un processus de dialogue centré sur un problème à résoudre et visant à obtenir un accord mutuellement acceptable. La négociation est même un terme banalisé par le profane au point où il l'utilise pour résoudre toutes sortes d'épreuves. Il peut "négocier" sur son avenir, il peut négocier pour le "mariage", il peut négocier pour son loyer, il peut même négocier pour sa carrière et ses affaires. La négociation est donc l'action de négocier[911] c'est- à- dire traiter une affaire avec quelqu'un, faire du négoce, discuter sur les conditions d'un arrangement afin de parvenir à un accord ou une convention satisfaisante pour toutes les parties aussi bien dans le domaine public que dans le domaine privé.

---

909 A l'ancienne époque, c'est le "negotium" qui caractérisait une bourgeoisie d'affaires. Cette dernière se chargeait de structurer les échanges de biens et matières premières.
910 Définition qui émane du dictionnaire «Le petit robert".
911 Définition qui émane du toupictionnaire, dictionnaire de la politique.

Selon l'approche technique c'est- à- dire celle relative aux marchés publics de gré à gré, la négociation est une procédure par laquelle l'acheteur public négocie les conditions du marché avec un ou plusieurs opérateurs économiques[912]. Autrement dit la négociation est la phase d'une procédure d'achat dans laquelle le pouvoir adjudicateur et les soumissionnaires cherchent à trouver un accord sur la meilleure solution acceptable pour les deux parties. Il existe plusieurs techniques pour permettre à l'acheteur public de négocier. Parmi ces techniques, on peut citer la technique dite du râteau, la technique dite de l'entonnoir et la technique dite de la cible. La technique dite râteau est une technique qui permet à l'acheteur public de négocier avec l'ensemble des soumissionnaires. La technique dite de l'entonnoir est une technique qui permet à l'acheteur public de réduire progressivement le nombre de soumissionnaires avec lesquels les négociations seront poursuivies. La technique dite de la cible est une technique qui permet à l'acheteur public de négocier qu'avec un seul des opérateurs économiques consultés.

Au demeurant, l'on vient d'expliquer et d'analyser la notion de négociation. Maintenant, il sera aussi question de présenter ses caractéristiques dans les marchés publics de gré à gré.

2) Les caractéristiques de la négociation

La négociation dans les marchés publics de gré à gré présente des caractéristiques qui lui sont propres. Ces caractéristiques sont au nombre de 3. La négociation se fait sans appel d'offres (a). Elle se fait après autorisation préalable de l'autorité des marchés publics(b). Et enfin elle se fait intuitu personae(c).

a- Absence d'appel d'offres

Aux termes de l'article 108 du décret de 2018 portant code camerounais des marchés publics, la méthode par consultation directe[913] des entreprises ne procède pas par appel d'offres. Cela veut dire qu'il n'y a pas de publicité préalable dans le journal des marchés publics ou dans toute autre publication habilitée. Autrement dit l'usage de la publicité est prohibée lorsqu'on procède par négociation des marchés publics de gré à gré. La méthode par consultation directe des entreprises ne permet pas aux soumissionnaires d'être préalablement informés sur les conditions de leur compétition. Les entreprises sont choisies individuellement et arbitrairement par le pouvoir adjudicateur ou les maîtres d'ouvrage. Les marchés des entreprises publiques peuvent aussi être passés de

---

912 Voir article L2124 -3 de la loi française du 1er avril 2019 portant code de la commande publique.

913 Voir article 110(3) du décret de 2018 portant code camerounais des marchés publics.

gré à gré grâce à la méthode par consultation directe des entreprises[914]. Ceci par la formulation suivante : "un marché est dit de gré à gré lorsqu'il est passé sans appel d'offres après autorisation préalable du conseil d'administration. En cas d'accord, le maître d'ouvrage procède à la consultation directe, sans obligation de publicité, d'au moins trois sociétés, sauf dans les cas visés par le présent décret". Au vu de cette formulation, l'on constate que la consultation directe des entreprises est un mécanisme ou une méthode qui rend opérationnelle la passation par gré à gré dans les marchés des entreprises publiques. Dans ces marchés, cette méthode permet aussi de faire face à l'urgence impérieuse[915], à la défaillance des entrepreneurs, fournisseurs ou prestataires de services[916].

Nos voisins de la République du Tchad utilisent aussi la méthode par consultation directe des sociétés sans recours à la publicité au journal officiel des marchés publics. Ceci à travers les dispositions[917] du décret N°2417/PR/PM/2015 portant code des marchés publics au Tchad. Ce décret a procédé à la formulation suivante : "Un marché est dit de gré à gré ou par entente directe lors qu'il est passé sans appel d'offres, après accord de la hiérarchie".

Le danger qu'il y a avec la négociation en absence d'appel d'offres est que la méthode par consultation des entreprises peut amener les maîtres d'ouvrage à choisir les opérateurs économiques sur la base de la subjectivité, des affinités et non sur la base de la compétence. L'autre problème que cette méthode pose est que les fonds publics ne sont pas suffisamment protégés et réglementés par le décret de 2018 portant code camerounais des marchés publics. Les prix pour procéder à cette méthode sont généralement hasardeux et coûteux. Nulle part dans le code des marchés publics, l'on fixe le montant exact pour passer les marchés de gré à gré selon la méthode par consultation directe des entreprises. Les fonds publics sont donc dans une situation d'insécurité juridique. Autrement dit, on peut assister à des surfacturations des prix pour procéder par consultation directe des entreprises selon la procédure de gré à gré.

Les personnes habilitées à procéder par consultation directe des entreprises sans appel d'offres sont les maîtres d'ouvrage et les maîtres d'ouvrage délégués. Parmi les maîtres d'ouvrage, on peut citer comme négociateurs les chefs de département ministériel, les chefs des établissements publics administratifs, les chefs des collectivités territoriales décentralisées. Parmi les maîtres d'ouvrage délégués, on peut citer comme négociateurs, les gouverneurs de région, les Préfets des départements, les Sous-préfets des arrondissements. Il y a également une nouvelle vague de maîtres d'ouvrage qui peuvent procéder par consultation

[914] Voir articles 61(1) et (2) du décret n°2018-355 du 12 juin 2018 fixant les règles communes applicables aux marchés des entreprises publiques.
[915] Voir article 62(c) du même décret.
[916] Voir article 62(b) du même décret.
[917] Voir article 88 du décret de 2015 portant code des marchés publics au Tchad.

directe des entreprises afin de faire fonctionner la procédure de gré à gré. Il s'agit des personnes morales de droit privé dont le financement et les ressources proviennent de l'Etat ou d'autres personnes publiques.

Si les maîtres d'ouvrage et maîtres d'ouvrage délégués ont la liberté de procéder par la négociation en absence d'appel d'offres, ces derniers ne doivent néanmoins pas oublier que même si la procédure de gré à gré est allégée et souple, les principes de la commande publique doivent toujours être respectés dans leur intégralité. Par conséquent, les principes d'égalité de traitement des soumissionnaires, de liberté d'accès à la commande publique, de transparence des procédures, d'intégrité, d'efficacité et d'efficience doivent toujours être respectés à tout moment au cours de la négociation dans les marchés publics de gré à gré. Ce qui est bien avec les marchés publics de gré à gré qui sont négociés sans appel d'offres et par consultation directe des entreprises est que la procédure de gré à gré devient une procédure rapide visant à résoudre directement un problème observé ou à répondre aux besoins des populations.

Au demeurant, l'absence d'appel d'offres constitue l'une des caractéristiques de la négociation dans les marchés publics de gré à gré. Cependant, elle ne s'explique pas seulement par seulement par l'absence d'appel d'offres car il s'agit aussi d'une négociation autorisée[918].

b- L'autorisation préalable du gré à gré

Toute négociation dans les marchés publics de gré à gré est conditionnée par une autorisation préalable. L'autorité des marchés publics est compétente pour accorder ou rejeter la demande du gré à gré. Ceci conformément au respect de l'article 108 du décret de 2018 portant code camerounais des marchés publics. L'organe qui rend donc la négociation possible dans les marchés de gré à gré c'est le ministre des marchés publics. Et lorsqu'il accorde le gré à gré, il procède par une lettre administrative favorable au demandeur du gré à gré. C'est en quelque sorte une notification ou une réponse que présente le ministre des marchés publics[919]. Prenons par exemple la demande du gré à gré qui avait été sollicitée par le coordonnateur du CETIC représentant de l'université de Yaoundé I pour l'abonnement à une base de données spécialisée dans les techniques de l'ingénieur. Cette demande avait été adressée au ministre des marchés publics pour accord. La demande du gré à gré avait été jugée favorable par le ministre des marchés publics. Pour cela, il avait notifié cette demande en procédant par la formulation suivante :"Monsieur le coordonnateur, j'accuse réception de votre lettre par laquelle vous sollicitez à titre exceptionnel

---

[918] Voir article 108 du décret de 2018 portant code camerounais des marchés publics et voir l'article 127(1) de l'ancien décret de 2004 portant code camerounais des marchés publics.

[919] Voir décision N°04062/L/MINMAP/SG/DGMAS/DMSPI/CE7 du 10 juillet 2017 accordant la sollicitation d'une procédure de gré à gré pour l'abonnement à une base de données spécialisée dans les techniques de l'ingénieur.

l'autorisation de passer par voie de gré à gré suivant les dispositions de l'article 29(d) du code des marchés publics, le marché dont l'objet est sous rubrique avec l'entreprise TECHNIQUE DE L'INGENIEUR, pour un montant de 25000 euro soit 17 000 000(dix-sept millions) de francs CFA. Y faisant suite, j'ai l'honneur de vous faire connaître que certains éléments ne sont pas joints à votre demande conformément aux dispositions du point 1.5 de la circulaire n°002/CAB/PM du 31 Janvier 2011 relative à l'amélioration de la performance du système des marchés publics, qui prescrit la liasse documentaire nécessaire à la demande de gré à gré notamment : le chronogramme de passation du marché, la justification du sous détail des prix, la non objection du bailleur de fonds. Toutefois, compte tenu de l'importance de ce système pour les recherches universitaires, je vous notifie l'accord sollicité, à titre exceptionnel, conformément aux dispositions combinées des articles 160 et 29(d) du code des marchés publics et sous réserve de la non objection du bailleur de fonds". Au vu de cette longue formulation, le Ministre des marchés publics accorde le gré à gré en utilisant les dispositions du code des marchés publics et des autres textes organisant les marchés publics. Il procède aussi à la vérification des éléments qui conditionnent le choix de la procédure exceptionnelle de gré à gré.

Prenons également comme exemple la demande de gré à gré qui avait été sollicitée par le secrétaire d'Etat à la défense chargé de la gendarmerie et dont le but était de construire des postes de gendarmerie dans les villes de Yaoundé, Douala et les zones frontalières dans le cadre du plan d'urgence triennal[920]. Cette demande avait été adressée au Ministre des marchés publics afin qu'il donne son accord. La demande du gré à gré avait été accordée par le Ministre des marchés publics. Pour cela, il avait notifié cette demande en procédant par la formulation suivante : "Faisant suite à votre lettre citée en référence relatif à l'objet repris en marge, j'ai l'honneur de vous notifier exceptionnellement l'accord de passer, conformément aux dispositions de l'article 29-c du code des marchés publics, des marchés selon la procédure de gré à gré, pour la réalisation des travaux de construction de dix-sept (17) postes de gendarmerie dans les villes de Yaoundé, Douala, Abang Minko'o et Meyomessi"

Il est également important de préciser que lorsque le Ministre des marchés publics autorise la demande du gré à gré, les maîtres d'ouvrage et maîtres d'ouvrage délégués sont obligés de publier les résultats pour désigner l'attributaire ou l'adjudicataire du marché. C'est le cas par exemple avec le directeur général de l'agence de régulation des télécommunications qui avait désigné comme adjudicataire du marché le groupement DBS/ATDI pour la

---

[920] Voir décision n°0002511/L/MINMAP/DGMI/DMBEC/CE1 du 21 Mai 2015 accordant la demande d'autorisation préalable de passer les marchés de gré à gré pour la construction des postes de gendarmerie dans les villes de Yaoundé, Douala et les zones frontalières dans le cadre du plan d'urgence triennal.

réalisation d'une étude sur la valeur économique réelle du spectre radioélectrique du Cameroun[921].

En ce qui concerne les marchés des entreprises publiques, le conseil d'administration seul est compétent pour accorder la demande de gré à gré formulée par les maîtres d'ouvrage et maîtres d'ouvrage délégués. Ceci conformément au respect des dispositions[922] du décret n°2018-355 du 12 juin 2018 fixant les règles communes applicables aux marchés des entreprises publiques.

Au demeurant, l'autorisation préalable du gré à gré constitue l'une des caractéristiques de la négociation. Ceci afin de passer les marchés publics de gré à gré. Autrement dit c'est une négociation autorisée par l'autorité des marchés publics conformément aux dispositions réglementaires en vigueur. Cependant l'intuitu personae constitue aussi une caractéristique de la négociation dans les marchés publics de gré à gré.

c- L'intuitu personae

La négociation dans les marchés publics de gré à gré s'opère intuitu personae c'est-à-dire en considération de la personne ou en fonction des qualités essentielles du cocontractant de l'administration ou de l'une des parties au contrat .L'intuitu personae est un principe qui caractérise la négociation dans les marchés de gré à gré. En effet, ce principe signifie que la collectivité publique peut choisir le prestataire du service public qui, par ses références, la connaissance qu'il a du secteur, la confiance qu'il inspire, paraît lui apporter le maximum de garanties de bonne exécution du service[923] . Ainsi deux éléments fondamentaux permettent de mieux comprendre le principe de l'intuitu personae. Il s'agit de la qualité ou de la personnalité du cocontractant et les relations de confiance entre les parties au contrat. Le pouvoir adjudicateur doit se fonder sur le savoir-faire du cocontractant, sur son professionnalisme, son ancienneté dans le domaine, sa réputation, son expérience pour favoriser la négociation avec lui. Autrement dit les compétences et les qualités du cocontractant sont essentielles pour négocier dans le gré à gré. Par conséquent, un prestataire de service public, un fournisseur ou un entrepreneur qui manquent de professionnalisme, de compétence ou d'expérience sont purement

---

921 Il s'agit du Communiqué n°00000084/ART/CIPM/2019 du 21 janvier 2019 portant publication des résultats de l'autorisation de gré à gré n°006969/MINMAP/SG/DGMAS/DMSPI/2018 du 03 décembre 2018 pour la réalisation d'une étude sur la valeur économique réelle du spectre radioélectrique du Cameroun.

922 Voir article 61 (1) du décret n°2018-355 du 12 juin 2018 fixant les règles communes applicables aux marchés des entreprises publiques.

923 BOUDJAHFA (N), **La négociation est- elle antinomique des principes inhérents aux marchés publics et aux délégations de service public ?**, mémoire sous la direction de MILLOT Claude, université Lumière Lyon II, le 12 septembre 2003, P46.

et simplement écartés de la chaîne de négociation dans les marchés de gré à gré. L'acheteur public doit également entretenir une relation de confiance avec l'opérateur économique choisi pour négocier. Cela suppose que l'opérateur économique doit être de bonne moralité afin de conduire à son terme l'exécution du marché public. Les relations de confiance sont étroitement liées aux qualités de la personne du cocontractant, ça peut être des compétences techniques, économiques ou financières.

Au demeurant, les caractéristiques de la négociation dans les marchés de gré à gré sont au nombre de 3 à savoir : l'absence d'appel d'offres, l'autorisation préalable du gré à gré et l'intuitu personae. A ces caractéristiques, s'ajoutent aussi les formes de négociation qu'il conviendra d'examiner.

3-La forme de la négociation

La négociation dans les marchés publics de gré a gré peut se faire soit sous forme d'entretien(a) avec le pouvoir adjudicateur au maître d'ouvrage, soit sous forme d'une correspondance écrite(b).

a- L'entretien

C'est l'acheteur public qui fixe le rendez-vous avec les candidats. Les soumissionnaires disposent d'un temps de passage durant lequel ils devront motiver leurs offres, justifier leurs choix. Face à eux, une personne garante du bon fonctionnement de la négociation et une autre spécialiste de leur domaine d'exécution qui sera capable de former des recommandations quant aux éléments de l'offre qui peuvent être améliorés. L'entretien peut aussi se faire directement entre le pouvoir adjudicateur et les entrepreneurs, prestataires ou fournisseurs. Un entretien se basera sur les critères du choix de l'adjudicataire du marché et sur la qualité des prestations qui seront réalisées. Ce qui caractérise l'entretien c'est beaucoup plus le dialogue, la communication verbale, les discussions entre les acheteurs publics et les candidats au marché public. A côté de l'entretien, s'ajoute aussi la correspondance écrite.

b- La correspondance écrite

La correspondance écrite constitue également une autre forme de négociation dans les marchés publics de gré à gré. En effet, la correspondance écrite peut prendre la forme d'un mail, d'un communiqué, d'un courrier papier, d'un fax où le pouvoir adjudicateur invite les soumissionnaires admis à négocier. Cette correspondance mentionne particulièrement les noms des entreprises qui ont été retenues pour procéder à la négociation directe en procédure de gré à gré. Cette correspondance est généralement datée et signée par les maîtres d'ouvrage ou maîtres d'ouvrage délégués.

Au demeurant, les négociations conditionnent la consultation directe des entreprises. Autrement dit la consultation des entreprises ne peut pas être possible sans négociations. Cependant, les conditions de la consultation directe des entreprises ne se limitent pas seulement aux négociations. Elles se rattachent aussi à la mise en concurrence restreinte des entreprises.

B- La mise en concurrence restreinte

La méthode par consultation directe se conditionne certes par la négociation mais aussi par une mise en concurrence restreinte. Autrement dit, le droit de la concurrence[924] doit toujours être préservé même si nous avons en face les marchés publics de gré à gré. Pour TRUCHET Didier, la mise en concurrence des entreprises repose sur un triple postulat[925] : elle est plus efficiente économiquement pour procurer aux personnes publiques les meilleures prestations au meilleur prix ; elle garantit l'égal accès des entreprises à l'achat public et protège la liberté d'entreprendre, elle prône aussi la transparence des procédures[926]. Dans les marchés publics de gré à gré, la méthode par consultation directe est justifiée par la présence d'une mise en concurrence restreinte voire simplifiée. Cette souplesse ou limitation de la mise en concurrence s'explique par la présence de seulement trois sociétés concurrentes(1) et par la sélection d'un candidat (2) au final.

1- La présence de trois sociétés concurrentes

Aux termes de l'une des dispositions[927] du décret de 2018 portant code camerounais des marchés publics, les maîtres d'ouvrages et les maîtres d'ouvrages délégués ont le droit de consulter directement trois sociétés de leur choix sans obligation de publicité. Ceci dans le but de faire fonctionner la passation par gré à gré pour affronter les différents niveaux d'urgence constatés ou observés. S'il s'agit des marchés de travaux publics, cela veut dire que les maîtres d'ouvrages et les maîtres d'ouvrages délégués vont consulter directement trois entrepreneurs de leur choix. S'il s'agit des marchés publics de fournitures, les maîtres d'ouvrage et maîtres d'ouvrage délégués vont consulter trois fournisseurs de leur choix. Enfin, lorsqu'on a affaire à des marchés de services et de prestations intellectuelles, les maîtres d'ouvrage et les maîtres d'ouvrage délégués vont consulter trois prestataires de service de leur choix pour assurer la procédure de gré à gré. Mais cela ne suffit pas car les maîtres

---

[924] Le droit de la concurrence est l'ensemble des lois qui visent à interdire les pratiques anticoncurrentielles et de concurrence déloyale de certains acteurs économiques qui entravent le plein exercice de concurrence sur le marché.

[925] TRUCHET (D) : « La concurrence et l'accès à la commande publique », vol 48,2/2011, P278.

[926] Pour TRUCHET Didier, la transparence des procédures est un bon moyen pour prévenir toute collusion entre acheteurs et fournisseurs et pour lutter contre la corruption.

[927] Voir article 110 (3) du décret de 2018 portant code camerounais des marchés publics.

d'ouvrage et les maîtres d'ouvrage délégués procèderont à la sélection des candidats pour obtenir au final un seul adjudicataire.

2- La sélection des candidats

La sélection des soumissionnaires dans les marchés publics de gré à gré est fondamentale pour garantir l'efficacité dans la réalisation des prestations commandées par l'acheteur public. Après la consultation directe de trois entreprises, les maîtres d'ouvrage et les maîtres d'ouvrage délégués procèdent à la sélection de celles-ci en se fondant sur des critères objectifs bien précis. Un seul candidat sera retenu et surtout celui qui présentera l'offre économiquement et techniquement la plus avantageuse. Aux termes[928] des dispositions du décret de 2018 portant code camerounais des marchés publics, le candidat retenu devra présenter un dossier administratif[929] impérativement avant l'attribution définitive du marché de gré à gré.

Au demeurant, il y a des conditions pour que la méthode par consultation directe s'effectue pour affronter les degrés d'urgence observés. Ces conditions sont au nombre de deux à savoir les négociations et la mise en concurrence restreinte. Cependant, à ces conditions s'ajoute également l'objet de la méthode par consultation directe des entreprises.

Paragraphe 2 : L'objet de la consultation directe

La consultation directe porte sur la qualité des soumissionnaires (A), sur le contrôle des prix (B), sur les quantités des prestations (C), sur le délai des prestations (D) et sur les garanties de bonne exécution (E).

A- Qualités des soumissionnaires

La qualité des soumissionnaires est assez fondamentale pour procéder par consultation directe afin de passer selon la procédure de gré à gré les marchés publics. Elle est aussi nécessaire pour rendre plus efficace l'exécution des marchés publics. En effet, il existe deux qualités sur lesquelles le pouvoir adjudicateur s'appuie pour procéder par consultation directe. Il s'agit des qualités techniques (1) et des capacités financières (2).

1) Qualités techniques

Les qualités techniques et professionnelles font partie des capacités du candidat qui tendent à déterminer si ses moyens techniques et professionnels suffisent pour exécuter correctement les marchés publics de travaux, de fournitures, de

---

[928] Voir article 112 (5) du décret de 2018 portant code camerounais des marchés publics.
[929] Voir article III.6.b.6 de la circulaire de 2005 relative à l'application de l'ancien CMP de 2004.

services ou de prestations intellectuelles. Les capacités techniques et professionnelles font partie des documents et renseignements qui peuvent être demandés par l'acheteur public au titre des pièces de candidature aux fins de vérification. Ces qualités font partie des conditions de participation[930] à la passation par gré à gré et à son exécution. Les maîtres d'ouvrage et maîtres d'ouvrage délégués doivent toujours s'assurer que les soumissionnaires présentent des moyens matériels adéquats, des moyens techniques suffisamment convaincants. Ils doivent s'assurer que le personnel technique soit suffisamment compétent pour réaliser les travaux, fournitures, services ou prestations intellectuelles. Les soumissionnaires doivent aussi présenter un mémoire technique pour le jugement de leurs offres. Le mémoire technique est un document fréquemment exigé pour juger la valeur technique des offres des soumissionnaires. Aussi pour la rédaction de cette pièce déterminante de l'offre technique, les soumissionnaires doivent disposer des éléments suffisants pour pouvoir le rédiger. Si les éléments à présenter sont insuffisants, le mémoire technique sera rejeté.

Nous venons d'analyser les capacités techniques des soumissionnaires. Place maintenant aux capacités financières.

2- Qualités financières

Les qualités économiques et financières font partie des capacités du candidat qui tendent à déterminer si ses moyens économiques et financiers suffisent pour exécuter correctement les marchés publics de travaux, de fournitures, de services ou de prestations intellectuelles. Les capacités économiques et financières du soumissionnaire font partie des documents et renseignements qui peuvent être demandés par l'acheteur public au titre des pièces de candidature aux fins de vérification. Ces qualités font partie des conditions de participation à la passation par gré à gré des marchés publics et à leur exécution. Ceci conformément à l'article L.2142-1 du code de la commande publique française du 1er Avril 2019 et par la partie réglementaire correspondante du code.

Les maîtres d'ouvrage et les maîtres d'ouvrage délégués doivent s'assurer que les soumissionnaires présentent une capacité financière supérieure ou égale au montant attendu. Les soumissionnaires doivent avoir un chiffre d'affaires assez important voire supérieur ou égal au montant attendu. Les maîtres d'ouvrage et les maîtres d'ouvrage délégués doivent aussi s'assurer que les soumissionnaires disposent d'autres ressources financières.

---

930 Voir article L.2142-1 du code de la commande publique française du 1er avril 2019 et par la partie réglementaire correspondante du code.

Au demeurant, l'objet de la consultation directe doit porter sur les qualités des soumissionnaires. Mais elle doit aussi porter sur le contrôle des prix.

B- Le contrôle des prix

Lorsque les maîtres d'ouvrage procèdent à la consultation directe, ils négocient sur le prix du marché. C'est l'élément le plus négocié. L'acheteur public peut faire porter la négociation sur le coût d'acquisition, sur le coût de stockage, sur les prix des accessoires, sur les garanties ou encore sur l'entretien, l'assurance, le transport… Mais en négociant sur le prix, les soumissionnaires acceptent que leurs prix soient contrôlés. Sont donc contrôlés dans la consultation directe, les prix unitaires (1) et les prix forfaitaires (2).

1- Le contrôle des prix unitaires

Est unitaire, tout prix qui s'applique à une prestation élémentaire à nature ou à un élément d'ouvrage dont les quantités ne sont indiquées au marché qu'à titre prévisionnel. Le marché par consultation directe précise donc les obligations comptables auxquelles le titulaire sera soumis notamment l'obligation de présenter ses bilans d'exploitation.

Nous venons de faire ressortir le contrôle des prix unitaires dans la consultation directe des entreprises. Qu'en est- il du contrôle des prix forfaitaires ?

2- Le contrôle des prix forfaitaires

Lorsque le maître d'ouvrage procède par consultation directe, il peut négocier sur le prix forfaitaire du marché[931]. Est donc forfaitaire, tout prix qui rémunère le titulaire pour un ensemble des prestations exécutées, un ouvrage ou une partie d'ouvrage, tel que défini dans le marché. La fixation des prix forfaitaires est imposée dès lors que les prestations sont bien définies au moment de la consultation directe. Cette dernière ne peut être passée qu'avec les soumissionnaires qui acceptent de se soumettre à un contrôle des prix spécifiques durant l'exécution des prestations[932].

Nous venons d'analyser le contrôle des prix pendant la consultation directe des entreprises. Place maintenant à la négociation sur les quantités des prestations qui seront réalisées par les entrepreneurs, fournisseurs ou prestataires de services.

---

931 Voir article 74 (2a) du CMP de 2004.
932 Voir article 38 du CMP du TOGO.

C- Quantités des prestations

La consultation directe des entreprises porte aussi sur les quantités des prestations qui seront effectuées par les titulaires du marché. La négociation dans ce cadre peut porter sur les quantités des offres présentées par les entrepreneurs, fournisseurs ou prestataires de service. Le maître d'ouvrage et maître d'ouvrage délégué pourront négocier notamment sur la fréquence des commandes ou sur les remises accordées.
Nous venons d'analyser les quantités des prestations négociées pendant la consultation directe des entreprises. Place maintenant à la présentation du délai des prestations comme objet de la consultation directe.

D- Le délai des prestations

La consultation directe des entreprises porte aussi sur le délai des prestations qui seront réalisées par les titulaires des marchés de travaux, de fournitures ou de services. C'est un moyen d'évaluer l'incidence de ce délai sur le prix du marché. Selon les critères d'attribution du marché, cela peut être intéressant d'augmenter ou de réduire les délais. Le délai permet de mettre la pression aux titulaires du marché afin que l'exécution du marché soit rapide et aboutisse à son terme. La fixation des délais permet aussi de rendre plus efficace l'exécution des marchés publics.

L'on vient d'analyser les délais des prestations négociés et imposés pendant la consultation directe des entreprises. Place maintenant à l'analyse des garanties de bonne exécution comme objet de la consultation directe.

E- Les garanties de bonne exécution

La consultation directe des entreprises porte également sur les garanties de bonne exécution dans les marchés publics. Il est rare de voir le pouvoir adjudicateur négocier sur cette partie-là, mais néanmoins il peut le faire. Les maîtres d'ouvrage et maîtres d'ouvrage délégués pourront notamment aborder les pénalités de retard, les conditions de résiliation…

Au final, la méthode par consultation directe est une méthode qu'on utilise dans le gré à gré pour passer les marchés publics en urgence. Cette méthode dispose des conditions et présente des objets assez précis. Pour que la méthode par consultation directe s'opère, il faut la réunion de deux conditions à savoir une négociation accompagnée d'une autorisation préalable et une mise en concurrence restreinte ou simplifiée. En ce qui concerne l'objet, la consultation directe des entreprises peut porter sur les qualités des soumissionnaires, le contrôle des prix, les quantités ou le volume des prestations, le délai des prestations, les garanties de bonne exécution. Cette méthode ne suffit pas pour passer le gré à gré car il y a aussi la méthode par transmission des rapports d'évaluation des offres à la commission de passation des marchés publics.

Section 2 : La méthode par transmission des rapports d'évaluation des offres à la commission

On transmet aussi les rapports d'évaluation[933] des offres à la commission de passation des marchés publics lorsqu'il faudrait passer un marché en urgence dans le gré à gré. Ladite commission dispose d'un délai de cinq (05) jours pour émettre son avis sur les rapports d'évaluation des offres. Mais pour que la méthode de transmission des rapports d'évaluation des offres à la commission soit possible, il faut respecter certaines conditions (paragraphe 1) prévues par la réglementation. Lorsque ces conditions sont respectées, la commission évalue les offres des soumissionnaires et propose son avis dans l'attribution des marchés de gré à gré. Tout ceci constitue l'objet de la transmission des rapports d'évaluation (paragraphe 2).

Paragraphe 1 : Le respect des conditions de transmission des rapports d'évaluation

Pour qu'il y ait transmission des rapports d'évaluation des offres à la commission dans le but de passer une procédure spécifique de gré à gré applicable aux marchés en urgence, il faut l'exigence d'une négociation (A) et l'existence d'une consultation directe des entreprises caractérisée par une mise en concurrence restreinte (B). Ceci conformément au respect de l'article 110 (3) du décret de 2018 portant code camerounais des marchés publics.

A- La négociation

Pour passer un marché public en situation d'urgence impérieuse, en situation de défaillance du soumissionnaire ou pour faire face aux difficultés économico-techniques rencontrées dans le contrat initial, il est nécessaire de procéder par négociation surtout dans la procédure de gré à gré. Cette négociation se caractérise par l'absence d'appel d'offres (1) et par une autorisation préalable du gré à gré (2).

1- L'absence d'appel d'offres

Pour transmettre le rapport d'évaluation des offres à la commission de passation des marchés publics pour examen, il faudrait qu'il y ait absence d'appel d'offres. Ce qui veut dire que dans le gré à gré il n'y a pas de publicité

[933] Voir article 112(3) du décret de 2018 portant code camerounais des marchés publics.

préalable[934]. Ce qui signifie qu'il n'y a pas obligation pour le pouvoir adjudicateur d'informer les entreprises candidates afin de passer un marché public en urgence selon la procédure de gré à gré. La négociation sans appel d'offres implique la volonté pour le pouvoir adjudicateur de procéder à des discussions avec les potentiels candidats dans le but de sélectionner l'opérateur économique qui présentera l'offre la plus avantageuse. La négociation dans les marchés de gré à gré se justifie certes par l'absence d'appel d'offres mais elle doit être aussi conditionnée et motivée par une autorisation préalable.

2- L'autorisation préalable du gré à gré

Le recours à la négociation doit être motivé[935] et prouvé voire même autorisé par le ministre délégué à la présidence chargé des marchés publics. Ce dernier doit examiner la demande de gré à gré et notifier sa réponse aux maîtres d'ouvrage et aux maîtres d'ouvrage délégués. Cette demande de gré à gré doit être motivée soit par l'urgence impérieuse motivée par des cas de force majeure, soit par l'urgence liée à la défaillance du titulaire du marché ou alors par l'urgence économico- technique observée dans le marché initial.

Au demeurant, pour transmettre les rapports d'évaluation à la commission de passation des marchés publics pour avis, il faut la présence d'une négociation sans publicité préalable et d'une autorisation préalable de ladite négociation par l'autorité des marchés publics. Ceci dans le but de procéder selon la procédure de gré à gré. Mais cela ne suffit pas car il faut également une consultation directe des entreprises.

B- Consultation directe des entreprises

Elle se caractérise par une mise en concurrence restreinte des entreprises(1), par la production d'un dossier de consultation de leurs offres (2) et par la production d'un projet de marché accompagné de l'autorisation du gré à gré (3).

1- La présence d'une mise en concurrence restreinte des entreprises

La consultation directe[936] consiste à mettre en compétition trios sociétés sans obligation de publicité. Ainsi, lorsqu'il s'agit des marchés des travaux, ce sont trois entrepreneurs qui sont mis en concurrence. Quand on a affaire aux marchés de fournitures, ce sont trois fournisseurs qui sont en compétition.

---

[934] Voir article III.10.b de la circulaire de 2005 sur l'application de l'ancien code des marchés publics de 2004.

[935] Voir article 20 de la circulaire de 2012 relative à la passation et au contrôle de l'exécution des marchés publics.

[936] Voir article 22 de la circulaire de 2012 citée ci-dessus.

Lorsqu'on a affaire à un marché public de services, c'est trois prestataires de services qui sont concurrents. Ici le nombre de soumissionnaires est assez limité pour compétir afin d'obtenir le marché. Ceci par opposition aux marchés par appel d'offres où l'on rencontre plusieurs soumissionnaires concurrents. Il est donc important de dire que cette méthode de consultation directe minimalise la concurrence du fait du nombre de candidats non informés au préalable de la situation. La consultation directe vise aussi à produire un dossier de consultation des offres des soumissionnaires.

2- La production d'un dossier de consultation des offres

Après avoir consulté les soumissionnaires, les maîtres d'ouvrage et maîtres d'ouvrage délégués doivent produire un dossier de consultation des offres[937]. Dans ce dossier, la soumission est présentée par une personne physique de nationalité camerounaise ou une personne morale de droit camerounais justifiant une activité économique sur le territoire national. Les offres doivent aussi être présentées par des petites et moyennes entreprises dont le capital est détenu par les personnes de nationalité camerounaise. La soumission doit aussi être présentée par les groupements d'entreprises associant les entreprises camerounaises. Dans ce dossier de consultation, il y a une vérification des prix des marchés comportant les détails quantitatifs et estimatifs y compris le bordereau des prix unitaires. Ces derniers sont compétitifs.

La consultation directe des entreprises peut aussi se justifier par la production d'un projet de marché accompagné de l'autorisation du gré à gré.

3- La production d'un projet de marché accompagné de l'autorisation du gré à gré

Aux termes de l'une des dispositions[938] du décret de 2018 portant code camerounais des marchés publics, les maîtres d'ouvrage et maîtres d'ouvrage délégués doivent produire un projet de marché pour procéder par consultation directe des entreprises. Le projet du marché doit par conséquent être accompagné d'une autorisation de gré à gré, d'un dossier de consultation, de l'offre de l'attributaire et d'un rapport d'évaluation desdites offres. La notion de projet de marché est étroitement liée à la notion de programmation[939] des marchés publics. En effet, selon l'article 59 (1) du décret de 2018 portant code camerounais des marchés publics, la passation et l'exécution des marchés publics doivent faire l'objet d'une programmation par les maîtres d'ouvrage et les maîtres d'ouvrage délégués. Ceci en relation avec le ministre des marchés publics. Ainsi, chaque maître d'ouvrage est tenu de transmettre un exemplaire

---

[937] Voir article 32 (1) du décret de 2004 portant ancien code camerounais des marchés publics.
[938] Voir article 112 (3) du décret de 2018 portant code camerounais des marchés publics.
[939] Voir articles 59 (1) à (5) du décret de 2018 portant code camerounais des marchés publics.

du journal de programmation définitif au ministère des marchés publics, à l'agence de régulation des marchés publics et aux commissions des marchés compétentes. Ceci conformément au respect des dispositions[940] du décret de 2018 portant code camerounais des marchés publics.

Le concept de projet de marché est aussi lié au plan de passation des marchés publics. Chaque maître d'ouvrage doit donc concevoir un plan pour passer selon la procédure de gré à gré les marchés publics.

Au final, il y a des conditions pour transmettre les rapports d'évaluation à la commission pour passer les marchés publics selon la procédure de gré à gré. Ces conditions sont la négociation, la mise en concurrence restreinte, la production d'un dossier de consultation des offres et la production d'un projet de marché. Place à présent à l'objet de la transmission.

Paragraphe 2: L'objet de la transmission des rapports d'évaluation

La transmission des rapports d'évaluation des offres dans la procédure de gré à gré porte non seulement sur l'évaluation de l'offre de l'attributaire (A) mais aussi sur l'avis d'attribution du marché public (B).

A- Evaluation des offres de l'attributaire

La commission de passation des marchés publics a pour rôle d'assister les maîtres d'ouvrage et les maîtres d'ouvrage délégués dans l'évaluation des offres des soumissionnaires. Ceci conformément au respect des dispositions[941] du décret de 2018 portant code camerounais des marchés publics. Ladite commission évalue non seulement les offres techniques (1) mais aussi les offres financières(2).Ceci après consultation directe des entreprises utilisées par les maîtres d'ouvrage pour recourir au gré à gré.

1- Evaluation des offres techniques

Les commissions de passation des marchés publics ont été créées par l'autorité des marchés publics[942] pour assister au plan technique les maîtres d'ouvrage et les maîtres d'ouvrage délégués. Les commissions internes évaluent les offres techniques des soumissionnaires au niveau central. Les commissions régionales évaluent les offres techniques des soumissionnaires au niveau régional. Les commissions départementales évaluent les offres techniques des soumissionnaires au niveau départemental. En effet, ces différentes commissions vérifient s'il y a un personnel technique assez compétent pour

---

[940] Voir article 59 (4) du même décret.

[941] Voir article 94 (1) du décret de 2018 portant code camerounais des marchés publics.

[942] Voir article 10 du décret de 2018 portant code camerounais des marchés publics.

réaliser les prestations en matière de travaux, de fournitures et de services. Elles ont aussi pour rôle de vérifier si les soumissionnaires disposent d'un matériel et d'équipements suffisamment adéquats. L'offre technique s'appuie généralement sur un mémoire technique exigé par l'acheteur public. Ce mémoire est fourni par les soumissionnaires. Ce document technique décrit les moyens mis en œuvre pour effectuer les prestations, la composition de l'équipe avec ou non la description des profils. Le mémoire technique constitue donc un document qui permet la notation de l'offre technique du soumissionnaire.

La commission de passation des marchés publics ne procède pas seulement à l'évaluation des offres techniques des soumissionnaires. Elle procède aussi à l'évaluation des offres financières.

3- Evaluation des offres financières

La commission évalue aussi les offres financières des soumissionnaires. En effet, elle vérifie si les soumissionnaires disposent d'un chiffre d'affaire supérieur ou égal au montant attendu. Elle vérifie aussi si le personnel dispose d'une capacité financière bien renforcée et d'une caution de soumission. Dans les marchés publics, l'offre financière est le montant du marché porté sur l'acte d'engagement[943] par un soumissionnaire. Elle est en principe reliée à d'autres pièces rendues ou non contractuelles comme le bordereau des prix unitaires, la décomposition du prix global et forfaitaire et le détail quantitatif estimatif.

En conclusion, la transmission des rapports d'évaluation des offres se fait ressentir dans la procédure de gré à gré. Cela se justifie par l'évaluation des offres techniques et financières des soumissionnaires. Mais cela ne suffit pas car la transmission des rapports d'évaluation a aussi pour objet l'avis d'attribution des marchés publics.

B- La proposition d'attribution des marchés

La commission a aussi pour rôle de proposer l'attribution des marchés de travaux (1) et l'attribution des marchés de services non quantifiables (2) pendant la procédure de gré à gré.

1- La proposition d'attribution des marchés de travaux

La commission donne son avis dans l'attribution des marchés de travaux en sélectionnant l'offre évaluée la moins-disante[944]. Ceci est valable pour les

[943] L'acte d'engagement est la pièce signée par un candidat à un marché public dans laquelle il présente son offre ou sa proposition et adhère aux clauses que la personne publique a rédigées. Cet acte d'engagement est ensuite signé par la personne publique suite à l'attribution du marché.
[944] Voir article III.8.a de la circulaire de 2005 sur l'application du CDMP de 2004. Voir aussi l'article 99 (a) du décret de 2018 portant code camerounais des marchés publics.

marchés de fournitures, les marchés de services quantifiables. Cette proposition d'attribution des marchés de travaux, de fournitures et de services quantifiables se fait en fonction des capacités techniques et financières du soumissionnaire. Le moins- disant c'est l'individu ou l'entreprise qui fait l'offre la moins chère lors d'une adjudication.

Nous venons de finir d'analyser la proposition d'attribution des marchés de travaux. Place maintenant aux marchés de services non quantifiables.

2- La proposition d'attribution des marchés de services non quantifiables

La commission donne son avis sur l'attribution des marchés de services non quantifiables en sélectionnant l'offre évaluée la mieux-disante[945]. Ceci est aussi valable pour les marchés de prestations intellectuelles. Cette proposition d'attribution des marchés de services non quantifiables et des marchés de prestations intellectuelles se fait en fonction des capacités techniques et financières des soumissionnaires. Ladite commission dispose de 5 jours pour formuler son avis. Le mieux- disant c'est l'individu ou l'entreprise qui présente l'offre la plus avantageuse économiquement.

---

[945] Voir article III.8.b de la circulaire de 2005 sur l'application du CDMP de 2004. Voir aussi l'article 99 (b) du décret de 2018 portant code camerounais des marchés publics.

TITRE II : L'AFFAIBLISSEMENT DE LA DEROGATION DANS LES MARCHES SPECIAUX ET AUTRES MARCHES SPECIFIQUES

La passation des marchés publics en urgence est une dérogation affaiblie lorsqu'on a affaire aux marchés publics de défense ou de sécurité. Ici, la dérogation pour cause d'urgence est amoindrie dans la mesure où bien qu'elle soit traçable en France, elle demeure un mystère voire une énigme au Cameroun. Autrement dit la dérogation pour cause d'urgence dans les marchés publics de défense et de sécurité est voilée par les textes juridiques camerounais qui la régissent. L'on a aussi remarqué une pauvreté des textes juridiques qui encadrent les marchés spéciaux au Cameroun. La passation des marchés publics en urgence est donc conçue comme une dérogation ambiguë dans les marchés spéciaux au Cameroun (chapitre 1). Elle est ambigüe dans la mesure où la dérogation pour cause d'urgence dans les marchés spéciaux ne fait pas l'unanimité dans les différents pays. C'est donc une dérogation qui présente plusieurs sens et qui est réceptionnée différemment par les pays du monde. En France, il y a deux niveaux d'urgence qui sont traçables dans les marchés spéciaux à savoir l'urgence simple et l'urgence impérieuse. Par contre, au Cameroun les traces de ces niveaux d'urgence sont voilées et font l'objet d'un mystère lorsqu'on parle des marchés spéciaux.

La passation des marchés publics en urgence est une dérogation affaiblie lorsqu'on a aussi affaire à certains marchés spécifiques. Parmi ces marchés spécifiques, on peut citer les marchés de conception- réalisation, les marchés réservés, les accords-cadres et les marchés pluriannuels. Autrement dit, c'est une dérogation qui repousse ces marchés en cas d'urgence.

Par conséquent, l'on constate une marginalisation de la dérogation pour cause d'urgence dans ces marchés spécifiques. D'où le caractère répulsif de la dérogation dans ces marchés nouvellement créés (chapitre 2). C'est une dérogation répulsive aux marchés réservés, aux marchés de conception-réalisation, aux marchés pluriannuels et aux accords-cadres dans la mesure où il n'y a pas une réglementation des traces ou des niveaux d'urgence. Autrement dit, il y a manque de précision des niveaux d'urgence dans ces marchés. L'on constate plutôt qu'il y a un "cantonnement juridique" au niveau de la définition de ces marchés et au niveau de certaines procédures y relatives.

CHAPITRE 1 : LA DEROGATION AMBIGUË DANS LES MARCHES SPECIAUX

Avant d'aborder la question de la dérogation pour cause d'urgence dans les marchés spéciaux, nous allons d'abord définir le concept des marchés spéciaux, énoncer ses caractéristiques ou présenter ses spécificités. Ce concept sera défini aussi bien par le droit camerounais que par le droit français. En droit camerounais, on entend par marchés spéciaux[946], des marchés publics qui ne répondent pas pour tout ou partie aux dispositions relatives aux marchés sur appel d'offres ou aux marchés de gré à gré. Ce sont des marchés qui comprennent essentiellement les marchés relatifs à la défense nationale à la sécurité et aux intérêts stratégiques de l'Etat. Autrement dit les marchés spéciaux constituent des marchés publics hautement sensibles qui dérogent non seulement aux règles qui s'appliquent aux marchés d'appel d'offres mais aussi aux règles qui s'appliquent aux marchés de gré à gré. En droit français, les marchés spéciaux se résument aux marchés publics de défense et de sécurité. En effet, conformément au code français de la commande publique[947] du 1er avril 2019, un marché de défense ou de sécurité est un marché conclu par l'Etat ou l'un de ses établissements publics et ayant pour objet : "la fourniture d'équipements, y compris leurs pièces détachées, composants ou sous-assemblages, qui sont destinées à être utilisées comme armes, munitions ou matériel de guerre, qu'ils aient été spécifiquement conçus à des fins militaires ou qu'ils aient été initialement conçus pour une utilisation civile puis adaptés à des fins militaires". Ces marchés ont aussi pour objet "la fourniture d'équipements destinés à la sécurité, y compris leurs pièces détachées, composants ou sous assemblages, et qui font intervenir, nécessitent ou comportent des supports ou informations protégés ou classifiés dans l'intérêt de la sécurité nationale"[948]. Ce sont des marchés qui portent aussi sur "des travaux, fournitures et services directement liés à un équipement mentionné au 1° ou au 2°, y compris la fourniture d'outillages, de moyens d'essais ou de soutien spécifique, pour tout ou partie du cycle de vie de l'équipement ".[949] Le cycle de vie de l'équipement constitue un ensemble des états successifs qu'il peut connaître, notamment la recherche, le développement, le développement industriel, la production, la réparation, la modernisation, la modification, l'entretien, la logistique, la formation, les essais, le retrait, le démantèlement et l'élimination. Les marchés publics de défense et de sécurité ont également pour objet "des travaux et services ayant des fins spécifiquement militaires ou des travaux et services destinés à la sécurité et qui font intervenir, nécessitent ou comportent des

[946] Voir article 71 (1) du décret de 2018 portant code camerounais des marchés publics.
[947] Voir article L1113-1 du code français de la commande publique du 1er avril 2019.
[948] Voir 2° de l'article L1113- 1 du code français de la commande publique du 1er avril 2019.
[949] Voir 3° de l'article L1113-1 du code français de la commande publique du 1er avril 2019.

supports ou informations protégées ou classifiées dans l'intérêt de la sécurité nationale"[950]. De manière plus claire et simple, un marché public de défense et de sécurité répond à un besoin de fourniture en équipements, de services ou de travaux liés à la sécurité ou à la défense nationale. De par cette orientation assez sensible, les modalités de passation et d'attribution peuvent différer par rapport à un marché public "normal" ou classique. Les marchés de défense portent sur des matériels multiples dont la liste n'est pas exhaustive. Parmi ces matériels, on peut citer les avions de combat[951], hélicoptères, navires de guerre (porte–avions, sous–marin), Chars de Combat, munitions, systèmes spatiaux, systèmes électroniques et informatiques... Les marchés publics de sécurité quant à eaux, portent sur les travaux, fournitures ou services directement liés à un équipement de sécurité[952]. Parmi ces équipements de sécurité, on peut citer les acquisitions relevant de la protection des frontières, des activités de police et des missions de gestion de crise.

Les marchés publics de défense et de sécurité présentent des caractéristiques qui leur sont propres. Au plan organique, ces marchés sont passés par certains acheteurs publics. Parmi ces maîtres d'ouvrage, on peut citer le président de la république, le secrétaire général de la présidence de la république, le ministre délégué à la présidence chargé de la défense, le délégué général à la sûreté nationale, le secrétaire d'Etat à la défense chargé de la gendarmerie, le chef d'Etat-major des armées... Par conséquent, ces marchés excluent les maîtres d'ouvrage qui ne s'occupent pas de la sécurité ou de la défense nationale. On assiste donc à une restriction du nombre d'acheteurs publics qui doit intervenir dans les marchés spéciaux. Ces marchés échappent aussi au contrôle des commissions de passation des marchés publics intervenant dans l'appel d'offres et le gré à gré. Ce qui veut dire qu'il y a une commission spéciale qui a été créée en dehors du code des marchés publics et dont la mission est de donner son avis sur la passation des marchés publics de défense et de sécurité au Cameroun. Cette commission s'appelle la commission permanente des marchés de défense et de sécurité[953]. Ça c'est l'approche camerounaise. Mais l'approche française a une vision plus large des caractéristiques des marchés publics de sécurité et de défense nationale. En droit français, il y a d'une part des marchés publics de défense et de sécurité qui sont soumis à l'obligation de publicité et de mise en concurrence. Dans ces marchés, on adapte les règles du droit commun des marchés publics en fonction de leurs spécificités. Il y a aussi d'autre part des marchés publics de défense et de sécurité qui dérogent aux obligations de

---

950 Voir 4° de l'article L1113-1du code cité ci–dessus.

951 CHARDIGNY (C), *Contrats et marchés publics de défense*, 2ème édition, 2013, P42.

952 DECASEMACKER (M), **La confidentialité et le secret dans les marchés publics de défense et de sécurité**, mémoire de recherche en vue de l'obtention du Master 2, droit des contrats publics, faculté de droit, sous la direction du professeur RAPOPORT (C), Université de Valenciennes et du Hainaut-Cambrésis ; année universitaire 2013-2014, P23.

953 Cette commission a été créée par le décret n°89/913 du 31 mai 1989 portant réorganisation de ladite commission.

publicité et de mise en concurrence. Les marchés de défense et de sécurité qui sont soumis au droit commun des marchés publics concernent ceux qui font l'objet des travaux, des fournitures et des services liés à la sécurité ou à la défense nationale. C'est le cas par exemple des marchés qui sont passés par le ministère de la défense ou par le délégué général à la sûreté nationale. Les marchés de défense et de sécurité qui dérogent au droit commun des marchés publics sont généralement ceux qui sont liés à la confidentialité, au secret, à la raison d'Etat, aux intérêts essentiels ou stratégiques de l'Etat. Les marchés spéciaux visent aussi à protéger la sécurité des approvisionnements et à sécuriser les informations jugées délicates.

Les obligations de publicité et de mise en concurrence diffèrent de celles applicables aux marchés publics classiques. En effet, le recours à la procédure négociée sans publicité ni mise en concurrence préalables est plus large que celui applicable aux marchés publics du secteur classique. Autrement dit la majorité des marchés spéciaux qui sont passés, sont des marchés à procédure négociée. Si l'on perçoit des marchés spéciaux qui utilisent des procédures de passation formalisées c'est que ce sont des marchés passés soit par le ministère de la défense soit par le secrétariat général d'Etat à la défense chargé de la gendarmerie ou alors soit par la délégation générale à la sûreté nationale.

Les marchés publics de défense et de sécurité sont aussi des marchés qui prennent en compte les sous-contractants. Autrement dit, l'on perçoit aussi des contrats de sous-traitance dans ces marchés. Les marchés spéciaux sont aussi des marchés qui n'exigent pas l'obligation d'allotissement. Pour dire que les acheteurs publics ne sont pas obligés de répartir en différents lots les différentes prestations nécessaires à la réalisation de ces marchés. Les marchés publics de défense et de sécurité sont aussi des marchés qui sont influencés par droit communautaire[954]. En effet, l'on a observé un droit européen des marchés publics de défense.

Après avoir défini les marchés spéciaux et après avoir présenté leurs caractéristiques qui varient d'un pays à un autre, l'on va analyser la question de la dérogation pour cause d'urgence dans les marchés spéciaux. Le terme ambiguë ici veut dire que la dérogation pour cause d'urgence dans les marchés spéciaux présente plusieurs sens, plusieurs facettes voire plusieurs interprétations pour être mieux cernée. Autrement dit la passation des marchés spéciaux en urgence est une dérogation ambivalente car elle se dévoile ou se perçoit grâce à une double interprétation, et donc à travers deux visages diamétralement opposés. En France, le visage présenté par la dérogation pour cause d'urgence dans les marchés spéciaux est différent de celui présenté par le

954 Voir HEUNICKX (B), "Evolution récentes du droit européen des marchés publics de défense", in *revue pyramides, revue du centre d'Etudes et de recherches en administration publique*, 2011, P139-172.

droit camerounais. En France, la passation des marchés spéciaux en urgence est une dérogation traçable (section 1). Mais au Cameroun, c'est une dérogation voilée, mystérieuse, énigmatique (section 2). Autrement dit, l'on perçoit un cadre juridique flou, obscur en ce qui concerne la passation des marchés spéciaux en urgence au Cameroun.

Section 1 : Une dérogation traçable en droit français

En droit français, un seul décret rend possible la passation des marchés spéciaux en urgence. Il s'agit du décret n°2016-361 du 25 Mars 2016 relatif aux marchés publics de défense ou de sécurité. Ce décret permet aussi l'encadrement juridique de la préparation des marchés publics de défense et de sécurité[955], de leur passation[956] aussi bien en temps normal qu'en temps d'urgence, et de leur exécution[957]. En temps normal, l'article 21 de ce décret permet à l'acheteur public de choisir librement entre 3 procédures formalisées pour passer les marchés publics de défense ou de sécurité. Parmi ces procédures formalisées, on peut citer l'appel d'offres restreint[958], la procédure concurrentielle avec négociation et le dialogue compétitif. Mais attention il ne s'agit pas d'un appel d'offres restreint ordinaire. Il s'agit d'un appel d'offres qui exige aux soumissionnaires plusieurs obligations. En plus de la capacité technique et financière qui est exigée, l'acheteur public exige aussi aux candidats l'obtention d'une habilitation. Cette dernière permet aux soumissionnaires de protéger les informations hautement sensibles, les informations délicates classées au rang de secret défense ou alors des informations classifiées dans l'intérêt de la sécurité nationale. Ceci conformément au respect des dispositions[959] du décret N°2016-361 du 25 mars 2016 relatif aux marchés publics de défense ou de sécurité. Les informations secrètes ou confidentielles protégées doivent aussi porter la mention " spécial France" les acheteurs publics imposent l'obtention d'une habilitation non seulement aux entreprises nationales mais également aux opérateurs économiques étrangers. La procédure d'habilitation est beaucoup plus favorable aux entreprises nationales car le secret lié à la sécurité et à la défense nationale ne doit pas être protégé par n'importe qui. Il doit avoir une confiance mutuelle entre l'acheteur public et les opérateurs économiques afin de ne pas divulguer les informations jugées hautement secrètes. Nous voyons donc que la phase de candidature dans l'appel d'offres restreint relatif aux marchés publics de défense ou de sécurité a des spécificités qui sont différentes de celles qu'on retrouve dans l'appel d'offres restreint relatif aux marchés publics classiques.

---

[955] Voir articles 2 à 8 du décret N°216-361 du 25 mars 2016 relatif aux marchés publics de défense et de sécurité en France.

[956] Voir articles 17 à 95 du Décret n°2016-361 du 25 Mars 2016 relatif aux marchés publics de défense ou de sécurité en France.

[957] Voir articles 96 à 140 du même décret cité ci-dessus.

[958] Voir article 61 du même décret.

[959] Voir article 40 du décret de 2016 relatif aux marchés de défense et de sécurité en France.

L'appel d'offres restreint en phase de remise des offres dispose aussi des spécificités ou des exigences lorsqu'on a affaire aux marchés publics de défense et de sécurité. L'acheteur public exige aussi au candidat la confidentialité des informations que possède l'opérateur économique et la sécurité d'approvisionnements[960]. Pour matérialiser ces exigences, le décret de 2016 a procédé à la formulation suivante : "Le candidat doit produire de nombreux documents visant à prévenir toute atteinte aux secrets de défense lors de l'exécution du marché public. En plus des différents engagements pris par l'opérateur économique notamment la confidentialité de toutes les informations et supports protégés ou classifiés en sa possession,, ou dont il viendrait à prendre connaissance tout au long de l'exécution du marché public et après résiliation ou expiration du contrat"[961]. L'acheteur public fixe aussi à l'opérateur économique des exigences relatives à la sécurité d'approvisionnement[962]. A cet effet, l'acheteur public peut demander, dans les documents de consultation, que l'offre du soumissionnaire comporte la certification ou des documents démontrant qu'il sera à même de remplir les obligations en matière d'exportation, d'importation, de transfert et de transit de marchandises liées au contrat, y compris tout document complémentaire émanant de l'Etat concerné. L'opérateur économique doit aussi s'engager à informer, en temps utile, l'acheteur de tout changement survenu dans son organisation, sa chaîne d'approvisionnement ou sa stratégie industrielle susceptible d'affecter ses obligations envers lui. L'autre spécificité des marchés spéciaux qu'on peut observer dans l'appel d'offres restreint réside dans le fait qu'ils sont beaucoup plus passés entre acheteurs publics et groupements d'opérateurs économiques. Autrement dit les groupements d'opérateurs économiques[963] sollicitent beaucoup plus ces marchés.

L'acheteur public peut aussi recourir au dialogue compétitif pour satisfaire les besoins en rapport avec la sécurité et la défense nationale. En effet, l'une des dispositions[964] du décret de 2016 relatif aux marchés de défense et de sécurité définit le dialogue compétitif comme " une procédure dans laquelle l'acheteur dialogue avec les candidats admis à participer à la procédure en vue de définir ou de développer une ou plusieurs solutions de nature à répondre à ses besoins et sur la base de laquelle ou desquelles les participants au dialogue sont invités à remettre une offre". L'acheteur public définit ses besoins et ses exigences dans l'avis de marchés ou dans un autre document de consultation. Les modalités du dialogue, les critères d'attribution et un calendrier indicatif sont précisés dans l'avis de marché ou dans un autre document de consultation.

---

960 La sécurité des approvisionnements se définit par la capacité des industriels de défense à satisfaire de manière continue la demande en termes de matériel de sécurité et de défense.

961 Voir article 52 du décret de 2016 relatif aux marchés publics de défense ou de sécurité en France.

962 Voir article 53 du même décret cité ci-dessus.

963 Voir article 38 du même décret.

964 Voir article 67 du même décret.

L'acheteur public peut aussi recouvrir à la procédure négociée avec publicité préalable[965] pour répondre aux besoins en rapport avec la sécurité et la défense nationale. En effet, le décret de 2016 relatif aux marchés publics de défense et de sécurité définit la procédure négociée avec publicité préalable comme "la procédure par laquelle l'acheteur négocie les conditions du marché public avec un ou plusieurs opérateurs économiques autorisés à participer aux négociations". L'acheteur public indique dans les documents de consultation les exigences minimales que doivent respecter les offres. Ces exigences visent non seulement à protéger les informations liées à la sécurité ou à la défense mais aussi à sécuriser les approvisionnements.

Par ailleurs, la passation des marchés publics de défense et de sécurité en situation d'urgence peut se faire en droit français. Et ceci grâce au décret de 2016 relatif aux marchés de défense et de sécurité. Cependant, cette passation ne s'opère pas de manière hasardeuse car ledit décret a fixé non seulement des conditions (paragraphe1) mais aussi des mécanismes (paragraphe2).

Paragraphe 1 : La précision des conditions de passation des marchés spéciaux en urgence

Il y a quatre niveaux d'urgence qui conditionnent la passation des marchés spéciaux en urgence sur le territoire français. On peut citer l'urgence liée à une situation de crise (A), l'urgence simple liée à un évènement extérieur qui a perturbé la passation et la réalisation en temps normal des marchés spéciaux (B), l'urgence impérieuse (C) liée à une catastrophe naturelle et l'urgence économico- technique (D) liée aux difficultés économico- techniques rencontrées pendant l'exécution des marchés spéciaux à cause d'une circonstance imprévue dans le cahier de charges.

A- L'exigence d'une situation de crise

Selon le décret[966] de 2016 relatif aux marchés publics de défense et de sécurité, la crise est une condition de passation des marchés spéciaux en urgence. Il s'agit d'une crise qui est essentiellement sécuritaire. Raison pour laquelle le décret[967] de 2016 précité l'a définie de manière suivante : " Une crise est un conflit armé ou une guerre ou toute situation dans laquelle ont été causés, ou bien sont imminents, des dommages dépassant clairement ceux de la vie courante et, qui compromettent substantiellement la vie et la santé de la population ou qui ont des effets substantiels sur la valeur des biens ou qui nécessitent des mesures concernant l'approvisionnement de la population en produits de première

---

965 Voir article 64 du même décret.

966 Voir le 3° de l'article 23 du décret de 2016 relatif aux marchés publics de défense et de sécurité en France.

967 Voir article 23 du même décret.

nécessité". Au vu de cette longue définition, nous constatons que l'exigence d'une crise sécuritaire est certes fondamentale mais l'on peut aussi observer la présence d'une crise sanitaire car il ne s'agit pas seulement d'une affaire touchant la sécurité des biens et des personnes. Il peut aussi s'agir d'une situation qui pourrait menacer la santé des populations. Il s'agira donc pour nous de présenter la crise sécuritaire comme condition de passation des marchés spéciaux en urgence (1). Nous démontrerons aussi qu'une crise sanitaire peut être un motif de recours à la passation des marchés spéciaux en urgence (2).

1- La présence d'une crise sécuritaire

On parle de crise sécuritaire lorsque l'intégrité du territoire d'un pays est menacée. Il y a aussi crise sécuritaire lorsque la sécurité des personnes et des biens est compromise. Parmi les situations de crise sécuritaire, on peut citer les conflits armés[968] caractérisés par des guerres, le terrorisme, l'insurrection, la rébellion. En guise d'illustration, on peut citer la guerre en Syrie, la crise sécuritaire en zone anglophone au Cameroun, les attentats contre Charlie Hebdo en France. Tous ces éléments peuvent pousser les acheteurs publics à passer les marchés spéciaux en urgence dans le but de s'approvisionner en travaux, fournitures et services liés à la sécurité ou à la défense nationale. Parmi les marchés publics de services liés à la sécurité et à la défense, on peut citer : les services liés à l'aide militaire aux pays étrangers, les services d'enquête et de sécurité, les services de défense militaire et les services de défense civils, les services de transports terrestres, les services de transports aériens, les services de nettoyage de bâtiments et services de gestion de propreté, les services de simulation et de formation dans les domaines de la défense et de la sécurité, les services de transport par eau, les services d'essais et d'analyses techniques. Parmi les marchés publics de fournitures liés à la sécurité et à la défense, on peut énumérer : l'achat des armes de guerre, l'achat des équipements militaires et ceux des forces de l'ordre, l'achat des chars de guerre, l'achat des véhicules de police. Tous ces besoins urgents en matière de travaux, fournitures ou services liés à la sécurité ou à la défense permettent à l'acheteur public d'affronter la situation de crise sécuritaire. Tout ceci pour non seulement protéger l'intégrité territoriale d'un Etat mais aussi protéger les personnes et les biens. Pour passer les marchés spéciaux en urgence, la situation de crise sécuritaire doit aussi porter les germes d'une gravité extrême. L'urgence c'est aussi la gravité d'une situation pouvant menacer non seulement un Etat mais aussi les populations et leurs biens. Elle constitue également une situation qui oblige l'acheteur public à

---

968 Le droit international humanitaire distingue deux types de conflits armés : le conflit armé international qui oppose deux Etats ou plus, et le conflit armé non international qui oppose les forces gouvernementales à des troupes armées non gouvernementales, ou des groupes armés entre eux. Les traités de droit international humanitaire font également une différence entre un conflit armé non international au sens de l'article 3 commun aux conventions de Genève de 1949 et celui qui relève de la définition figurant à l'article 1 du protocole additionnel II.

agir ou à réagir rapidement pour résoudre la situation de crise sécuritaire. Puisque nous avons affaire ici aux marchés publics de défense et de sécurité.

Au demeurant, la situation de crise sécuritaire constitue une condition pour passer les marchés publics de sécurité et de défense en urgence. A cette condition, s'ajoute aussi une situation de crise sanitaire.

2- La présence d'une crise sanitaire

La crise sanitaire[969] peut aussi être un motif de recours à la passation des marchés spéciaux en urgence. Prenons par exemple le cas de la pandémie du COVID – 19. C'est une pandémie qui peut perturber non seulement la passation et l'exécution des marchés publics de défense et de sécurité en temps normal mais elle est aussi capable de troubler les opérations et les programmes de défense ou de sécurité à l'échelle mondiale. A cet égard, les acheteurs publics opérant dans les secteurs de défense et de sécurité doivent anticiper les conséquences de cette pandémie en renforçant rapidement leur capacité à approvisionner la population et à soutenir les autorités civiles. Pour cela, les acheteurs publics peuvent passer les marchés publics de défense et de sécurité en dehors des procédures habituelles. Ils peuvent donc décider de signer un contrat de marché public sans lancer la procédure d'appel d'offres[970]. Ils peuvent également décider d'appliquer la procédure négociée sans publicité ni mise en concurrence préalables[971]. Ils peuvent enfin opter pour une procédure adaptée qui leur permettra d'attribuer ces marchés selon une procédure de mise en concurrence transparente et librement déterminée en fonction de l'objet et des particularités du marché. On parle d'une procédure adaptée[972], lorsque l'acheteur public décide librement de définir les modalités de passation d'un marché en fonction de sa nature et de ses besoins, en fonction du nombre d'opérateurs économiques et en fonction des circonstances de l'achat. Les acheteurs publics qui sont dans le domaine de la défense et de la sécurité peuvent donc commander des équipements de soins de santé ou faire appel à des prestations de service pour faire face à la crise sanitaire. Rappelons que dans le domaine de l'armée, il y a aussi des services de santé.
Au demeurant, il y a un niveau d'urgence qui conditionne la passation des marchés spéciaux en urgence. Il s'agit d'une urgence liée à une situation de crise qui peut être soit sécuritaire soit sanitaire. A cette condition, s'ajoute également une autre dont le niveau d'urgence est moindre. Il s'agit de la présence de l'urgence simple.

---

969 Une crise sanitaire est un évènement qui touche un grand nombre de personnes, qui affecte leur santé et qui peut éventuellement augmenter le taux de mortalité dans un pays ou dans un monde entier.
970 Voir article 2515-1 du code français de la commande publique du 1er avril 2019.
971 Voir articles R.2322-1 à R2322-14 du même code cité plus haut.
972 Voir article R : 2323-2 du code français de la commande publique de 2019.

B- L'exigence d'une situation d'urgence simple

Selon le de décret[973] de 2016 relatif aux marchés publics de défense et de sécurité, l'urgence simple est une condition de passation des marchés spéciaux en urgence. On parle d'urgence simple lorsqu'il y a eu un évènement extérieur aux parties qui est venu non seulement perturber ou troubler la passation normale d'un marché public mais aussi compromettre sa réalisation. Cette urgence peut donc compromettre la passation par appel d'offres restreint adaptée aux spécificités des marchés publics de défense et de sécurité. Elle peut donc perturber la phase de candidature dans l'appel d'offres restreint adapté aux spécificités des marchés spéciaux. Elle peut donc mettre en difficulté la phase de réception des offres observée pendant le lancement de l'appel d'offres restreint adapté aux particularités des marchés spéciaux[974]. Cette situation d'urgence peut également perturber la procédure négociée avec publicité préalable précisément dans sa phase de remise des candidatures. Une situation d'urgence simple doit aussi rendre impossible des délais normaux de réception des candidatures et des offres dans une procédure d'appel d'offres restreinte adaptée aux marchés spéciaux. Ladite situation doit aussi rendre impraticable le respect des délais réglementaires de réception des candidatures en procédure négociée avec publicité préalable adaptée aux marchés spéciaux. Cette urgence est qualifiée de "simple" parce qu'elle ne met pas en mal la vie des populations et la sécurité de leurs biens. Elle remet plutôt en cause la santé des procédures formalisées adaptées aux spécificités des marchés publics de défense et de sécurité en provoquant un retard non seulement dans la phase de remise des candidatures mais aussi dans la phase de remise des offres. Cette circonstance extérieure pousse les acheteurs publics à raccourcir les délais normaux pour que les procédures formalisées aboutissent à leur terme. Nous constatons donc que l'urgence simple dans les marchés spéciaux est réduite non seulement à une circonstance extérieure aux parties mais aussi à la célérité des procédures aussi bien en phase de candidatures qu'en phase de remise des offres.

Au demeurant, il y a un degré d'urgence qui conditionne la passation des marchés spéciaux en urgence. Il s'agit d'une urgence simple liée à un retard causé par un phénomène extérieur aux parties et visant à compromettre non seulement la phase de candidatures dans les procédures formalisées adaptés aux marchés spéciaux mais aussi leur phase de remise des offres. A cette condition, s'ajoute également une autre dont le niveau d'urgence est plus important ou élevé. Il s'agit de la présence de l'urgence impérieuse.

---

973 Voir article 62 du décret de 2016 relatif aux marchés publics de défense et de sécurité en France.

974 Voir article 63 du décret cité ci- dessus.

C- L'exigence d'une situation d'urgence impérieuse

Selon le décret[975] du 25 mars 2016 relatif aux marchés publics de défense et de sécurité, l'urgence impérieuse est une condition de passation des marchés spéciaux en urgence. On parle d'urgence impérieuse lorsqu'il y a eu la présence des circonstances imprévisibles et extérieures aux parties qui sont venues menacer l'exécution normale d'un marché public et compromettre la sécurité des intérêts stratégiques de l'Etat, celle des personnes et de leurs biens. Ici, le degré de l'urgence est d'une gravité extrême. Parmi ces circonstances extrêmement préoccupantes, on peut citer les catastrophes naturelles, les catastrophes technologiques. C'est généralement ce qu'on appelle les cas de force majeure. On parle aussi d'urgence impérieuse lorsque les conditions de passation ne sont pas compatibles avec les délais minimaux d'urgence simple prévus aux articles 62 et 63 dans la procédure d'appel d'offres restreint ou à l'article 65 dans la procédure négociée avec publicité préalable, et dont l'objet est strictement limité aux mesures nécessaires pour faire face à des cas de force majeure. L'urgence impérieuse est aussi incompatible avec la préparation des documents de la consultation observée dans les procédures formalisées adaptées aux marchés de défense et de sécurité. Prenons par exemple le cas d'un hélicoptère militaire qui s'est écroulé et a explosé à cause d'une forte tempête causant ainsi des pertes en vies humaines. Pour remplacer l'hélicoptère par un autre et pour secourir les personnes blessées par ce crash, les acheteurs publics ont le droit de passer les marchés publics spéciaux en urgence. Ceci en faisant recours aux procédures dérogatoires aux procédures formalisées comme la procédure négociée passée sans mise en concurrence et sans publicité préalables. Une procédure souple qui permettra aux acheteurs publics d'agir plus rapidement afin de résoudre la situation d'urgence impérieuse. L'urgence impérieuse ici s'identifie au péril grave observé.

Au demeurant, il y a un degré d'urgence qui conditionne la passation des marchés spéciaux en urgence. Il s'agit d'une situation d'urgence impérieuse liée aux cas de force majeure menaçant non seulement l'exécution normale d'un marché public de défense ou de sécurité mais compromettant également la sécurité de l'Etat, celle des personnes et leurs biens. A cette condition, s'ajoute également une autre dont le niveau d'urgence est rattaché aux difficultés économiques, matérielles et techniques rencontrées dans l'exécution d'un marché initial à cause d'une circonstance imprévue dans le cahier de charges. Il s'agit de la présence d'une urgence économico- technique.

---

975 Voir le 4° de l'article 23 du même décret.

D- L'exigence d'une situation d'urgence économico- technique

Selon le décret[976] du 25 mars 2016 relatif aux marchés publics de défense et de sécurité, l'urgence économico-technique est une condition de la passation des marchés spéciaux en urgence. On parle d'urgence économico-technique lorsqu'il y a une circonstance imprévue qui est venue provoquer des difficultés matérielles, économiques et techniques dans l'exécution du marché public initial. Autrement dit le titulaire en charge d'exécuter le marché se heurte au surcoût des prix du matériel, des outils techniques, qui n'était même pas prévu dans le cahier de charges. Face à une telle situation, l'acheteur public est obligé de passer un marché complémentaire au marché initial avec le même titulaire en supportant l'augmentation des coûts au plan matériel, au plan technique et au plan économique à ses propre frais. Ceci dans le but de rétablir les équilibres des charges entre les acheteurs publics et les opérateurs économiques. Dans les marchés de défense et de sécurité, l'urgence économico- technique peut concerner les marchés de travaux ou les marchés de services y relatifs. Raison pour laquelle le décret de 2016 a procédé à la formulation suivante : « Les acheteurs peuvent passer un marché public négocié sans publicité ni mise en concurrence préalables dans les cas suivants : pour les marchés publics complémentaires de services ou de travaux, leur montant cumulé ne pouvant dépasser 50% du montant du marché public initial, qui consistent en des prestations qui ne figurent pas dans le marché public initialement conclu mais qui sont devenues nécessaires, à la suite d'une circonstance imprévue, à l'exécution du service ou à la réalisation des travaux tels qu'ils sont décrits dans le marché public initial, à condition que l'attribution soit faite à l'opérateur économique qui a exécuté ce service ou réalisé ces travaux lorsque : soit ces services ou travaux complémentaires ne peuvent être techniquement ou économiquement séparés du marché public initial sans inconvénient majeur pour l'acheteur, soit ces services ou travaux, quoi qu'ils soient séparables de l'exécution du marché public initial, sont strictement nécessaires à son parfait achèvement »[977]. Dans les marchés de défense et de sécurité, l'urgence économico-technique peut aussi concerner les marchés de fournitures y relatifs. Raison pour laquelle le décret de 2016 a procédé à la formulation suivante : « Les marchés publics de défense et de sécurité peuvent être passés sans publicité ni mise en concurrence préalables pour les marchés complémentaires de fournitures qui sont exécutés par le titulaire du marché public initial et qui sont destinés soit au renouvellement partiel de fournitures ou d'installation d'usage courant, soit à l'exécution de fournitures ou d'installation existantes ».

Au final, il y a quatre niveaux d'urgence qui conditionnent la passation des marchés spéciaux en urgence. Nous avons l'urgence liée à une situation de crise, l'urgence simple liée au raccourcissement des délais normaux de réception des

---

976 Voir le 8° de l'article 23 du même décret.

977 Voir le 11°de l'article 23 du même décret.

offres et des candidatures dans les procédures formalisées, l'urgence impérieuse liée aux cas de force majeure et l'urgence économico-technique liée aux difficultés matérielles, économiques et techniques rencontrées dans l'exécution du marché public initial. Cependant, après l'exigence des conditions de passation des marchés spéciaux en urgence, des mécanismes ont été mis en place pour passer ces marchés confrontés aux niveaux d'urgence.

Paragraphe 2 : La précision des mécanismes de passation des marchés spéciaux en urgence

Conformément aux dispositions[978] du décret du 25 mars2016 relatif aux marchés publics de défense et de sécurité, il y a trois mécanismes qui s'appliquent à la passation des marchés spéciaux en urgence. Nous avons l'application d'une procédure négociée non formalisée (A), l'application d'une procédure négociée formalisée (B) et l'adaptation d'une procédure d'appel d'offres restreint lancée en urgence aux spécificités des marchés spéciaux (C).

A- L'application d'une procédure négociée non formalisée

Pour faire face aux situations de crise, aux situations d'urgence impérieuse ou alors aux situations d'urgence économico- technique, les acheteurs publics spécialisés dans le domaine de la défense et de la sécurité utilisent comme technique l'application d'une procédure négociée non formalisée. C'est une procédure qualifiée de "non formalisée" parce que la négociation se fait sans publicité ni mise en concurrence préalable. Il s'agit donc d'une procédure négociée qui déroge non seulement aux principes de mise en concurrence liés à la compétition des entreprises mais aussi aux principes de la publicité liés à l'information des candidats. C'est également une procédure qui met en mal le principe d'égalité de traitement des candidats car ici les acheteurs publics négocient uniquement avec un seul entrepreneur, un seul fournisseur ou un seul prestataire tous spécialisés dans le domaine de la défense et de la sécurité. C'est donc une procédure dans laquelle la négociation ne se fait à "huis clos"[979]. C'est une procédure qui se rapproche de celle du gré à gré sauf qu'elle ne se fait pas appliquer les dispositions du gré à gré mais des dispositions qui sont propre à son cadre réglementaire et à ses spécificités. Autrement dit l'acheteur public négocie certes avec un seul opérateur économique à huis clos mais lui exige la protection des informations secrètes liées à la sécurité et à la défense nationales. L'acheteur public exige aussi à l'opérateur économique la sécurité des approvisionnements liés à la sécurité ou à la défense.

---

[978] Voir section 3 du chapitre 2, section 2 du chapitre 4 et articles 61 à 62 du décret de 2016 relatif aux marchés publics de défense et de sécurité en France.

[979] Le terme à " huis clos " signifie sans publicité, sans aucune personne extérieure au groupe pour assister à ce qui se dit.

La procédure négociée sans mise en concurrence et sans publicité préalables encore appelée procédure non formalisée présente des avantages dans les marchés de défense et de sécurité. C'est une procédure assez souple qui permet aux acheteurs publics d'agir plus rapidement afin de procéder à des achats en urgence en rapport avec la défense et la sécurité nationales.

Au demeurant, l'application d'une procédure négociée non formalisée fait partie des mécanismes de passation des marchés spéciaux en urgence. A côté de cette technique, s'ajoute aussi une autre dont l'objectif est de faire face a une situation d'urgence simple dans les marchés publics de défense et de sécurité. Il s'agit de l'application d'une procédure négociée formalisée.

B- L'application d'une procédure négociée formalisée

Pour faire face à une situation d'urgence simple, les acheteurs publics spécialisés dans les domaines de la défense et de la sécurité utilisent comme technique l'application d'une procédure négociée formalisée[980]. C'est une procédure qualifiée de "formalisée" parce que la négociation se fait avec publicité préalable[981]. La publicité préalable s'explique non seulement par des avis d'appel à la concurrence[982] mais aussi par des modalités de publication des avis d'appel à la concurrence[983]. Il existe donc deux avis d'appel à la concurrence qui sont publiés : l'avis de pré-information[984] et l'avis de marché[985]. Les acheteurs publics spécialisés dans le domaine de la défense et de la sécurité peuvent faire connaître leur intention de passer un marché public en situation d'urgence simple en publiant un avis de pré-information qui est adressé soit à la l'office des publications officielles de l'union européenne, soit au profil de l'acheteur. Le profil d'acheteur est la plateforme de dématérialisation permettant aux acheteurs publics de mettre les documents de consultation à la disposition des opérateurs économiques par voie électronique et de recevoir par voie électronique les documents transmis par les candidats et les soumissionnaires. En matière de fournitures et de services liés à la sécurité ou à la défense, l'avis de pré information[986] indique la valeur totale estimée du besoin. En matière de travaux liés à la sécurité et à la défense, l'avis de pré information indique les caractéristiques essentielles des marchés publics que l'acheteur entend passer.

En ce qui concerne l'avis de marché, l'acheteur le publie dans le bulletin officiel des annonces des marchés publics et au journal officiel de l'union européenne. Ces publications concernent particulièrement la procédure négociée formalisée

---

980 Voir article 65 du décret du 25 mars 2016 relatif aux marchés publics de défense et de sécurité.
981 Voir "Chapitre 3" du même décret.
982 Voir "sections 1" du chapitre 3 du même décret.
983 Voir "Section 2" du chapitre 3 du même décret
984 Voir "Sous-section 1" du Chapitre 3 du même décret.
985 Voir "Sous-section 2" du Chapitre 3 du même décret.
986 Voir sous-section 1 et particulièrement son II du Chapitre 3 du même décret.

et autres procédures formalisées. En ce qui concerne les modalités de publication des avis d'appel à la concurrence, les avis destinés à être publiés au journal officiel de l'union européenne sont transmis par voie électronique à l'office des publications de l'union européenne. L'acheteur conserve la preuve de la date d'envoi de ces avis[987]. Les publications au niveau national ne peuvent pas être effectuées avant l'envoi à l'office des publications de l'union européenne de la demande de publication au journal officiel de l'union européenne. Les publications au niveau national ne peuvent fournir plus de renseignements que ceux envoyés à l'office de l'union européenne. Elles mentionnent la date de cet envoi.

La procédure négociée avec publicité préalable dispose d'un délai normal de réception des candidatures et d'un délai d'urgence simple de ladite réception. Ceci conformément au respect des dispositions[988] du décret du 25 mars 2016 relatif aux marchés publics de défense et de sécurité. En effet, le délai minimal de réception des candidatures est de trente-sept jours à compter de la date d'envoi de l'avis de marché ou de trente jours lorsque cet avis a été envoyé par voie électronique. Cependant, lorsqu'une situation d'urgence ne résultant pas du fait de l'acheteur public rend ce délai impossible à respecter, il peut être ramené à quinze jours ou à dix jours lorsque l'avis a été envoyé par voie électronique. Autrement dit, pour faire face à une situation d'urgence simple visant à causer un retard dans la remise des candidatures en procédure négociée avec publicité préalable, l'acheteur public procède à un raccourcissement des délais normaux de la réception des candidatures tout en utilisant toujours la procédure négociée formalisée.

Au demeurant, l'application d'une procédure négociée formalisée fait partie des mécanismes de passation des marchés spéciaux en urgence. A côté de cette technique, s'en ajoute aussi une autre dont l'objectif est de faire face à une situation d'urgence simple dans les marchés publics de défense et de sécurité. Il s'agit de l'adaptation d'une procédure d'appel d'offres restreint lancée en urgence aux spécificités des marchés spéciaux.

C- L'adaptation d'une procédure d'appel d'offres restreint en urgence aux spécificités des marchés spéciaux

Pour affronter aussi une situation d'urgence simple, les acheteurs publics spécialisés dans les domaines de la défense et de la sécurité utilisent comme technique l'adaptation d'une procédure d'appel d'offres restreint lancée en urgence aux spécificités des marchés spéciaux. L'appel d'offres restreint constitue une procédure par laquelle l'acheteur choisit l'offre économiquement

987 Voir article 29 du même décret.

988 Voir article 65 du décret du 25 mars 2016 relatif aux marchés de défense et de sécurité en France.

la plus avantageuse sans négociation en se basant sur des critères objectifs préalablement portés à la connaissance des candidats et dans laquelle seuls les candidats sélectionnés par l'acheteur sont autorisés à soumissionner . Autrement dit il y a deux phases dans l'appel d'offres restreint : une phase de candidature et une phase de réception des offres. Cependant, comme nous avons affaire aux marchés spéciaux, les acheteurs publics ajoutent encore d'autres obligations aux soumissionnaires lorsqu'ils publient l'appel d'offres restreint. Ils doivent protéger les informations secrètes liées à la défense et à la sécurité en produisant un certificat d'habilitation. Ils doivent aussi sécuriser les approvisionnements en équipements relatifs à la défense et à la sécurité. Les délais normaux et les délais d'urgence de réception des candidatures ou des offres sont adaptés aux marchés de défense et de sécurité. En effet, le délai normal de réception des candidatures en procédure d'appel d'offres restreint dans les marchés de défense et de sécurité est de 37 jours à compter de la date d'envoi de l'avis de marché ou de 30 jours lorsque cet avis a été envoyé par voie électronique. Mais lorsqu'une situation d'urgence simple[989] ne résultant pas du fait de l'acheteur public rend ce délai impossible à respecter, il peut être ramené ou réduit à quinze jours ou à dix jours lorsque l'avis a été envoyé par voie électronique. Le délai normal de réception des offres en procédure d'appel d'offres restreint adaptée aux marchés spéciaux est de quarante jours à compter de la date d'envoi de l'invitation à soumissionner[990]. Mais lorsqu'une situation d'urgence ne résultant pas de l'acheteur public rend le délai normal impossible à respecter, l'acheteur peut fixer un délai de réception des offres qui ne peut être inférieur à dix jours à compter de la date d'envoi de l'invitation à soumissionner.

Au final, il y a 3 mécanismes et 4 conditions de passation des marchés spéciaux en urgence dans le droit français. Parmi les conditions, il y a l'exigence d'une urgence liée à une situation de crise, l'exigence d'une situation d'urgence simple, celle d'une situation d'urgence impérieuse et celle d'une situation d'urgence économico-technique. Parmi les mécanismes, il y a l'application d'une procédure négociée non formalisée, l'application d'une procédure négociée formalisée et l'adaptation d'une procédure d'appel d'offres restreint en urgence aux spécificités des marchés spéciaux. Cependant, la dérogation pour cause d'urgence dans les marchés spéciaux fait l'objet d'un mystère en droit camerounais. C'est donc une originalité du droit camerounais observée dans la passation des marchés spéciaux en urgence qu'il conviendra d'examiner dans nos prochains développements.

---

989 -Voir article 62 du même décret.

990 -Voir le I de l'article 63 du même décret.

Section 2 : une dérogation voilée ou mystérieuse en droit camerounais

La dérogation pour cause d'urgence dans les marchés spéciaux fait l'objet d'un mystère en droit camerounais. Le mystère vient du fait que les textes juridiques qui encadrent les marchés spéciaux entretiennent un flou[991] lorsqu'il faut parler de leur passation en situation d'urgence. Les textes réglementaires qui régissent les marchés spéciaux au Cameroun sont lacunaires[992] et très peu nombreux. Nous n'avons que deux textes réglementaires à savoir : le décret n°2018-366 du 20 juin 2018 portant code des marchés publics et le décret n°89/913 du 31 mai 1989 portant réorganisation de la commission permanente des marchés de défense et de sécurité. Ces textes sont lacunaires parce qu'il y a un défaut d'encadrement des marchés spéciaux en urgence au Cameroun. Ce défaut s'explique par le fait qu'il y a non seulement imprécision des conditions de passation des marchés spéciaux en urgence (paragraphe 1) mais aussi une insuffisance des mécanismes de passation des marchés spéciaux en urgence (paragraphe 2).

Paragraphe 1 : L'imprécision des conditions de passation des marchés spéciaux en urgence

Le décret de 2018 portant code camerounais des marchés publics est timide, muet, silencieux lorsqu'il faut préciser les conditions de passation des marchés spéciaux en urgence. Autrement dit ce sont des conditions qui sont absentes dans les dispositions du code des marchés publics. Ces conditions sont donc énigmatiques, mystérieuses au point où les acheteurs publics spécialisés dans le domaine de la défense et de la sécurité se sentent libres de définir l'urgence à leur manière pour passer lesdits marchés. Les conditions de l'urgence liée à une situation de crise, celles liées à l'urgence simple, à l'urgence impérieuse et à l'urgence économico-technique deviennent donc un instrument de l'arbitraire[993] de l'administration au détriment des opérateurs économiques.

Si le pouvoir réglementaire camerounais ne précise pas les conditions de passation des marchés spéciaux en urgence, il se focalise uniquement à l'encadrement juridique de la définition des marchés spéciaux (A) et à la

---

991 -Le flou juridique est une situation d'incertitude concernant les règles juridiques précises qui doivent s'appliquer dans un certain cas. Ce terme provoque même l'insécurité juridique.

992 -Ce qui est lacunaire présente des lacunes, des espaces vides. Ce qui est lacunaire est incomplet. Ce qui est lacunaire présente des insuffisances et rend le droit imprévisible. Ce qui est lacunaire fait du droit un instrument de l'arbitraire. Confer MALAURIE (P), « L'intelligibilité des lois » in pouvoirs, 2005/3, N°114, P131 à 137. Confer aussi WINTGENS(L) ; LINDEMANS (J-F), « Kelsen et le problème des lacunes dans l'ordre juridique » in *Revue interdisciplinaire d'études juridiques*, 1986/ 1, vol 16, PP105- 121. Ici les lacunes ont une image négative de la réglementation.

993 COLLECTIF sous la direction de Gilles J. Guglielmi, *La faveur et le droit* in "Arbitraire et discrétionnaire en droit administratif", PUF, 2009, pp. 335-355.

précision du champ d'application des marchés spéciaux (B). L'on observe donc une vision sélective de l'en cadre ment juridique des marchés spéciaux.

A - L'encadrement juridique limité à la définition des marchés spéciaux

Les conditions de passation des marchés spéciaux en urgence ne sont pas précisées par le pouvoir réglementaire camerounais parce qu'il se limite à définir les marchés spéciaux. En effet, conformément au décret[994] du 20 juin 2018 portant code camerounais des marchés publics "les marchés spéciaux sont des marchés publics qui ne répondent pas, pour tout ou partie, aux dispositions relatives aux marchés sur appel d'offres ou aux marchés de gré à gré. Ils comprennent essentiellement les marchés relatifs à la défense nationale, à la sécurité et aux intérêts stratégiques de l'Etat". Au vu de cette définition, le pouvoir réglementaire camerounais ne nous renseigne pas exactement sur les dispositions qui s'appliquent à la passation et à l'exécution des marchés spéciaux. Il est également muet[995] sur le comment et le pourquoi on peut passer les marchés spéciaux en urgence. Ce qui est rassurant dans cette définition c'est que les marchés spéciaux restent des marchés publics malgré leurs spécificités liées à la défense, à la sécurité et aux intérêts stratégiques de l'Etat. Autrement dit il y a des travaux, fournitures et services liés à la défense nationale ou à la sécurité qui sont exécutés moyennant une rémunération. Cette définition des marchés spéciaux reste toujours lacunaire dans la mesure où elle ne renseigne pas les opérateurs économiques sur les conditions de passation et d'exécution des marchés spéciaux. Elle entretient aussi un flou sur les exigences des prestations en cas d'urgence. Elle n'identifie non plus les types d'opérateurs économiques qui peuvent participer aux marchés spéciaux.

Au demeurant, l'imprécision des conditions de passation des marchés spéciaux en urgence se justifie par un encadrement juridique qui se limite uniquement à la définition des marchés spéciaux. Par conséquent les niveaux d'urgence dans les marchés spéciaux sont obscurs. Cependant l'imprécision des conditions de passation des marchés spéciaux en urgence ne se limite pas seulement à la définition réglementaire des marchés spéciaux. Elle se justifie aussi par la précision limitative du champ d'application des marchés spéciaux.

B- La précision du champ d'application des marchés spéciaux

Les conditions de passation des marchés spéciaux en urgence ne sont pas précisées par le pouvoir réglementaire camerounais parce qu'il se limite aussi à préciser le champ d'application des marchés spéciaux. En effet, conformément

---

994 -Voir article 71 (1) du décret N°2018- 366 du 20 juin 2018 portant code des marchés publics au Cameroun.

995 BORDES (E), *Le silence et le droit : recherches sur une métaphore*, *op.cit.*, 230 P.

au décret [996] du 20 juin 2018 portant code camerounais des marchés publics, les marchés spéciaux s'appliquent aux clauses jugées secrètes pour des raisons de sécurité et d'intérêts stratégiques de l'Etat. Ces marchés spéciaux ne sont pas soumis au contrôle de toute commission des marchés publics prévue par le décret de 2018 portant code des marchés publics. Par conséquent ces marchés se font uniquement examiner par une commission spéciale créée par un décret précis. Cette commission est qualifiée de commission permanente des marchés de défense et de sécurité créée par le décret N°89/913 du 31 mai 1989 portant réorganisation de ladite commission.

Les marchés spéciaux s'appliquent aussi aux acquisitions d'équipements, de fournitures ou de prestations directement liées à la défense nationale, à la sécurité et les marchés pour lesquels les intérêts stratégiques de l'Etat sont en jeu.

Au demeurant, les conditions de passation des marchés spéciaux en urgence manquent de précision dans le décret N°2018-366 du 20 juin 2018 portant code camerounais des marchés publics. Elles manquent de précision parce que le pouvoir réglementaire camerounais se limite seulement à encadrer la définition des marchés spéciaux et à préciser le champ d'application de ces marchés. Tout ceci montre à quel point la dérogation pour cause d'urgence dans les marchés spéciaux est une dérogation voilée, mystérieuse ou énigmatique. Cependant, c'est aussi une dérogation mystérieuse parce que l'on a observé une insuffisance des mécanismes de passation des marchés spéciaux aussi bien en situation normale qu'en situation d'urgence.

Paragraphe 2 : L'insuffisance des mécanismes de passation des marchés spéciaux en urgence

En droit camerounais[997], les mécanismes de passation des marchés spéciaux en urgence sont insuffisants parce qu'ils se limitent au contrôle de deux organes : la désignation du président de la république comme autorité habilitée à autoriser la passation des marchés spéciaux (A) et la mise en place d'une commission permanente des marchés de défense et de sécurité (B). Autrement dit, ce sont des mécanismes institutionnels qui précisent les organes qui participent au contrôle de la passation des marchés spéciaux sans même décrire de manière détaillée et matérielle comment s'opère ladite passation en temps normal ou en temps d'urgence.

996 -Voir articles 71 (2) et (3) du décret de 2018 portant code camerounais des marchés publics.
997 En vertu des dispositions du décret de 1989 portant sur la commission permanente des marchés de défense et de sécurité.

A- La désignation du président de la république comme autorité autorisant la passation des marchés spéciaux

Conformément aux dispositions[998] du décret n°2018-366 du 20 juin 2018 portant code des marchés publics, le président de la république[999] est la seule autorité habilitée à autoriser la passation des marchés spéciaux aussi bien en temps normal qu'en temps d'urgence. C'est la raison pour laquelle le décret de 2018 a procédé à la formulation suivante: "Les marchés spéciaux sont passés après autorisation préalable du président de la république". Autrement dit la passation des marchés spéciaux relève de la compétence exclusive du président de la république. Par conséquent, le Ministre des marchés publics est exclu du champ de la passation des marchés publics spéciaux. Lorsqu'on observe les marchés spéciaux, l'on constate que l'autorité du ministre des marchés publics est limitée. Il ne devient pas l'autorité absolue des marchés publics spéciaux comme c'est le cas avec les marchés publics classiques. C'est le président de la république qui devient l'autorité absolue des marchés spéciaux. Et d'ailleurs, même dans les marchés publics classiques le président de la république est l'autorité originaire de ces marchés[1000] puisque c'est grâce à lui que le ministre des marchés publics est devenu l'autorité de ces marchés. Cela a été possible par la délégation des pouvoirs du président de la république au Ministre des marchés publics. L'on parle même d'un "Ministre délégué à la Présidence chargé des marchés publics".

Les acheteurs publics spécialisés dans les domaines de la défense et de la sécurité doivent donc adresser une correspondance auprès du président de la république pour passer les marchés spéciaux en situation normale ou en situation d'urgence. Le président de la république peut donc accepter ou rejeter la demande de passation des marchés spéciaux. Au cas où il accepte ou donne son accord, les maîtres d'ouvrage spécialisés dans les domaines de la défense ou de la sécurité procèdent à la passation des marchés spéciaux. Il donne son accord en les notifiant par écrit ou par correspondance. C'est par exemple le où le président de la république avait instruit à son secrétaire général l'accord de la demande de passation des marchés spéciaux au ministre de la santé publique concernant le covid-19. Cependant ces marchés ne devraient pas être qualifiés de "marchés spéciaux" car ils ne relevaient ni de défense nationale ni de la sécurité. Ils devraient plutôt être des marchés passés selon la procédure du gré à gré vue que les marchés liés au covid-19 étaient liés à l'urgence impérieuse et donc aux cas de force majeure. Ces marchés étaient donc liés à l'urgence sanitaire. Pour dire qu'avant de solliciter la passation des marchés spéciaux

[998] Voir article 71(4) du décret n°2018-366 du 20 juin 2018 portant code camerounais des marchés publics.

[999] Le décret de 2018 portant code des marchés publics autorise au président de la république d'être l'autorité absolue des marchés spéciaux.

[1000] YONE NJOYA (C), « L'autorité des marchés publics au Cameroun » in *Revue africaine de droit et de science politique*, Juin 2018, Vol VI, N°XI, P.154.

auprès du président de la république, les maîtres d'ouvrage doivent d'abord bien identifier le type de marché public. La désignation du terme "marchés spéciaux" ne doit pas être faite de manière hasardeuse mais conformément aux dispositions du code des marchés publics[1001].

Au demeurant, le président de la république constitue la seule autorité qui donne la voie à suivre pour passer les marchés publics spéciaux. Il y a donc une centralisation au plus haut sommet de l'Etat de la passation des marchés spéciaux. Ceci est dû au fait que ces marchés sort hautement sensibles. Cependant le président de la république n'agit pas seul dans la passation des marchés spéciaux. Il est assisté techniquement par une commission spéciale qualifiée de "commission permanente des marchés de défense et de sécurité.".

B- La mise en place d'une commission permanente des marchés de défense et de sécurité

Pour assister techniquement le président de la république dans l'examen des marchés spéciaux passés en situation normale ou en situation d'urgence, le pouvoir réglementaire camerounais a créé une commission permanente des marchés de défense et de sécurité. Cette commission a pour rôle de donner son avis[1002] sur les marchés passés par les administrations chargées des problèmes de sécurité et de défense. L'article 1er du décret du 31 mai 1989 portant réorganisation de la commission permanente des marchés de défense et de sécurité nous renseigne sur la composition de ladite commission. En effet, la commission permanente des marchés de défense et de sécurité est composée d'un secrétaire général de la présidence de la république[1003], d'une personnalité désignée par le président de la république,[1004] du ministre délégué à la présidence chargé de la défense ou son représentant, du secrétaire d'Etat à la défense ou son représentant, du chef d'Etat-major des armées ou son représentant, du chef d'Etat-major particulier du président de la république ou son représentant. En vertu de l'une des dispositions [1005] du même décret cité plus haut, un ou plusieurs représentants du service technique, auteur des études, tout expert ou technicien dont l'avis est requis, peuvent assister aux travaux de la commission avec voix consultative. Le secrétaire de ladite commission est

---

[1001] En respectant notamment l'article 71 du décret de 2018 portant code camerounais des marchés publics.

[1002] -Voir article 1er du décret N°89/913 du 31 mai 1989 portant réorganisation de la commission permanente des marchés de défense et de sécurité au Cameroun.

[1003] - Le secrétaire général de la présidence de la république est le président de la commission permanente des marchés de défense et de sécurité.

[1004] La personnalité désignée par le président de la république est le vice-président de la commission permanente des marchés de défense et de sécurité.

[1005] Voir article 1(2) du décret N°89/913 du 31 mai 1989 portant réorganisation de la commission permanente des marchés de défense et de sécurité.

désigné parmi les officiers[1006] en activité par le ministre délégué à la présidence chargé de la défense. Le délégué général à la sûreté nationale peut également être invité à désigner un haut fonctionnaire des cadres de la sûreté nationale pour assumer les fonctions de secrétaire à la commission permanente des marchés de défense et de sécurité. Les membres de ladite commission et le secrétaire ont le droit de percevoir une indemnité[1007] dont le taux est fixé par un arrêté du président de la république. La commission permanente des marchés de défense et de sécurité se réunit sur convocation de son président[1008] en temps de besoin. La commission ne peut valablement délibérer qu'en présence des cinq au moins de ses membres[1009] permanents. Les décisions sont prises à la majorité des voix. En cas de partage, celle du président est prépondérante. Après examen par la commission permanente des marchés de défense et de sécurité, le marché est visé par l'autorité bénéficiaire des prestations[1010] et signé par le secrétaire général de la présidence de la république. Autrement dit le secrétaire général à la présidence est compétent pour signer un marché de défense et de sécurité.

En ce qui concerne le ministère de la défense, la passation d'un marché de défense et de sécurité n'est obligatoire que lorsque le coût de l'opération est supérieur à cent cinquante millions de francs[1011]. Autrement dit ce sont des marchés extrêmement coûteux pour l'Etat. Autrement dit, pour passer les marchés spéciaux au ministère de la défense, le coût des marchés spéciaux ne doit pas être inférieur ou égal à cent cinquante millions de francs CFA. Le coût de ces marchés doit dépasser cent cinquante millions de francs CFA.

En somme, la dérogation pour cause d'urgence est ambiguë ou ambivalente dans les marchés spéciaux. Ambivalente parce qu'elle présente un visage différent en France et au Cameroun. La perception de la passation des marchés spéciaux en urgence en droit français diffère de celle qu'on retrouve en droit camerounais. En droit français, la dérogation pour cause d'urgence dans les marchés spéciaux est traçable. Traçable dans la mesure où son cadre réglementaire précise les conditions de passation des marchés spéciaux en urgence mais précise également les mécanismes de ladite passation. Par contre, en droit camerounais, la dérogation pour cause d'urgence dans les marchés spéciaux fait l'objet d'un mystère, d'un paradoxe, d'une énigme qui se rapprochent de son originalité. Mystère dans la mesure où son cadre réglementaire ne précise pas les conditions de passation des marchés spéciaux en urgence. Son cadre réglementaire se limite juste à la définition des marchés

---

1006 -Voir article 1(3) du décret N°89/913 du 31 mai 1989 portant réorganisation de la commission permanente des marchés de défense et de sécurité au Cameroun.
1007 Voir article 1 (4) du même décret cité ci-dessus.
1008 Voir article 3 du même décret.
1009 Voir article 4 du même décret.
1010 Voir article 5 du même décret.
1011 Voir article 6 du même décret.

spéciaux et à son champ d'application. Mystérieux aussi dans la mesure où le mécanisme de passation des marchés spéciaux en urgence sont insuffisants car ils se limitent seulement au contrôle effectué par le président de la république et la commission permanente des marchés de défense et de sécurité. Au lieu de décrire de manière substantielle les procédures d'urgence qui s'appliquent et qui s'adaptent aux marchés spéciaux surtout lorsqu'il y a une situation d'urgence liée à une crise sécuritaire, une situation d'urgence simple, une situation d'urgence impérieuse ou une situation d'urgence économico-technique. On assiste donc d'une part à une considération de la dérogation pour cause d'urgence dans les marchés spéciaux en droit français et d'autre part à une marginalisation de cette dérogation en droit camerounais. D'où le caractère ambigu de la dérogation pour cause d'urgence dans les marchés spéciaux. Autrement dit ladite dérogation ne fait pas l'unanimité entre le droit français et le droit camerounais.

Par ailleurs, la dérogation pour cause d'urgence est aussi affaiblie, amoindrie dans certains marchés spécifiques au Cameroun. Parmi ces marchés, on peut citer les marchés de conception- réalisation, les marchés pluriannuels, les accords-cadres et les marchés réservés. On assiste donc à une marginalisation de la dérogation pour cause d'urgence dans ces marchés. Autrement dit la dérogation est répulsive, voire dégoûtante dans ces marchés spécifiques au point où elle n'existe presque pas dans leur encadrement (chapitre 2).

CHAPITRE 2 : LA DEROGATION MARGINALISEE DANS D'AUTRES MARCHES SPECIFIQUES

Il y a certains marchés publics spécifiques qui ne bénéficient pas d'un droit à la dérogation pour cause d'urgence et qui se voient appliquer des procédures généralement adoptées en temps normal. Parmi ces marchés, on peut énumérer les marchés de conception–réalisation[1012], les marchés réservés, les accords–cadres[1013] et les marchés pluriannuels ou les marchés publics à tranches. Autrement dit ces marchés ont été passés de telle sorte que rien n'a été prévu au cas où l'urgence surviendrait. Dans ces marchés assez particuliers, l'on observe donc une indifférence affichée par les pouvoirs réglementaires camerounais et français lorsqu'il faut préciser les niveaux d'urgence qui pourraient survenir et les procédures possibles y afférentes. Par conséquent, au cas où les niveaux d'urgence interviennent pour perturber la réalisation de ces marchés, le droit devient muet. Ce qui pourrait causer une situation d'insécurité juridique. Il s'agira donc de montrer d'une part que l'on observe une marginalisation du droit à l'urgence dans la passation des marchés de conception-réalisation et des marchés réservés (section 1) et de montrer d'autre part le constat d'une marginalisation du droit à l'urgence dans la passation des accords-cadres et des marchés pluriannuels ou à tranches (section 2).

Section 1 : La marginalisation du droit à l'urgence dans la passation des marchés de conception-réalisation et des marchés réservés

La passation des marchés publics en urgence est une dérogation qui semble marginaliser certains marchés publics spécifiques au profit des marchés d'appel d'offres, des marchés de gré à gré et éventuellement des marchés spéciaux. Or, l'urgence est une situation surprenante que les parties au contrat n'ont pas prévue, une situation qui ne choisit pas et qui peut intervenir partout et n'importe où. Par conséquent c'est une situation désastreuse qui peut déjouer la passation et l'exécution de tout type de marché public. Ceci peu importe leur nature. Il s'agira donc pour nous de faire ressortir le constat d'une exclusion des marchés de conception – réalisation[1014] du champ des marchés passés en urgence (paragraphe 1). Nous montrerons également le constat d'une exclusion des marchés réservés du champ des marchés passés en urgence (paragraphe 2).

1012 RICHER (L), *Droit des contrats administratifs*, 6e édition, LGDJ, Lextenso éditions, Paris, 2008, P500.

1013 RICHER (L), op cit, P508.

1014 AUBERT (F), « La conception-réalisation : une mutation profonde du secteur de la construction ? Etude des cas britanniques et français » in *Annales des mines-gérer et comprendre*, N°129, 2017, P.3-12.

Paragraphe 1 : L'exclusion des marchés de conception-réalisation du champ des marchés en urgence

Les marchés de conception – réalisation[1015] sont exclus du champ des marchés passés en urgence parce qu'il y a non seulement un cadre juridique français adapté à ces marchés (A) mais également un cadre juridique camerounais (B) y afférent.

A- La précision d'un cadre juridique français adapté aux marchés de conception-réalisation

Le droit français s'appuie sur trois points essentiels pour encadrer les marchés de conception-réalisation[1016]. Il procède à l'encadrement juridique de la définition de ces marchés (1), précise les conditions de recours aux marchés de conception – réalisation (2) et il précise les procédures qui sont applicables à ces marchés (3).

1- L'encadrement juridique de la notion de marchés de conception – réalisation

Plusieurs textes[1017] juridiques français ont permis de nous éclairer sur la définition des marchés de conception – réalisation. En effet, conformément aux dispositions[1018] du code de la commande publique française du 1er avril 2019, le marché de conception – réalisation[1019] est un marché de travaux qui permet à l'acheteur public de confier à un opérateur économique une mission portant à la fois sur l'établissement des études et l'exécution des travaux. L'une des dispositions[1020] de l'ordonnance N°2015-899 du 23 Juillet 2015 relative aux marchés publics a également procédé à la même définition en ajoutant quelques ingrédients. Ceci grâce à la formulation suivante : "La conception – réalisation est un type particulier de marché dans lequel le maître d'ouvrage confie simultanément la conception (études) et la réalisation (exécution des travaux) d'un ouvrage à un groupement d'opérateurs économiques ou un seul opérateur économique pour les ouvrages d'infrastructures". Par cette définition nous

---

[1015] WYCKOFF (P, G), *Le Mémento des contrats complexes de la commande publique. La conception-réalisation, le partenariat public privé (PPP) : BEA, AOT, CP*, Eyrolles, Coll. Mémento, sous-collection "Droit", mars 2012, 208 P.

[1016] LANNOY (H), NOVAT (P), *La conception-réalisation*, Le Moniteur, Coll. Guides juridiques, sous-collection "Marchés publics", mai 2010, 340 P.

[1017] Il s'agit de la loi de 2019 portant code de la commande publique, de l'ordonnance n°2015-899 du 23 juillet 2015 relative aux marchés publics, et la loi N°85-704 du 12 juillet 1985 relative à la maîtrise d'ouvrage publique et à ses rapports avec la maîtrise d'œuvre privée.

[1018] Voir article L2171-2 du code de la commande publique française de 2019.

[1019] COSSALTER (P), *Le dialogue compétitif, la conception-réalisation et le partenariat public-privé*, Territorial Editions, 1er janvier 2010, 90 p.

[1020] Voir article 33 de l'ordonnance N°2015-899 du 23 juillet 2015 relative aux marchés publics en France.

voyons que le titulaire du marché ne se résume plus à un seul opérateur économique mais peut aller jusqu'aux groupements d'opérateurs économiques. Il s'agit donc d'un marché qui permet d'associer les entrepreneurs à la conception de l'ouvrage. Autrement dit le titulaire du marché s'associe aussi au travail du maître d'œuvre. L'opérateur économique à qui on a confié la tâche devient donc le concepteur – réalisateur dans les marchés de travaux. Le marché de conception-réalisation constitue donc un marché de travaux qui déroge au principe de la séparation entre le maître d'ouvrage le maître d'œuvre et les entreprises titulaires du marché[1021]. C'est un marché public de travaux qui porte non seulement sur la prestation intellectuelle mais aussi sur la réalisation des travaux. Une sorte de marché de travaux qui a un objet mixte. Dans ces marchés, le maître d'ouvrage est directement en relation avec l'entrepreneur sans associer le maître d'œuvre puisque l'entrepreneur joue simultanément le rôle de la conception et la réalisation de l'ouvrage. Au cas où un maître d'œuvre veut s'associer au marché de conception-réalisation, ce dernier doit obligatoirement former un groupement avec l'entrepreneur. C'est la raison pour laquelle la loi[1022] du 12 juillet 1985 relative à la maîtrise d'ouvrage publique a procédé de la manière suivante :"le titulaire du marché de conception – réalisation d'un bâtiment doit être un groupement d'opérateurs économiques alors que celui d'un marché pour un ouvrage d'infrastructures peut être un seul opérateur économique". Autrement dit les groupements d'opérateurs économiques ne peuvent qu'intervenir dans la conception et la réalisation d'un bâtiment public. Le groupement doit être composé d'un architecte et d'un entrepreneur. L'architecte a pour rôle d'élaborer un projet d'architecture[1023] d'un ouvrage soumis à la législation du permis de construire le bâtiment. Et c'est sur la base de la conception proposée par l'architecte que l'entrepreneur procèdera à la réalisation des bâtiments publics. Par contre, lorsqu'on a affaire à un ouvrage d'infrastructures, le marché de conception-réalisation est obligatoirement confié à un seul opérateur économique qui portera à lui seul les charges de maître d'œuvre et d'entrepreneur. Ici, on ne parle plus de groupement car l'opérateur économique doit avoir une double expertise. Celle de la conception et celle de réalisation de l'ouvrage d'infrastructures.

De manière plus claire et brève, un marché de conception – réalisation est un marché de travaux qui oblige le maître d'œuvre à s'associer à l'entrepreneur pour former un groupement d'opérateurs économiques afin de concevoir et de réaliser un bâtiment public. C'est également un marché de travaux qui oblige l'entrepreneur à exercer à la fois la conception et la réalisation d'un ouvrage d'infrastructures.

1021 L'article 7 pose le principe d'une mission de maîtrise d'œuvre distincte de celle de l'entrepreneur pour la réalisation de l'ouvrage. Il s'agit de l'article 7 de la loi n°85-704 du 12 juillet 1985 relative à la maîtrise d'ouvrage publique et à ses rapports avec la maîtrise d'œuvre privée.

1022 Voir article 18 de la loi du 12 juillet 1985 relative à la maîtrise d'ouvrage publique en France.

1023 Ceci conformément à la loi n°77-2 du 3 janvier 1977 sur l'architecture en France.

Au demeurant, la définition des marchés de conception – réalisation est encadrée par le droit français. Cependant, le droit français précise aussi les conditions de recours à ces marchés.

2- La précision des conditions de recours aux marchés de conception – réalisation

En droit français, l'urgence n'est pas un motif de recours aux marchés de conception-réalisation[1024]. Autrement dit ces marchés ne peuvent pas être passés en urgence. Chose curieuse parce que l'urgence peut perturber la passation ou la réalisation des marchés de conception-réalisation. Nous voyons donc qu'il y a une marginalisation du droit à l'urgence pour passer les marchés de conception-réalisation. Ces marchés ont des conditions assez particulières pour entamer leur passation[1025]. En effet, l'une des dispositions[1026] du code français des marchés publics de 2006 a posé les conditions de recours aux marchés de conception-réalisation pour déroger au principe de l'interdiction d'associer l'entreprise à la conception de l'ouvrage. Ceci, en procédant à la formulation suivante : "les pouvoirs adjudicateurs soumis aux dispositions de la loi du 12 juillet 1985 susmentionnée ne peuvent, en application du I de l'article 18 de cette loi, recourir à un marché de conception-réalisation, quel qu'en soit le montant, que si des motifs d'ordre technique rendent nécessaires l'association de l'entrepreneur aux études de l'ouvrage. Ces motifs doivent être liés à la destination ou à la mise en œuvre technique de l'ouvrage. Sont concernées des opérations dont la finalité majeure est une production dont le processus conditionne la conception, la réalisation et la mise en œuvre ainsi que des opérations dont les caractéristiques, telles que des dimensions exceptionnelles ou des difficultés techniques particulières, exigent de faire appel aux moyens et à la technicité propres des opérateurs économiques". Au vu de cette longue formulation, l'on constate que pour recourir aux marchés de conception – réalisation, il faut des motifs techniques liés à la destination ou à la mise en œuvre technique de l'ouvrage. Deux opérations sont ainsi visées : les opérations qui présentent des caractéristiques intrinsèques telles que les dimensions exceptionnelles et les difficultés techniques particulières[1027], et les opérations ayant une production dont le processus conditionne la conception, la réalisation et la mise en œuvre de l'ouvrage. Ce sont les caractéristiques intrinsèques de l'opération qui doivent être prises en compte par le maître d'ouvrage. La circulaire N°95-58 du 9 Août 1995 relative à la conception – réalisation pose aussi les conditions pour recourir aux marchés de conception – réalisation. En

---

[1024] CE, 28 décembre 2001 ; conseil régional de l'ordre des architectes d'Auvergne, req N°221649.

[1025] Les conditions de recours aux marchés de conception – réalisation sont fixées et encadrées par l'article 37 du code français des marchés publics de 2006.

[1026] Voir article 37 (2) du code français des marchés publics de 2006.

[1027] Ces opérations nécessitent une exécution exigeant des moyens et une technicité particulière de la part des entreprises.

effet, pour que la conception – réalisation soit possible, il faut que certains ouvrages à grand volume impliquent une structure complexe. Il faut aussi la présence de certains ouvrages en souterrains exceptionnels. La conception-réalisation s'impose aussi pour certains ouvrages dont la fonction essentielle est constituée par un processus de production d'exploitation qui conditionne sa conception et sa réalisation comme c'est le cas avec les cuisines, les blanchisseries ou les procédés de production de chaleur. Peuvent également relever de ces motifs, la réhabilitation lourde de certains ouvrages existants impliquant des techniques particulières de construction comme des reprises en sous-œuvre, l'intervention sur des structures remettant en cause les descentes de charge.

Le recours aux marchés de conception réalisation est également conditionné par un engagement contractuel sur un niveau d'amélioration de l'efficacité énergétique. Ce niveau d'amélioration rend nécessaire l'association de l'entrepreneur aux études de l'ouvrage. Ce cas de recours au marché de conception – réalisation ne concerne que les opérations de travaux sur des bâtiments existants. Les opérations de réhabilitation et de réutilisation de l'ouvrage de bâtiment ou des ouvrages d'infrastructures relevant de la loi sur la maîtrise d'ouvrage publique pour lesquelles sera demandé cet engagement pourront être réalisées sur la base d'un seul contrat portant à la fois sur la conception et les travaux voire la maintenance et l'exploitation[1028].

En droit français, le juge administratif contrôle aussi les conditions de recours aux marchés de conception-réalisation. En effet, selon le juge administratif, peut ainsi faire l'objet d'un marché de conception-réalisation : la construction d'un parking souterrain entraînant d'importantes difficultés liées à la grande profondeur de l'ouvrage, à proximité de nappes phréatiques et à l'utilisation d'éventuels explosifs[1029]. En ce qui concerne la réalisation d'un complexe omnisports, il a été considéré que le marché de conception- réalisation était autorisé par le juge administratif compte tenu « des dimensions et du volume exceptionnel de l'ouvrage »[1030]. En revanche, il a été jugé que la réalisation d'un centre de secours hospitalier « dont les spécifications ne diffèrent en rien des contraintes auxquelles est assujetti tout bâtiment de même importance » ne nécessitait pas l'association de l'entrepreneur aux études[1031]. Ne peuvent pas aussi faire l'objet d'un marché de conception – réalisation, les travaux d'extension et de restructuration d'un collège, la réalisation d'un complexe multisport, malgré une superficie très importante, « ne présente toutefois pas

---

1028 Ceci dans les conditions fixées par l'article 73 du code français des marchés publics de 2006.

1029 TA Lyon, 24 juin 1996, M. Chamberlain c/Conseil régional de l'ordre des architectes de Rhône–Alpes, req N°960 2420.

1030 TA Strasbourg, 14 novembre 2000, Daniel Delrez c/ville de Metz, N°99–3999.

1031 TA. Orléans, 28 juillet 1994, conseil régional de l'ordre des architectes de la région du centre, req, N°94413.

des dimensions exceptionnelles pouvant être regardées comme constituant un motif d'ordre technique au sein des dispositions du code des marchés publics ».

Au demeurant, pour recours aux marchés de conception – réalisation, il faut des motifs techniques liés à la destination de l'ouvrage ou à sa mise en œuvre technique. Autrement dit, les opérations doivent être caractérisées par des difficultés techniques et des dimensions exceptionnelles observées. Il faut également un engagement contractuel sur l'amélioration de l'efficacité énergétique. Il faut aussi que les opérations ayant une production portent sur un processus qui conditionne la conception, la réalisation et la mise en œuvre de l'ouvrage. Enfin, il faut aussi que le juge contrôle les conditions de recours à la conception – réalisation conformément au respect des dispositions légales et réglementaires. Cependant le droit français ne se limite pas à l'encadrement des conditions de recours au marché de conception – réalisation. Il précise aussi les procédures applicables à ces marchés.

3– La précision des procédures applicables au marché de conception-réalisation

En droit français, 4 procédures s'appliquent aux marchés de conception – réalisation. Il s'agit de l'appel d'offres restreint (a), de la procédure concurrentielle avec négociation (b), du dialogue compétitif (c) et de la procédure adaptée (d).

a- L'appel d'offres restreint

Aux termes[1032] du code français des marchés publics de 2006, les marchés de conception – réalisation peuvent se passer selon la procédure d'appel d'offres restreint sous réserve de certaines dispositions dérogatoires à savoir l'intervention d'un jury et l'audition des candidats. Pour mieux comprendre l'application de la procédure d'appel d'offres restreint dans les marchés de conception-réalisation, 3 éléments fondamentaux seront étudiés et examinés. Il s'agit de la composition du jury de sélection, de la sélection des candidatures et de l'examen des offres et audition des candidats. Le jury de la procédure de conception-réalisation est composé dans les conditions fixées dans le code[1033] français des marchés publics de 2006. Un tiers au moins de ses membres sont des maîtres d'œuvre désignés par le maître d'ouvrage. Ces maîtres d'œuvre doivent remplir deux conditions cumulatives pour être désignés. Ils doivent être indépendants des candidats. Ils doivent être compétents en regard de l'ouvrage à concevoir et de la nature des prestations à fournir pour sa conception. La circulaire N°95-58 du 9 Août 1995 relative à la conception – réalisation signale également à ce sujet que « cette règle conduit à exclure des maîtres d'œuvre qui

[1032] Voir article 69-I du code français des marchés publics de 2006.
[1033] Voir l'article 24 du code français des marchés publics.

seraient des préposés du maître d'ouvrage ». Par décision du 25 janvier 2006[1034], le conseil d'Etat français a considéré qu'en principe, afin notamment d'éviter le risque d'une rupture d'égalité entre les candidats, un jury appelé à donner un avis sur le choix du titulaire d'un marché, tel que le marché de conception – réalisation, ne peut voir sa composition modifiée au cours de la procédure aboutissant à ce choix. La personne publique peut toutefois, dans les cas où cette procédure se décompose en des phases différentes, choix de candidatures d'une part et choix des offres d'autre part, ce qui est l'hypothèse en procédure de conception – réalisation, procéder en ces deux phases au remplacement du ou des membres du jury ayant démissionné ou fait savoir qu'ils étaient dans l'impossibilité de siéger.

En ce qui concerne la sélection des candidatures, le jury examine les candidatures et formule un avis motivé sur la liste des candidats à retenir. Au vu de cet avis, le pouvoir adjudicateur dresse la liste des candidats admis à présenter une offre. Les pièces de la consultation doivent être remises gratuitement aux candidats sélectionnés[1035]. Le dossier de consultation comporte en dehors des pièces habituelles, le programme de l'opération qui doit être détaillé et précis.

En ce qui concerne l'examen des offres et l'audition des candidats, les candidats doivent remettre une offre comprenant : un avant-projet sommaire pour un ouvrage de bâtiment ou un avant-projet pour un ouvrage d'infrastructures, la définition des performances techniques de l'ouvrage. Le jury examine les offres remises et doit auditionner les candidats avant de formuler un avis motivé. Il n'y a pas une disposition spécifique qui précise les modalités d'audition des candidats. Celles-ci doivent être indiquées dans le règlement de la consultation et respecter les principes de transparence et d'égalité des candidats. Aucune phase de dialogue n'est prévue entre le jury et les candidats. Seul le pouvoir adjudicateur pourra ensuite éventuellement demander aux candidats de clarifier, préciser ou compléter leur offre sans pouvoir en modifier ses caractéristiques principales. Le marché est ensuite attribué par le maître d'ouvrage pour les marchés de l'Etat, des établissements publics sociaux ou sociaux-médicaux, des établissements publics de santé ou par la commission d'appel d'offres pour les collectivités territoriales et les autres établissements publics locaux[1036].

Au demeurant, l'on peut appliquer la procédure d'appel d'offres restreint dans les marchés de conception-réalisation. Mais c'est insuffisant car il y a aussi la procédure concurrentielle avec négociation(b).

[1034] Voir communauté urbaine de Nantes, Req N°25 7978.

[1035] Ceci par dérogation à l'article 41 du code français des marchés publics de 2006.

[1036] Analyse proposée par la direction des affaires juridiques au ministère de l'économie en France.

b- La procédure concurrentielle avec négociation

La procédure concurrentielle avec négociation peut aussi s'appliquer dans les marchés de conception – réalisation. On l'appelle également la procédure infructueuse[1037]. Elle est infructueuse parce que lors du lancement de la procédure d'appel d'offres restreint, l'on a constaté qu'il y avait des offres irrégulières ou inacceptables, qu'aucune offre n'avait été remise ou alors qu'il y avait des offres inappropriées. Dans ce cas le pouvoir adjudicateur est obligé de passer un marché négocié avec mise en concurrence pour sauver la procédure d'appel d'offres de départ relatif à la conception-réalisation. C'est donc une exception au principe d'interdiction à la négociation dans les marchés publics sur tout lors du lancement des procédures d'appel d'offres.

Au demeurant, l'on peut appliquer la procédure concurrentielle avec négociation dans les marchés de conception-réalisation surtout en cas d'infructuosité. Cependant, à cette procédure s'ajoute aussi le dialogue compétitif.

c- Le dialogue compétitif

Le dialogue compétitif[1038] peut aussi s'appliquer dans les marchés de conception-réalisation. C'est une procédure[1039] qui permet au maître d'ouvrage de dialoguer avec les candidats admis à y participer afin de définir ou de développer plusieurs solutions de nature à répondre à ses besoins et sur la base desquelles les participants au dialogue seront invités à remettre une offre. En réhabilitation, les marchés de conception – réalisation peuvent être passés selon la procédure du dialogue compétitif si les conditions[1040] de recours à cette procédure sont remplies. En effet, pour que le dialogue compétitif[1041] soit possible dans les marchés de conception – réalisation, il faudrait que le pouvoir adjudicateur ne soit pas objectivement à mesure de définir seul et à l'avance les moyens techniques pouvant répondre à ses besoins. Il faut aussi que le maître d'ouvrage ne soit pas objectivement en mesure d'établir le montage juridique ou financier d'un projet. La procédure de dialogue compétitif est alors organisée conformément aux dispositions[1042] du code français des marchés publics de 2006. En effet, un avis d'appel public à la concurrence est publié dans les conditions prévues à l'article 40 du même code. Dans cet avis, les besoins et

---

[1037] Cette procédure a été prévue à l'article 35-I-10 du code français des marchés publics de 2006 et à l'article 64-III du même code.

[1038] AUBIN (L), AMBLARD (E), « Dialogue compétitif », *J,-Cl*, CMP, fasc. 64-10.

[1039] MENEMENIS (A), RICHER (L), « Dialogue et négociation dans la procédure de dialogue compétitif », *CP-ACCCP,* juin 2005, n°45, p.33.

[1040] Voir article 36 du code français des marchés publics de 2006.

[1041] CHARREL (N), « Dialogue compétitif et conception-réalisation », *CP-ACCCP*, mars 2004, n°31, p .83.

[1042] Voir article 67 du code français des marchés publics de 2006.

exigences sont définis par le maître d'ouvrage. Les modalités du dialogue sont définies dans l'avis d'appel public à concurrence ou dans les documents de consultation. Le maître d'ouvrage peut décider de limiter le nombre de candidats qui seront admis à participer au dialogue. Il mentionne cette décision dans l'avis d'appel public à la concurrence. Il fixe dans cet avis un nombre minimum de candidats admis à présenter une offre et peut également fixer un nombre maximum. Ce nombre maximum peut être fixé à 3. Quand le nombre de candidats satisfaisant aux critères de sélection des candidatures est inférieur au nombre minimum, le maître d'ouvrage peut continuer la procédure avec les seuls candidats sélectionnés. Au cours du dialogue, chaque candidat sélectionné est entendu dans des conditions d'égalité. Le pouvoir adjudicateur ne peut donner à certains candidats des informations susceptibles de les avantager par rapport à d'autres. Il ne peut relever aux autres candidats des solutions proposées ou des informations confidentielles communiquées par un candidat dans le cadre de la discussion, sans l'accord de celui-ci. Le maître d'ouvrage fixe aussi la date et le lieu du déroulement du dialogue. Il est également important de rappeler qu'avant la sélection des candidats, le délai de réception des candidatures au dialogue compétitif est de 37 jours, l'ouverture des plis n'est pas publique c'est-à-dire n'est pas ouverte aux candidats et les candidats sélectionnés sont invités par écrit à participer au dialogue.

Au demeurant, l'on peut appliquer la procédure du dialogue compétitif[1043] dans les marchés de conception-réalisation. Cependant, à cette procédure s'ajoute aussi la procédure adaptée.

d- La procédure adaptée

La procédure adaptée peut également s'appliquer dans les marchés de conception-réalisation. Ceci conformément au respect de l'article 69-III du code français des marchés publics de 2006. En effet, on utilise la procédure adaptée lorsque les montants sont inférieurs aux montants prévus dans les procédures formalisées. Dans la procédure adaptée[1044], le pouvoir adjudicateur fixe librement les modalités en fonction de la nature et des caractéristiques du besoin à satisfaire, en fonction du nombre ou de la localisation des opérateurs économiques susceptibles d'y répondre ainsi qu'en fonction des circonstances de l'achat.

Au demeurant, le droit français marginalise le droit à l'urgence dans la passation des marchés de conception-réalisation. Cette marginalisation s'explique par l'exclusion des marchés de conception-réalisation du champ des marchés passés en urgence. Autrement dit, le cadre juridique français est indifférent lorsqu'il faut parler d'urgence dans les marchés de conception-réalisation. Il y a plutôt un

---

1043 DELELIS (P), « Le dialogue compétitif », *Ctts et MP*, n°2/2004, février 2004, p.48.

1044 Voir article 146 du code cité plus haut.

cadre juridique français adapté aux marchés de conception-réalisation différent de celui appliqué aux marchés en urgence. Cela se justifie par 3 points essentiels à savoir : l'encadrement juridique de la notion de marché de conception-réalisation, la précision des conditions de recours à ces marchés et la précision des procédures applicables aux marchés de conception-réalisation. Cependant, le droit camerounais est aussi indifférent lorsqu'il faut accorder aux marchés de conception-réalisation le droit à la passation en urgence. Au contraire, il y a plutôt la précision d'un cadre juridique camerounais adapté aux marchés de conception-réalisation.

B- La précision d'un cadre juridique camerounais adapté aux marchés de conception-réalisation

Le droit camerounais est timide dans l'encadrement des marchés de conception – réalisation. D'ailleurs c'est la première fois que les marchés de conception-réalisation sont consacrés au Cameroun[1045]. Le droit à l'urgence dans la passation des marchés de conception-réalisation est marginalisé et presque inexistant au Cameroun. Par conséquent, le droit camerounais affiche aussi une indifférence lorsqu'il faut encadrer les marchés de conception-réalisation en cas d'urgence. La timidité dans l'encadrement juridique des marchés de conception-réalisation s'explique en droit camerounais dans la mesure où l'encadrement des marchés de conception-réalisation ne se limite qu'à la précision de leur définition(1). Cette timidité s'explique aussi par le fait que le droit camerounais n'a pas précisé les conditions et les procédures relatives aux marchés de conception-réalisation (2).

1- La limitation d'encadrement à la définition des marchés de conception-réalisation

Pour encadrer les marchés de conception – réalisation, le droit camerounais[1046] ne se limite qu'à définir ce type de marché public. En effet, le décret[1047] N°218-366 du 20 juin 2018 portant code des marchés publics définit les marchés de conception – réalisation de la manière suivante : « un marché de conception – réalisation est un marché de travaux qui permet au maître d'ouvrage de confier à un groupement d'opérateurs économiques ou, pour les seuls ouvrages d'infrastructures, à un seul opérateur économique, une mission portant à la fois sur la réalisation des études et l'exécution des travaux ». Cette définition proposée par le droit camerounais se rapproche de celle proposée par le droit français. Ceci dans la mesure où d'une part l'entrepreneur s'associe avec le

[1045] Les marchés de conception – réalisation ont été consacrés pour la première fois à l'article 64 du décret de 2018 portant code camerounais des marchés publics.
[1046] Il s'agit particulièrement du décret N°2018-366 du 20 juin 2018 portant code camerounais des marchés publics.
[1047] Voir article 64 du décret de 2018 portant code des marchés publics.

maître d'œuvre pour former un groupement d'opérateur économique afin de passer un marché avec le maître d'ouvrage pour réaliser un ouvrage de bâtiment public qui porte à la fois sur sa conception et sur son exécution. La définition proposée par le droit camerounais se rapproche aussi de celle proposée par le droit français dans la mesure où d'autre part un seul entrepreneur ou opérateur économique doit supporter en même temps le rôle de concepteur des ouvrages d'infrastructures et le rôle de réalisateur desdits ouvrages. Avant de se faire exécuter, les marchés de conception – réalisation doivent d'abord porter sur des études préalables[1048]. En effet, les études préalables ont pour rôle de définir les spécifications et la consistance des prestations. Elles ont aussi pour rôle de produire un avant-projet définissant toutes les caractéristiques de l'ouvrage à réaliser. Les études préalables sont obligatoires[1049] dans les marchés de conception – réalisation. En effet, les études préalables doivent tenir compte des destructions de biens, des déplacements des réseaux (eau, électricité, téléphone…), de la libération du site retenu, de l'indemnisation des personnes évincées et des conditions d'accès lorsqu'il s'agit des marchés de travaux. Les études préalables doivent aussi tenir compte des normes environnementales et du respect des normes sécuritaires.

Une fois que les études préalables ont été bien effectuées, l'entrepreneur[1050] peut donc procéder à la réalisation ou à l'exécution des marchés de conception – réalisation. Nous voyons que ce type de marché porte sur un marché de travaux dont l'objet est double. Cet objet porte non seulement sur les marchés d'études mais aussi sur l'exécution des travaux. Ce type de marché déroge donc au principe de séparation entre le maître d'ouvrage, le maître d'œuvre et l'entrepreneur. Autrement dit soit le maître d'œuvre[1051] s'associe à l'entrepreneur pour réaliser les marchés de conception – réalisation soit l'entrepreneur[1052] supporte à lui seul les charges de maître d'œuvre[1053] pour réaliser et concevoir les marchés de conception – réalisation.

Au demeurant le droit camerounais ne se limite qu'à définir les marchés de conception – réalisation. L'on observe donc une pauvreté dans l'encadrement juridique des marchés de conception – réalisation. Cette pauvreté s'explique aussi par l'absence de consécration des conditions et des procédures relatives à la conception – réalisation.

1048 Voir article 55 du décret cité ci-dessus.

1049 Voir article 55(2) du décret cité ci-dessus.

1050 GAUDEMET (Y), op.cit., voir "Les obligations de l'entrepreneur et leurs sanctions", 704 P.

1051 HUET (M), *L'architecte maître d'œuvre*, op.cit., 304 P.

1052 CARVAIS (R), « Le statut juridique de l'entrepreneur du bâtiment dans la France moderne » in *Revue historique de droit français et étranger*, Vol 74, N°2, 1996, pp. 221-252.

1053 MERLAUD (A), *Le rôle de la maîtrise d'œuvre*, op.cit., 142 P.

2- L'absence de consécration des conditions et des procédures relatives aux marchés de conception – réalisation

Nulle part il est inscrit dans le code camerounais des marchés publics des conditions pour recourir aux marchés de conception – réalisation. Les conditions relatives à la destination et à la mise en œuvre technique de l'ouvrage ne sont pas précisées dans le code camerounais des marchés publics de 2018. Cet état de chose peut donc laisser le choix au maître d'ouvrage de définir les conditions de recours aux marchés de conception – réalisation. Cet état de chose peut donc laisser les opérateurs économiques dans le suspense quant aux conditions de recours aux marchés de conception – réalisation. Le pouvoir réglementaire camerounais est donc muet quant à la précision des conditions de recours aux marchés de conception – réalisation. Nulle part, il est inscrit que les marchés de conception – réalisation peuvent être confrontés à l'urgence pour être passés ou exécutés.

De même, nulle part il est inscrit dans le code camerounais des marchés publics les procédures applicables aux marchés de conception – réalisation. Dans ces marchés, le pouvoir réglementaire camerounais ne mentionne pas l'appel d'offres restreint comme procédure applicable dans le code des marchés publics. Ni la procédure infructueuse, ni le dialogue compétitif, ni la procédure adaptée ne sont inscrits dans le code pour s'appliquer aux marchés de conception-réalisation. Cet état de chose laisse perplexe les acheteurs publics et les opérateurs économiques dans le choix des procédures applicables aux marchés de conception-réalisation.

Au demeurant, les marchés de conception-réalisation sont exclus du champ des marchés passés en urgence. Ceci dans la mesure où il y a non seulement la précision d'un cadre juridique français adapté aux marchés de conception-réalisation mais aussi la précision d'un cadre juridique camerounais adapté à ces marchés. Il y a donc non seulement une indifférence du droit français quant à la précision d'un droit à l'urgence dans la passation des marchés de conception – réalisation mais aussi une indifférence du droit camerounais quant à la précision d'un droit à l'urgence dans la passation de ces marchés. Mais les marchés de conception-réalisation ne sont pas les seuls marchés qui sont exclus du champ des marchés passés en urgence. Il y a aussi les marchés réservés qui sont marginalisés du champ des marchés passés en urgence.

Paragraphe 2 : L'exclusion des marchés réservés du champ des marchés en urgence

Les marchés réservés[1054] sont aussi exclus du champ des marchés passés en urgence parce qu'il y a non seulement un cadre juridique français adapté à ces marchés (A) mais également un cadre juridique camerounais (B) y afférent.

A- La précision d'un cadre juridique français adapté aux marchés réservés

Le droit français s'appuie sur deux points essentiels pour encadrer les marchés réservés. Il procède à l'encadrement juridique de la définition des marchés réservés (1) et il précise les types de marchés réservés (2).

1- L'encadrement juridique de la définition des marchés réservés

Plusieurs textes [1055] juridiques français ont permis de nous éclairer sur la définition des marchés publics réservés. En effet, la loi[1056] sur la modernisation de l'économie de 2008 donne la possibilité aux pouvoirs adjudicateurs de réserver jusqu'à 15% de leurs marchés aux entreprises innovantes. Comme son nom l'indique, un marché public réservé est un marché qui n'est réservé qu'à un certain type d'entreprises. Le marché peut être réservé dans sa globalité ou bien en partie. Par exemple, seul un des lots du marché peut être réservé. L'une des dispositions[1057] du code des marchés publics de 2006 permet aux acheteurs publics de réserver certains marchés ou certains lots d'un même marché à des entreprises adaptées ou à des établissements et services d'aide sociale. Dans ce cas, l'exécution de ces marchés doit être effectuée majoritairement par des catégories d'entreprises dont le niveau social ou le chiffre d'affaires sont défavorables.

Au demeurant, la définition des marchés publics réservés est encadrée par le droit français. Cependant, le droit français précise aussi les types de marchés réservés.

1054 Selon la loi française portant code de la commande publique du 1er avril 2019, les marchés réservés font partie des marchés publics comportant des clauses spécifiques comme des clauses sociales et s'adressent à des catégories particulières comme des structures d'insertion ou autres formes d'entreprises.

1055 Il s'agit de la loi de 2019 portant code de la commande publique, du code des marchés publics de 2006 et de la loi portant modernisation de l'économie de 2008.

1056 Voir article 26 de la loi sur la modernisation de l'économie de 2008 en France.

1057 Voir article 15 du code français de la commande publique de 2006.

2) La précision des types de marchés réservés

En droit français, il existe deux types de marchés réservés. Les marchés publics réservés aux opérateurs économiques qui emploient des travailleurs handicapés ou défavorisés[1058] et les marchés publics réservés aux entreprises de l'économie sociale et solidaire[1059]. Cela signifie que les entreprises ne rentrant pas dans ces catégories d'entreprises ne peuvent pas répondre au marché concerné. En ce qui concerne les marchés réservés aux opérateurs économiques qui emploient des travailleurs handicapés et défavorisés, les acheteurs peuvent réserver des marchés ou des lots à des entreprises adaptées, à des établissements et services d'aide par le travail et à des structures équivalentes, lorsqu'ils emploient une proportion minimale de travailleurs handicapés qui ne peuvent pas exercer une activité professionnelle normale. Les acheteurs publics peuvent aussi réserver des marchés ou des lots à des structures d'insertion par l'activité économique et à des structures équivalentes lorsqu'elles emploient une proportion minimale de travailleurs défavorisés.

En ce qui concerne les marchés publics réservés aux entreprises de l'économie sociale et solidaire, ils doivent porter exclusivement sur les services de santé, les services sociaux ou culturels et ne peuvent excéder une durée de 3 ans. Les entreprises de l'économie sociale et solidaire sont des entreprises qui cherchent à concilier solidarité, performances économiques et utilité sociale. Elles sont définies par la loi du 31 juillet 2014 relative à l'économie sociale et solidaire.

Au demeurant, le droit français marginalise le droit à l'urgence dans la passation des marchés publics réservés. Cette marginalisation s'explique par l'exclusion des marchés réservés du champ des marchés passés en urgence. Autrement dit, le cadre juridique français est indifférent lorsqu'il faut parler d'urgence dans les marchés réservés. Il y a plutôt un cadre juridique français adapté aux marchés réservés différent de celui appliqué aux marchés passés en urgence. Cela s'est justifié par 2 points essentiels à savoir : l'encadrement juridique de la notion de marchés publics réservés et la précision des types de marchés réservés. Cependant, le droit camerounais est aussi indifférent lorsqu'il faut accorder aux marchés publics réservés le droit à la passation en urgence. Au contraire, il y a plutôt la précision d'un cadre juridique camerounais adapté aux marchés réservés.

1058 Voir article L.2113-12 du code français de la commande publique de 2019.
1059 Voir article L.2113-15 du même code.

B- La précision d'un cadre juridique camerounais adapté aux marchés réservés

Le droit camerounais est timide dans l'encadrement des marchés publics réservés. D'ailleurs c'est la toute première fois que les marchés réservés[1060] sont consacrés au Cameroun. Le droit à l'urgence dans la passation des marchés réservés est marginalisé et presque inexistant au Cameroun. Par conséquent, le droit camerounais affiche aussi une indifférence lorsqu'il faut encadrer les marchés réservés en cas d'urgence. La timidité dans l'encadrement juridique des marchés réservés s'explique en droit camerounais dans la mesure où l'encadrement des marchés réservés ne se limite qu'à la précision de leur définition (1). Cette timidité s'explique aussi par le fait que le pouvoir réglementaire camerounais ne se contente que de donner à l'autorité des marchés publics le pouvoir de fixer les modalités d'application des marchés réservés (2) sans même présenter la traçabilité de ces modalités.

1- La limitation d'encadrement à la définition des marchés réservés

Pour encadrer les marchés publics réservés, le droit camerounais[1061] ne se limite qu'à définir ce type de marché public. En effet, le décret[1062] n°2018-366 du 20 juin 2018 portant code des marchés publics définit les marchés réservés comme : « certains marchés qui peuvent être réservés aux artisans, aux petites et moyennes entreprises nationales, aux organisations communautaires à la base et aux organisations de la société civile ». Au vu de cette définition, nous constatons que les marchés réservés ne concernent que 4 organismes à savoir : les artisans[1063], les petites et moyennes entreprises nationales[1064], les organisations communautaires à la base[1065] et les organisations de la société civile[1066]. Les marchés publics réservés participent donc à l'élargissement des acteurs intervenant dans la chaîne des marchés publics. C'est certes une innovation apportée par le pouvoir réglementaire camerounais mais ce dernier est muet quant aux procédures qui doivent s'appliquer à ce type de marché.

1060 Les marchés publics réservés ont été consacrés pour la première fois à l'article 70 du décret de 2018 portant code camerounais des marchés publics.

1061 Il s'agit particulièrement du décret n°2018-366 du 20 juin 2018 portant code camerounais des marchés publics.

1062 Voir article 70 (1) du décret de 2018 portant code camerounais de la commande publique.

1063 Un artisan est un entrepreneur qui est immatriculé au registre des métiers. C'est également un travailleur indépendant qui génère l'essentiel de ses revenus dans la vente de produits et services issus de son propre travail. Parmi les artisans, on peut par exemple citer les coiffeurs, fleuristes, taxis, garagistes, cordonniers, maçons, charpentiers, plombiers, électriciens…

1064 AYDOGDU (R), *Les petites et moyennes entreprises dans le droit des affaires*, Bruyland, 1ère édition, octobre 2016, 388 P.

1065 GAUSSET (Q), « Organisations communautaires de base et renforcement de la société civile en milieu rural » in *Revue internationale d'anthropologie et de sciences humaines*, 2005, p.129-146.

1066 BARANGER (G), *La société civile*, Joly éditions, Coll. Pratique des affaires, janvier 1995, 240 P.

Au demeurant, le droit camerounais ne se limite qu'à définir les marchés réservés. L'on observe donc une pauvreté dans l'encadrement juridique des marchés réservés. Cette pauvreté s'explique aussi par le pouvoir pour l'autorité des marchés publics à fixer les modalités d'application des marchés réservés(2).

2- La fixation des modalités d'application des marchés réservés par l'autorité des marchés publics

Le droit camerounais[1067] donne le pouvoir à l'autorité des marchés publics de fixer les modalités d'application des marchés réservés. L'autorité des marchés publics fixe ces modalités par la mise en place d'un texte juridique particulier. Cependant, jusqu'ici les modalités d'application des marchés réservés ne sont pas clairement visibles et décrites car relevant de la compétence exclusive du ministre des marchés publics. Les artisans[1068], les petites et moyennes entreprises[1069], les organisations communautaires à la base et les organisations de la société civile qui s'intéressent aux marchés publics doivent donc se renseigner auprès de l'autorité des marchés publics pour savoir les modalités à suivre.

Au demeurant, l'on observe une marginalisation du droit à l'urgence dans la passation des marchés de conception-réalisation et des marchés réservés. Cette marginalisation s'explique par le fait qu'il y ait non seulement l'exclusion des marchés de conception-réalisation du champ des marchés passés en urgence mais aussi une exclusion des marchés publics réservés du champ des marchés passés en urgence. Ceci se justifie par le fait que ces marchés publics disposent d'un cadre juridique qui leur est adapté et qui leur fixe des règles précises n'ayant rien à voir avec celles de l'urgence. Nous voyons donc que la dérogation pour cause d'urgence dans ces marchés perd sa force en manquant de présence. Cependant la marginalisation du droit à l'urgence est aussi perceptible dans la passation des accords – cadres et des marchés pluriannuels ou des marchés publics à tranches (section 2).

Section 2 : La marginalisation du droit à l'urgence dans la passation des accords – cadres et des marchés pluriannuels

La passation des marchés publics en urgence est une dérogation marginalisée lorsqu'on a affaire aux accords – cadres et aux marchés publics à tranches ou marchés pluriannuels. Cette marginalisation s'explique par le fait que le droit à l'urgence dans la passation des accords-cadres et des marchés pluriannuels n'est

[1067] Voir article 70(2) du décret N°218-366 du 20 juin 2018 portant code camerounais des marchés publics.
[1068] AZARIAN (H), *L'artisanat*, LexisNexis, Coll. Droit et professionnels, sous-collection "Entreprise", 2e édition, septembre 2010, 378 P.
[1069] LECERF (M), *Les petites et moyennes entreprises face à la mondialisation*, L'Harmattan, mars 2007, 322 P.

pas pris en compte. L'on constate donc l'absence de consécration de ce droit aussi bien dans les textes juridiques français que dans les textes juridiques camerounais. Cette situation peut donc plonger les acheteurs publics et les opérateurs économiques dans l'embarras au cas où surviendrait un cas d'urgence visant à retarder ou perturber la passation et l'exécution de ces marchés spécifiques. Il sera donc question pour nous de faire ressortir le constat d'une exclusion des accords-cadres du champ des marchés passés en urgence (paragraphe 1). Nous montrerons aussi le constat d'une exclusion des marchés pluriannuels et à tranches du champ des marchés passés en urgence (paragraphe 2).

Paragraphe 1 : L'exclusion des accords-cadres du champ des marchés en urgence

Les accords – cadres[1070] sont exclus du champ des marchés passés en urgence parce qu'il y a non seulement un cadre juridique français adapté à ces marchés (A) mais également un cadre juridique camerounais (B) y afférent.

A- La précision d'un cadre juridique français adapté aux accords-cadres

Le droit français s'appuie sur trois points essentiels pour encadrer les accords-cadres. Il procède à l'encadrement juridique de la notion d'accords – cadres (1), précise les types d'accords-cadres (2) et précise les procédures qui sont applicables à ces marchés(3).

1- L'encadrement juridique de la notion d'accord-cadre

Plusieurs textes [1071] juridiques français ont permis de nous éclairer sur la définition des accords-cadres. En effet, conformément aux dispositions[1072] du code de la commande publique française du 1er avril 2019, les accords – cadres[1073] sont des contrats ayant pour objet d'établir les termes régissant les bons de commande à émettre ou les marchés à passer au cours d'une période donnée, notamment en ce qui concerne les prix et le cas échéant, les quantités

---

1070 Avant, le code des marchés publics français de 2006 faisait la distinction entre les accords – cadres et les marchés à bons de commande. Mais la réforme des marchés publics via l'ordonnance n°2015-899 du 23 juillet 2015 relative aux marchés publics et son décret d'application N°2016-360 du 25 mars 2016 intégré désormais les marchés à bons de commande dans la catégorie des accords-cadres. Une façon de dire que les accords-cadres qui n'étaient pas pris comme des marchés publics au sens strict du terme sont désormais des marchés publics.

1071 Il s'agit du code des marchés publics de 2006, de la loi portant code de la commande publique de 2019, de la directive N°2014/24/UE du parlement européen de 2014, de l'ordonnance N°2015-899 du 23 juillet 2015 relative aux marchés publics et son décret d'application N°2016-360 du 25 mars 2016.

1072 Voir article L2125-1 du code de la commande publique de 2019 en France.

1073 LENTILHAC (J-P), *Les accords-cadres dans la commande publique*, Territorial Editions, 25 août 2016, 64 P.

envisagées. Autrement dit, l'accord-cadre[1074] est un contrat conclu par un ou plusieurs acheteurs publics (Etat, collectivités territoriales, établissements publics) qui permet de présélectionner un ou plusieurs opérateurs économiques en vue de conclure un contrat établissant tout ou partie des règles relatives aux commandes à passer au cours d'une période donnée, au fur et à mesure de leurs besoins et pour des prestations déterminées. Ces marchés publics spécifiques ont pour objectif de répondre à des besoins en matière de fournitures, de services ou de travaux. Par ce contrat, sont déterminés à l'avance certains termes régissant les marchés publics à passer au cours d'une période déterminée. Parmi ces termes, on peut citer la nature des biens à réaliser, les services à livrer, les prix, les quantités… L'accord-cadre pose les bases essentielles de la passation des marchés ultérieurs pris sur son fondement et accorde en conséquence une exclusivité unique ou partagée aux prestataires retenus. L'article 1 du code français des marchés publics de 2006 a également procédé à la même définition[1075] explicitée précédemment. La durée de vie pour les accords-cadres est limitée à 4 ans pour les pouvoirs adjudicateurs et 8 ans pour les entités adjudicatrices. Les accords-cadres permettent à un pouvoir adjudicateur de conclure un certain nombre de marchés sans lancer pour chacun d'eux une procédure complète de passation de marché. Les accords-cadres reposent sur un contrat global qui est conclu préalablement avec un ou plusieurs titulaires conformément aux règles de publicité et de mise en concurrence. Son objet est de définir les termes des marchés à venir et les marchés faisant suite à l'accord-cadre dont les formalités sont réduites, sont des marchés publics et doivent indiquer le prix et les quantités des prestations à réaliser.

Au demeurant, la définition des accords-cadres est encadrée par le droit français. Cependant, le droit français précise aussi les types d'accords-cadres.

2- La précision des types d'accords-cadres

En droit français, il y a deux types d'accords-cadres : les accords-cadres avec émissions de bons de commandes[1076] et les accords-cadres avec conclusion des marchés subséquents. Aux termes des dispositions[1077] du code de la commande publique française du 1er avril 1019, les bons de commande sont des documents écrits adressés aux titulaires de l'accord-cadre qui précisent celles des

---

1074 LENTILHAC (J-P), *Les accords-cadres et marchés à bons de commande*, Territorial Editions, 13 octobre 2006, 76 P.

1075 L'article 1 du code français des marchés publics de 2006 définit l'accord-cadre comme suit : "Les accords-cadres sont des contrats conclus entre un des pouvoirs adjudicateurs définis à l'article 2 et des opérateurs économiques publics ou privés, ayant pour objet d'établir les termes régissant les marchés à passer au cours d'une période donnée, notamment en ce qui concerne les prix et le cas échéant les quantités envisagées.

1076 DELELIS (P), « Les marchés à bons de commande », *Droit administratif*, juillet 1999, p.4.

1077 Voir article R2162-13 du code de la commande publique française de 2019.

prestations décrites dans l'accord-cadre, dont l'exécution est demandée et détermine la quantité. Les accords-cadres[1078] avec émission de bons de commande sont des marchés conclus avec un ou plusieurs opérateurs économiques et exécutés au fur et à mesure de la survenance du besoin par l'émission des bons de commandes. Les marchés à bons de commande sont utilisés en cas d'incertitude sur le rythme ou l'étendue du besoin à satisfaire. L'émission des bons de commande s'effectue en principe sans négociation[1079] ni remise en concurrence préalable des titulaires, selon les modalités prévues par l'accord-cadre. Les accords-cadres à bons de commande permettent donc aux titulaires du marché de s'informer sur la base d'un document écrit de la nature des prestations à réaliser ainsi que leurs quantités.

Aux termes des dispositions[1080] du code de la commande publique française du 1er avril 2019, les accords-cadres avec conclusion des marchés subséquents sont des marchés conclus avec un ou plusieurs opérateurs économiques dont le but est de préciser les caractéristiques et les modalités d'exécution des prestations demandées qui n'ont pas été fixées dans l'accord-cadre. Autrement dit les marchés subséquents sont là pour compléter les prestations qui n'avaient pas été fixées dans les accords-cadres à bons de commande[1081]. Cet accord-cadre n'a pas pour objectif de modifier substantiellement les termes de l'accord-cadre à bons de commandes. Il suppose plutôt une nouvelle offre ou un complément d'offres du ou des titulaires à celle initialement remise pour l'attribution de l'accord-cadre. Ce contrat pose les bases essentielles de la passation des marchés ultérieurs pris sur son fondement et accorde en conséquence une exclusivité unique ou partagée aux prestataires ainsi retenus pour une durée déterminée. Les accords-cadres avec conclusion des marchés subséquents ne fixent pas toutes les stipulations contractuelles. Ces marchés ne peuvent être conclus que pendant la période de validité de l'accord-cadre[1082] c'est-à-dire pendant les 4 ans.

Au demeurant, les types d'accords-cadres viennent d'être décrits et identifiés par le droit français. Mais il ne se limite pas là car il précise aussi les procédures qui sont applicables aux accords-cadres.

1078 HAÏM (V), « Marchés fractionnés : marchés à bons de commande », *J.Cl*, CMP, fasc. 67-10.

1079 Voir article R2162-14 du code de la commande publique française de 2019.

1080 Voir article R2162-7 du même code.

1081 GERY (P, De), SCHMIDT (P), « A l'origine de l'accord-cadre : les marchés à bon de commande », *CP-ACCP*, n°66, mai 2007, p. 32.

1082 Voir article R2162-5 du même code.

2) La précision des procédures applicables aux accords-cadres

En droit français, 5 procédures peuvent s'appliquer aux accords-cadres[1083]. Il s'agit de l'appel d'offres ouvert, de l'appel d'offres restreint, de la procédure négociée avec mise en concurrence, du dialogue compétitif et de la procédure adaptée. C'est la raison pour laquelle le code[1084] de la commande publique française a procédé à la formulation suivante : « Les marchés subséquents et les bons de commande sont conclus ou émis entre les acheteurs identifiés à cette fin dans l'avis d'appel à la concurrence, dans l'invitation à confirmer l'intérêt ou, en l'absence d'un tel avis ou d'une telle invitation dans un autre document de consultation, et le ou les opérateurs économiques titulaires de l'accord-cadre ». En effet, lorsqu'un accord-cadre est conclu avec plusieurs opérateurs économiques, le pouvoir adjudicateur organise une mise en concurrence selon la procédure suivante[1085] : pour chacun des marchés subséquents, le maître d'ouvrage consulte par écrit les titulaires de l'accord cadre ou lorsque l'accord-cadre a été divisé en lots, les titulaires du lot correspondant à l'objet du marché subséquent. Il fixe un délai suffisant pour la présentation des offres en tenant compte d'éléments tels que la complexité des prestations attendues ou le temps nécessaire à la transmission des offres. Pour les marchés subséquents et les marchés à bons de commande, le titulaire ayant gagné les marchés est celui qui a présenté les offres économiquement les plus avantageuses[1086]. Et ceci sur la base des critères objectifs et non-discriminatoires[1087]. Mais lorsqu'un accord-cadre est conclu avec un seul opérateur économique, les marchés subséquents et les marchés à bons de commande[1088] sont attribués dans les conditions fixées par l'accord-cadre[1089].

Au demeurant, le droit français marginalise le droit à l'urgence dans la passation des accords-cadres. Cette marginalisation s'explique par l'exclusion des accords-cadres du champ des marchés passés en urgence. Autrement dit, le cadre juridique français est indifférent lorsqu'il faut parler d'urgence dans les accords-cadres. Il y a plutôt un cadre juridique français adapté aux accords-cadres différent de celui appliqué aux marchés en urgence. Cela se justifie par 3 points essentiels à savoir : l'encadrement juridique de la notion d'accord-cadre, la précision des types d'accords-cadres et la précision des procédures applicables aux accords-cadres. Cependant, le droit camerounais est aussi indifférent lorsqu'il faut accorder aux accords-cadres le droit à la passation en urgence. Au

---

1083 FREVOT (O), « Contribution à une théorie des avant-contrats administratifs : l'exemple de l'accord-cadre » in *RDP*, 2008, p.362.

1084 Voir article R2162-6 du même code.

1085 Voir article R2162-10 du même code

1086 Voir article R2162-12 du même code.

1087 Voir article R2162-11 du même code.

1088 GERY (P, De), SCHMIDT (P), *Les accords-cadres*, Le Moniteur, Coll. Guides juridiques, 25 juillet 2007, 261 P.

1089 Voir article R2162-9 du même code.

contraire, il y a plutôt la précision d'un cadre juridique adapté aux accords-cadres.

B- La précision d'un cadre juridique camerounais adapté aux accords-cadres

C'est la première fois que le droit camerounais s'intéresse à l'encadrement des accords-cadres[1090]. C'est donc une nouveauté dans le droit des marchés publics camerounais[1091]. Le droit à l'urgence dans la passation des accords-cadres est marginalisé et presque inexistant au Cameroun. Par conséquent, le droit camerounais affiche aussi une indifférence lorsqu'il faut encadrer les accords-cadres en cas d'urgence. Au contraire, il y a plutôt un cadre juridique adapté aux accords-cadres différent d'un cadre juridique s'intéressant aux règles de l'urgence. Ce cadre juridique se justifie par 4 points essentiels à savoir la détermination des caractéristiques des accords-cadres (1), la définition juridique des accords-cadres(2), la précision des catégories d'accords-cadres(3) et la précision des procédures spécifiques aux accords-cadres(4).

1- La détermination des caractéristiques des accords-cadres

La première caractéristique des accords-cadres au Cameroun est liée à sa durée[1092]. En effet, la durée des accords-cadres au Cameroun ne peut excéder trois ans. L'autre caractéristique vient du fait que l'on ne peut recourir aux accords-cadres que lorsque le maître d'ouvrage ne peut pas déterminer à l'avance le volume et le rythme des commandes de fournitures ou des services courants nécessaires à ses besoins. Par conséquent, l'autre caractéristique des accords-cadres est liée à l'incapacité pour le maître d'ouvrage à gérer le volume et le rythme des commandes de fournitures, services ou travaux publics.

Le recours aux accords-cadres ne s'applique qu'aux fournitures, qu'aux services courants et qu'aux travaux de maintenance et de rénovation. Et ceci conformément au respect de l'article 65(5) du décret de 2018 portant code des marchés publics. Dans le cas où l'accord-cadre est passé pour une durée supérieure à 12 mois et si l'accord-cadre le prévoit expressément, chacune des parties contractantes a la faculté de demander, à des dates fixées par elles, qu'il soit procédé à une révision des prix par l'application de la formule de révision des prix qui y figure, ou de dénoncer le marché au cas où l'application de la formule de révision des prix entraînerait une variation[1093] du prix unitaire de plus de 25%.

[1090] Voir article 65 du décret N°2018-366 du 20 juin 2018 portant code camerounais des marchés publics.

[1091] BIAKAN (J), *op.cit.*, 132 P.

[1092] Voir article 65(3) du même décret.

[1093] Voir article 65(4) du même décret.

Au demeurant, les caractéristiques des accords-cadres viennent d'être énoncées par le droit camerounais. Place à présent à la définition juridique des accords-cadres.

2- La définition juridique des accords-cadres

Le droit camerounais procède aussi à la définition des accords-cadres. Ainsi, conformément à l'une[1094] des dispositions du décret de 2018 portant code des marchés publics, "les accords-cadres sont des marchés conclus par un ou plusieurs maîtres d'ouvrage avec un ou plusieurs prestataires ayant pour objet d'établir les règles relatives aux bons de commandes à émettre, ou les dispositions régissant les marchés à commandes subséquents à passer au cours d'une période donnée, notamment en ce qui concerne les prix, et le cas échéant, les quantités envisagées". Cette définition se rapproche de celle proposée par le droit français dans la mesure où elle met en exergue deux types de marchés à savoir les bons de commandes et les marchés à commandes subséquents.

Au demeurant, l'on vient d'énoncer la définition proposée par le droit camerounais en ce qui concerne les accords-cadres. Place à présent à la précision de la typologie des accords-cadres.

3- La précision des catégories d'accords-cadres

Le droit camerounais procède aussi à la détermination des types d'accords-cadres. En effet, il y en a deux à savoir les marchés à bons de commande et les marchés à commandes subséquents. En effet, conformément aux dispositions[1095] du code des marchés publics de 2018, les bons de commande sont des documents écrits adressés au titulaire de l'accord-cadre qui précisent les prestations décrites dans l'accord-cadre dont l'exécution est demandée et en déterminent la quantité. Cette définition est presque proche de celle proposée par le droit français. Lorsque l'accord-cadre fixe le minimum et le maximum des fournitures[1096] ou prestations, arrêtées en valeur ou en quantité, susceptibles d'être commandées au cours d'une période déterminée n'excédant pas celle d'utilisation des crédits de paiement, les quantités de prestations ou fournitures à exécuter étant précisées, il est exécuté au fur et à mesure de l'émission de bons de commande.

En droit[1097] camerounais, on parle des marchés à commandes subséquents lorsque les commandes portent sur une catégorie déterminée de prestations ou fournitures sans indiquer la quantité ou la valeur globale des commandes. Les

---

1094 Voir article 65 (2) du même décret.
1095 Voir article 66(2) du même décret.
1096 Voir article 66(1) du même décret.
1097 Voir article 67(1) du même décret.

marchés à commandes subséquents précisent les caractéristiques et les modalités d'exécution des prestations demandées qui n'ont pas été fixés dans l'accord-cadre[1098]. Les marchés à commandes subséquents ne viennent pas modifier les dispositions de l'accord-cadre. Ils sont plutôt là pour compléter les prestations qui n'avaient pas été au préalable fixées par l'accord-cadre.

Au demeurant, le droit camerounais précise les types d'accords-cadres. Cependant, il procède aussi à l'adoption des procédures spécifiques aux accords-cadres.

4- La précision des procédures spécifiques aux accords-cadres

En ce qui concerne les accords-cadres avec émission de bons de commandes, l'on applique essentiellement la procédure d'appel d'offres ouvert[1099]. L'émission des commandes s'effectue donc sans négociation[1100] ni remise en concurrence selon les modalités expressément prévues par le marché. Et généralement les marchés à bons de commandes[1101] sont passés avec un seul prestataire par lot.

En ce qui concerne les accords-cadres avec marchés à commandes subséquents, l'on applique la procédure d'appel d'offres restreint et éventuellement la procédure négociée sans mise en concurrence surtout lorsque le marché ne peut qu'être exécuté par un seul prestataire[1102]. Les accords-cadres avec marchés à commandes subséquents sont passés au moins avec trois prestataires par lot, pré-qualifiés à la suite d'un appel à candidatures[1103] et sur la base de leurs références dans le domaine concerné. La procédure de pré-qualification est soumise à l'examen des commissions des marchés compétentes[1104]. C'est également les mêmes commissions qui examinent les dossiers de consultation relatifs aux accords-cadres[1105]. Pour chacun des marchés à commandes subséquents, le maître d'ouvrage procède à la consultation des titulaires de l'accord-cadre, ou lorsque l'accord-cadre est divisé en plusieurs lots, des titulaires du lot correspondant au marché à commande y relatif, suivant les modalités fixées dans l'accord-cadre[1106]. Par ailleurs, lorsque l'accord-cadre avec marchés à commandes subséquents est passé en procédure négociée sans mise en concurrence, il doit au préalable bénéficier de l'autorisation du Ministre des marchés publics agissant ici en qualité d'autorité des marchés publics.

1098 Voir article 67(2) du même décret.
1099 Voir article 114(1) du même décret.
1100 Voir article 114(2) du même décret.
1101 GERY, *Les marchés à bons de commande*, Le Moniteur Editions, 26 novembre 1999, 96 P.
1102 Voir article 115(4) du même décret.
1103 Voir article 115(1) du même décret.
1104 Voir article 115(2) du même décret.
1105 Voir article 116 du même décret.
1106 Voir article 115(3) du même décret.

Au demeurant, les accords-cadres sont exclus du champ des marchés passés en urgence. Ceci dans la mesure où il y a non seulement la précision d'un cadre juridique français adapté aux accords-cadres mais aussi la précision d'un cadre juridique camerounais adapté à ces marchés. Il y a non seulement une indifférence du droit français quant à la précision d'un droit à l'urgence dans la passation des accords-cadres mais aussi une indifférence du droit camerounais quant à la précision d'un droit à l'urgence dans la passation de ces marchés. Pourtant une situation d'urgence peut venir perturber, troubler ou retarder la passation et l'exécution des accords-cadres. Cependant, les accords-cadres ne sont pas les seuls marchés qui sont exclus du champ des marchés passés en urgence. Il y a aussi les marchés pluriannuels et à tranches.

Paragraphe 2 : L'exclusion des marchés pluriannuels et à tranches du champ des marchés en urgence

Les marchés pluriannuels et à tranches sont aussi exclus du champ des marchés passés en urgence parce qu'il y a non seulement un cadre juridique français adapté à ces marchés(A) mais également un cadre juridique camerounais y afférent(B).

A- La précision d'un cadre juridique français adapté aux marchés pluriannuels et à tranches

Le droit français s'appuie sur trois points essentiels pour encadrer les marchés pluriannuels et à tranches. Il procède à l'encadrement juridique de la définition de ces marchés(1), il précise les types de marchés publics à trancher(2) et fixe les règles à respecter pour les tranches lors de la passation du marché public(3).

1- L'encadrement juridique de la notion des marchés pluriannuels et à tranches

Plusieurs textes[1107] juridiques français ont permis de nous éclairer sur la définition des marchés pluriannuels et à tranches. En effet, comme leurs noms l'indiquent, ce sont des marchés qui peuvent s'étaler en plusieurs années et qui peuvent être fractionnés en plusieurs tranches. Autrement dit, les marchés à tranches sont des marchés fractionnés comportant une tranche ferme et une ou plusieurs tranches optionnelles dont l'exécution, incertaine pour des motifs d'ordre technique, économique ou financier, est conditionnée à leur affermissement par le pouvoir adjudicateur ou l'entité adjudicatrice. Conformément à l'une des dispositions[1108] du code de la commande publique

[1107] Il s'agit du code de la commande publique de 2019, du décret de 2016 relatif aux marchés publics et du code des marchés publics de 2006.

[1108] Voir article R2113-4 du code de la commande publique française de 2019.

de 2019, les marchés publics à tranches définissent la consistance, le prix[1109] ou les modalités de détermination et d'exécution des prestations de chaque tranche. Dans un marché public à tranches, l'étendue du besoin à satisfaire est connue dès la passation du marché contrairement à un accord-cadre à bons de commande. La division du marché en tranches permet notamment d'étaler l'exécution du marché dans le temps. Dans le cadre d'un marché public à tranches, chaque tranche doit faire l'objet d'une commande formelle auprès de l'adjudicataire sans remise en concurrence. Toutes les tranches font partie d'un seul marché et doivent avoir un lien entre elles, en rapport avec l'objet du marché. Si leur contenu peut varier d'une tranche à une autre, il doit être clairement défini à l'avance.

Au demeurant, la définition des marchés publics à tranches est encadrée par le droit français. Cependant, le droit français précise aussi les types de marchés publics à tranches.

2- La précision des types de marchés publics à tranches

En droit français, il existe deux types de marchés publics à tranches : les marchés à tranche ferme[1110] et les marchés à tranche optionnelle[1111]. Les tranches fermes sont des tranches pour lesquelles le pouvoir adjudicateur est engagé par la conclusion du marché. Cette dernière implique nécessairement que l'exécution de ces tranches sera demandée. Chaque tranche ferme peut faire l'objet d'un ordre distinct de commencer l'exécution. Par contre, les tranches optionnelles sont des tranches pour lesquelles le pouvoir adjudicateur n'est pas engagé par la seule conclusion du marché. Bien que l'adjudicataire ait obligatoirement remis une offre pour ces tranches et qu'il soit engagé par celle-ci, le maître d'ouvrage n'est pas obligé de les commander. Pour que ces tranches soient exécutées, le pouvoir adjudicateur doit communiquer à l'adjudicataire sa décision de les exécuter. Autrement dit pour exécuter un marché à tranche ferme, la conclusion du marché à elle seule suffit. Par contre, pour exécuter un marché à tranche optionnelle, le titulaire du marché a obligatoirement besoin d'une décision du maître d'ouvrage.

Au demeurant, le droit français précise les types de marché public à tranches. Cependant, il donne aussi des règles à suivre pour poser ces marchés.

[1109] VACHAL (J-M), *op.cit.* , 170 P.

[1110] Voir articles R2113-4 et R2113-5 du code de la commande publique de 2019.

[1111] Voir article R2113-6 du même code.

3- La fixation des règles de passation des marchés à tranches

Pour passer les marchés publics à tranches, le droit français a prescrit des règles à respecter. En effet, l'acheteur public[1112] est engagé uniquement sur les marchés à tranche ferme. Par contre, l'opérateur économique est engagé sur toutes les tranches du marché public. Pour chaque tranche, le marché doit définir la consistance, le prix ou ses modalités de détermination et les modalités d'exécution des prestations. Les prestations de la tranche ferme et celles de chaque tranche optionnelle doivent faire l'objet d'une décision de l'acheteur de l'affermir, c'est-à-dire la rendre ferme, notifiée au titulaire dans les conditions fixées par le marché via un ordre de service[1113]. Le titulaire peut bénéficier, si c'est prévu au marché, d'une indemnité d'attente ou de dédit au cas où une tranche optionnelle n'est pas affermie ou affermie avec retard. L'appréciation des seuils de procédure et de publicité ainsi que le jugement des offres doivent tenir compte de l'ensemble des tranches en agrégeant les montants estimés de chacune d'entre elles.

Au demeurant, le droit français marginalise le droit à l'urgence dans la passation des marchés pluriannuels et à tranches. Cette marginalisation s'explique par l'exclusion des marchés pluriannuels et à tranches du champ des marchés passés en urgence. Autrement dit, le cadre juridique français est indifférent lorsqu'il faut parler d'urgence dans les marchés publics à tranches. Il y a plutôt un cadre juridique français adapté aux marchés à tranches différent de celui appliqué aux marchés passés en urgence. Cela s'est justifié par trois points essentiels à savoir : l'encadrement juridique de la notion de marchés pluriannuels et à tranches, la précision de la typologie de ces marchés et enfin la fixation des règles à respecter pour passer ces marchés. Cependant, le droit camerounais est aussi indifférent lorsqu'il faut accorder aux marchés pluriannuels et à tranches le droit à la passation en urgence. Au contraire, il y a plutôt la précision d'un cadre juridique camerounais adapté aux marchés pluriannuels et à tranches.

B- La précision d'un cadre juridique camerounais adapté aux marchés pluriannuels et à tranches

C'est la toute première fois que le droit camerounais encadre les marchés pluriannuels et à tranches[1114]. Ceci depuis l'avènement du décret de 2018 portant code des marchés publics. Ces marchés sont donc nouveaux au Cameroun contrairement en France où ils relèvent d'une ancienneté. Le droit à l'urgence dans la passation des marchés pluriannuels et à tranches est

---

1112 MAGNAN (F), *Acheteur public en collectivité*, op.cit., 270 P.

1113 CE, SSR, 25 juin 1975, Ville de Joigny, n°84979-93218, publiée au Recueil. L'ordre de service doit être écrit.

1114 Les marchés pluriannuels et à tranches ont été consacrés pour la première fois aux articles 68 et 69 du code des marchés publics de 2018.

marginalisé et presque inexistant au Cameroun. Par conséquent, le droit camerounais affiche aussi une indifférence lorsqu'il faut encadrer les marchés pluriannuels et à tranches en cas d'urgence. Au contraire le droit camerounais ne s'occupe plutôt qu'à définir les marchés pluriannuels et à tranches (1), qu'à préciser la procédure applicable à ces marchés(2) et qu'à préciser la typologie des marchés pluriannuels ou à tranches(3).

1- La définition juridique adaptée au droit camerounais

Pour encadrer les marchés pluriannuels et à tranches, le droit camerounais procède à la définition de ce type de marché. En effet, conformément aux dispositions[1115] du décret de 2018 portant code des marchés publics, l'on parle de marchés pluriannuels et à tranches lorsque l'intégralité du financement[1116] nécessaire pour la réalisation d'un projet ne peut être mobilisée au cours d'un seul exercice budgétaire[1117] et lorsque les prestations peuvent s'étaler sur plusieurs années ou s'exécuter en plusieurs phases comprenant une tranche ferme et une ou plusieurs tranches conditionnelles.

Au final, le droit camerounais est indifférent quant à la précision d'un droit à l'urgence dans la passation des marchés pluriannuels et à tranches. Cette indifférence s'explique par une occupation à définir plutôt lesdits marchés. Cette indifférence s'explique aussi par la précision de la procédure applicable aux marchés pluriannuels et à tranches.

2- La précision de la procédure applicable aux marchés pluriannuels et à tranches

En vertu des dispositions[1118] du décret portant code camerounais des marchés publics, la procédure applicable aux marchés pluriannuels et à tranches c'est l'appel d'offres[1119]. Cette procédure doit indiquer la durée pour laquelle ces marchés seront conclus. Chaque marché à tranches doit donc faire l'objet d'un seul appel d'offres.

Au final, la procédure qui s'applique aux marchés pluriannuels c'est l'appel d'offres. C'est également le cas pour les marchés publics à tranches[1120] puisque ces marchés sont étroitement liés aux marchés pluriannuels. Mais l'indifférence

---

1115 Voir article 68(1) du décret de 2018 portant code des marchés publics.
1116 CIPRIANI (C-A), *Le financement des marchés*, Independently published, 20 janvier 2017, 126 P.
1117 MUZELLEC (R), « De la pertinence des principes budgétaires et comptables applicables aux collectivités territoriales » in *Politique et Management public*, 1988, PP.3-37. Nous sommes en plein là dans le principe d'annualité budgétaire.
1118 Voir article 68(2) du même décret.
1119 STRADY (F), *op.cit.*, 238 P.
1120 THOMAS (L), « Les marchés à tranches » in *Recherches économiques de Louvain*, Vol 67, 2001, PP. 437-451.

du droit camerounais face à la possibilité d'un accord au droit à l'urgence dans la passation des marchés pluriannuels et à tranches ne s'arrête pas à la précision de la procédure qui leur est applicable. Elle continue jusqu'à la précision de la typologie des marchés pluriannuels et à tranches.

3- La précision de la typologie des marchés pluriannuels et à tranches

En droit camerounais, on distingue deux types[1121] de marchés pluriannuels et à tranches à savoir : les marchés pluriannuels qui comportent une tranche annuelle ferme et les marchés pluriannuels qui comportent des tranches annuelles conditionnelles. Ces marchés doivent définir la consistance, le prix[1122] et les modalités d'exécution des prestations de chaque tranche. Les prestations de chaque tranche doivent constituer un ensemble cohérent[1123] qui tient compte des prestations des tranches antérieures lorsqu'elles existent. Les marchés comprenant une tranche ferme et une ou plusieurs tranches conditionnelles peuvent comporter une clause de dénonciation avec préavis en faveur de l'une et l'autre partie[1124]. L'exécution de chaque tranche conditionnelle[1125] est subordonnée à un ordre de service[1126] du maître d'ouvrage ou du maître d'ouvrage délégué, notifié au contractant dans les conditions[1127] fixées dans le marché. Bien que l'entrepreneur puisse en émettre des réserves, l'ordre de service régulier[1128] est obligatoire car à exécuter sous peine de sanctions[1129]. Si ledit ordre est irrégulier[1130], l'entrepreneur n'est pas obligé d'exécuter le marché car il se trouvera dans l'impossibilité[1131] d'être rémunéré à la fin des travaux. Or les marchés pluriannuels comportant une tranche ferme n'ont pas besoin d'un ordre de service pour que l'opérateur économique exécute le marché. Ce

1121 Voir article 69(1) du même décret.
1122 TAILLEFAIT (A), « Prix du marché », *J.- Cl*, CMP, fasc. 55.
1123 Voir article 69(2), du même décret.
1124 Voir article 69(3) du même décret.
1125 Voir article 69(4) du même décret.
1126 GAUDEMET (Y), *Droit administratif des biens*, LGDJ, Lextenso éditions, voir "quatrième partie : les travaux publics- chapitre 2 : l'exécution du contrat de travail public-section 3-Les ordres de services", 4 février 2014, 704 P. L'ordre de service comme son nom l'indique est un ensemble d'instructions relatives aux modalités d'exécution du marché que le maître d'ouvrage ou les agents techniques de l'administration adressent à l'entrepreneur titulaire qu'il doit obligatoirement respecter.
1127 CHABANOL (D), JOUGUELET (J-P), *Marchés publics de travaux : droits et obligations des signataires*, Le Moniteur, 3e édition, 1er janvier 1999, 462 P.
1128 Un ordre de service est régulier lorsqu'il est écrit, lorsqu'il est pris par une personne compétente et lorsqu'il est conforme au marché ou au droit des marchés publics. Cette clarification juridique avait été faite par l'avocat ROZE Bruno au barreau de Paris.
1129 CE, 5 août 1927, *Ministre de la Guerre*, Rec. Lebon, p. 966.
1130 CE, SSR, 14 Juin 2002, *Ville d'Angers*, n°219874, mentionnée aux tables. L'ordre de service est irrégulier lorsqu'il est oral et que l'entrepreneur se trouve dans l'impossibilité de prouver que ledit ordre a été exécuté ou alors si ledit ordre n'est pas pris par une personne compétente ou il n'est pas conforme au droit des marchés publics.
1131 CE, SSR, 5 novembre 1980, *SARL Parachini*, n°15345.

dernier s'engage à exécuter le marché bien avant c'est-à-dire dès la conclusion du marché.

CONCLUSION GENERALE

En définitive, il a été question pour nous de s'interroger sur la fonction de l'urgence dans la passation des marchés publics au Cameroun. Cette préoccupation est née du fait que nous avons remarqué qu'au vu de la réglementation camerounaise[1132] le champ de fonction de l'urgence dans la passation des marchés publics est limitatif et fait beaucoup plus ses préférences aux marchés d'appel d'offres et aux marchés de gré à gré. Or l'urgence est un phénomène imprévisible[1133] qui peut perturber la passation de tout type de marché public quelle que soit leur nature. L'on défend donc l'opinion suivante : celle de présenter la passation des marchés publics en urgence comme une dérogation fonctionnelle et pluraliste. Elle se présente comme une dérogation fonctionnelle[1134] parce qu'on passe ces marchés publics en fonction des niveaux d'urgence. Elle est présentée comme une dérogation pluraliste parce qu'elle ne concerne pas uniquement les marchés d'appel d'offres[1135] et les marchés de gré à gré. Elle concerne aussi les marchés spéciaux et autres marchés spécifiques. Il s'agit donc de défendre une théorie générale de l'urgence dans la passation des marchés publics car le droit à l'urgence doit être accordé à tout type de marché public du moment où les acheteurs publics sont confrontés à l'urgence.

On perçoit la fonction de l'urgence dans la passation des marchés publics en fonction des niveaux d'urgence et en fonction des types de marchés publics. En effet, quand le niveau d'urgence est moindre, l'urgence exerce une fonction de célérité affirmée dans la passation des marchés publics. Autrement dit la passation des marchés publics en urgence est conçue comme une dérogation sélective à la procédure normale qui s'explique par un allègement parcimonieux de la passation par appel d'offres. Pour cela, elle procède par un raccourcissement des délais normaux de la procédure d'appel d'offres et contribue à la modification de certaines conditions de la passation par appel d'offres. La réduction des délais normaux de la procédure d'appel d'offres se matérialise par une réduction des délais normaux de remise des offres en procédure ouverte[1136] et en procédure restreinte[1137] aussi bien dans les marchés

---

[1132] Ni le décret de 2018 portant code des marchés publics ni les autres textes juridiques en matière de marchés publics n'élargissent le champ de fonction de l'urgence dans la passation de tout type de marché public.

[1133] BOUTHINON-DUMAS (H), « Les contrats relationnels et la théorie de l'imprévision » in *Revue internationale de droit économique*, 2001, PP.339-373.

[1134] CHAPUS (R), « Georges VEDEL et l'actualité d'une notion fonctionnelle : l'intérêt d'une bonne administration de la justice», *op.cit.*, pp. 3-8.

[1135] STADY (F), *Remporter un appel d'offres*, *op.cit.*, 238 P.

[1136] COSSALTER (P), *L'appel d'offres ouvert*, Territorial Editions, 1er avril 2012, 96 P.

de travaux, dans les marchés de fournitures que dans les marchés de services. L'allègement de la procédure d'appel d'offres pour cause d'urgence simple se caractérise aussi par une réduction des délais normaux de l'avis de la commission dans l'attribution du marché. Il y a donc non seulement une réduction des délais normaux de l'avis de la commission[1138] dans l'attribution du marché mais aussi dans la procédure d'attribution[1139] dudit marché. Tout ceci pour affronter une situation d'urgence simple ou d'urgence moindre qui pourrait survenir pour troubler ou perturber la réalisation et la conclusion d'un marché d'appel d'offres en temps normal.

De même, pour faire face à une situation d'urgence dont le niveau est moindre ou simple, le pouvoir adjudicateur[1140] procède à la modification de certaines conditions de la passation par appel d'offres. Cette modification se traduit par la mention de l'urgence dans l'avis d'appel d'offres tant ouvert que restreint. Le maître d'ouvrage doit également justifier ladite urgence dans l'avis d'appel d'offres tant ouvert que restreint.

Cependant, malgré la souplesse constatée dans la passation par appel d'offres pour faire face à une situation d'urgence simple, ladite dérogation ne permet pas aux pouvoirs adjudicateurs de se libérer de toute procédure. Cela veut dire que la passation des marchés publics en urgence reste prisonnière des règles applicables à la procédure d'appel d'offres. Par conséquent, ladite passation est conçue en préservant non seulement les règles applicables aux étapes de la passation par appel d'offres mais aussi en procédant à la sauvegarde des règles applicables au contentieux[1141] de la passation par appel d'offres. En effet, une pluralité des règles relatives aux étapes de la passation par appel d'offres s'imposent dans les marchés passés en situation d'urgence simple. Il s'agit d'une part des règles applicables à l'appel d'offres et d'autre part de celles relatives à la mise en œuvre de la procédure d'attribution du marché. Parmi les règles applicables à l'appel d'offres[1142], on peut énumérer : le respect des règles relatives à l'objet de l'appel d'offres, l'application des règles d'ouverture des offres, le respect des règles relatives à la participation, à la consistance des prestations et au financement de l'appel d'offres, la préservation des règles d'évaluation[1143] des offres et la sauvegarde des règles relatives à la garantie de soumission, à la recevabilité des offres et aux dossiers d'appel d'offres. La

---

1137 COSSALTER (P), *L'appel d'offres restreint*, Territorial Editions, 1er février 2010, 110 P.

1138 LETELLIER (H), *La commission d'appel d'offres*, Territorial Editions, 2012, 122 P.

1139 HUGUET (H), LE NAËLOU (Y-S), *Le jugement des offres dans les marchés publics*, Territorial Editions, 1er mai 2018, 68 P.

1140 TEERLINCK (P), GALOT (L), GHERGHINARU (R), *Le pouvoir adjudicateur et les critères d'attribution*, Larcier, octobre 2018, 152 P.

1141 COSSALTER (P), *Le contentieux des marchés publics*, *op.cit.*, 101 P.

1142 COSSALTER (P), *Passation des marchés formalisés-Appels d'offres, procédures négociées, dialogue compétitif et autres procédures formalisées*, Territorial Editions, 1er février 2018, 130 P.

1143 FROT (O), *Marchés publics : l'essentiel pour choisir la meilleure offre : conseils pratiques pour la détermination et la mise en œuvre des critères de choix des offres*, Guide pratique, 2019, 81 P.

passation des marchés publics en situation d'urgence simple se soumet également aux règles liées à la procédure d'attribution du marché. En effet les pouvoirs adjudicateurs sont toujours obligés de respecter les critères d'attribution[1144] des marchés et la mise en œuvre de la décision d'attribution du marché.

Au cas où des éventuels conflits surviendraient entre soumissionnaires écartés[1145] et acheteurs publics, la passation des marchés publics en situation d'urgence simple est prise en otage par les règles applicables au contentieux[1146] de la passation par appel d'offres. Par conséquent l'on imposera non seulement les recours liés au contentieux de la passation par appel d'offres mais également les modes de règlement des différends liés aux marchés publics. S'agissant des recours liés au contentieux de la passation par appel d'offres, on peut en citer deux à savoir les recours administratifs[1147] et les recours contentieux[1148]. Les recours administratifs se caractérisent par des recours gracieux[1149] adressés auprès du maître d'ouvrage ou du maître d'ouvrage délégué[1150] et les recours hiérarchiques ou recours adressés auprès du comité chargé de l'examen des recours liés à la passation des marchés publics. Parmi les recours contentieux[1151], on peut en citer 5 à savoir : le recours pour excès de pouvoir[1152], le recours en indemnisation[1153], le recours de plein contentieux[1154], le référé contractuel[1155] et le référé précontractuel[1156].

En ce qui concerne les modes de règlement des différends[1157], ils s'imposent aussi dans les marchés passés en situation d'urgence simple en cas de litiges entre soumissionnaires lésés et acheteurs publics. Par conséquent, l'on impose non seulement les modes alternatifs de règlement des différends[1158] liés aux

---

1144 LEGOUGE (D), *La meilleure offre dans les marchés publics*, Editions d'organisation, 1er novembre 1996, 157 P.

1145 LATRECHE (A), *Marchés publics : les droits des opérateurs économiques évincés*, op.cit., 120 P.

1146 BERGEAL (C), LENICA (F), *Le contentieux des marchés publics*, Editions Techniques, 2004, 327 P.

1147 BRISSON (J-F), PACTEAU (B), *Les recours administratifs en droit public français : contribution à l'étude du contentieux administratif non juridictionnel, op.cit.*, 494 P.

1148 COLIN (F), MESSE (M-L), *L'essentiel du droit du contentieux administratif, op.cit.*, 160 P.

1149 MICHEL (J), *Les recours administratifs gracieux, hiérarchiques et de tutelle, op.cit.*, 313 P.

1150 COSSALTER (P), *Le mandat de maîtrise d'ouvrage et la maîtrise d'ouvrage partagée, op.cit.*, 66 P.

1151 CHAPUS (R), *Droit du contentieux administratif, op.cit.*, 1560 P.

1152 COSSALTER (P), *Le recours pour excès de pouvoir, op.cit.*, 90 P.

1153 FRANK (A), *Le droit de la responsabilité administrative à l'épreuve des fonds d'indemnisation*, Editions L'Harmattan, 1er septembre 2008, 464 P.

1154 COSSALTER (P), *Le plein contentieux devant les juridictions administratives*, Territorial Editions, 1er novembre 2009, 76 P.

1155 ATIAS (C), *Le contentieux contractuel, op.cit.* , 333 P.

1156 CASSIA (P), *Pratique des référés précontractuels*, op.cit., 266 P.

1157 SCHEFFER DA SILVEIRA (G), *Les modes de règlement des différends dans les contrats internationaux de construction*, op.cit., 702 P.

1158 COLLECTIF sous la direction d'Antoine CLAEYS et d'Anne-Laure GIRARD, *Les modes alternatifs de règlement des litiges en droit administratif, op.cit.*, 128 P.

marchés publics mais aussi les modes juridictionnels[1159] de règlement des litiges y relatifs. Parmi les modes alternatifs[1160] de règlement des litiges nés des marchés publics, on peut citer la médiation[1161], l'arbitrage[1162], la transaction[1163] et la conciliation[1164]. En ce qui concerne les modes juridictionnels, on peut citer : les différends réglés par le juge pénal et ceux réglés par le juge de l'OMC[1165] ou juge international[1166].

Cependant, lorsque les niveaux d'urgence sont denses, sont plus importants ou élevés, l'urgence exerce une fonction de négociation limitée dans la passation des marchés publics. Ceci s'explique par le fait que la dérogation pour cause d'urgence est beaucoup plus riche et volumineuse dans certains marchés négociés au Cameroun mais inexistant dans d'autres marchés négociés et autres marchés spécifiques. Parmi les marchés négociés[1167], on peut citer les marchés de gré à gré. Autrement dit la dérogation pour cause d'urgence est beaucoup plus répandue dans ces marchés. En effet, la passation des marchés publics en urgence contribue à la pluralité des conditions de recours au gré à gré. C'est grâce à ladite passation qu'on a un élargissement des conditions de recours au gré à gré. En effet, il y a 3 conditions qui favorisent la passation des marchés en urgence selon la procédure de gré à gré. On a l'urgence liée à la défaillance du soumissionnaire, l'urgence impérieuse liée aux cas de force majeure et l'urgence économico–technique liée aux marchés complémentaires. C'est presque ladite passation qui donne un sens aux conditions de recours au gré à gré.

Elle participe aussi à l'extension des mécanismes de recours au gré à gré car c'est grâce à ladite passation qu'on a une pluralité de mécanismes de recours au gré à gré. Parmi ces mécanismes, on peut citer la demande d'autorisation de la

---

1159 ANCEL (P), RIVIER (M-C), *Le conventionnel et le juridictionnel dans le règlement des différends*, Economica, Coll. Etudes juridiques, mars 2001, 154 P.

1160 CADIET (L), CLAY (T), *Les modes alternatifs de règlement des conflits*, Dalloz, Coll. Connaissance du droit, 3e édition, mai 2019, 180 P.

1161 COLLECTIF, *La médiation*, T.61, Dalloz, Coll. Archives de philosophie du droit, novembre 2019, 420 P.

1162 DA SILVEIRA (G, S), *Les modes de règlement des différends dans les contrats internationaux de construction*, Bruylant, Coll. Arbitrage, avril 2019, 702 P.

1163 POULET (L), *Transaction et protection des parties*, T.452, LGDJ, Coll. Thèses, Sous-collection "Bibliothèque de droit privé", décembre 2005, 416 P.

1164 BOULISSET (P), COUCHET (C), *Guide de la conciliation*, Edilaix, Coll. Point de droit, mars 2011, 310 P.

1165 LESAFFRE (H), *Le règlement des différends au sein de l'OMC et le droit de la responsabilité internationale*, T.121, LGDJ, Coll. Thèses, sous-collection "Bibliothèque de droit international et droit de l'union européenne, décembre 2007, 632 P.

1166 METOU (M, B), *Le rôle du juge dans le contentieux international : cas de la cour internationale de justice*, Bruylant Edition, 19 avril 2012, 626 P.

1167 EGIZIANO (A), « Collectivités territoriales. La négociation dans la commande publique » in *RJOI*, N°12, 2011, P.53.

procédure de gré à gré auprès de l'autorité des marchés publics[1168], la méthode par consultation directe des entreprises et la transmission des rapports d'évaluation et des dossiers de consultation à la commission des marchés publics pour avis.

L'urgence exerce aussi une fonction de négociation[1169] répandue dans la mesure où elle ne se limite pas seulement aux marchés de gré à gré. Elle s'étend jusqu'aux marchés spéciaux et autres marchés spécifiques surtout en France car le droit français a participé à la consécration des niveaux d'urgence dans les marchés spéciaux et à la consécration des mécanismes ou procédures applicables aux marchés spéciaux en cas d'urgence. Parmi ces niveaux d'urgence, on peut citer l'urgence liée à une situation de crise sécuritaire ou sanitaire, l'urgence liée à un cas de force majeure[1170], l'urgence simple, et l'urgence économico–technique. Parmi les mécanismes de passation des marchés spéciaux en urgence, le droit français en a précisé 3 à savoir la procédure négociée non formalisée, la procédure négociée formalisée et l'adaptation d'une procédure d'appel d'offres restreint aux spécificités des marchés spéciaux. Mais lorsqu'on arrive au Cameroun, ladite dérogation ne produit plus le même effet car elle devient donc une énigme en raison du mutisme textuel[1171] affiché en la matière. A ce niveau l'urgence n'a plus une fonction de négociation[1172] répandue mais limitée en raison de son absence de trace dans ces marchés. La dérogation pour cause d'urgence dans les marchés spéciaux devient donc une dérogation ambiguë, ambivalente dans la mesure où elle présente un visage en d'urgence dans les marchés spéciaux est visible, perceptible et attractive. Par contre, au Cameroun ladite dérogation est voilée[1173], inexistante, invisible parce qu'il y a absence de précision des niveaux d'urgence dans les textes en vigueur en rapport avec les marchés spéciaux. C'est aussi une dérogation voilée par les textes en vigueur parce qu'il y a une insuffisance des mécanismes de passation des marchés spéciaux en urgence. L'insuffisance est justifiée par l'imprécision[1174] des procédures de passation des marchés spéciaux en urgence et par la précision des organes habilités à intervenir en cas de demande de procédure. il est dont urgent d'importer les règles d'urgence relatives à la passation des marchés spéciaux en France pour

---

[1168] En vertu de l'article 50 du décret N°2018-366 du 20 juin 2018 portant code des marchés publics, c'est le ministre des marchés publics qui constitue l'autorité des marchés publics.

[1169] HAMAIDE (A), *La mise en œuvre de la négociation dans les marchés publics*, Union Européenne, 27 juin 2017, 120 P.

[1170] ANTONMATTEI (P-H), *Contribution à l'étude de la force majeure*, *op.cit.*, 316 P.

[1171] BORDES (E), *Le silence et le droit : recherches sur une métaphore*, *op.cit.*, 230 P.

[1172] FAUCONNIER (O), *La négociation dans l'achat public*, Territorial, 8 décembre 2005, 100 P.

[1173] PERELMAN (CH), « Le problème des lacunes en droit, Essai de synthèse », *op.cit.*, pp. 537-552.

[1174] MACKAAY (E), « Les notions floues en droit ou l'économie de l'imprécision », *op.cit.*, pp. 33-50.

les transposer[1175] en droit camerounais pour que le droit public camerounais des marchés publics évolue dans la consécration des règles d'urgence dans la passation des marchés. Il faut donc consacrer dans le code des marchés publics[1176] les niveaux d'urgence auxquels les maîtres d'ouvrage[1177] peuvent être confrontés dans les marchés spéciaux. Il faut aussi décrire de manière précise la procédure à suivre dans la passation des marchés spéciaux en temps normal et en temps d'urgence.

La passation des marchés publics en urgence est aussi conçue comme une dérogation marginalisée dans d'autres marchés spécifiques tels que les marchés de conception – réalisation[1178], les marchés réservés[1179], les marchés pluriannuels et à tranches[1180], les accords-cadres[1181]. Ces marchés n'ont donc pas droit à l'urgence[1182] pendant le déroulement de leur passation ou de leur exécution. Par conséquent ces marchés sont exclus du champ des marchés passés en urgence. Il y a non seulement une indifférence du droit français quant à l'encadrement des règles d'urgence dans ces marchés mais aussi une indifférence du droit camerounais quant à l'octroi d'un droit à l'urgence dans la passation de ces marchés. Les pouvoirs réglementaires français et camerounais ont plutôt précisé un cadre juridique adapté aux marchés de conception-réalisation[1183], aux accords-cadres[1184], aux marchés réservés[1185] et aux marchés pluriannuels et tranches[1186]. Il est donc urgent pour les législateurs[1187], les pouvoirs réglementaires camerounais et français de consacrer les règles d'urgence dans la passation de ces marchés car l'urgence peut survenir partout et n'importe où. Tous les marchés publics doivent être concernés par l'attribution d'un droit à la passation en urgence.

1175 Le terme transposer est généralement utilisé en droit communautaire pour dire qu'il faut prendre des règles extérieures, étrangères ou communautaires pour les appliquer dans le droit national.

1176 Notamment dans le nouveau décret N°2018/366 du 20 juin 2018 portant code camerounais des marchés publics.

1177 HACHE (O), GODARD (J), *La maîtrise d'ouvrage publique*, *op.cit.*, 120 P.

1178 LANNOY (H), NOVAT (P), *La conception-réalisation*, *op.cit.*, 340 P.

1179 AYDOGDU (R), *Les petites et moyennes entreprises dans le droit des affaires, op.cit.*, 388 P.

1180 THOMAS (L), « Les marchés à tranches », *op.cit.*, pp.437-451.

1181 LENTILHAC (J-P), *Les accords-cadres dans la commande publique*, op.cit., 64 P.

1182 A ce niveau, l'urgence est marginalisée et prend un sérieux coup lorsqu'on a affaire à ces marchés spécifiques là.

1183 AUBERT (F), « La conception-réalisation : une mutation profonde du secteur de la construction? Etude des cas britanniques et français », *op.cit.*, P.3-12.

1184 LENTILHAC (J-P), *Les accords-cadres et marchés à bons de commande*, *op.cit.*, 76 P.

1185 BARANGER (G), *La société civile*, *op.cit.*, 240 P.

1186 BATSELE (D), YERNA (A), *Les marchés publics pas à pas*, *op.cit.*, 758 P.

1187 En République centrafricaine, c'est le législateur qui consacre les règles relatives aux marchés publics. Ceci à travers la loi de 2008 portant code des marchés publics. Le Cameroun en devrait prendre pour exemple.

En général pour une meilleure protection des fonds publics[1188] lors de la passation des marchés d'appel d'offres en urgence et de celle des marchés de gré à gré[1189], le législateur doit s'intéresser à la réglementation des marchés publics car le pouvoir réglementaire est à la fois l'initiateur des textes juridiques y relatifs et l'acteur de la passation des marchés publics[1190]. Ce qui n'est pas bon pour la sécurité juridique[1191] des fonds[1192] issus des marchés passés en urgence. C'est aussi pareil pour les autres types de marchés publics comme les marchés spéciaux[1193].

Le pouvoir réglementaire[1194] camerounais doit également définir de manière claire[1195] les niveaux d'urgence[1196] dans les marchés publics. Il doit également renseigner de manière plus détaillée au profane ce qu'est réellement une notion d'urgence dans les marchés publics car ses caractéristiques et procédures doivent être suffisamment consacrées dans tout type de marché public. Il doit le faire parce que l'urgence n'est pas seulement une affaire du gré à gré[1197] mais peut aussi intervenir dans tout type de marché public surtout lorsque c'est nécessaire ou imminent[1198].

1188 GAULLIER-CAMUS (F), *La responsabilité financière des gestionnaires publics*, LGDJ, Coll. Thèses, sous-collection "Bibliothèque de finances publiques et fiscalité, janvier 2020, 504 P.

1189 JAQUIER (M), *Le gré à gré exceptionnel dans les marchés publics : Etude de droit suisse et européen, op.cit.*, 676 P.

1190 Techniquement, Georges Scelles appelle cela un "dédoublement fonctionnel".

1191 RAIMBAULT (P), *Recherche sur la sécurité juridique en droit administratif français*, *op.cit.*, 710 P.

1192 KOTT (S), MILOT (J-P), *Les comptes publics : objets et limites*, *op.cit.*, 216 P.

1193 COLLECTIF, *Réussir ses marchés publics spécifiques. Secteurs spéciaux + Domaines de la défense et de la sécurité*, Larcier, 1ère édition, juin 2016, 430 P.

1194 Le dictionnaire Larousse définit le pouvoir réglementaire comme le pouvoir reconnu à certaines autorités d'édicter des décisions exécutoires de caractère général, les règlements.

1195 ROBBE (S), « La clarté des lois dans la sécurité juridique », *op.cit.*, pp. 337-358.

1196 Le pouvoir réglementaire camerounais doit définir de manière claire l'urgence simple, l'urgence impérieuse, l'urgence économico-technique, et l'urgence liée à la défaillance du soumissionnaire dans le code des marchés publics.

1197 JAQUIER (M), *Le « gré à gré exceptionnel » dans les marchés publics : étude de droit suisse et européen*, op.cit., 676 P.

1198 FROMENT-MAIRE (A), « La notion d'imminence en droit administratif », *op.cit.*, pp.149-170.

ANNEXES

ANNEXE 1 : AVIS D'APPEL D'OFFRES INTERNATIONAL RESTREINT N°2018/001/AOIR/DG/CIPM/CAMTEL DU 08/08/2018 POUR LE RECRUTEMENT EN PROCEDURE D'URGENCE, D'UN CABINET OU D'UNE AGENCE DE COMMUNICATION DANS L'EVENEMENTIEL, POUR ACCOMPAGNER CAMTEL DANS L'ORGANISATION DE LA CEREMONIE D'INAUGURATION DU NOUVEAU CÂBLE SOUS-MARIN SAIL

camtel

Avis d'Appel d'Offres International Restreint
N° 2018/001/AOIR/DG/CIPM/CAMTEL DU 08/08/2018
Pour le recrutement en procédure d'urgence, d'un Cabinet ou d'une Agence de Communication dans l'Evénementiel, pour accompagner CAMTEL dans l'organisation de la cérémonie d'inauguration du nouveau câble sous marin SAIL.

Article 1er - Objet de l'Appel d'Offres

La Société Cameroon Télécommunications (CAMTEL) lance, un Appel d'Offres International Restreint pour le recrutement en procédure d'urgence, d'un Cabinet ou d'une Agence de Communication dans l'Evénementiel, pour accompagner CAMTEL dans l'organisation de la cérémonie d'inauguration du nouveau câble sous marin SAIL.

Article 2 – **CONSISTANCE DES PRESTATIONS**

Les prestations objet du présent Appel d'Offres comprennent

- La conception de l'événement ;
- Préparation de l'événement ;
- Mise en œuvre de l'événement ;
- Evaluation post-événementiel.

Article 3 – Délai d'exécution

Le délai prévu par le maitre d'ouvrage pour la réalisation des prestations objet du présent Appel d'Offres est de trente jours pour l'ensemble du projet.

Article 4 – Allotissement et nombre maximum de lots à attribuer :
N/A

Article 5- Financement

Les prestations objet du présent Appel d'Offres seront financées par le budget CAMTEL, exercice 2018 ; pour un coût prévisionnel de **500 000 000 FCFA/TTC**

Article 6 - Participation et origine

La participation au présent Appel d'Offres est ouverte aux Cabinets ou Agences de Communication ci-après sélectionnés après Appel à Manifestation d'intérêt N°2018/02/AMI/DG/DAP/CAMTEL du 24 Mai 2018.

CAMEROON TELECOMMUNICATIONS
B.P. : 1571 Yaoundé - Cameroun TELEPHONE (237) 222 234 065
Fax : (237) 222 230 303 Site Web : www.camtel.cm
N° Contribuable M 0998 0000 9853 S

- GL EVENT LIVE 59 QUAI RAMBEAUD 69002 LYON 331 44 31 54 10
- MC CANN BP 12516 Douala 233 43 91 88

Article 7 – Cautionnement provisoire

Chaque soumissionnaire doit joindre à ses pièces administratives, une caution de soumission établie par un établissement bancaire de premier ordre agrée par le Ministère chargé des Finances dont la liste figure dans la pièce 11 du DAO, précisant le montant de dix millions (10 000 000) FCFA, valable pendant trente jours, au-delà de la date limite de validité des offres.

Article 8 - CONSULTATION DU DOSSIER D'APPEL D'OFFRES

Le Dossier d'Appel d'Offres peut être consulté aux heures ouvrables à la Direction des Achats et du Patrimoine, Sous-direction des Achats sise au 6ème étage, porte 602, B.P. 1571 Yaoundé, Tél. (237) 22-23-40-65, (237) 22-23-70-53 – Fax : (237) 22-23-03-03 dès publication du présent avis.

Article 9 - ACQUISITION DU DOSSIER D'APPEL D'OFFRES

Le Dossier d'Appel d'Offres peut être obtenu aux heures ouvrables à la Direction des Achats et du Patrimoine, Sous–Direction des Achats sise au 6ème étage, porte 602, B.P. 1571 Yaoundé, Tél. (237) 22-23-40-65, (237) 22-23-70-53 – Fax : (237) 22-23-03-03 dès publication du présent avis, sur présentation d'un reçu de versement, pour frais d'achat de dossier, de la somme **non remboursable de 300 000 (trois cent mille) FCFA** au **Compte d'Affectation Spécial (CAS) - ARMP N° 335 988** ouvert auprès des agences BICEC (Yaoundé agence Centrale, Douala Bonanjo, Buéa, Ebolowa, Dschang, Ngaoundéré, Maroua, Limbé, Bafoussam, Bamenda, Garoua, Bertoua). Lors du retrait du dossier, les soumissionnaires devront dans tous les cas se faire enregistrer en laissant leur adresse complète (boîte postale, téléphone). Toute soumission devra comprendre ce reçu de versement.

Article 10 – - REMISE DES OFFRES

Les offres, rédigées en français ou en anglais en sept (07) exemplaires, dont un (1) original et six (6) copies respectivement marqués comme tels, devront parvenir à la Direction des Achats et du Patrimoine, Sous-Direction des Achats sis à la porte 602 du siège CAMTEL ou être déposées contre récépissé à l'adresse sus indiquée, au plus tard le 2[illegible]/03/**2018 à 13h, heure locale.**

Le dossier sera présenté dans trois (03) enveloppes distinctes "intérieures" ainsi qu'il suit :

I - pièces administratives
II- propositions techniques,
III- propositions financières.

Les enveloppes ci-dessus doivent être fermées. Elles seront placées à l'intérieur d'un pli "extérieur anonyme" hermétiquement fermé et portant impérativement **la seule et unique mention** suivante :

Appel d'Offres International Restreint
N° 2018/001/AOIR/DG/CIPM/CAMTEL du 08 / 08 /2018
Pour le recrutement en procédure d'urgence, d'un Cabinet ou d'une Agence de Communication dans l'Evénementiel, pour accompagner CAMTEL dans l'organisation de la cérémonie d'inauguration du nouveau câble sous marin SAIL.

A N'OUVRIR QU'EN SEANCE DE DEPOUILLEMENT.

.Article 11 – RECEVABILITE DES OFFRES

Chaque soumissionnaire devra joindre à ses pièces administratives, une caution de soumission établie par une banque de premier ordre agréée par le Ministère chargé de Finances dont la liste figure dans la pièce 12 du DAO, au montant de **dix million (10 000 000) de francs CFA,** valable pendant trente(30) jours, au-delà de la date de validité des Offres.

Sous peine de rejet, les autres pièces administratives requises devront être impérativement produites en originaux ou en copies certifiées conformes par le service émetteur ou par une autorité administrative, conformément aux dispositions du Règlement Particulier de l'Appel d'Offres. Elles devront obligatoirement dater de moins de trois (03) mois ou avoir été établies postérieurement à la date de signature de l'avis d'appel d'offres.

Toute offre non conforme aux prescriptions du présent avis et du Dossier d'Appel d'Offres sera déclarée irrecevable. **Notamment l'absence de la caution de soumission** délivrée par une banque de premier ordre agréée par le Ministère chargé des finances ou **le non-respect des modèles des pièces du Dossier d'Appel d'Offres**, entraînera le rejet de l'offre.

Article 12 - OUVERTURE DES OFFRES

L'ouverture des plis se fera en un temps. L'ouverture des pièces administratives et des offres techniques se fera dans la salle des réunions de la Commission Interne de Passation des Marchés (CIPM) de CAMTEL sise au 2ème étage, porte 203 du bâtiment siège CAMTEL le 27 / 08 **/2018** à partir de **14h**, heure locale par ladite commission.

Seuls les soumissionnaires peuvent assister à cette séance d'ouverture ou s'y faire représenter par une personne de leur choix dûment mandatée et ayant une parfaite connaissance du dossier et une maîtrise de la réglementation sur les marchés publics notamment le Décret 2018/366 du 20 Juin 2018 portant Code des Marchés Publics et ses additifs

Article 13 - **PRINCIPAUX CRITERES D'EVALUATION**

13.1 CRITERES ELIMINATOIRES

Seront rejetées les offres présentant les manquements ci-après :

- Absence d'une pièce administrative requise dans le DAO ;
- Dossier technique incomplet ;
- Offre financière incomplète (BPU, DQE, SDP, SOUMISSION) ;
- Non-conformité d'une pièce administrative non régularisée dans les délais fixés par la CIPM après le dépouillement ;
- Fausses déclarations ou falsification de document ;
- Absence d'un prix unitaire quantifié dans l'offre financière.
- Note technique inférieure à 80%

13.2 CRITERES ESSENTIELS DE QUALIFICATION ET D'EVALUATION

Les critères essentiels relatifs à la qualification des candidats porteront sur :

a) Qualification du personnel à mobiliser oui:/non ;

b) Expérience du Bureau d'Etude ou du Cabinet dans les prestations similaires oui /non;

c) Conformité aux spécifications techniques oui/non ;

d) Délai et planning oui/non ;

e) Présentation de l'offre oui/non ;

f) Compréhension des prestations oui/non.

Seuls les soumissionnaires ayant obtenu une note de 80% sur l'ensemble des critères ci-dessus seront qualifiés pour l'analyse des Offres financières.

La note financière sera obtenue en application de la formule Sf= 100 X Fm/F (Sf étant le score financier, Fm la proposition la moins disante et F le montant de la proposition considérée)

La note définitive sera calculée en faisant T + F (note technique + note financière) ou T est de 80% et F est de 20%

Article 14 – <u>ATTRIBUTION</u>

Le marché sera attribué au soumissionnaire présentant l'offre financière évaluée « la moins-disante »et remplissant les capacités techniques administratives requises.

Article 15 – DUREE DE VALIDITE DES OFFRES

Les soumissionnaires restent engagés par leur Offre pendant 90 jours à partir de la date limite fixée pour leur remise.

16 - RENSEIGNEMENTS COMPLEMENTAIRES

Des renseignements complémentaires peuvent être obtenus aux heures ouvrables auprès de la Direction des Approvisionnements et de la Logistique, Sous-Direction des Approvisionnements et des Marchés sise à la porte 602, 6ème étage de l'immeuble-siège, Tél. (237) 22-23-40-65, (237) 22-23-70-53 ; Fax : (237) 22-23-03-03.

17- ADDITIF A L'APPEL D'OFFRES

Le Directeur Général de la CAMTEL, Maître d'ouvrage, se réserve le droit, en cas de nécessité, d'apporter toute modification ultérieure utile au présent Appel d'Offres.

Yaoundé, le 08 AOUT 2018

LE DIRECTEUR GENERAL

Nkoto Emane David

Ampliations :
ARMP (Publication)
Camtel.cm (publication)
CIPM
Archives

ANNEXE 2 : DECISION N°004862/L/MINMAP/SG/DGMAS/DMSPI/CE7 AUTORISANT LA SOLLICITATION D'UNE PROCEDURE EXCEPTIONNELLE DE GRE A GRE POUR L'ABONNEMENT A UNE BASE DE DONNEES SPECIALISEE DANS LES TECHNIQUES DE L'INGENIEUR A L'UNIVERSITE DE YAOUNDE I

REPUBLIQUE DU CAMEROUN *Paix-Travail-Patrie* ************* PRESIDENCE DE LA REPUBLIQUE ************* MINISTERE DES MARCHES PUBLICS ************* DIRECTION GENERALE DES MARCHES DES APPROVISIONNEMENTS ET DES SERVICES ************* DIRECTION DES MARCHES DES SERVICES ET DES PRESTATIONS INTELLECTUELLES ************	REPUBLIC OF CAMEROON *Peace-Work-Fatherland* ************ PRESIDENCY OF THE REPUBLIC ************ MINISTRY OF PUBLIC CONTRACTS ************ DIRECTORATE GENERAL OF SUPPLIES AND SERVICE CONTRACTS ************ DEPARTMENT OF SERVICE AND INTELLECTUAL SERVICE CONTRACTS ************
N° 004862/L/MINMAP/SG/DGMAS/DMSPI/CE7	Yaoundé, le 10 JUIL 2017

Le Ministre Délégué
The Minister Delegate

A

MONSIEUR LE COORDONATEUR DU CETIC
UNIVERSITE DE YAOUNDE I

- YAOUNDE-

***Objet**: Sollicitation d'une procédure exceptionnelle pour l'abonnement à une base de données spécialisée dans les techniques de l'ingénieur*

Monsieur Le Coordonnateur,

J'accuse réception de votre lettre par laquelle vous sollicitez à titre exceptionnel l'autorisation de passer par voie de gré à gré suivant les dispositions de l'article 29 (d) du Code des Marchés Publics, le marché dont l'objet est sous rubrique avec l'entreprise **TECHNIQUE DE L'INGENIEUR, pour un montant de 25 000 euro soit 17 000 000 (Dix-sept millions) de FCFA.**

Y faisant suite, j'ai l'honneur de vous faire connaître que certains éléments ne sont pas joints à votre demande conformément aux dispositions du point **1.5 de la circulaire n°002/CAB/PM du 31 janvier 2011 relative à l'amélioration de la performance** du système des Marchés Publics, qui prescrit la liasse documentaire nécessaire à la demande de gré à gré, notamment:

- Le chronogramme de passation du marché ;
- La justification du sous détail des prix ;
- La non objection du bailleur de fonds.

Toutefois, compte tenu de l'importance de ce système pour les recherches universitaires, **je vous notifie l'accord sollicité, à titre exceptionnel, conformément aux dispositions combinées des articles 160 et 29 (d) du Code des Marchés Publics et sous réserve de la non objection du bailleur de fonds.**

En conséquence, vous voudriez bien transmettre: l'autorisation de gré à gré en question, le projet de marché, le dossier de consultation, l'offre de l'attributaire ainsi que le rapport d'évaluation à la Commission compétente, pour examen et avis, conformément aux dispositions de **l'article 31 (6) du Décret N°2013/271 du 05 Août 2013 modifiant et complétant les dispositions du Décret N°2012/074 du 08 Mars 2012 portant création, organisation et fonctionnement des Commissions de Passation des Marchés Publics, du Point 22 de la Circulaire n°001/CAB/PR/ du 19 juin 2012 relative à la passation et au contrôle de l'exécution des Marchés Publics et du Point III.6.b.3 de la Circulaire N°004/CAB/PM du 30 Décembre 2005 relative à l'application du Code des Marchés Publics.**

Aussi, vous saurais-je gré de vous assurer de la conformité du coût de la prestation à la mercuriale officielle, le cas échéant de saisir les Services du Ministère en charge des prix pour déterminer le prix à retenir dans votre commande, conformément au point **330 et 331 de la circulaire 0001/C/MINFI du 28 décembre 2016 portant instructions relatives à l'exécution des lois de finances, au suivi, et au contrôle de l'exécution du Budget de l'Etat pour l'exercice 2017.**

Veuillez agréer, **Monsieur Le Coordonnateur,** l'expression de ma parfaite considération. /-

Abba Sadou

BIBLIOGRAPHIE

I- OUVRAGES

A- OUVRAGES GENERAUX

1. **AYNES (Augustin), CORNELOUP (Sabine), ETIENNEY DE SAINTE MARIE (Anne), JAUFFRET-SPINOSI (Camille), KLEIN (Julie), LATINA (Mathias), LOCLUIN (Eric), MALINVAUD (Philippe),** *Le temps et le droit. Journées nationales.* Tome XVII, Dijon, Association Henri Capitant des amis de la culture française, édition Dalloz, collection « *Thèmes et Commentaires* », sous-collection « *Association Henricapitant* », Juin 2014, 128 pages.

2. **BADAOUI (Saroi),** *Le fait du prince dans les contrats administratifs*, LGDJ, Paris, 1955, 239 pages.

3. **BARRAUD (Boris)**, *La recherche juridique. Science et pensée du droit*, édition L'Harmattan, collection *« Logiques juridiques »*, mai 2016, Paris, 550 pages.

4. **BENOIT (Paul-François)**, *Le droit administratif français*, DALLOZ, Paris, 1968,897 pages.

5. **BERGEL (Jean-Louis),** *Méthodologie juridique*, PUF, collection « *Thèmes* », Juin 2001, 408 pages.

6. **BOUVIER (Michel), LASSALE (Jean-Pierre), ESCLASSAN (Marie-Christine),** *Finances publiques*, 5e édition, LGDJ, collection « *Manuels* », 1er Octobre 2000, 854 pages.

7. **CALAIS-AULOY (Jean), TEMPLE (Henri)**, *Droit de la consommation*, 8e édition, Dalloz, 20 Octobre 2010, 736 pages.

8. **CLAMOUR (Guilain), DELELIS (Philippe), DEVILLIERS (Pascal), ECKERT (Gabriel), HOEPFFNER (Hélène), LINDITCH (Florian), MARTIN (Julien), MULLER (Etienne), RICHER (Laurent), ROMAN-SEQUENSE (Brigitte), YANN (Simmonet), UBAUD-BERGERON (Marion), ZIMMER (Willy)**, ouvrage collectif, *Le droit de la commande publique*, LGDJ, éditeur : LEXIS NEXIS, décembre 2016, 220 pages.

9. **CORNU (GERARD)**, *Vocabulaire juridique*, 11e édition, 13-1-2016, PUF, 1152 P, Paris.

10. **CRUCIS**, *Droit des contrôles financiers des collectivités territoriales*, collection AJDA, Le Moniteur, 1er Janvier 1998, 750 pages.

11. **DE LAUBADERE (André), DE VENEZIA (Jean Claude) et GAUDEMET (Yves)**, *Traité de droit administratif*, paris, LGDJ, 9e édition, Titre V, 813 pages.

12. **DEFOORT (Benjamin)**, La décision administrative, LGDJ, 2015, Paris, 675 pages.

13. **DELAUNAY (Benoit)**, *Droit public de la concurrence*, LGDJ, 22 Septembre 2015, 510 pages.
14. **DREYFUS (Jean David)**, Contribution à une théorie générale des contrats entre personnes publiques, l'Harmattan édition, Novembre 1998, 528 pages.
15. **DUGUIT (Léon)**, *Traité de Droit constitutionnel*, 3e édition, TOME 3, éditeur : E. de BOCCARD, Paris, 1925, 810 pages.
16. **DUVAL (Maxime)**, *Abus de pouvoir dans l'administration*, LGDJ, éditions du PAPYRUS, mars 2015, 322 pages.
17. **DUVERGER (Maurice)**, *Finances publiques*, PUF, collection « *Thémis* », 1er Janvier 1956, 462 pages.
18. **ENOU (Louis)**, *Traité théorique et pratique de droit administratif*, Tome 1 : *« Les travaux publics »* LNDJ, Paris, 1903, 640 pages.
19. **FABRE-MAGNAN (Muriel)**, *De l'obligation d'information dans les contrats. Essai d'une théorie*, LGDJ, collection *« Anthologie du droit »*, décembre 2014, 596 pages.
20. **FLEURY-LE GROS (Pierre)**, *Le temps et le droit*, édition : Lexinexis, collection : « *Colloques et Débats* », juillet 2010, 112 pages.
21. **FOURNIER (Stéphanie)**, Maistre du CHAMBON (Patrick), *La responsabilité civile délictuelle*, PUG, 2015, 176 pages.
22. **GAUDEMET (Jean),** *Les naissances du droit. Le temps, le pouvoir et la science au service du droit*, LGDJ, 4e édition, collection « *Précis Domat* », Juin 2006, 400 pages.
23. **GERVAIS (René)**, Le contrôle des dépenses engagées, LGDJ, Paris, 1906, 211 pages.
24. **GONOD (*P)* MELLERAY (F), VOLKA (*P)*** (*sous la direction de*), *Traité de droit administratif*, Dalloz, 2011, 842 pages.
25. **GUETTIER (Christophe),** *Droit des contrats administratifs*, PUF, collection « *Thémis* » 2003, 1576 pages.
26. **GUEZOU (Olivier)**, *Traité de contentieux de la commande publique*, édition Le Moniteur, collection « *Référence juridique* », Octobre 2015, 654 pages.
27. **HITTE**, Le Contrôle des dépenses engagées, Bordeaux, imprimerie de l'université, 1923,117 pages.
28. **KOTT (Sébastien)**, *Le Contrôle des dépenses engagées*, évolution, édition : institut de la gestion publique et du développement économique, comité pour l'histoire économique et financière de la France, collection « *Histoire économique et financière* », Vincennes, Octobre 2004, 543 pages
29. **KRIS WAUTERS**, Contrats publics, édition : Arthémis, Août 2014, 198 pages.
30. **LABROT (EMILIE)**, *L'imprévision : étude comparée droit public- droit privé des contrat*s, édition L'harmattan, 2016, 684 pages.
31. **MACERA (Bernard-Frank)**, *Les actes détachables dans le droit public français*, 1ére édition, presse universitaire de Limoges, 2002, 138 pages.
32. **MAGNET (Jacques)**, *Eléments de comptabilité publique*, 3e édition, LGDJ, collection « *système : finances publiques* », 1er Janvier 1996, 186 pages.

33. **MODERNE (Frank)**, *Les quasi-contrats administratifs*, édition Sirey, collection « *droit public* », 1995, 132 pages.
34. **MONTESQUIEU, GOLDSCHIMIDT(Victor)**, *De l'esprit des lois*, Tome 1, édition : Flammarion, 27 Mai 1993, 486 pages.
35. **NICINSKI (Sophie)**, *Droit public des affaires*, 5e édition, LGDJ, collection précis Domat, 2016, 784 pages.
36. **OUM OUM (Frank Joseph)**, *La responsabilité contractuelle en droit administratif*, LGDJ, sous-collection « Bibliothèque de droit public », Février 2014, 616 pages.
37. **PACTEAU (Bernard)**, *Contentieux administratif*, 7e édition, PUF, 2005, 530 pages.
38. **PALLARD (ROGER)**, *L'exception de nécessité en droit civil*, LGDJ, 1949, Paris, édition Broché, 380 pages.
39. **PELLET (Sophie)**, L'avenant au contrat, édition IRJS, collection "Bibliothèque de l'institut de recherche juridique de la Sorbonne", 2010, 628 pages.
40. **PROTIERE (Guillaume)**, *Espaces du droit et droits des espaces*, édition L'Harmattan, Collection « *Administration et Aménagement du territoire* », Octobre 2009, 194 pages.
41. **RICHER (Laurent),** *Droit des contrats administratifs*, LGDJ, Paris, Lextenso édition, 6e édition, à 2008, 743 pages.
42. **ROMI (Raphaël)**, *Méthodologie de la recherche en droit*, 2e édition, édition Lexis Nexis, collection : « *Objectif droit* », sous-collection : « *Cours* », Janvier 2011, 142 pages
43. **THIBAUT (Eric), WAUTER (Kris)**, *L'intérêt dans les contentieux administratifs*, édition Larcier, Mars 2015, 184 pages.
44. **VAN LANG (Agathe), Geneviève GONDOUIN, INSERGUET.BRISSET (Véronique)**, *Dictionnaire de droit administratif*, édition SIREY, 2011, 492 pages.

B- OUVRAGES SPECIALISES

1. **AVOM MESSENGUE (Bernard),** *La gouvernance des marchés publics au Cameroun, les éditions kilimandjaro,* 2013, 552 Pages.
2. **BABANDO (Jean-Pierre),** *Groupement d'entreprises et cotraitance, 3e* édition, Edition Le Moniteur, collection « Guide juridique », 250 Pages.
3. **BIAKAN (Jacques),** *Droit des marchés publics au Cameroun*, édition l'harmattan, 2011, Paris, 130 Pages.
4. **BRACONNIER (Stéphane),** *Précis du droit des marchés publics,* édition Le Moniteur, 8 août 2012, 578 Pages.
5. **BREMONT (Pierre),** *Les marchés publics des collectivités territoriales,* Sofiac édition, Paris, 1er Septembre 1991,302 Pages.
6. **BRISSON (Jean-François),** *Les fondements juridiques du droit des marchés publics,* Moniteur édition, 1er juin 2004, 451 Pages.
7. **BRISSON (Jean-François),** *Les sources du droit des marchés publics,* édition : imprimerie nationale, 1er octobre 2013, 350 Pages.

8. **CHABANOL,** *Le régime juridique des marchés publics. Droits et obligations des signataires des marchés de travaux,* édition Le Moniteur, collection « analyse juridique », 2007, 595 Pages.
9. **CHARDIGNY (Claudine),** *Contrats et marchés publics de défense,* 2e édition, éditeur : BRUYLAND, LGDJ, mars 2013, 396 Pages.
10. **COSSALTER (Patrice), LANZARONE (Eric),** *Précontentieux et contentieux des marchés publics*, Territorial édition, Juillet 2006, 105 Pages.
11. **COURCELLE (Louis),** *Traité administratif des travaux publics,* édition Dunod, Paris, 1937, 619 Pages.
12. **CRAYE (Thierry),** *Appels d'offres, stratégies gagnantes pour les gérer et les remporter !* , LGDJ, éditeur : Chiron, Novembre 2013, 272 Pages.
13. **DE GERY (Phillipe), SCHMIDT,** *Les accords-cadres. Définition et évaluation des besoins, passation des accords-cadres et marchés à bon de commande, durée et délai d'exécution, réalisation des achats,* édition Le Moniteur, collection «Guides juridiques», Juillet 2007, 261 Pages.
14. **DESCOUT (Hélène), SALAMAND (Walter),** *Le droit pénal des marchés publics,* édition : Lettre du cadre territorial, 1er janvier 2001, 152 Pages.
15. **DUBEY (Jacques),** *Le concours en droit des marchés publics,* éditeur SCHULTHESS Verlag, ZÜRICH, 2005,486 Pages.
16. **DURVIAUX (Laurence-Ann), THIRION (Nicolas),** *La réforme du droit des marchés publics,* éditeur : Bruyland, Octobre 2014, 514 pages.
17. **GANEM (Richard), BOURET(Pascal),** *Les marchés publics d'informatique,* PUF, 1ère édition, novembre 1997, Paris, 150 Pages.
18. **HACHE (Olivier),** *Réussir la passation des marchés publics*, 2e édition, édition Le Moniteur, 8 juillet 2004, 191 Pages.
19. **JOURDAN (Fleur),** *Leçons de droit des marchés publics*, LGDJ, éditions Ellipses, Août 2014, 240 Pages.
20. **KALALA MUANA KABEYA (Guy),** *Passation des marchés publics en RDC*, l'harmattan, 2012, 240 Pages.
21. **LAGUERRE (Alain),** *Concurrence dans les marchés publics*, BNF, éditeur : BERGER-LEVRAULT, 1989, 156 Pages.
22. **LE CLERE (Julien),** *Les marchés de fournitures et de travaux publics*, RDP, Paris, 1949, 183 Pages.
23. **LINDITCH (Florian),** *Le droit des marchés publics*, Dalloz, février 2015, 6e édition, 150 Pages.
24. **MARTINEZ (Benjamin), SERR (Fabien),** *Exécution des marchés publics : mise en œuvre administrative et financière*, édition Le Moniteur, 16 novembre 2016, 408 Pages.
25. **MODERNE (FRANK),** *La sous-traitance des marchés publics,* édition Dalloz, 1995, 296 Pages.
26. **PERIER (Arsène),** *Des marchés de fournitures*, BNF, éditeur : PLON, Paris, 1875, 288 pages.
27. **PREBISSY-SCHNALL (Catherine),** *La pénalisation du droit des marchés publics*, LGDJ, 8 juillet 2002, 617 Pages.

28. **ROBERT (Jacques),** *L'esprit de défense*, édition Economica, Paris, 1987, 500 Pages.
29. **ROUX (Michel),** *Appels d'offres, rédiger, répondre, analyser*, LGDJ, éditeur : Eyrolles, collection « Livres outils », sous-collection : « Performance », Juin 2015, 202 Pages.
30. **SABLIER (Bernard), CARO (Joseph-Emmanuel), ABBATUCCI (Sévérin),** *La sous-traitance dans la construction*, édition Le Moniteur, 7e édition, juin 2012, 438 Pages.
31. **SERR (Fabien), MARTNEZ (Benjamin),** *Exécution des marchés publics*, édition Le moniteur, 23 octobre 2013, 376 Pages.
32. **STRADY (Fabrice),** *Remporter un appel d'offres. 32 fiches pour candidater à un appel d'offres, méthodologie, documents, types et formulaires*, LGDJ, éditeur : Le Moniteur, collection « Méthodes », octobre 2016, 238 pages.
33. **WYCKOFF GRELIER (Patricia),** *Le mémento des marchés publics de travaux, intervenants, passation et exécution*, 5e édition, édition Eyrolles, collection « droit », octobre 2011, 304 pages.
34. **YUKINS SCHWARTZ, SCHOONER, GORDON, FOLLIOT-LALLIOT (Florence),** sous la direction de MARCOU, *Le contrôle des marchés publics*, édition IRJS, collection "Bibliothèque de l'institut de recherche juridique de la Sorbonne", novembre 2009, 440 Pages.

C- MELANGES

1. **AUBY (Jean-Marie),** *L'ultrapétita dans la procédure contentieuse administrative* in Mélanges offerts à Marcel WALINE, Tome 2, LGDJ, 1974, pages 267-282.
2. **DELVOLVE (Pierre),** *Constitution et contrats publics*, in Mélanges en l'honneur de professeur MODERNE, Dalloz, 2004, Pages 469-499.
3. **DOUENCE (Jean Claude),** *Les conventions entre les personnes publiques*, mélange en l'honneur du professeur STASSINOPOLOS Michel, LGDJ, 1974, 597 Pages.
4. **SYMCHOWICZ (N),** *L'introuvable droit au maintien de l'équilibre financier dans les contrats administratifs*, in Mélanges à l'honneur de RICHER, pages 463-476.
5. **VEDEL (Georges),** *Remarques sur la notion de clause exorbitante*, in Mélanges dédiés à MESTRE, Paris, Sirey, 1956, PP 527-561.

II- ARTICLES

1. **ABANE ENGOLO**, *« La notion de qualité du droit »* in RDSP, Vol 1, N°01, Juin 2013, PP 88-110.
2. **BIAKAN (Jacques)**, *« La Réforme du cadre juridique des finances publiques au Cameroun : la loi portant régime financier de l'Etat »* in L'administration camerounaise à l'heure des réformes, l'harmattan, 2010, PP 9-28.

3. **CHAPUS (René)**, «*Georges VEDEL et l'actualité d'une notion fonctionnelle : l'intérêt d'une bonne administration de la justice* » in Revue du droit public et de la science politique en France et à l'étranger, N° 1, 2003, PP 3-18.

4. **CHARLES (Hubert)**, « *Actes rattachables et actes détachables en droit administratif. Contribution à une théorie de l'opération administrative* » in Revue internationale de droit comparé, Vol 20, N°4, Octobre-décembre 1968, PP 771-775.

5. **CHEVALLIER (Jacques)**, « *Le droit administratif, droit de privilège* ? », in revue française d'études constitutionnelles et politiques, N°46, Septembre 1988, pages 57-70.

6. **DAUMARD (Jacques)**, « *Les marchés industriels des départements de la défense nationale. Contribution à la théorie générale des marchés* » in revue internationale de droit comparé, Vol 16, N°3, 1964, PP 649-650.

7. **DELUZ, LEVET**, « Développer et faciliter l'accès des PME à la commande publique », in Revue Le moniteur, 2003, N° 51178, PP 48-51.

8. **DESMURS-MOSCET**, « *Théorie des sujétions imprévues et le CCAG* » in Revue Le moniteur, N°48 15 Décembre 1977, PP 97-98.

9. **DREYFUS (Françoise)**, « *La liberté du commence et de l'industrie* » in revue internationale de droit comparé, Vol 28, N°3, Juillet –Septembre 1976, PP636-638.

10. **DUBOUIS**, « *La théorie de l'abus de droit et la jurisprudence administrative* » in Revue internationale de droit comparé, Vol 16, N°1, Janvier-mars 1964, PP 231-233.

11. **GAUDEMET (YVES)**, « *Le contrat administratif, un contrat hors la loi* » in Les cahiers du conseil constitutionnel, N°17, 2004, PP 91-94.

12. **HEUNINCK (Baudoin)**, « *Evolutions récentes du droit européen des marchés publics de défense* » In Revue de centre d'études et de recherches en administration publique, revue pyramides, 2011, pages 139-172.

13. **HODINH (Anne-Marie)**, « *Le vide juridique et le besoin de loi : pour un recours à l'hypothèse du non droit* », N°2, Vol 57, Presses universitaires de France, 2007, PP 19-453.

14. **HOUSSARD (£)**, « *L'économie du contrat* » in Revue juridique de l'Ouest, Vol 15 N° 1, 2002, PP 7-65.

15. **JALU ZOT (Beatrice)**, « *Méthodologie du droit comparé : bilan et prospective* » in Revue internationale de droit comparé, Vol 57, N° 1, 2005, PP 29-48.

16. **KAHN (J)**, « *La notion juridique des marchés publics* » in Marchés publics, octobre 1968, PP 37-51.

17. **KIRAT (Thierry)**, « *Le risque dans le contrat administratif ou la nécessaire reconnaissance de la dimension économique du contrat* » in Revue internationale de droit économique, 2005/3, PP 291-318.

18. **LEMAIRE**, « *La force majeure : un événement irrésistible* » in Revue de droit public et de science politique en France et à l'étranger, N°6, novembre-décembre 1999, PP1723-1740.

19. LLORENS (François), SOLER-COUTEUX (Pierre), « *Le recours des candidats évincés contre les contrats : embarras du choix ou embarras tout court ?* » in contrats et marchés publics, Août –Septembre 2007, PP 1-27.

20. LYON-CAEN (Arnaud), « *Les modes alternatifs de règlement des litiges en droit administratif* » in revue internationale de droit comparé, Vol 49, N° 2, 1997, PP 421-425.

21. MATHIEU (Edouard), SUBERCHICOT (Maryse), « *marchés publics et structures industrielles* » in économie et statistiques, Vol 96 N° 1, Janvier 1978, PP 43-54.

22. MORAND (Pierre-Henri), « *Accès des PME aux marchés publics : allotissement ou groupement* ? » in revue de l'institut économie politique, N°10, 2002/I, PP73-100.

23. MOUGEOT (Michel), « *marchés publics : règles rigides ou procédures flexibles ?* » in politiques et management public, Vol 4, N°3, 1986, PP 1-25.

24. MOUGEOT (Michel), NAEGELEN (Florence), « *L'ouverture des marchés publics dans la communauté économique européenne* », in politiques et management, Vol 10, N°2, 1992, PP61-80.

25. MOUGEOT (Michel), NAEGELEN (Francine), « *La libération des marchés publics en 1992* » in Revue d'économie industrielle, Vol 52, 2e trimestre, 1990, université BESANÇON, PP 52-68.

26. NELL (Phillipe), « *Transparence dans les marchés publics : option après la cinquième conférence ministérielle de l'OMC à Cancún* » in Revue internationale de droit économique, éditeur : De Boeck supérieur, 2004, PP 355-379.

27. OBERTO (Giacomo), « *La gestion de l'urgence dans le procès civil italien* »in Revue internationale de droit comparé, 2001, Vol 53, N° 3. PP 709-733.

28. OST (François), « *Le temps du droit* » in droit et société, N° 46, 1999-2000, PP 659-678.

29. PESTIEU (Pierre), GATHON (Henry- Jean), « *La performance des entreprises publiques. Une question de propriété ou de concurrence ?* » in Revue économique, Vol 47, N°6, 1996, PP 1225-1238.

30. PONSSARD (Jean-Pierre), « *Marchés publics et innovation : concurrence ou régulation ?* » in Revue économique, 1981, Vol 32, N°2, PP 163-179.

31. POUJADE (Bernard), « *L'offre de concours* » in RDP, 1985. PP1560-1633.

32. ROBERT (Jacques), « *Les situations d'urgence en droit constitutionnel* » in Revue internationale de droit comparé, Vol 42. N°2, Avril-Juin 1990, PP 751-764, Paris II.

33. SIRAT, « *L'exécution d'office, l'exécution forcée, 2 procédures distinctes de l'exécution administrative* » in JCL, 1948, I 1440.

34. SOULAS DE ROUSSEL (Dominique), RAIMBAULT « *Nature et racines du principe de sécurité juridique : une mise au point* » in Revue internationale de droit comparé, Année 2003, Vol 55, N°1, PP 85-103.

35. **TCHIVOUNDA PAMBOU (Guillaume**), « *Recherche sur l'urgence en droit administratif français* » In Revue de droit public, 1983, N°1, pages 81-135.
36. **ZOGO NKADA (Simon-Pierre**), « *Le critère financier des contrats de la commande publique* » in RASP, N° 10, 2013, PP 203-226.

IV- THESES

1. **ANTONMATTEI (Paul-Henri)**, Contribution à l'étude de la force majeure, LGDJ, collection « Bibliothèque de droit privé, thèse, Janvier 1992, 316 pages.
2. **ARRIGUI (Pascal**), Essai sur le caractère administratif des marchés de fourniture, thèse, Paris, 1945, 215 pages.
3. **ARSAC-RIBEYROLLES**, Essai sur la notion d'économie du contrat, thèse, 24 Mai 2005, université Clermont I, 341 pages.
4. **BELLA (Françoise**), Les choses dangereuses dans les contrats privés, thèse, 2015, 331 pages.
5. **BUCHER (Charles-Edouard**), L'inexécution du contrat de droit privé et du contrat administratif, thèse, édition Dalloz, Avril 2011, 504 pages.
6. **DOMERGUE (Gilles**), Les marchés publics de prestation intellectuelle, thèse, LGDJ, 1992, Paris 2, 336 pages
7. **DREYFUS (Albert**), Etude juridique de la concession de travaux publics, thèse, édition Pédone, 1896, Paris, 167 pages.
8. **DUBOUIS (Louis),** La théorie de l'abus de droit et la jurisprudence administrative, LGDJ, Paris, 1962, 472 pages.
9. **ENGOUTOU**, L'apport de la cour fédérale de justice au droit administratif Camerounais, Yaoundé II, 354 pages.
10. **FRIER (Pierre-Laurent**), L'urgence, thèse, LGDJ, Paris 1987, 539 pages.
11. **GABOLDE (Christian**), Essai sur la notion d'urgence en droit administratif français, thèse, Paris, 1951, 244 pages.
12. **GUIMDO (Bernard-Raymond**), Le juge administratif Camerounais et l'urgence, thèse, 2004, université de Yaoundé II- SOA, 607 pages.
13. **KALFLECHE (G)**. Des marchés publics à la commande publique, thèse, Paris 2, Panthéon-Assas, 2004, 764 pages.
14. **MICHEL (Geoffroy**), Notion d'urgence en droit administratif de l'environnement, thèse, 2006, 376 pages ;
15. **NIZARD** ***(L),*** Circonstances exceptionnelles dans la jurisprudence administrative, thèse, LGDJ, Paris, 1962, 295 pages.
16. **PEZ (Thomas**), Le risque dans les contrats administratifs, thèse, Paris II, LGDJ, Février 2013 ; 998 pages.
17. **POUYAUD (Dominique**), La nullité des contrats administratifs, LGDJ, thèse d'Etat en droit public, université de Paris 2, 1989, 852 pages.

18. **PREUD'HOMME (Laura)**, L'articulation des voies de droit dans le contentieux de la commande publique à l'initiative des tiers au contrat, thèse, université de Paris I, Panthéon – Sorbonne, 23 Octobre 2013, 437 pages.
19. **RAIMBAULT (Phillipe)**, Recherche sur la sécurité juridique en droit administratif français, Tome 256, LGDJ, thèse, Décembre 2009, 710 pages.
20. **SALL (Alioune)**, La notion d'urgence en droit internationale, thèse, Paris, 1996, presse universitaire du Septentrion, 585 pages.
21. **TARCINET (*R.M*)**, L'acte conservatoire en droit administratif français, thèse, LGDJ, Paris, 1978/9, 226 pages.
22. **VIDAL (Laurent)**, L'équilibre financier du contrat dans la jurisprudence administrative, thèse, Paris 1, édition Bruylant, 2005, 1412 pages.
23. **ZEVOUNOU (Lionel)**, Le concept de concurrence en droit, thèse, université Paris I ouest – Nanterre La défense, 2010, 480 pages.

V- MEMOIRES

1. **ABDOU KA**, La sécurité juridique en droit administratif sénégalais, université Gaston Berger de Saint-Louis, mémoire de DEA en droit public, 2015, 83 pages.
2. **ACCARDO (Christophe)**, La dématérialisation des procédures de passation des marchés publics, mémoire de D.E.A de droit public des affaires, 13 Septembre 2001, Université de Paris X Nanterre, 142 pages.
3. **ARAPU Corina,** Réflexion sur le processus d'application des procédures de passation des marchés publics, mémoire de DESS, Université Lumière Lyon II, Institut d'étude politique, 11 septembre 2003, 82 pages.
4. **AUSTRAET (Victoria),** La modification unilatérale du contrat en cours d'exécution. Y a-t-il une place dans notre droit des contrats pour un ius variandi ?, mémoire de master en droit, année académique 2014-2015, Université catholique de Louvain, faculté de droit et de criminologie, 66 pages.
5. **CHARLIER (Raphaële),** Les critères environnementaux dans les marchés publics, mémoire de Master 2 recherche option droit public économique, Université Paris 1, anneé académique 2006-2007, 114 pages.
6. **DOUBLO NYATEFE KWASI,** La transparence dans les marchés publics au Sénégal et au Togo, mémoire de Master, université Amadou Hampate Ba de Dakar, 2016, 108 pages.
7. **FASS (Jeremy),** La performance de l'achat public, mémoire de master 2 option contrats publics et partenariat, 2016, 168 pages.
8. **GUEDON (Julien),** La publicité dans les marchés publics : préalable indispensable à l'achat public?, mémoire pour le DESS en management du secteur public : collectivités et partenaires, institut d'études politiques de Lyon, Université Lumière Lyon 2, 9 septembre 2004, 76 pages.
9. **RAVIGNOT (Beatrice),** Les marchés publics à procédure adaptée : entre liberté et contrainte pour les collectivités territoriales, mémoire de master, LGDJ, Mai 2013, 160 pages.
10. **YETIBOCA PEMA SANGA,** L'amélioration du système de passation des marchés publics à la contribution de la performance de la gestion

des projets du Benin, mémoire de maîtrise en gestion des projets, Avril 2016, université du Quebec, Chicoutimi, 178 pages .

VI- JURISPRUDENCES ET NOTES DE JURISPRUDENCE

1. CE, 23 mars 2012, caisse des écoles de la commune de six fours-les plages, requête N°355439.
2. CE, 28 juin 2005, chambre de commerce et de l'industrie du Pas-de-Calais, requête N°27047, pages 698 et 964.
3. CE, 30 septembre 1996, préfet de la Seine et Marne, N°164114.
4. CE, 4 avril 1997, département d'Ille-et-Vilaine, N°145388.
5. CF.CE, 4-7-1986, Berger 1988, page 80.
6. CJCE, 7 décembre 2000, affaire C-324/98, Telaustria et Telefonadres, rec CJCE, page 10745.
7. Conclusion sous conseil d'Etat, assemblée, du 5 mars 2003, ordre des avocats à la cour d'appel publié au recueil LEBON, BJDCP 2003, N°28, page 20.
8. Conseil d'Etat, 31 juillet 1912, arrêt Société des granits porphyroïdes des VOSGES, GAJA 1915.
9. Conseil d'Etat, arrêt commune de Lens de 2003.
10. Conseil d'Etat, arrêt Compagnie générale française de Tramways de 1910.
11. CS/CA/jugement N°139/04-05 du 27 juillet 2005, affaire Société SOTRACOME C/Etat du Cameroun.
12. CS/CA/jugement N°50/84-85, TAMEGUI Boniface, 1er février 1985 C/Etat du Cameroun.
13. CS/CN/jugement N°96-97 du 5 décembre 1996, affaire DZONGANG C/ Etat du Cameroun.
14. Jugement N° 59/04-05 du 23 mars 2005/CA/CS, affaire Etablissement LIPA SPORT BTPC/Etat du Cameroun (Ministère des travaux publics).
15. Jugement N°62/94-95 du 29 juillet 1995 / CA/CS/, affaire The Big Brothers Trading company C/ Etat du Cameroun (MINDIC).
16. Jugement N°55/2001-2002, CS-CA du 19 Août 2002, affaire Etablissement Le Paysan C/ Etat du Cameroun.
17. Tribunal des conflits N°01804, 8 juillet 1963, Etablissement Peyrot C / Société d'exploitation des autoroutes du Sud-Est, Côte d'AZUR, recueil LEBON.
18. Tribunal des conflits, 14 février 2000, GIP : habitant et intervention sociale pour mal logés et sans abris, AJDA.
19. Tribunal des conflits, 24 Février 1968, sociétés distilleries Bretonnes C/FORMA/AJDA/1968, page 311.

V II- TEXTES JURIDIQUES

1. Acte uniforme OHADA relatif à l'arbitrage du 11 Mars 1999.
2. Annexe 4 B (spéciale) des accords de Marrakech du 15 Avril 1994.
3. Cahier de clauses administratives générales applicables aux marchés de travaux.
4. Cahier de clauses administratives générales applicables aux marchés de fournitures.
5. Cahier de clauses administratives générales applicables aux marchés de services et de prestations intellectuelles.
6. Cahier de clauses administratives particulières.
7. Charte Des Nations - Unies du 26 Juin 1945.
8. Circulaire du MINFI du 31-12-2015 pour exercice 2016.
9. Circulaire N°004/CAB/PM du 30 Décembre 2005 relative à l'application du code des marchés publics.
10. Circulaire N°06/013/CF/MINEFI du 12 Janvier 2006 portant instructions relatives à l'exécution et au contrôle de l'exécution du budget de l'Etat et des organismes subventionnés pour l'exercice 2006.
11. Code civil napoléonais de 1804.
12. Code de la commande publique en France du 01/04/2019 issu de l'ordonnance N°2018-1075 du 26/11/2018 et du décret N°2018-1075 du 03/12/2018 ;
13. Code des marchés publics français de 2006.
14. Code général des impôts mis à jour le 1er Janvier2017.
15. Constitution française 1958.
16. Convention de l'union économique de l'Afrique Centrale du 25 Juin 2008.
17. Déclaration des droits de l'homme et du citoyen de 1789.
18. Décret camerounais de 2004 portant code des marchés publics.
19. Décret N° 2018/366 du 20 Juin 2018 portant nouveau code des marchés publics.
20. Décret N°00027/PR/MEPPDD du 17/01/2018 portant code des marchés publics au Gabon.
21. Décret N°2003/651/PM du 16 Avril 2003 fixant les modalités d'application du régime fiscal et douanier des marchés publics.
22. Décret N°2004-277/FR portant code des marchés publics au Togo.
23. Décret N°2009-156 du 20/05/2009 portant code des marchés publics en République du Congo Brazzaville.
24. Décret N°2011-6.86/PRN/PM du 29/12/2011 portant code des marchés publics au Niger.
25. Décret N°2012/074 du 8 Mars 2012 portant création, organisation et fonctionnement des marchés publics.

26. Décret N°2012/076 du 8 Mars 2012 modifiant et complétant certaines dispositions du décret N°2001/048 du 23 Février 2001 création, organisation et fonctionnement de l'agence de régulation des marchés publics.
27. Décret N°2013/160/PR du 15 Mai 2013 portant règlement général de la comptabilité publique.
28. Décret N°2014-1039 du 13/03/2014 portant réglementation des marchés publics en Tunisie.
29. Décret N°2014-1212 du 22/09/2014 portant code des marchés publics au Sénégal.
30. Décret N°2015-0604/P-RM du 25/09/2015 portant code des marchés publics et des délégations de service public au Mali.
31. Décret N°2417/PR/PM/2015 fait en Novembre 2015 portant code des marchés publics au Tchad.
32. Décret N°59/44 du 14 Août 1959 portant réglementation des marchés publics issue de la réglementation française.
33. Décret N°77/41 du 3 Février 1977 fixant les attributions et l'organisation des contrôles financiers.
34. Décret N°95/101 du 9 Juin 1995 portant réglementation des marchés publics au Cameroun.
35. Directive de 2004/CE relative à la coordination des procédures de passation des marchés publics.
36. L'acte uniforme OHADA relatif au droit des sociétés commerciales et de groupement d'intérêt économique révisé et adopté le 30 Janvier 2014.
37. L'ancien décret français N°2001-210 du 07/03/2001 portant code des marchés publics (abrogé).
38. Loi constitutionnelle du 18 Janvier 1996 portant révision de la constitution du 2 Juin 1972.
39. Loi N°08-017 du 06/06/2018 portant code des marchés publics en République Centrafricaine.
40. Loi N°10/010 du 27 Avril 2010 relative aux marchés publics en RDC.
41. Loi N°2000/011 du 19/12/2000 relative au droit d'auteur et aux droits voisins.
42. Loi N°2016/007 du 12 Juillet 2016 portant code pénal camerounais.
43. Loi N°2017-04 du 19/08/2017 portant code des marchés publics au Benin.
44. Loi N°92/007 du 14 Août 1992 portant code du travail.
45. Loi N°98/013 du 14 Juillet 1998 relative à la concurrence au Cameroun.
46. Loi N°98/031 du 10 Août 1990 régissant l'activité commerciale au Cameroun.
47. Règlement N°17/99/CEMAC relatif à la charte des investissements du 17 Décembre 1999.

VIII- AUTRES DOCUMENTS

- Appel d'offres national ouvert en procédure d'urgence N°16-04/AONO/UYI/ CIPM/2016 du 20 octobre 2016 pour la fourniture d'un matériel roulant au projet CETIC à l'université de Yaoundé 1.
- Avis d'appel d'offres national ouvert en procédure d'urgence N°003/AONO/PU/PAK/CIPM/2019 du 05 avril 2019 pour la fourniture des services d'entretien et de nettoyage des bureaux et locaux du port autonome de Kribi.
-Appel d'offres international restreint N°006/AOIR/CAYDE7/CIPM/2017 en procédure d'urgence pour l'installation et la mise en service d'une infrastructure de concassage pour la carrière communale de Yaoundé 7 au lieu-dit Nkoloman.
-Appel d'offres international ouvert en procédure d'urgence N°002/AOIO/IN/CIPM-IN/SC/BM/2017 du 22 Mars 2017 pour l'acquisition de trois(3) piqueuses plats et cheval avec accessoires à l'imprimerie nationale du Cameroun.
-Appel d'offres international ouvert N°13-148/AOIO/MINSANTE/CNLS/-CSPM-CNLS/16 du 18 Avril 2016 en procédure d'urgence relatif à l'acquisition de quatre(04) extracteurs automatiques ADN ou ARN et de six(06) réfrigérateurs pour les laboratoires(lot 1) et d'un (01) extracteur automatique ADN ou ARN pour le centre pasteur du Cameroun (lot 2) .
-Appel d'offres international ouvert N°D13-200/AOIO/MINSANTE/-CNLS/CSPM-CNLS/16 du 26 Avril 2016 en procédure d'urgence relatif à l'acquisition d'un extracteur automatique pour la plateforme de l'hôpital Laquintinie de Douala .
-Appel d'offres international restreint N°2018/001/AOIR/DG/CIPM/CAMTEL du 08/08/2018 pour le recrutement en procédure d'urgence d'un cabinet ou d'une agence de communication dans l'événementiel, pour accompagner CAMTEL dans l'organisation de la cérémonie d'inauguration du nouveau câble sous-marin SAIL.
-Appel d'offres national ouvert numéro 024/AONO/MINSEP/CMPM/2017 du 25 janvier 2017 relatif aux travaux de réhabilitation du réseau électrique du ministère des sports et de l'éducation physique en procédure d'urgence.
-Appel d'offres national ouvert en procédure d'urgence N°037/AONO/MINMAP/DR-LT/SMAS/CRPM-LT/2016 du 07 septembre 2016 pour la fourniture de deux vedettes motorisées et deux moteurs de secours à la mission de développement de la pêche artisanale maritime.
-Appel d'offres national ouvert en procédure d'urgence N°2016/015/CIPM/MAETUR du 12/09/2016 pour la souscription triennale

d'une police d'assurance flotte automobile pour la couverture du parc automobile de la MAETUR.
-Appel d'offres national ouvert en procédure d'urgence N°001/AONO/CCAA/CIPM/2019 du 04 Février2019 pour la réalisation des études pour la construction de la clôture d'enceinte autour de l'aéroport de Yaoundé-Nsimalen.
-Avis d'appel d'offres national ouvert numero59/AONO/MINTP/CMPM-OAAI/2015 publié le 7 août 2015 en procédure d'urgence pour l'exécution de réhabilitation des bancs.
-Avis d'appel d'offres international ouvert en procédure d'urgence N°137/AOIO/PR/MINMAP/CCPM-AG/2016 du 29 septembre 2016 pour la fourniture des semoirs et autres matériels agricoles à la confédération nationale des producteurs de coton du Cameroun-CNPC-C/SODECOTON.
-Avis d'appel d'offres international ouvert lancé en procédure d'urgence N°046/AOIO/MINMAP/CCPM-AG/2015 DU 27 Avril 2015 pour la fourniture de 1000 tonnes de papier journal à la SOPECAM.
-Avis d'appel d'offres international ouvert N°07/AOIO/ADC/CIPM/2017 du 16 Juin 2017 lancé en procédure d'urgence pour la fourniture des pneumatiques et des batteries du matériel d'assistance à l'aéroport international de Douala.
-Avis d'appel d'offres international ouvert N°108/AOIO/MINTP/CMPM—TI/2017 du 20/11/2017 en procédure d'urgence pour l'exécution des travaux et réalisation des services de gestion et de l'entretien par niveaux de service (GENIS) de certaines routes revêtues du réseau national , dans les régions du Centre et Est.
-Avis d'appel d'offres international ouvert N°131/AOIO/MINMAP/CCPM-AI/2015 du 19/09/2016 pour la sélection d'un cabinet d'études en vue de la maîtrise d'œuvre du projet d'électrification de 166 localités par systèmes solaires photovoltaïques au Cameroun(en procédure d'urgence).
-Avis d'appel d'offres international restreint en procédure d'urgence N°180/AOIR/MINMAP/CCPM-SPI/2016 du 19/12/2016 pour l'élaboration des documents de planification urbaine et la réalisation des études techniques d'aménagement des communes de MESSAMENA et LOMIE(lot 1) , MEYOMESSI et MEYOMESSALA(lot 2) dans le cadre du programme d'aménagement et de développement intègre de la boucle minière du DJA et la zone frontalière adjacente(PADI/DJA) MINTP/CMPM/2015 du 26 Février 2016 en procédure d'urgence pour la réalisation des études techniques en vue de la réhabilitation/restauration de la voie navigable sur la Bénoué entre Garoua et la frontière du Nigeria (Région du Nord).
-Avis d'appel d'offres international restreint N°089/AOIR/MINMAP/CCPM-SPI/2017 du 19 Juin 2017 pour l'élaboration du schéma régional d'aménagement et de développement

durable du territoire de l'Extrême-Nord du Cameroun en procédure d'urgence.

-Avis d'appel d'offres international restreint en « procédure d'urgence» N°108/AOIR/MINMAP/CCPM-AI/2015 du 3 Août 2015 pour la maîtrise d'œuvre complète des projets d'infrastructures de voiries et de drainage dans les villes de Bafoussam, Bertoua et Garoua.

-Avis d'appel d'offres international restreint N°026/AOIR/PR/MINMAP/CCPM-SPI/2017 du 06 Mars 2017 en procédure d'urgence pour le recrutement d'un consultant pour la fourniture et l'intégration d'un progiciel de gestion intégré à la caisse autonome d'amortissement du Cameroun.

-Avis d'appel d'offres national restreint en procédure d'urgence N°063/AONR/CUD/CIPM/2017 du 01/08/2017 pour l'achat de matériel d'éclairage public pour travaux en régie.

-Avis d'appel d'offres national ouvert numéro 048/AONO/MINNHDU/CMPM/17 du 8 Juin 2017 pour la construction d'ouvrages hydrauliques et d'assainissement dans certaines villes du Cameroun en procédure d'urgence.

-Avis d'appel d'offres national restreint en procédure d'urgence N°027/AONR/PR/MINMAP/SG/DRMINMAP-ESCRPM/2017 du 10 Août 2017 pour la maîtrise d'œuvre des travaux de construction de l'hôtel de ville de la commune de SOMALOMO.

-Avis d'appel d'offres national restreint en procédure d'urgence N°88/AONR/MINTP/CMPM/2014 du 22/07/2014 pour le contrôle technique et la surveillance de l'exécution des travaux de réhabilitation de la route Yokadouma-Moampack-Lamedoum -Lomié dans la région de l'Est(pk0-pk45) .

-Avis d'appel d'offres national restreint en procédure d'urgence N°028/AONR/MINEPAT/SG/PNDP/CSPM/2017 du 04 Août 2017 en vue de l'exécution des travaux de réhabilitation de la route OURO BARKA-DIGAYA (08,50 km) dans la commune de TOKOMBERE, Département de Mayo Sava, région de l'Extrême-Nord .

-Avis d'appel d'offres national restreint N°151/AONR/MINMAP/CCPM-SPI/2016 du 11/10/2016 pour la réalisation des prestations de maîtrise d'œuvre dans le suivi de l'exécution des polices d'assurance maladie groupe et individuelle accident et globale dommage à la caisse nationale de prévoyance sociale(CNPS) en procédure d'urgence.

-Avis d'appel d'offres national ouvert N° 023/AONO/MINSEP/CMPM/2017 du 25 janvier 2017 pour la fourniture du matériel informatique au ministère des sports et de l'éducation physique en <<procédure urgence>> .

-Avis d'appel d'offres international ouvert en procédure d'urgence N°074/AOIO/PR/MINMAP/CCPM-AG/2017 du 1er Juin 2017 relatif à la fourniture des équipements pour le groupe banane de la Cameroon developpement corporation(CDC).

-Avis d'appel d'offres national ouvert en procédure d'urgence numéro 017/AONO/MINESUP/UD/ PRO-ACTP/CMPM/MINESUP/2017 du 27 juillet 2017 relatif aux travaux d'aménagement des voiries et réseaux divers à la faculté de médecine et des sciences pharmaceutiques de l'université de Douala .
-Avis d'appel d'offres national ouvert lancé en procédure d'urgence N°02/AONO/MINESEC/CMPM/2017 du 27 Avril 2017 pour l'acquisition de motos destinées aux services centraux des enseignements secondaires.
-Avis d'appel d'offres national ouvert numéro 001/AONO/EDC/CPM/11 du 10 mars 2011 en procédure d'urgence pour la construction des postes de communication dans la zone du projet LOM PAN GAR.

IX- AUTRES EXTRAITS DE RECHERCHE

- Interview accordée à Lise MAGNIER par rapport au débat sur "Les entreprises face à l'instabilité fiscale et réglementaire". Lise MAGNIER est une député française du parti "agir ".

TABLE DES MATIERES

Structures éditoriales du groupe L'Harmattan

L'Harmattan Italie
Via degli Artisti, 15
10124 Torino
harmattan.italia@gmail.com

L'Harmattan Hongrie
Kossuth l. u. 14-16.
1053 Budapest
harmattan@harmattan.hu

L'Harmattan Sénégal
10 VDN en face Mermoz
BP 45034 Dakar-Fann
senharmattan@gmail.com

L'Harmattan Congo
219, avenue Nelson Mandela
BP 2874 Brazzaville
harmattan.congo@yahoo.fr

L'Harmattan Cameroun
TSINGA/FECAFOOT
BP 11486 Yaoundé
inkoukam@gmail.com

L'Harmattan Mali
ACI 2000 - Immeuble Mgr Jean Marie Cisse
Bureau 10
BP 145 Bamako-Mali
mali@harmattan.fr

L'Harmattan Burkina Faso
Achille Somé – tengnule@hotmail.fr

L'Harmattan Togo
Djidjole – Lomé
Maison Amela
face EPP BATOME
ddamela@aol.com

L'Harmattan Guinée
Almamya, rue KA 028 OKB Agency
BP 3470 Conakry
harmattanguinee@yahoo.fr

L'Harmattan Côte d'Ivoire
Résidence Karl – Cité des Arts
Abidjan-Cocody
03 BP 1588 Abidjan
espace_harmattan.ci@hotmail.fr

L'Harmattan RDC
185, avenue Nyangwe
Commune de Lingwala – Kinshasa
matangilamusadila@yahoo.fr

Nos librairies en France

Librairie internationale
16, rue des Écoles
75005 Paris
librairie.internationale@harmattan.fr
01 40 46 79 11
www.librairieharmattan.com

Librairie des savoirs
21, rue des Écoles
75005 Paris
librairie.sh@harmattan.fr
01 46 34 13 71
www.librairieharmattansh.com

Librairie Le Lucernaire
53, rue Notre-Dame-des-Champs
75006 Paris
librairie@lucernaire.fr
01 42 22 67 13

www.ingramcontent.com/pod-product-compliance
Lightning Source LLC
LaVergne TN
LVHW011141061026
849535LV00003B/555